# geni@l klick

Deutsch für Jugendliche

## Lehrerhandbuch A1

## Inhaltsverzeichnis

# Zur Arbeit mit geni@l klick – eine Einführung

Mit geni@l klick verwenden Sie ein Lehrwerk, das die aktuellen Erkenntnisse der Lernpsychologie und der Fremdsprachenlehr- und -lernforschung berücksichtigt. Es richtet sich an jugendliche Anfänger, die Deutsch lernen.
Die Lernziele und die Progression von geni@l klick entsprechen dem Gemeinsamen europäischen Referenzrahmen (GeR) und werden sowohl im Inhaltsverzeichnis des Kursbuchs als auch zu Beginn der Kapitel aufgeführt und auf den letzten Seiten der Kapitel nochmals aufgegriffen. Die Anforderungen der internationalen Prüfungen für jugendliche Deutschlerner wurden umfassend berücksichtigt.

Band 1 wurde für ein Schuljahr mit rund 160 Stunden konzipiert. Diese Stundenzahl ist ein Durchschnittswert, der je nach Leistungsstärke der Lerngruppe variieren kann.
Das methodisch-didaktische Grundkonzept von geni@l klick folgt den Leitlinien eines kommunikativen und handlungsorientierten Unterrichts. Interaktive und kooperative Arbeitsformen auf der inhaltlichen Grundlage des GeR und von „Profile Deutsch" stehen im Vordergrund und die Thematisierung von Lernstrategien und Selbstevaluation unterstützen eine „Autonomisierung" der Lerner.

## Die Komponenten von geni@l klick

### Kursbuch A1

Das Kursbuch (KB) enthält zwölf Kapitel und drei „Plateaus". Die **zwölf Kapitel** sind übersichtlich aufgebaut und beginnen mit einer Einstiegsseite, die in das Kapitelthema einführt und die Lernziele benennt. Nach der Einstiegsseite wird das Thema auf drei Doppelseiten vorgestellt und mit Übungen zum Lernpensum verschränkt. Jedes Kapitel schließt mit der „interaktiv" konzipierten Rückschauseite „Das kann ich ... ", auf der die S. mithilfe von kurzen (Partner-)Aufgaben selbstständig prüfen, ob sie die Lernziele des Kapitels erreicht haben und wichtige Sätze und Phrasen wiederholen können.
Die **drei Plateaus** wiederholen und festigen jeweils den Lerninhalt der vorangegangenen vier Kapitel und bieten in interaktiven Übungen
- ein Training der Fertigkeiten bzw. der Kompetenzen,
- eine Schulung der Aussprache,
- Reflexionen über das Lernen lernen und
- Übungen zum Video.

Vier **sympathische Figuren** begleiten die S. durch das Buch. Lara, Rudi, Mieze und Bello kommentieren in den Randspalten, sind Modelle für Äußerungen und konkretisieren grammatische Strukturen.

Im Anhang finden die S. eine nach Lektionen geordnete systematische **Zusammenfassung der grammatischen Strukturen** im KB A1 sowie die **Wortliste** (die aktiv zu lernenden Vokabeln sind fett markiert).

### Arbeitsbuch A1

Kursbuch (KB) und Arbeitsbuch (AB) sind eng miteinander verschränkt. Durch das Konzept der „Spiegelung" bezieht sich jeweils eine Doppelseite aus dem Arbeitsbuch auf die entsprechende Doppelseite aus dem KB. Dadurch werden Verweise und Transparenz der Inhalte für Lehrende und Schüler erheblich erleichtert.
Das AB ist vor allem für das selbstständige Wiederholen und das individuelle Training der S. zu Hause gedacht. Allerdings gibt es auch immer wieder Aktivitäten, bei denen die S. zusammenarbeiten sollen und die im Klassenzimmer durchgeführt werden müssen.
Diese Übungen sind mit einem Symbol gekennzeichnet. Achten Sie bitte darauf, dass diese Aktivitäten wirklich im Präsenzunterricht berücksichtigt werden.
Auch im AB werden die S. angeregt, **ihren Lernfortschritt selbst zu evaluieren**, indem sie auf der letzten Seite eines Kapitels Aufgaben zu den kommunikativen Lernzielen in Einzelarbeit lösen („Das kann ich ...") und mit einem Lösungsvorschlag im Anhang des AB vergleichen. Außerdem **evaluieren die S. ihr Lernverhalten** und werden ermuntert, verschiedene Lernstrategien zu erproben („So lerne und übe ich"). Den drei Plateaus sind im AB jeweils ausführliche Trainingseinheiten zur intensiven Vorbereitung auf **Testaufgaben** der internationalen Tests auf dem Niveau A1 zugeordnet.
Ein **Vorspann** informiert die S. zudem über Funktionen, Konventionen und Angebote des Arbeitsbuchs.

geni@l klick

Deutsch für Jugendliche

# Lehrerhandbuch A1

Birgitta Fröhlich

unter Mitarbeit von

Michael Koenig
Ute Koithan
Maruska Mariotta
Petra Pfeifhofer
Theo Scherling

**Klett-Langenscheidt**

München

**geni@l klick Lehrerhandbuch A1**
erstellt von Birgitta Fröhlich
Einleitung (S.7–13): Michael Koenig
unter Mitarbeit von Michael Koenig, Ute Koithan, Maruska Mariotta, Petra Pfeifhofer, Theo Scherling

Redaktion: CoLibris-Lektorat Dr. Barbara Welzel, Göttingen (unter Mitarbeit von Gabriele Uplawski, Hannover)

Gestaltungskonzept und Layout: Andrea Pfeifer
Illustrationen: Theo Scherling, München; Yo Rühmer, Frankfurt
Covergestaltung: Bettina Lindenberg, München, unter Verwendung eines Fotos von Korhan Isik (iStock Photo); Hintergrund: Aleksandar Velasevic (iStock Photo)

**geni@l klick Kursbuch A1**
erstellt von Michael Koenig, Ute Koithan, Theo Scherling (unter Mitarbeit von Hermann Funk)

Redaktion: CoLibris-Lektorat Dr. Barbara Welzel, Göttingen

Gestaltungskonzept und Layout: Andrea Pfeifer
Illustrationen: Theo Scherling, München; Yo Rühmer, Frankfurt

Autoren und Verlag danken allen Kollegen, die geni@l klick begutachtet sowie mit Kritik und wertvollen Anregungen zur Entwicklung des Lehrwerks beigetragen haben.

geni@l klick Deutsch für Jugendliche

**A1: Materialien**

| | |
|---|---|
| Kursbuch A1 mit 2 Audio-CDs | 606280 |
| Arbeitsbuch A1 mit 2 Audio-CDs | 606281 |
| Arbeitsbuch A1 mit DVD (Audio und Video) | 606282 |
| Lehrerhandbuch A1 mit integriertem Kursbuch | 606283 |
| Digitales Unterrichtspaket A1 | 606284 |
| Testheft mit Audio-CD A1 | 606285 |
| Intensivtrainer A1 | 606286 |
| Glossar Englisch A1 | 606287 |
| Glossar Italienisch A1 | 606288 |
| Glossar Spanisch A1 | 606289 |
| Video-DVD A1 | 606290 |
| Interaktive Tafelbilder A1 (CD-ROM) auch als Download erhältlich | 606292 |

Besuchen Sie uns auch im Internet:
www.klett-sprachen.de/genialklick

**Verwendete Abkürzungen**

| | |
|---|---|
| KB | Kursbuch |
| AB | Arbeitsbuch |
| LHB | Lehrerhandbuch |
| S. | Schüler |
| EA | Einzelarbeit |
| PA | Partnerarbeit |
| KG | Kleingruppen |
| PL | Plenum |
| KV | Kopiervorlage |
| Aufg. | Aufgabe |
| s. | siehe |
| z. B. | zum Beispiel |
| ggf. | gegebenenfalls |
| bzw. | beziehungsweise |
| evtl. | eventuell |
| d. h. | das heißt |
| v. a. | vor allem |
| u. a. | unter anderem |
| max./min. | maximal/minimal |
| Sg. | Singular |
| OHP | Overheadprojektor |

1. Auflage 1 6 5 4 | 2018 17 16



Satz: kaltner verlagsmedien GmbH, Bobingen
Druck und Bindung: CPI books GmbH, Leck

ISBN 978-3-12-606283-1

## Die „Rückschauseite" im Kursbuch und im Arbeitsbuch – ein innovatives Angebot zur Wiederholung und zur Selbstevaluation

Im Kursbuch: Auf der letzten Seite jedes Kapitels finden sich eine knappe Zusammenfassung und kurze Partnerübungen zu den Kapitelinhalten („Das kann ich ..."). Mit dieser Seite überprüfen die S. selbstständig ihr Wissen und Können und übernehmen damit ein Stück Verantwortung für ihren Lernprozess.

### Die Arbeit mit der Rückschauseite

Die Rückschauseite soll die S. ermutigen, sich selbst zu evaluieren – und zu zweit geht dies besser und macht mehr Spaß. Die S. decken die linke Seite ab (z. B. mit der Karte zur Klassensprache aus dem Arbeitsbuch) und lösen und „üben zu zweit" die Aufgaben in der rechten Spalte. Bei Unsicherheiten und zur Kontrolle hilft den S. die linke Spalte. Nach den Übungen sollte im Kurs gesammelt werden, was gut geklappt hat oder was noch schwierig war.
In der Kategorie **„Mit Sprache handeln"** üben die S. die Sprachhandlungen aus dem Kapitel. Sie lesen die Beispiele und Redemittel und üben in Partnerarbeit Fragen, Antworten und ggf. auch weitere Variationen. Auf der Rückschauseite finden sich auch noch einmal die **Lerntipps und Strategien** aus dem Kapitel – zur Erinnerung und Vertiefung.

Im Arbeitsbuch: Auch auf der letzten Seite eines Kapitels im AB finden die S. Übungen zur eigenen Evaluation der jeweiligen Inhalte. Die S. können ihre eigenen Lösungen direkt mit den Lösungen im Anhang des AB vergleichen und so ihre Leistungen einschätzen. Zudem verweisen Seitenzahlen auf die entsprechenden Seiten im KB und AB, wo sich die S. noch einmal Hilfe „holen" können.

Vorschlag: Bearbeiten Sie nach Kapitel 1 ausnahmsweise die Seite „Das kann ich" im AB in der Klasse, damit die S. diese Form von Aktivität kennenlernen. Lassen Sie die S. entdecken, wie die Seite funktioniert und wo sie die Lösungen finden. Die S. arbeiten dabei am besten in Partnerarbeit. Geben Sie Hilfestellung. Ist alles klar, können die S. von nun an die „Das kann ich"-Seiten individuell als Hausaufgabe machen. Thematisieren Sie diese Seiten dennoch bei späteren Kapiteln regelmäßig im Kurs, um die S. auf dem Weg der Selbstevaluation zu stärken.

## Video

Das etwa 30-minütige Video zeigt Szenen aus dem Alltag von Jugendlichen einer Medien-AG. Kurze Geschichten zeigen ihr Lebensumfeld, ihre Beziehungen, Freundschaften und Interessen. Der Film erzählt von ihrem Leben in der Familie, von ihren Hobbys, von der Schule, ihrer Arbeit in der Medien-AG, von Schülerjobs und von ihrer Freizeit.
Das Video ergänzt die Arbeit mit dem KB und dem AB auf motivierende Weise und bietet einen authentischen Kontext und zahlreiche Sprechanlässe für den Unterricht. Es ist in drei längere Sequenzen aufgeteilt (Teil 1 zu Kapitel 1–4, Teil 2 zu Kapitel 5–8, Teil 3 zu Kapitel 9–12). Aufgaben zum Video finden sich in den Plateaus des KB und im Videotrainer (im AB).
TIPP: Über die Steuerung Ihres Videoplayers können Sie die deutschen Untertitel (Transkript) einblenden.

## Videotrainer A1

Der Videotrainer geni@l klick A1, der sich im Anhang des AB befindet, bietet umfangreiche filmbezogene Aufgabenformen, die zu weiterführenden sprachlichen Handlungen führen und das Verstehen der Filmsequenzen erleichtern und begleiten. Er kann nach Bearbeitung der einzelnen Blöcke des KB oder aber auch kapitelbezogen eingesetzt werden. Hinweise zu seinem Einsatz finden Sie in den Hinweisen zu den jeweiligen Kapiteln im vorliegenden Lehrerhandbuch. Der Videotrainer liefert Impulse zum Hör-Seh-Verstehen, Sprechen und Schreiben und fördert die Anwendung und den Transfer von gelerntem Wortschatz und kommunikativen Strukturen.

## Audiomaterialien

Zum KB und zum AB gibt es jeweils zwei CDs, die Hörtexte und Impulse zur Ausspracheschulung enthalten. Genauere Hinweise, wie Sie am besten mit den jeweiligen Hörtexten arbeiten können, finden Sie in den Beschreibungen der Kapitel im Lehrerhandbuch.

## Intensivtrainer

Der Intensivtrainer bietet zu den zwölf Kapiteln eine Vielzahl zusätzlicher Übungen. Mit einfachen und bekannten Übungsformen werden Wortschatz und Grammatik wiederholt und vertieft. Darüber hinaus enthält der Intensivtrainer einfache Lesetexte. Am Ende jedes Kapitels hat der S. die Möglichkeit, wichtige Wörter und Sätze zusammenzufassen. Um einen aktiven und selbstverantwortlichen Umgang mit den Übungen zu fördern, findet sich im Anhang ein Lösungsschlüssel, damit die S. ihre Arbeitsergebnisse selbstständig überprüfen können.

## Testheft

Das Testheft stellt Testmodelle zur Verfügung, die auf die Prüfungen „Fit in Deutsch" und „Kompetenz in Deutsch" (KID) vorbereiten.
Im ersten Teil des Testhefts finden Sie zu jedem Kapitel einen Lernfortschrittstest. Zudem enthält das Testheft kursbegleitend einen Modelltest mit prüfungsvorbereitenden Materialien zu den „Europäischen Sprachenzertifikaten" (A1-Niveau). Mithilfe dieses Modelltests können Sie überprüfen, ob die Lernenden die Lernziele für das Niveau A1 erreicht haben. Die S. können mit den Materialien einerseits nachweisen, was sie schon können, und sich andererseits „echt" auf offizielle Tests vorbereiten und deren Prüfungsaufgaben kennenlernen.

## Glossar

In den zweisprachigen Lernglossaren ist der Wortschatz nach Kapiteln aufgeführt. Zudem finden die S. hier Beispielsätze und kleine Tipps, die das Lernen des Wortschatzes erleichtern.

## Interaktive Tafelbilder

Interaktive Tafelbilder sorgen für einen abwechslungsreichen, kommunikativen Unterricht. Passend zu den Kapiteln werden Sprechanlässe geboten und die Themen spielerisch und kurzweilig vertieft.

## Lehrerhandbuch (LHB)

Das vorliegende LHB beschreibt zunächst die „Philosophie" des Unterrichts und bietet zu den Übungen und Aufgaben konkrete Vorschläge für eine mögliche Umsetzung im Unterricht sowie die Lösungen der KB-Aufgaben an. Außerdem finden Sie dort Kopiervorlagen.
Im Anhang sind zudem die Lösungen und Lösungsvorschläge für die Aufgaben im AB aufgeführt, wie auch die Transkripte der Audiodateien (KB und AB) und des Videos.

## Das digitale Unterrichtspaket – elektronische Lehrerhandreichung und Unterrichtsmedium zugleich

Das Digitale Unterrichtspaket auf DVD-ROM beinhaltet Kursbuch, Arbeitsbuch, die Audiomaterialien, das Video, das Lehrerhandbuch sowie interaktive Tafelbilder in elektronischer Form. Zudem werden die Lesetexte und die Abbildungen aus den genannten Komponenten zur Weiterverwendung angeboten.
Das Digitale Unterrichtspaket ermöglicht eine einfache und effiziente Unterrichtsvorbereitung und den Zugriff auf alle Medien des Lehrwerks per Klick. Gleichzeitig können die o.g. Medien im Unterricht projiziert und bei der Arbeit am Whiteboard eingesetzt werden. Sämtliche Aufgaben können auch gelöst angezeigt werden.

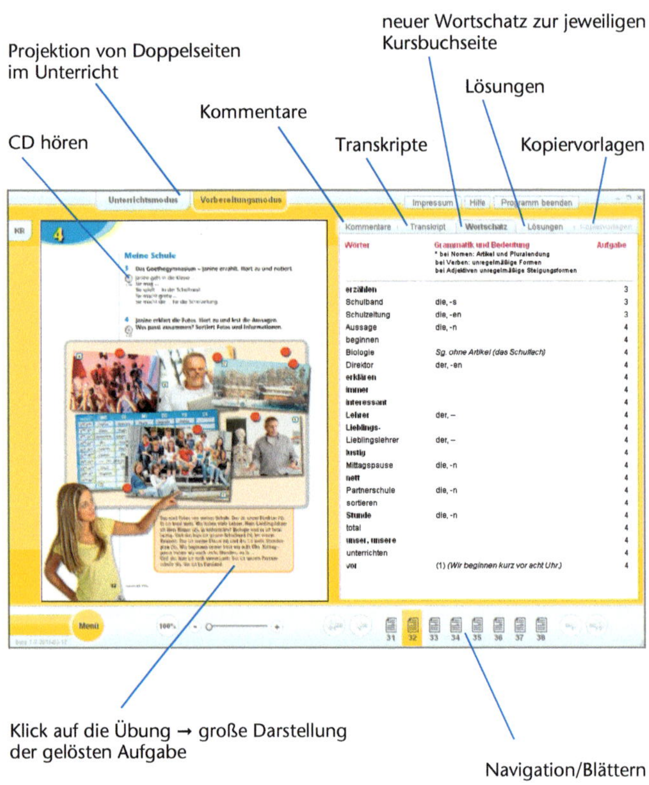

# Zur Arbeit mit einem Lehrwerk – Was bedeutet das eigentlich?

von Michael Koenig

Lehrwerkarbeit ist das dynamische Zusammenspiel von Lehrmaterial (meist in Form eines Lehrbuchs als Teil eines Lehrwerks) welches von einer Lehrkraft im Unterricht eingesetzt wird, um den Spracherwerb der Lernenden zu fördern.
Dabei wird deutlich, dass es das ideale Lehrwerk nicht geben kann, da die Bedingungen für den Unterricht von Institution zu Institution sehr unterschiedlich sind und Lehrende sowie Lernende die Arbeit mit ihrem Lehrwerk jeweils auch sehr unterschiedlich interpretieren.

Untersuchungen haben gezeigt, dass im Extremfall Lehrende sogar das Gegenteil von dem im Unterricht praktizieren, was das Lehrwerk und das Lehrerhandbuch empfiehlt. Das, was auf den ersten Blick also klar und einfach aussieht, die Lehrwerkarbeit, ist bei genauem Hinsehen ein komplexer Prozess und eine Interaktion von Material, Lehrenden und Schülern. Wir möchten Ihnen mit dem Lehrerhandbuch dabei helfen, diesen Prozess möglichst erfolgreich zu planen und zu realisieren.

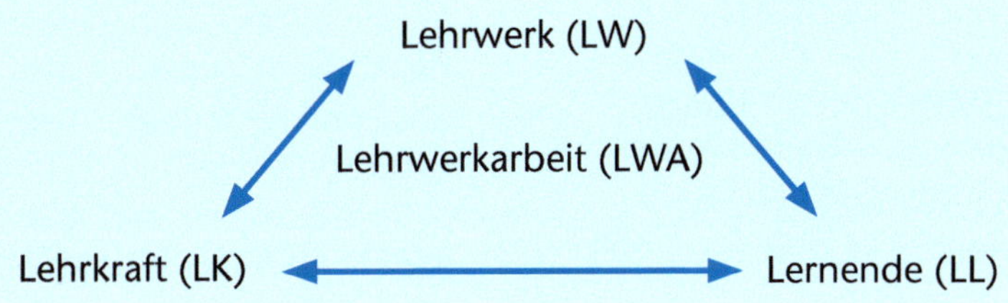


## Generelle Bemerkungen zur Arbeit mit Ihrem Lehrwerk (LW)

**1.** Das LW sollte als **„source book“** und nicht nur als „course book“ betrachtet werden. Ein LW ist ein Angebot, das Lehrkräfte im Sinne einer *Lehrwerkbewusstheit* zusammen mit Ihren Lernern entdecken und erarbeiten sollten, um das in ihm vorhandene Potenzial nutzen zu können.
TIPP: Besprechen Sie in den ersten Unterrichtsstunden gemeinsam mit Ihren S. die einzelnen Lehrwerkteile. Weisen Sie die S. besonders auf die Möglichkeit hin, dass sie in der Grammatikdarstellung, in der Wortliste und im Glossar selbstständig Unterstützung finden. Blättern Sie zusammen mit den S. das KB und das AB durch und erklären Sie wichtige Prinzipien, wie z. B. die Rückschauseiten.

**2.** Die didaktisch-methodischen Grundlinien im *Lehrerhandbuch* sind häufig auch eine Zusammenfassung aktueller wissenschaftlicher Tendenzen zum Fremdsprachenlehren und -lernen. Lesen Sie die Informationen im LHB vor und während der Arbeit mit dem LW aufmerksam durch. Entscheiden Sie dann, welche Vorschläge für Ihre Unterrichtssituation passen. Probieren Sie aber auch neue Ideen aus! Optimal wäre, wenn Sie das Material mit Ihren KollegInnen diskutieren würden. Durch die lehrerfreundliche Gestaltung des LHBs wollen wir Ihnen die Arbeit erleichtern. Sie haben das komplette Kursbuch und das LHB in einem Buch und brauchen im Prinzip nur dieses Buch mit in die Klasse zu nehmen.

**3.** Die *Aktionsforschung* als sozialer Prozess bringt Lehrkräfte zusammen, die professionell, kollaborativ und reflektiv die Zusammenarbeit mit dem gemeinsamen LW suchen und auf diese Weise ihren Arbeitsalltag erleichtern und verbessern. Untersuchungen zeigen, dass sich dort, wo Lehrende sich informieren, zusammenarbeiten, unterstützen sowie gemeinsam Probleme und Lösungen diskutieren, das Arbeitsklima positiv entwickelt und sich die Lehrenden entlastet und motivierter fühlen.
TIPP: Sprechen Sie Ihre Deutsch-KollegInnen (aber auch die Kollegen aus anderen Fremdsprachen) an und bilden Sie am besten eine Arbeitsgruppe, die sich kontinuierlich über Fremdsprachenunterricht austauscht.

**4.** *Wirkungsforschung*: Kaum jemand weiß, wie das Lehrmaterial im Unterricht ankommt, was gut oder nicht so gut funktioniert. Damit die Materialien ständig verbessert werden können, bitten wir um Rückmeldung aus der Praxis. Bitte teilen Sie die Beobachtungen der Lehrkräfte (auch der Schüler) dem Verlag mit.

# Was uns wichtig ist: Themen und Hinweise für den Unterricht

## Partnerarbeit und Interaktion

Das Gehirn ist ein soziales Organ – der Mensch ist ein soziales Wesen – darum sollte im Klassenraum vor allem sozial-interaktiv gehandelt werden.

*Was heißt das für unseren Kontext?*
Wir alle kennen die Kritik am Frontalunterricht und die zahlreichen empirischen Belege dafür, dass im Unterricht der Sprechanteil der Lehrenden in der Regel höher ist als der Sprechanteil der Schüler. Das ist natürlich besonders für den Fremdsprachenunterricht nicht gerade günstig.
Deshalb finden Sie in geni@l klick viele Aktivitäten, bei denen die S. in Partnerarbeit oder in Kleingruppen miteinander sprechen, ohne dass die Lehrkraft die Arbeit direkt kontrollieren muss. Das erhöht den Sprechanteil erheblich und macht den S. in der Regel Spaß.

*Eine häufige Frage von Lehrkräften: Aber wie stelle ich fest, ob meine S. Fehler machen?*
Eine gute Frage! Interessanterweise berichten Experten, dass S. in Phasen der Partner- und Gruppenarbeit nicht mehr Fehler produzieren als bei der Arbeit im Plenum. Wichtig ist dabei aber, dass die Übungen, die die S. zu zweit bearbeiten, so gestaltet sind, dass die Betonung auf der **inhaltlichen** Arbeit, dem Wiederholen etc. liegt und nicht auf der sprachlichen Form.
In geni@l klick sind viele Übungen so gestaltet, dass die S. die Sprache wirklich üben und gebrauchen, aber praktisch (außer bei der Aussprache) kaum formale Fehler machen können.

TIPP: Lassen Sie bei der Arbeit zu zweit immer wieder einmal die Partner „wechseln".
Übung 1: mit dem Partner rechts
Übung 2: mit dem Partner links
Übung 3: mit dem Partner hinten
Übung 4: mit dem Partner vorne

## Üben statt Testen

Es lohnt sich, einen Augenblick über diese beiden Begriffe nachzudenken.
Viele Sprachübungen werden zwar Übungen genannt, sind aber in Wirklichkeit Tests.
Hier ein Beispiel zu den Präpositionen. Vergleichen Sie die beiden Lückensätze:
a) Die Katze liegt auf ____ Tisch.
b) Die ____ liegt auf dem Tisch.

In a) können die S. viele Fehler machen. Sie müssen wissen, dass der Artikel von Tisch „der" ist und dass dieser im Dativ zu „dem" wird. Außerdem müssen sie wissen, dass die Verbform „liegt" den Dativ verlangt. Diese Lücke testet also viel grammatisches Wissen. Es ist also ein Test und keine Übung. „Übungstypen" dieser Art bezeichnet man deshalb auch als **defizitorientiert**.
In b) wird ebenfalls die Struktur „auf dem Tisch" verwendet, wenn man den Satz liest, spricht oder hört. Aber die Lücke ist viel leichter zu füllen, da die S. sicher viele Varianten kennen: Die Tasche, die Lehrerin, die Orange, die Banane etc. liegt auf dem Tisch.

Die S. produzieren also die gleiche grammatische Struktur, aber mit viel mehr Zuversicht und Sicherheit. Sie können ihre Wortschatzkenntnisse einbringen, ohne viele Fehler zu befürchten. Die Aktivität ist also eher **erfolgsorientiert**.

Erfolgsorientierung ist wahrscheinlich das wichtigste Kriterium im Unterricht. Wenn Aktivitäten so gestaltet sind, dass die S. sich von den Übungen nicht überfordert fühlen, sondern diese schnell und flüssig lösen können (und wollen) und dabei viel Deutsch sprechen, wird der Unterricht sicher sowohl den Lehrenden als auch den S. mehr Freude bereiten.
In geni@l klick finden Sie immer wieder solche „erfolgsorientierten Übungen", die die S. in der Regel in Partnerarbeit durchführen können.

## Zur Rolle der Grammatik

Seit vielen Jahren wissen wir, dass Grammatik eine „dienende" Funktion hat – sie dient dazu, Kommunikation zu unterstützen. Im Gemeinsamen europäischen Referenzrahmen (GeR) finden Sie gerade noch eine halbe Seite (!), die sich explizit mit der Grammatik beschäftigt.
Das bedeutet jedoch nicht, dass Grammatik nicht mehr wichtig ist, sondern lediglich dass die Schwerpunkte je nach Niveaustufe heute anders betont werden.

In den Kapiteln von geni@l klick wird Grammatik so wenig wie möglich und so viel wie nötig thematisiert. Letztendlich werden den S. die grammatischen Strukturen angeboten, die sie für ihre Lernziele und die A1-Prüfung brauchen.
Nach neueren Untersuchungen geht man davon aus, dass die Kenntnis grammatischer Regeln inklusive einer entsprechenden Terminologie erst ab B1 wirklich nützlich ist. Auf dem Niveau A1 und A2 sollte die Arbeit mit der impliziten Grammatik im Vordergrund stehen, das intensive Verwenden von Strukturen und das anwendungsbezogene Üben in möglichst realistischen Kontexten. Mit anderen Worten: Die S. sollen bedeutungsvoll mit der Sprache arbeiten und sich nicht vorwiegend mit der grammatischen Form beschäftigen.

Nicht „Was weißt du über Sprache" (Sprachwissen), sondern „Was kannst du mit der Sprache machen" (Sprachkönnen) ist die Philosophie modernen Sprachunterrichts, wie sich dies ja auch in den Kann-Bestimmungen des GeR niederschlägt.
Eine Beobachtung ist, dass im Unterricht in der Regel viel mehr grammatisches Wissen vermittelt wird, als in Wirklichkeit auf der Niveaustufe verlangt ist. Beim Auftauchen einer neuen Struktur (z. B. Präpositionen) sollte jedoch nicht sofort das gesamte System erarbeitet werden.
TIPP: Im Prinzip reichen die Angebote im KB aus und es ist nicht nötig, weitere Strukturen einzuführen oder zu ergänzen. Es sei denn, Sie haben besonders schnelle Lerngruppen.

Im KB werden die S. häufiger aufgefordert, sich selbst formale Zusammenhänge zu erschließen und Zusammenhänge zu entdecken, d. h. die Regeldarstellungen sind zum Teil (bewusst) sehr knapp gehalten.
Am Ende des KB finden die S. aber eine Zusammenfassung der wichtigsten grammatischen Erscheinungen zum Nachlesen.
TIPP: Beziehen Sie diese systematische Zusammenfassung immer wieder in die Unterrichtsarbeit ein, damit die S. mit der Zusammenfassung vertraut werden.

## Zur Rolle der Wortschatzarbeit

Der Wortschatz ist wohl das, was bei einer Kommunikation in der Fremdsprache am wertvollsten ist. Dabei unterscheiden wir zwischen Wortschatz, den man zum Verstehen braucht (rezeptiver WS) und Wortschatz, den man zum Äußern benötigt (produktiver WS).
Aus der Forschung wissen wir, dass die S. zwar in der Regel schon schnell viele Wörter auf Deutsch (z. B. mithilfe anderer Sprachen) verstehen können, doch das bedeutet noch nicht, dass diese auch produktiv benutzt werden können.
Wenn Sie möchten, dass Ihre S. neuen WS **aktiv** gebrauchen, dann müssen diese Wörter in vielfältiger Weise immer wieder im Unterricht gehört, geschrieben, gesprochen und in unterschiedlichen Kontexten verwendet werden. Es reicht **nicht** aus, dass die S. als Hausaufgabe eine Anzahl Wörter auswendig lernen.

Im KB und AB gibt es zahlreiche Aktivitäten, durch die der Wortschatz auf vielfältige Weise vernetzt, sinnvoll geordnet und damit im Gedächtnis verankert wird.

In der Forschung zum Wortschatzerwerb gilt nach wie vor die Arbeit mit Lernkärtchen, bei denen sich die S. gegenseitig abfragen, als eine die effektivste Form des Wortschatzlernens.
TIPP: Lassen Sie Ihre S. zu Beginn des Unterrichts nur 5 Minuten jeweils mithilfe von Kärtchen (oder auch Listen) Wortschatz wiederholen. Die S. fragen sich dabei abwechselnd und Sie können in der Zeit andere Dinge erledigen (z. B. den Computer einschalten, einen Tafelanschrieb vorbereiten etc.)

## Zur Rolle von Strategien beim Hören und beim Lesen

*Hören ist „Verstehen im Dunkeln"*
Hörtexte machen den S. oft Probleme, besonders dann, wenn sie „authentische" Aufnahmen enthalten oder in natürlicher (schneller) Geschwindigkeit gesprochen sind.
Aber zum Glück muss man beim Lesen und Hören nicht alles verstehen, und Sie können natürlich die Aufnahmen immer wieder stoppen und den Verstehensprozess unterstützen. Je besser die S. auf einen Hörtext vorbereitet sind, desto schneller und effektiver verstehen sie auch die wesentlichen Inhalte.
TIPP: Eine gute Vorentlastung spart Zeit bei der Auswertung der Verstehensprozesse.

Beim Lesen und Hören benutzen die S. jeweils unterschiedliche Strategien, mit denen sie gezielt das Ziel des Hörens erreichen sollten. Wir unterscheiden dabei grob:
- globales Verstehen: „Worum geht es? Was ist das Thema?"
- selektives Verstehen: „Nur bestimmte Informationen sind wichtig."
- detailliertes Verstehen: „Alle Informationen sind wichtig."

In der Regel finden die S. in geni@l klick Aufgaben zum selektiven Verstehen, da dies in der Realität die häufigste Form der Informationssuche ist.
TIPP: Wenn die S. die Lösung einer Höraufgabe gefunden haben, dann ist es nicht nötig, den Text auch noch detailliert zu bearbeiten. Das würde zu viel Zeit in Anspruch nehmen und den S. nicht mehr Kompetenzen vermitteln.

In den Kommentaren zu den einzelnen Kapiteln und Übungen finden Sie jeweils genauere Hinweise zur Arbeit mit Hör- und Lesetexten.
Und vergessen Sie nicht: Richtiges Hören ist eng mit richtigem Sprechen und richtiger Aussprache verbunden. Wir weisen bei den Übungen daher immer wieder auf die **Förderung einer „echten" Aussprache und Akzentsetzung** hin. Achten Sie darauf, dass Ihre S. beim Sprechen die Betonung und die Satzmelodie nicht vernachlässigen. Die Audioaufnahmen auf der CD berücksichtigen dies und sind auch gute Modelle für die S.

## Zur Rolle schriftlicher Fertigkeiten, oder: mündlich vor schriftlich

Wir unterscheiden grob zwischen dem Schreiben als Mittlertätigkeit und dem „zielgerichteten kommunikativen" Schreiben.
Auf dem Niveau A1 geht es vor allem um das Schreiben als „Mittlertätigkeit", d. h. es werden Wörter, Sätze und Dialoge, Diktate und Texte in unterschiedlichen Übungen **ab**geschrieben. Immer wieder finden Sie aber auch schon kommunikative Anlässe, Briefe oder kürzere Mails oder Nachrichten, die an einen potenziellen Leser gerichtet sind oder bei denen die S. kreativ werden können.
TIPP: Seien Sie bei der Bewertung schriftlicher Leistungen – was die Korrektheit betrifft – **großzügig**.

Noch ein Hinweis: Das Klassenzimmer ist vielleicht der einzige Ort, an dem die S. die Gelegenheit haben, Deutsch zu sprechen. Lassen Sie die S. daher auf dieser Niveaustufe viel mehr sprechen als schreiben. Und wenn Sie eine Übung in der Klasse machen lassen, dann wo immer es möglich ist, zuerst mündlich, dann schriftlich – schriftlich vielleicht sogar erst als Hausaufgabe.

## Zur Rolle der Klassensprache/Zielsprache

Wenn das Ziel ist, dass Ihre S. auf Deutsch kommunizieren, dann brauchen sie soviel Kontakt mit der Sprache wie möglich. Ideal wäre es, wenn sie auch außerhalb des Klassenraums diesen Kontakt suchen und pflegen. Aber besonders im Klassenzimmer selbst können Sie als Lehrperson dafür sorgen, dass die Anweisungen etc. auf Deutsch erfolgen, damit sich die S. hörend daran gewöhnen und sich zudem daran gewöhnen, die Zielsprache aktiv im Unterricht zu benutzen.
Dafür haben wir einen „Einleger" mit der Klassensprache entworfen, der dem AB beiliegt und den die S. kontinuierlich in der Klasse benutzen sollten. Sie finden dort die wichtigsten Redemittel für die Kommunikation in der Klasse und Hilfen zum Verstehen der Lehrersprache. Gehen Sie pro Stunde kurz zwei, drei Standardphrasen mit den S. durch, üben sie die Aussprache und achten darauf, dass die S. die Redemittel auch benutzen.

## Lerner in die Verantwortung nehmen

### Mit Hilfsmitteln arbeiten (Wortliste und Grammatikanhang)

Selbstverständlich werden Ihre S. am Anfang nicht alles verstehen und immer wieder auch den Wunsch nach Erklärungen äußern. Bitte versuchen Sie nicht gleich in die Muttersprache zu übersetzen, sondern gewöhnen Sie Ihre S. daran, selbstständig „Probleme" zu lösen – mit Ihrer Unterstützung.
Hier einige Tipps, wie Sie das Verstehen von Wortschatz und Grammatik unterstützen können:

- Arbeiten Sie immer wieder einmal mit der Wortliste im Anhang des Kursbuchs oder mit dem Glossar, vielleicht sogar mit einem Wörterbuch. Die S. sollten sich daran gewöhnen, zunächst Hypothesen über die Wortbedeutung zu bilden, das neue Wort mit ihrer Muttersprache, Englisch oder einer anderen gelernten Fremdsprache zu vergleichen sowie ihre Mitschüler zu fragen und erst danach die Lehrperson.
- Das Gleiche gilt für die Grammatik. Lassen Sie die S. immer wieder grammatische Strukturen selbst entdecken oder Strukturen im Deutschen mit Strukturen in der Muttersprache, Englisch oder einer anderen gelernten Fremdsprache vergleichen und analysieren. Wir haben im KB an einigen Stellen solche grammatischen „Entdeckungsreisen" angeboten.

TIPP: Geben Sie Hilfen, wenn das „Entdecken" zu viel Zeit in Anspruch nehmen sollte. Die S. sollten auf jeden Fall ein Erfolgserlebnis haben und das „Entdecken" darf nicht übermäßig viel Zeit in Anspruch nehmen.

Ein Effekt bei dieser Art des Vorgehens (bei der Wortschatzarbeit wie auch bei der Reflexion über grammatische Strukturen) ist die Stärkung der Eigenständigkeit der S. Sie übernehmen mehr Verantwortung für die Arbeit im Unterricht und entwickeln ein besseres Verständnis für den Aufbau und das Funktionieren von Sprache, also „Sprachbewusstheit".

Diesem Ziel der Entwicklung von „autonomem" Arbeiten und einer selbstständigen Evaluation von Lernergebnissen im Unterricht und zu Hause dienen ebenfalls die oben (s. Seite 5) beschriebenen Rückschauseiten im KB und AB.

### Mehrsprachigkeit

Deutsch ist in vielen Ländern nach Englisch die zweite oder dritte Fremdsprache. Das bedeutet, dass viele S. schon neben ihren Muttersprachen auch über die Kenntnis (teilweise mehrerer) fremder Sprachen und eine fremdsprachliche Lernerfahrung verfügen. Dies können wir beim Erlernen der deutschen Sprache nutzbar machen. In geni@l klick regen wir an vielen Stellen die S. an, die deutsche Sprache mit anderen bekannten Sprachen zu vergleichen, Unterschiede und Gemeinsamkeiten zu entdecken bzw. zu erkennen und darüber zu reflektieren. An erster Stelle wäre hier wohl die Fremdsprache Englisch zu nennen, bei der sich zahlreiche Möglichkeiten eines Vergleichs anbieten.
Dies bezieht sich auf Ähnlichkeiten im Wortschatz, aber auch Ähnlichkeiten und Unterschiede bei grammatischen Strukturen oder auch der Aussprache etc.

# Tipps aus der Praxis und für die Praxis: Häufige Probleme im Fremdsprachenunterricht

## „Die Übungen sind zu schwer und meine S. machen viele Fehler"

Nicht alle Lerngruppen sind gleich, und es fällt oft schwer, in der Arbeit mit einem Lehrwerk die Arbeit in der Klasse zu differenzieren. Hier einige Vorschläge zur Arbeit mit „schwierigen" Aufgaben.
Wenn die Aufgaben für die Schüler zu schwierig erscheinen oder sind, dann machen Sie diese am besten leichter. Das hört sich einfach an, aber wir meinen es auch so. Zum Beispiel:

- Geben Sie die ganze Lösung oder Teile der Lösung vor, indem Sie die Übung mit der Lösung vorlesen, und lassen Sie die S. dann die Übung „machen". Was nützt es, wenn viele S. fehlerhafte Lösungen produzieren, die Sie dann mühevoll korrigieren müssen.
- Lassen Sie, wo immer es geht, die Übung zuerst in Partnerarbeit bearbeiten. „Kontrollieren" Sie erst danach (kurz) im Plenum einzelne Beispiele.
- Lassen Sie die Aufgaben am besten immer zuerst mündlich und erst danach (oder sogar erst als Hausaufgabe) schriftlich machen.
- Generell bei Übungen: Sie S. sollen das erste Beispiel / den ersten Satz im Plenum machen, das zweite Beispiel zu zweit, das dritte alleine. Überprüfen Sie jedes Mal kurz – dann sollen die S. den Rest selbstständig machen. So vermeiden Sie, dass die S. den Eindruck vermitteln, es sei alles klar, obwohl sie einiges missverstanden haben.

## „Meine S. sprechen nicht ‚echt', sondern monoton und ohne Satzmelodie."

Achten Sie bitte besonders auf die „Echtheit" der Kommunikation in der Klasse. Die Schüler sollten sich nicht daran gewöhnen, monoton zu sprechen. Achten Sie auf:

- Wortakzent
- Satzakzent
- Satzmelodie
- affektive Färbungen, wie Ärger, Freude etc.
- Variation der Lautstärke

Geben Sie den S. immer genügend Zeit zum Imitieren von Wörtern und Sätzen. Betonen Sie kontinuierlich, wie wichtig die Aussprache ist.
Eine gute Aussprache ist mindestens genauso wichtig, wie gute grammatische Kenntnisse. Die Aussprache ist der erste Eindruck, den wir von einem Sprecher haben – und gerade dieser erste Eindruck ist enorm wichtig. In geni@l klick wird immer wieder drauf hingewiesen, dass die S. auf die Aussprache achten sollen, indem sie Wortakzente, Satzakzente und die Satzmelodie beachten. Denken Sie daran: Sie sind das Modell für die S. und je mehr Sie auf diese Punkte achten, desto eher werden Ihre S. Sie erfolgreich imitieren.

In geni@l klick sind absichtlich keine spezifischen Aufgaben für die Phonetik vorgesehen, da die jeweilige Muttersprache auch die Lernschwierigkeiten bedingt. Sie wissen am besten, wo die Ausspracheprobleme Ihrer S. liegen und können so gezielt intervenieren und Übungen anbieten. Lassen Sie Ihre S. ruhig ab und zu bei den Übungen die Aussagen/Sätze noch einmal wiederholen, wenn Sie das Gefühl haben, dass die Aussprache verbessert werden müsste. Häufig kann man beobachten, dass die Lehrenden schon mit einer grammatisch oder inhaltlich „richtigen" Antwort zufrieden sind, aber die Aussprache dabei leider vernachlässigen.

**TIPP:** Übungen (Kettenübungen) ruhig ein- bis zweimal wiederholen lassen. So wird die Flüssigkeit der Äußerungen erhöht und jeder S. kommt zum Sprechen.

## „Es ist zu viel Stoff im Lehrbuch. Mit zwei Unterrichtsstunden kommen wir nicht schnell genug voran."

„Weniger" ist manchmal „mehr". Es gibt in jedem Lehrbuch Sequenzen, die je nach Niveau der Klasse relativ viel Zeit in Anspruch nehmen und die Unterrichtsatmosphäre sogar belasten. Wenn Sie dies spüren, dann entscheiden Sie ruhig ab und zu, Teile zu überspringen. Wichtig ist, dass die Motivation und die Aufmerksamkeit in der Klasse erhalten bleiben. Nicht alle Teile des Lehrbuchs, nicht alle Übungen müssen unter allen Umständen durchgenommen werden.

## „Meine S. sprechen nicht genug. Sie sind zu passiv."

Viele Aktivitäten, die traditionellerweise von den Schülern in Einzelarbeit behandelt werden (und dann von der Lehrkraft frontal kontrolliert werden), können durchaus auch in Partnerarbeit gelöst werden. Der Vorteil ist, dass alle S. aktiv sind und die Kontrollphase durch die Lehrkraft reduziert wird.
Wichtig: Die Partner- und Gruppenphasen sollten nicht zu lange dauern und die Ziele überschaubar und „lösbar" sein, damit die Schüler nicht (auch aus Langeweile) in ihre Muttersprache verfallen.

## „Die S. arbeiten zu Hause nicht genug."

Versuchen Sie, die Prinzipien effektiven Lernens und die Lernstrategien im Unterricht selbst zu aktivieren. Hausaufgaben werden in der Regel sehr unterschiedlich bearbeitet, da viele S. oft nicht genau wissen, wie sie vorgehen sollen. Am besten spielen Sie die Arbeitsweisen im Unterricht modellhaft mit den S. durch. Dazu eignet sich z. B. die Wiederholung von Wortschatz. Ein „Appell" an die S. im Sinne von „Macht das doch bitte"... bewirkt in der Regel nur bei den „guten" Schülern etwas.

## „Meine S. passen oft nicht auf."

Hier ein paar Vorschläge, wie Ihnen Konventionen im Unterricht helfen können, die Aufmerksamkeit der S. zu erhalten:

- Diktieren Sie ab und zu einen Satz mit einer prägnanten Struktur oder schwierigen Lernwörtern und lassen Sie diesen schreiben und zunächst mit einem Partner / einer Partnerin und dann mit der Lösung (Tafel/Folie/Beamer/...) vergleichen.
- Präsentieren Sie einen fehlerhaften Satz und lassen Sie den Fehler zu zweit finden und korrigieren.
- Wählen Sie einen Satz, einen kurzen Textabschnitt oder einen Minidialog aus und lassen Sie diesen kurz, aber intensiv mündlich zu zweit üben und „möglichst echt" mit richtiger Satzmelodie etc. vortragen.

### Lehrtipp Portfolio-Arbeit

Regen Sie die S. an, ihre Sprachprodukte (Ich-Texte, Poster, etc.) zu sammeln. Die Sammlung dient v. a. dazu, den eigenen Lernprozess zu verfolgen, zu beobachten und zu dokumentieren. Arbeitsumfang, Form und Inhalt der Schülertexte sollten auch bewertet werden.
In geni@l klick werden immer wieder entsprechende Texte angeregt. Geben Sie den S. die Möglichkeit, nicht nur ihre Produkte zu sammeln, sondern sie auch gegenseitig einzusehen.

Weitere Informationen zur Portfolioarbeit finden Sie in der Portfolio-Akte des Europarats: http://europass.cedefop.europa.eu/

# Ausführliches Inhaltsverzeichnis des Kursbuchs

| Wortschatz | Grammatik | Lernen lernen |
|---|---|---|
| – internationale Wörter<br>– Zahlen 1–12 | – das Alphabet<br>– Fragen: *Wer ist das? Wo ist das? Was ist das?*<br>– Intonation: Wortakzent lang und kurz | – Wortakzente markieren (lang und kurz)<br>– internationale Wörter (auch in Texten) erkennen und markieren<br>– Hypothesen bilden<br>– ein Lernplakat zum Thema „Internationale Wörter" erstellen |
| – Länder, Städte<br>– Hobbys (Sport, Musik, Sprachen, Medien)<br>– Sprachen international | – regelmäßige Verben im Singular<br>– *mögen* und *sein* im Singular<br>– W-Fragen, Fragepronomen: *Wie? Wo? Woher?*<br>– *Magst du ...?*<br>– Aussprache: internationale Wörter, Satzmelodie | – Informationen sammeln und ordnen<br>– Sprachbewusstheit entwickeln: Satzmelodie<br>– Lesestrategie: selektives Lesen |
| – Wortfeld: Schulsachen<br>– Klassenzimmer | – Artikel (best./unbest) im Nominativ<br>– Verneinung: *kein* ... (Nominativ)<br>– Komposita<br>– *Ja/Nein*-Fragen<br>– Wortstellung im Satz | – Tipps zum Wörterlernen<br>– eine Regel selbst finden<br>– ein Lernplakat erstellen: Fragen und Antworten |
| – Schulfächer<br>– Wochentage<br>– Zahlen bis 100 | – Plural: Nomen, Verben, Personalpronomen<br>– Fragen: *Wann? Wie viele? Wie spät? Hast du? Habt ihr ...?* | – mit Lernkarten üben<br>– Lerntipp: Plural<br>– Zahlen international |
| | | |
| – Tiernamen<br>– Körperteile (Katze)<br>– Farben | – Possessivartikel (Nominativ und Akkusativ) Singular *(Das ist mein Hund, ich suche meinen Hund ...)*<br>– Verben mit Akkusativ | – Plakat: Thema Tiere<br>– Grammatikregeln entdecken (SOS)<br>– mit Lernkarten arbeiten<br>– Partnerwörter |
| – Freizeitaktivitäten<br>– Tiere, Hobbys (Wiederholung) | – trennbare Verben<br>– Präposition *in* + Akkusativ<br>– Verneinung mit *nicht, kein* | – eine Regel finden<br>– trennbare Verben mit Rhythmus lernen |
| – Hobbys<br>– Zeitangaben *(am Morgen ...)*<br>– Kleidung<br>– Farben (Wiederholung) | – unregelmäßige Verben<br>– Wortstellung im Satz nach Zeitangaben<br>– Nomen + Verben: *Gitarre spielen*<br>– Adjektivkomparation: *gern–lieber, gut–besser* | – mit der Wortliste arbeiten |
| – Familie<br>– Zimmer<br>– Positionsangaben *(in der Mitte, hinten links ...)* | – Imperativ | – eine Tabelle ergänzen<br>– mit einer Mindmap arbeiten |
| | | |

| | Themen | Kommunikation | Textsorten |
|---|---|---|---|
| **9** | **Alles Gute!**<br>Gute Wünsche • Geburtstag • Termine und Daten • Krankheit • Entschuldigung und Ausreden | – jemanden zu einer Feier einladen<br>– Glückwünsche aussprechen (Geburtstag, Feste, ...)<br>– eine Ausrede / eine Entschuldigung formulieren<br>– sagen, was einem weh tut | – Bildreihe: „Wünsche und Situationen"<br>– Landeskundetext: „Geburtstag in D-A-CH"<br>– SMS-Texte<br>– Bildgeschichte<br>– Lernplakat: Körperteile<br>– Interviews: Geburtstag<br>– Dialoge |
| **10** | **Meine Stadt**<br>Orte und Orientierung in der Stadt • mein Schulweg • eine Geschichte: „Die Klassenarbeit" | – fragen/sagen, wo etwas/jemand ist<br>– über Orte in der Stadt sprechen<br>– einfache Wegbeschreibungen verstehen und geben | – Zeichnung: Stadtplan<br>– Ich-Text: Wo ich wohne<br>– Stadtplan und Hörtext: Wegbeschreibung<br>– Mindmap: „In der Stadt"<br>– Geschichte: „Die Klassenarbeit" |
| **11** | **Wir fahren weg!**<br>Orte in D-A-CH • eine Reise nach Hamburg • planen und diskutieren • Jugendherbergen • Auf dem Hamburger Fischmarkt | – geografische Angaben machen<br>– Vorschläge machen, zustimmen, ablehnen und Gegenvorschläge machen<br>– Gründe und Konsequenzen *(deshalb)* nennen<br>– Speisen und Getränke bestellen/bezahlen<br>– Postkarten schreiben | – Landkarte und Fotoreihe D-A-CH<br>– Dialog: eine Reise planen<br>– Sachtext: „Jugendherbergen"<br>– Postkarten |
| **12** | **Mein Vater ist Polizist**<br>Berufe • Beruf Schülerin: Simones Alltag • Freitag der 13: ein Fotoroman • „Liebst du mich?" | – beschreiben, was man am Tag oder in der Woche macht<br>– über Freizeitaktivitäten sprechen<br>– über Berufe und Berufswünsche sprechen | – E-Mail/Ich-Text: Mein Job<br>– Ich-Text im Internetforum: „Mein Alltag" und Antworten aus dem Forum<br>– Fotoroman: „Freitag der 13."<br>– Gedicht: „Liebst du mich?<br>– Fragebogen: Personen beschreiben |
| **P3** | – Üben und Wiederholen der sprachlichen Inhalte der Kapitel 9 bis 12<br>– üben mit dem „Karussell"<br>– Training und Wiederholung: Wortschatz, Grammatik, Sprechen und Aussprache<br>– „Denkdiktate" mit Notizen<br>– Express-Lesen<br>– eine Rallye durch das Buch<br>– mit dem Video arbeiten<br>– Lernen lernen: Nachdenken über das eigene Lernverhalten | | |

| Wortschatz | Grammatik | Lernen lernen |
| --- | --- | --- |
| – Glückwünsche<br>– Jahreszeiten<br>– Monatsnamen<br>– Krankheit<br>– Körperteile | – Modalverben *können, müssen, dürfen*<br>– Satzklammer<br>– Dativpronomen: *mir, dir ...*<br>– Präteritum von *sein/haben* | – mit der Satzklammer arbeiten<br>– mit einer Dialoggrafik arbeiten |
| – Orte/Geschäfte in der Stadt<br>– Lebensmittel<br>– Verkehrsmittel<br>– Richtungsangaben *(rechts, links ...)* | – Ortpräpositionen: *vor, hinter, zwischen, in, auf, bei, neben, unter, an* (+ Dativ)<br>– *mit* + Dativ: *mit dem Bus, mit der Straßenbahn* | – eine Grammatiktabelle ergänzen<br>– eine Mindmap machen |
| – Himmelsrichtungen und Orte (Reiseziele)<br>– Speisen und Getränke<br>– Verkehrsmittel | – Modalverben: *wollen, mögen (möchte)*<br>– Präpositionen mit Akkusativ: *nach, an den, in die, ans*<br>– Konnektoren: *deshalb* | – mit einem Dialogbaukasten/mit einer Landkarte arbeiten<br>– Hörverstehen: selektives Hören<br>– wichtige Informationen mit einer Mindmap sammeln |
| – Berufe, Tätigkeiten und Arbeitsplätze | – Personalpronomen im Akkusativ: *mich, dich, ihn ...*<br>– Häufigkeitsadverbien *(immer, oft, manchmal, nie)* | – Lesestrategie: selektives Lesen<br>– eine Grammatiktabelle ergänzen<br>– Vokabeln im Kontext lernen |

## Allgemeines

**Ziel der ersten Stunden des Deutschunterrichts** soll sein, die Neugier der S. auf die neue Sprache zu wecken und zu vertiefen. Die S. sollen herausfinden, dass sie schon viele Wörter kennen und daher relativ leicht einsteigen können. Aktive Unterrichtsbeteiligung und das Gefühl, in der neuen Sprache schon sinnvolle Sätze äußern zu können, sind wichtige Grundlagen der Motivation. geni@l klick beginnt daher mit (landeskundlichen) Fragestellungen und den sprachlichen Mitteln, die den S. ermöglichen, sich auf Deutsch zu begrüßen und zu verabschieden. Außerdem lernen die S. erste einfache Dialoge mit Fragen und Antworten, das Buchstabieren und die Zahlen. In diesem Kapitel geht es auch um Internationalismen und den Wortakzent.
Darüber hinaus beschäftigen sich die S. bereits mit dem globalen Lesen kleiner Texte und lernen von Anfang an Strategien und Techniken kennen, um ihr eigenes Lernen zu strukturieren und positiv zu beeinflussen.
Und nicht zuletzt werden die **vier Figuren** Rudi, Lara, Bello und Mieze vorgestellt, die die S. durch das Kurs- und Arbeitsbuch begleiten.

**1** Bildercollage mit Fotos aus D-A-CH
Einstieg: *„Kennt ihr Wörter auf Deutsch?"* Wörter an der Tafel notieren (evtl. bekannt: Mercedes/Audi, Achtung, etc.)
Dialoge hören, nach jedem Dialog stoppen: *„Was habt ihr verstanden?"*, *„Zu welchem Bild passt der Dialog?"*
***Lösung:*** Dialog 1: Bild 2, Roger Federer – Dialog 2: Bild 1, Berlin – Dialog 3: [ohne Bild] – Dialog 4: Bild 4, BMW Z4 – Dialog 5: Bild 7, Matterhorn – Dialog 6: Bild 11, Mozart

Mögliche Fragen im Unterricht: *„Bild 1 – Was ist das?"*, *„Bild 11 – Wer ist das?"*, *„Wo ist Bild 7?"* S. antworten.
Die S. fragen und antworten in PA. Dabei werden alle Bilder einbezogen (im Hörtext nur die Bilder 1, 2, 4, 7, 11) → Automatisierung der drei Fragen.

1

Ich kann ...
• nach Personen und Sachen fragen und antworten
• (Leute) begrüßen und verabschieden
• Wörter buchstabieren • die Zahlen 0–12

# Was weißt du über

1 Das ist der Reichstag in Berlin.

2 Das ist Roger Federer.

3 Das ist die Band „Tokio Hotel".

4 Das ist der BMW Z4.

5 Das ist Albert Einstein.

6 Das ist Schokolade aus der Schweiz.

Wer ... das?
Wo ... das?
Was ... das?

**1 Hört zu. Was ist das? Wer ist das? Wo ist das?**

1.2

| | |
|---|---|
| Wer ist das? | Das ist die Band „Tokio Hotel", ... Albert Einstein, ...<br>Das ist Roger Federer aus der Schweiz.<br>Keine Ahnung. |
| Was ist das? | Das ist Schokolade, ... der BMW Z4, ... das Snowboard von ...<br>Das ist Sachertorte aus Österreich. |
| Wo ist das? | Der Reichstag ist in Deutschland, in Berlin.<br>Das Matterhorn ist in der Schweiz. |

8 | acht

**Binnendifferenzierung:**
Für leistungsstärkere Gruppen: *„Wie kann man auf Deutsch noch fragen?"* Weitere Fragemöglichkeiten aus dem Hörtext: *„Und wer ist das?"*, *„Wie bitte?"*

**Vorschlag:** Eigene Bildcollage
S. schneiden Bilder (Orte, Produkte, Personen) zu D-A-CH aus, erstellen eine eigene Klassencollage → Hinzufügen von Wörtern.
Abschluss: Die S. kommentieren „ihren" Teil der Collage mit den Redewendungen aus dem KB.
Collagen werden aufgehängt.
→ Dokumentation des ersten Lernplakats der Klasse. (s. auch „Arbeit mit Collagen" nach dem Kommentar zu Aufg. 3)

**Ideen zur Weiterarbeit mit Collagen/Lernplakaten:**
- „Persönliche Vokabelliste": Die S. notieren 5–8 Wörter aus der Collage, die sie wichtig finden und lernen wollen. Je zwei S. einigen sich auf eine Liste. Später anhand der Collage überprüfen, was die S. behalten haben.
- Wiederholung: Zeigen Sie nach einigen Wochen noch einmal die erstellten Collagen: *„Notiert bitte, wie viele Wörter ihr noch wisst."* Vergleich im PL.

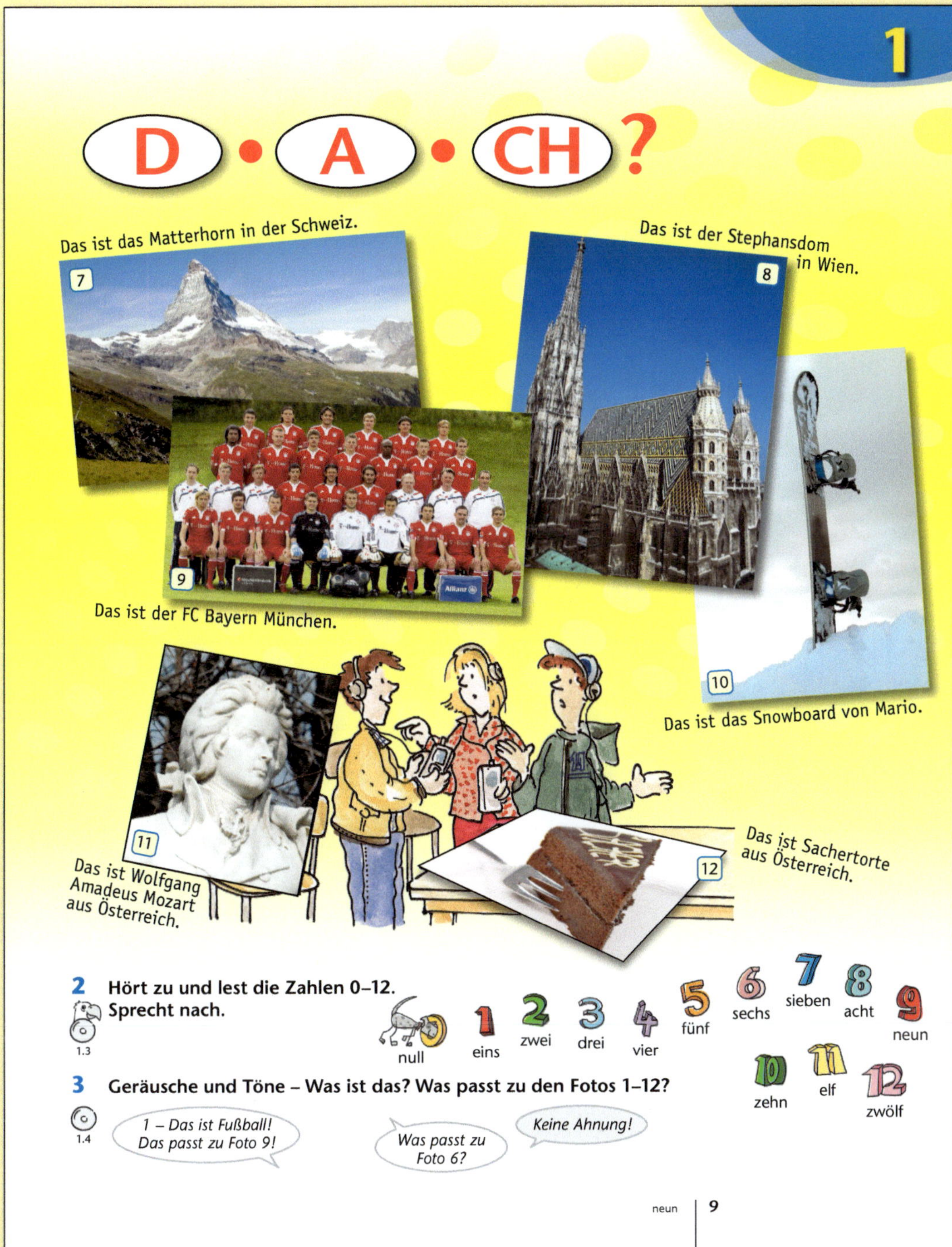
1

D • A • CH?

Das ist das Matterhorn in der Schweiz. (7)

Das ist der Stephansdom in Wien. (8)

(9) Das ist der FC Bayern München.

(10) Das ist das Snowboard von Mario.

(11) Das ist Wolfgang Amadeus Mozart aus Österreich.

(12) Das ist Sachertorte aus Österreich.

**2 Hört zu und lest die Zahlen 0–12. Sprecht nach.** 1.3

null – eins – zwei – drei – vier – fünf – sechs – sieben – acht – neun – zehn – elf – zwölf

**3 Geräusche und Töne – Was ist das? Was passt zu den Fotos 1–12?** 1.4

*1 – Das ist Fußball! Das passt zu Foto 9!*

*Was passt zu Foto 6?*

*Keine Ahnung!*

neun | 9

**2** Die S. hören die Zahlen von 0–12 von CD und lesen sie mit. Sprechen Sie die Zahlen danach noch einmal für die Gruppe vor und die S sprechen im Chor nach. In PA noch einmal sprechen, dabei auf die Aussprache achten: Gehen Sie in der Klasse herum und achten auf die korrekte Aussprache.

**3** Die S. hören unterschiedliche Geräusche und Töne, die sie den 12 Bildern zuordnen sollen.
***Lösung:*** 1: Bild 9 (Fußball) – 2: Bild 10 (Snowboard) – 3: Bild 4 (BMW) – 4: Bild 2 (Tennis) – 5: kein Bild passt (ist Musik, aber weder Tokio Hotel, noch Mozart) – 6: kein Bild passt (Durchsage Bahnhof) – 7: Bild 8 (Stephansdom, Kirchenglocken)

**Abschließende Anmerkung:**
Im Lehrwerk geni@l klick liegt der Schwerpunkt auf den drei großen Ländern, in denen Deutsch gesprochen wird. Neben Deutschland, Österreich und der Schweiz gibt es jedoch noch weitere Länder, in denen Deutsch gesprochen wird, wie z. B. in Liechtenstein, das zwischen der Schweiz und Österreich liegt.

## Arbeit mit Collagen

Collagen bieten die Möglichkeit, visuelle oder sprachliche fremdkulturelle Informationen in großer Dichte selektiv wahrzunehmen. Die S. können auf diese Weise Neues mit Vertrautem, neue Wörter und Informationen mit bereits bekannten Wörtern in der Muttersprache oder in der Fremdsprache verbinden. Die S. können sich je nach Interesse Wörter aussuchen, nachfragen und auf diese Weise individuell ihren Wortschatz erweitern.

Nicht jedes Wort in Collagen muss thematisiert oder gar gelernt werden.
Die Collagen gemeinsam mit Lernpartnern zu betrachten, erhöht den sprachlichen Lernertrag.

Die meisten Collagen in geni@l klick sind nicht nur zum Anschauen, sondern Vorlagen für die Produktion eigener Collagen in der Klasse. Eigene Collagen erhöhen die Motivation der S. und können in der Klasse aufgehängt werden, sodass darauf zurückgegriffen werden kann. So lässt sich jede Collage leicht zu einem Lernplakat ausbauen, bei dem die S. während des Kurses Hilfe finden.

Ganz konkret: Geben Sie den S. genügend Zeit, die Collagen anzuschauen und bitten Sie sie, Notizen zu der Collage zu machen, z. B. so: Das kenne ich schon. Das interessiert mich, das kenne ich noch nicht.

**4a** Erstes Hören: Hören und Lesen der Dialoge. *„Was versteht ihr?"* Sammeln und notieren der Wörter an der Tafel.
Zweites Hören: S. schreiben Begrüßungs- und Verabschiedungsformen ins Heft.

**Vorschlag:** Kopieren Sie die einzelnen Zeichnungen auf eine Folie oder projizieren Sie sie ans Whiteboard, decken Sie jeweils nur einen Teil auf und spielen Sie den dazugehörigen Dialog vor. Nachsprechen in der Gruppe.

**4b** Üben von einem eigenen Dialog in PA und freies Vorspielen vor der Klasse.
Dialogbeispiel: Sie und ein S. spielen einen Dialog vor (mit dem Namen des S.).
Gehen Sie hier auch auf die Bedeutung von „Gute Nacht" ein: Man sagt es nur, wenn man schlafen geht, kann aber in anderen Ländern auch als Gruß verstanden werden.



## Hallo, wie heißt du?

**4 Guten Tag! – Auf Wiedersehen!**

1.5 **a Hört und lest die Dialoge.**

1
- ● Hallo, ich heiße Marco, und wie heißt du?
- ○ Mein Name ist Janine.
- ● Magst du „Tokio Hotel"?
- ○ Ja, und du?

2
- ● Hallo Luise.
- ○ Guten Tag, Sophie, wie geht's?
- ● Danke, gut, und dir?
- ○ Auch gut, danke.

3
- ● Hi Olli! Echt cool hier.
- ○ Oh ja! Guten Abend, Herr Schmidt.

*Guten Morgen!*

*Guten Tag!*

*Guten Abend!*

*Gute Nacht!*

4
- ● Tschüs, Sonja.
- ○ Tschau, Frau Maier.

5
- ● Auf Wiedersehen, Herr Müller.
- ○ Auf Wiedersehen, Tom. Bis bald.

**b Spielt die Dialoge mit euren Namen.**

*Hallo, ich heiße ..., und wie heißt du?*

*Mein Name ist ...*

5 1.6

**Rudi und Lara – Dialoge hören und sprechen**

- ● Wie heißt du?
- ○ Wer, ich?
- ● Ja, du!
- ○ Ich heiße Rudolf, äh ... Rudi.
- ● Wie bitte?
- ○ Ich heiße Rudi, und du?
- ● Lara. Und wer ist das, Rudi?
- ○ Das ist Bello.
  Und wer ist das?
- ● Mieze.

**6 Wortakzent**

**a Schreibt die Wörter ins Heft.**

Bello • Schokolade • Hallo • Foto • Rudi • bitte • Lara • ist • Tschüs • Musik

1.7 **b Hört zu und markiert den Wortakzent.**

*Bello – ...*

**Wortakzent**
lang: Schokolade
kurz: bitte

**7 Das Alphabet: lesen, hören, üben ... und 1x mit Musik**

1.8

A B C D E F G H I J K L M N
O P Q R S T U V W X Y Z Ä Ö Ü

a b c d e f g h i j k l m n
o p q r s t u v w x y z ä ö ü

*Ää* heißt a-Umlaut.
*Öö* heißt o-Umlaut.
*Üü* heißt u-Umlaut.

*ß* heißt eszett.

**8 Wie bitte?**

1.9 **a Namen buchstabieren**

- ● Ich heiße Bello.
- ○ Mieze.
- ● Wie bitte?
- ○ Mieze.
- ● Kannst du das buchstabieren?
- ○ M–I–E–Z–E.
- ● Aha.

**b Schreibt 3–5 Namen. Diktiert und buchstabiert.**

*Chantal* *Jenny*
*Wolfgang* *Felix*

*Chantal.*

*Wie bitte? Kannst du das buchstabieren?*

C–H–A–N–T–A–L.



**5** Hier stellen sich die Lehrwerk-Figuren erstmals vor. Dialog hören, nachsprechen. In PA lesen.
**Variante: KV 1** mehrfach groß kopieren, zerschneiden. S. hören den Dialog und sortieren ihn in KG bei geschlossenen Büchern.

**6a** Wörter ins Heft notieren. Einführung der Markierungen: _ = langer Vokal und . = kurzer Vokal. Üben Sie diese Markierungen immer wieder an der Tafel und regen Sie die S. an, sie bei Ausspracheproblemen in ihren Heften zu benutzen.

**6b** Hören der Wörter, Markieren des Wortakzents: kurz oder lang. Vergleich im PL, dann noch einmal hören. Ziel: erste Bewusstmachung der Aussprache anhand der bisher eingeführten Wörter.
***Lösung:*** Bello – Schokolade – Hallo – Foto – Rudi – bitte – Lara – ist – Tschüs – Musik

**7** Auf der CD finden Sie hier drei Versionen des Alphabets:
Alphabet 1: Die S. hören das langsam gesprochene Alphabet und lesen mit und sprechen nach. *„Welche Buchstaben sind neu?", „Welche gibt es in eurer Sprache nicht?"*
Lesen Sie den Merkzettel am Rand vor, um die Bezeichnungen der Buchstaben ö, ä, ü, ß zu klären.
Alphabet 2: Alphabet in Liedform zum Mitsingen
Alphabet 3: Die S. hören das rhythmisch gesprochene Alphabet und versuchen anschließend den Rhymthmus nachzuahmen.

**8a** Dialog hören und in PA lesen. Neuen Satz an der Tafel notieren: *„Kannst du das buchstabieren?"*
**Eigene Produktion:** Beispiel-Dialog mit Namen von einem S. an der Tafel erarbeiten. Lesen Sie ihn mit dem S. Dann üben die S. in PA diesen Dialog mit dem eigenen Namen.

**8b** Die S. notieren 3–5 Namen auf einen Zettel. Zettel einsammeln und neu verteilen. In PA oder KG diktiert ein S. einen Namen und die anderen notieren. Dann buchstabiert der nächste ... Vergleich, ob alles richtig geschrieben wurde.

## AB zu KB-Seite 11:

**13** Nach den Aufgaben im KB auf dieser Doppelseite bietet sich Übung 13 im AB an. Hier schreiben die S. die Dialoge in der richtigen Reihenfolge, vergleichen in PA und lesen diese Dialoge.

An dieser Stelle wird deutlich, wie das Konzept der Doppelseitenspiegelung von KB und AB funktioniert: Jeder Doppelseite im KB entspricht eine dazu passende Doppelseite im AB. Detaillierte Informationen dazu finden Sie in der Einleitung des LHB. Die Spiegelung erleichtert Ihnen die Zuordnung der AB-Übungen zu den Aufgaben. Hier im LHB werden nur die Übungen didaktisiert, die Sie am besten in der Klasse machen.

**9** Wörter sammeln (*„Was kennt ihr?“*) und mit der eigenen Sprache vergleichen. Lassen Sie die Aussprache vergleichen, v. a. bei Wörtern, die dieselbe Schreibweise haben.
Rückgriff auf Bildcollage aus **1** oder neue Collage: Die S. fügen der eigenen Collage weitere Wörter und Bilder hinzu. / S. erstellen neue Collagen in Gruppen.
Im PL werden die Collagen vorgestellt.
Material: Zeitschriften, Kleber, Schere

**Vorschlag:** Wettbewerb in KG: Die S. haben fünf Minuten Zeit, so viele internationale Wörter wie möglich aus Zeitschriften zu schneiden und aufzukleben. Vergleich im PL. Gewonnen hat, wer die meisten Wörter hat.
Vergleich der deutschen Wörter mit der Muttersprache: *„Was ist gleich?“*, *„Was ist anders?“*

**10 Projekt:** Auf Plakaten erstellen die S. eine Tabelle wie im KB abgebildet.
Die S. ordnen in KG die Wörter von den Fotos der Liste zu und ergänzen diese durch eigene Wörter, die sie auf den vorhergehenden Seiten gelernt haben. Anschließend werden die Plakate in der Klasse aufgehängt und sie können immer wieder durch neue internationale Wörter, die die S. im Laufe des Unterrichts kennenlernen, ergänzt werden.
***Lösung:***
Sport: Tennis, Fußball, Golf
Musik: Musik-CDs, Oper, Konzert,
Technik: Videospiel, Computer, DVD, Video, CDs, Telefon
Essen und Trinken: Cola, Chips, Hamburger, Pizza
Filme: Drama, Kino, Video, Western, Action

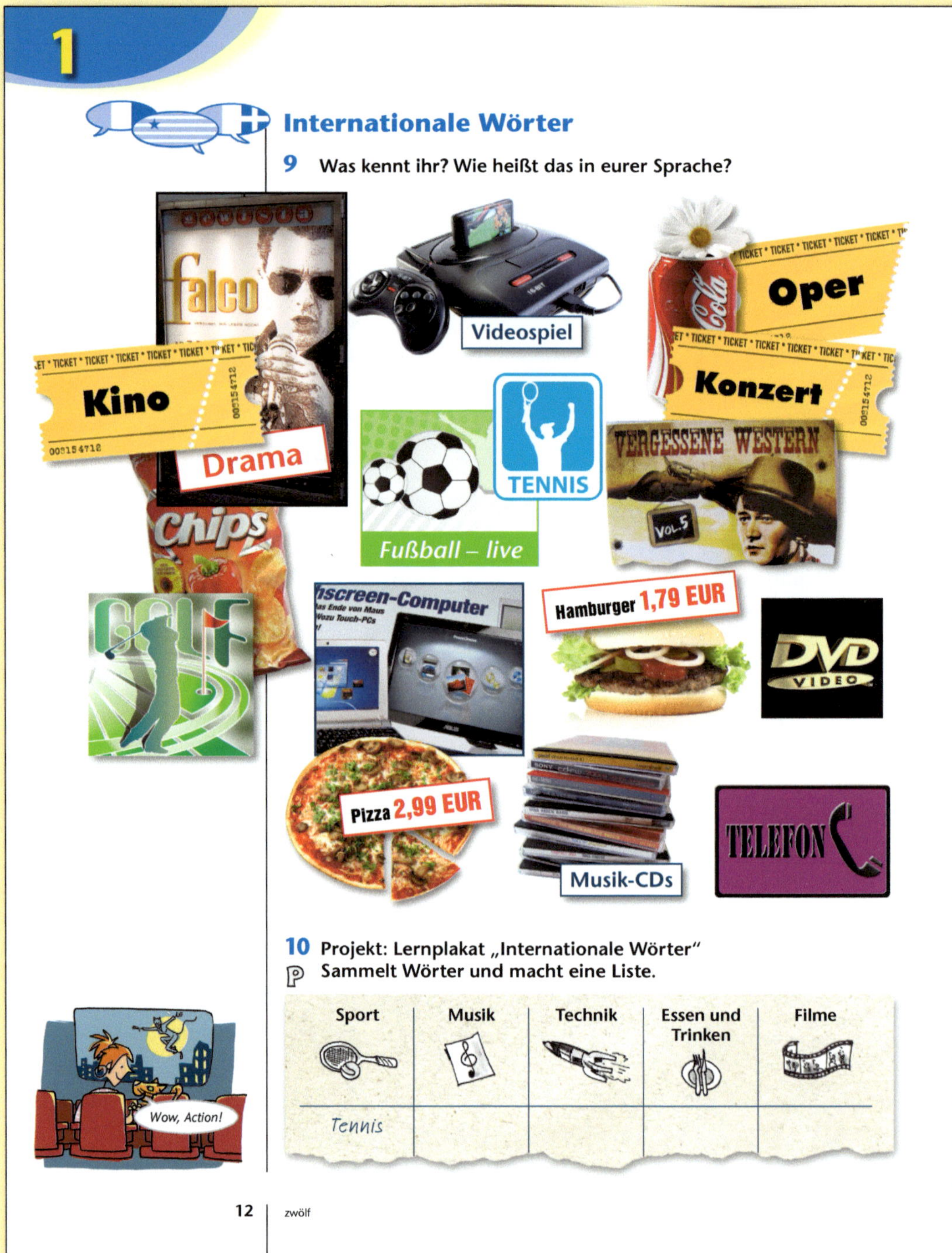

1

## Internationale Wörter

**9** Was kennt ihr? Wie heißt das in eurer Sprache?



**10** Projekt: Lernplakat „Internationale Wörter“
Sammelt Wörter und macht eine Liste.

| Sport | Musik | Technik | Essen und Trinken | Filme |
|---|---|---|---|---|
| Tennis | | | | |

12 zwölf

**11** 1 Text – 3 Sprachen

**a** Vergleicht die Texte und sucht bekannte Wörter.

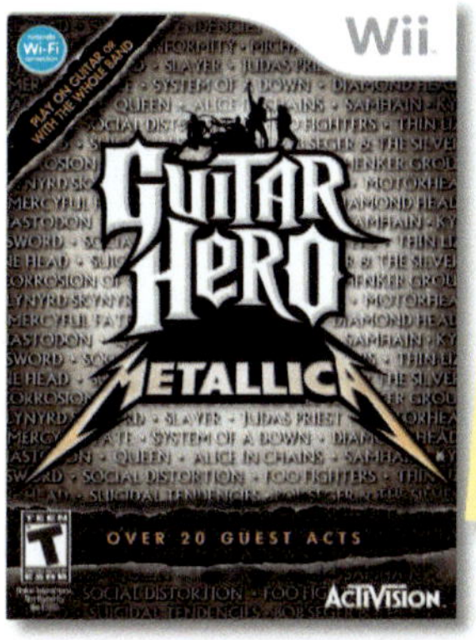


**Konzert-Tournee Metallica**

Superpünktlich zum Start der World Tour von *Metallica* erscheint das neue Musikvideospiel *Guitar Hero*. Am 6. Mai können *Metallica*-Fans im Hard Rock Café zum ersten Mal das Spiel ausprobieren. Dort trifft sich ab 12 Uhr der *Metallica*-Fanclub zum Warm-Up – und alle *Metallica*-Fans sind herzlich eingeladen.

Im neuen Teil der *Guitar Hero*-Serie erleben die Spieler die Energie einer der besten Bands aller Zeiten.

*Guitar Hero Metallica* erscheint am 22. Mai für Xbox 360, PlayStation 2, 3 und Wii.

**Metallica on Tour**

The new music video game, *Guitar Hero*, will be out just in time to coincide with the start of *Metallica's* World Tour. On May 6th, *Metallica* fans can meet in the Hard Rock Café to try out the new game. From 12.00, the *Metallica* fan club will be there to welcome all *Metallica* fans. In this new part of the *Guitar Hero* series, the players will experience first-hand the energy of one of the best bands of all time.

*Guitar Hero Metallica* will be on the shelves from May 22nd for Xbox 360, PlayStation 2, 3 and Wii.

**Tournée *Metallica***

*Le nouveau jeu musical vidéo Guitar Hero* sortira à temps pour le début de la tournée mondiale de *Metallica*. Le 6 mai, les fans de *Metallica* pourront essayer pour la première fois le jeu au Hard Rock Café. Le fanclub de *Metallica* s'y réunira à partir de midi pour un warm-up – et tous les fans de *Metallica* sont cordialement invités.

Dans la nouvelle partie de la série *Guitar Hero*, les joueurs vivront l'expérience de l'énergie de l'un des meilleurs groupes de tous les temps.

*Guitar Hero Metallica* paraîtra le 22 mai pour la Xbox 360, PlayStation 2, 3 et la Wii.

**Lerntipp**
**Internationale Wörter helfen beim Verstehen!**

**b** Welche Wörter kennt ihr? Markiert und notiert die Wörter im Lernplakat.

**Konzert-Tournee Metallica**

Superpünktlich zum Start der World Tour von *Metallica* erscheint das neue Musikvideospiel *Guitar Hero*.

| Sport | Musik | Technik |
|---|---|---|
|  |  |  |
| Tennis | Konzert Tournee | |

**12** Deutsch hören
Welche Wörter versteht ihr? Notiert.
1.10



**Lösung zu 11b:**
(zu den Wörtern in Plakat von Aufg. **10** schreiben)
Musik: Konzert, Tournee, Metallica, Fan, Fanclub, Hard Rock, Musikvideo
Technik: Wii, PlayStation, Xbox
Essen und Trinken: Café

**11a** Die S. kommentieren das Foto in ihrer Muttersprache: *„Was seht ihr?", „Was ist das?"* Globales Lesen trainieren: *„Was ist das Thema des Textes?"* Die S. lesen den deutschen Text und markieren alle bekannten Wörter (wenn die S. nicht ins Buch schreiben dürfen, kopieren Sie die Texte). Das soll den S. verdeutlichen, dass es schon viele Wörter gibt, die sie verstehen, obwohl sie noch fast kein Deutsch können. Vergleich im PL.
Dann lesen die S. auch die anderen Texte und markieren wieder alle bekannten Wörter. Vergleich der Texte untereinander in KG: *„Was habt ihr in allen Texten markiert?", „Was nicht?"*

Gespräch im PL (bei sprachhomogenen Gruppen können Sie dies auch in der Muttersprache machen): Die S. nennen Unterschiede und Gemeinsamkeiten der drei Sprachen.
Besprechen Sie nun (in der Muttersprache), worum es im Text geht. Wenn die S. vor Deutsch schon eine andere Fremdsprache gelernt haben, machen Sie den S. deutlich, dass auch die erste Fremdsprache beim Deutschlernen helfen kann.

**Sensibilisierung und Lernstrategie:** Internationale Wörter helfen beim Deutsch lernen, beim Verstehen von fremdsprachlichen Texten.

**11b** Die S. notieren alle deutschen Wörter, die sie markiert haben, in das Lernplakat aus **10**. Machen Sie den S. bewusst, wie viele deutsche Wörter sie jetzt schon gelernt haben.
***Lösung:*** s. unten

**12** Die S. hören kleine Dialoge auf Deutsch. Alle Texte zweimal hören. Notieren Sie gemeinsam mit den S. alle Wörter an der Tafel, die die S. verstehen.
***Mögliche Lösung:*** Dialog 1: City, shoppen – Dialog 2: Pizza, Eis, ja, Schokolade, Vanille – Dialog 3: o.k., Katastrophe, Mathe, Test – Dialog 4: Metallica, Band – Dialog 5: Wer ist das?, Das ist ..., Guten Abend.

## Das kann ich nach ...

Die S. bearbeiten die „Das kann ich"-Seite im KB und die Selbstevaluation im AB wie in der Einleitung zum Lehrerhandbuch beschrieben.

**Zur Erinnerung:**
KB: Die linke Spalte wird abgedeckt, die Aufgaben in der rechten Spalte werden allein oder in PA bearbeitet – und im Anschluss mithilfe der linken Spalte kontrolliert.

### Lösungen & Tipps:

**Ergänzt die internationalen Wörter**
Pizza, Champion, Hamburger, Sport, Computer/Comic, Chips
Hier können die S. weitere Wörter suchen und nennen.

**Begrüßen**
Hallo! Guten Tag! Guten Morgen! Guten Abend!

**Wer? Was? Wo?**
Wer ist das? Das ist Roger Federer.
Was ist das? Das ist Toblerone.
Wo ist das? Das ist in der Schweiz.

**Sagt die Zahlen auf Deutsch**
null – eins – vier – sechs – sieben – neun – zwölf

**Ein Wort buchstabieren**
PA: Hier buchstabiert A ein Wort, das er/sie sich vorher notiert hat, und B hört zu und schreibt es auf. Dann Wechsel.

**Einen Wortakzent markieren**
Lara – Schokolade – ist – Tschüs – Musik – Hallo!

**Mit Sprache handeln**
Die S. spielen in PA kleine Minidialoge mit all den Redemitteln, die sie in diesem Kapitel gelernt haben.

1

## Das kann ich nach Kapitel 1

| Wörter, Sätze, Dialoge | Übt zu zweit |
|---|---|
| **Internationale Wörter**<br>Pizza, Cola, Chips, Hamburger, Action, Computer, Musik, Tennis, Konzert, Sport, Western, ... | **Ergänzt die internationalen Wörter.**<br>Pi___, Cham___, Ham___, Sp___, Com___, Chi___, ... |
| **Jemanden begrüßen/verabschieden**<br>Hallo! Guten Morgen. Guten Tag. Guten Abend.<br>Auf Wiedersehen. Tschüs. Tschau.<br>Gute Nacht. | **Begrüßen**<br>H___!<br>Guten M___.<br>Guten T___!<br>Guten A___.  |
| **Fragen und antworten**<br>● Wer ist das? ○ Das ist Albert Einstein.<br>● Was ist das? ○ Das ist der BMW Z4.<br>● Wo ist das? ○ Das ist in Berlin. | **Wer? Was? Wo?**  |
| **Zahlen 0–12**<br>null, eins, zwei, drei, vier, fünf, sechs, sieben, acht, neun, zehn, elf, zwölf | **Sagt die Zahlen auf Deutsch.**<br>0 1 4 6 7 9 12 |

**Grammatik**

| Aussprache | Übt zu zweit |
|---|---|
| **Das Alphabet**<br>A B C D E F G H I J K L M N O P Q R S T U V W X Y Z<br>Ä Ö Ü | **A buchstabiert ein Wort. B schreibt.**<br>es, te, a, er, te – Start! |
| **Wortakzent**<br>Bello • Schokolade • Hallo • Foto • Rudi • bitte • Musik | **Markiert den Wortakzent.**<br>Lara • Schokolade • ist • Tschüs • Musik • Hallo! |

**Mit Sprache handeln**

**Ich kann nach Personen und Sachen fragen und antworten.**
● Hallo, ich heiße Marco, und du?
○ Ich heiße Biggi. / Ich bin Biggi.

● Wie heißt du?
○ Mein Name ist Sven.
● Wie bitte?
○ Sven.

● Wie geht's?
○ Danke, gut. Und dir?
● Auch gut, danke.

● Wer ist das?
○ Das ist Herr Schmidt.
● Aha!

**Ich kann (Leute) begrüßen und verabschieden.**
● Auf Wiedersehen, Biggi!
○ Tschüs, Marco!
● Tschau, bis bald!

● Grüezi, Rudi!
○ Servus, Lara!

**Lerntipp**
Internationale Wörter helfen beim Verstehen!

14 | vierzehn

**Ich kann ...**
- nach Informationen zu Personen fragen und antworten
- sagen, woher ich komme
- sagen, welche Sprache(n) ich spreche

2

# Die Medien-AG

Für die Medien-AG ist Film das Hobby Nummer 1. Sie filmen alles: beim Sport oder auf Partys. Sie filmen zu Hause oder in der Stadt, in den Ferien und in der Schule.
Jennifer ist die Technikerin und findet Computer toll. Mario ist ein cooler Typ. Er macht die Interviews. Die Kamerafrau ist Eva. Sie kann super filmen. Charlotte fotografiert alles und Felix kontrolliert die Lampen.

**1 Wir und die Medien**

1.11 **a Hört zu. Worum geht es? Was versteht ihr?**

**b Sehen, lesen und verstehen: Wer ist wer? Nummeriert.**

*Jennifer: Foto ...*

**2 Was ist was? Hört, lest und ordnet die Szenen zu.**

1.12

das Fußballspiel | die Party | der Schulweg | die Schule | der Park | das Abendessen

*1) die Schule 2) ...*



## Allgemeines

In diesem Kapitel lernen die S. neue Personen und ihre Hobbys kennen. Sie lernen, nach Informationen zu fragen und Informationen über Personen zu geben. Die W-Fragen werden erweitert und die Konjugation der Verben im Singular strukturiert eingeführt. Außerdem lernen die S. verschiedene Ländernamen und die Sprachen.
Darüber hinaus geht es um die Aussprache internationaler Wörter und um die Satzmelodie.

Jennifer, Mario, Eva, Charlotte und Felix sind Jugendliche der Medien-AG aus dem Begleit-Video. Dort stellen sich verschiedene Jugendliche mit ihren Hobbys vor.

**1a** Einstieg: Fotos ansehen und erstes Hören. *„Worum geht es?"*, *„Was versteht ihr?"* Vermutungen im PL sammeln und an der Tafel festhalten.
Zweites Hören: Die S. notieren Wörter, die sie verstehen. Sammeln der Wörter an der Tafel.
***Lösung:*** Die Medien-AG bereitet ein Interview vor.

**1b** Text lesen und die Namen den Fotos zuordnen.
**Alternative:** Beitrag auf dem Begleit-Video ansehen, Text lesen und Namen und die Informationen den Fotos zuordnen.
***Lösung:*** Jennifer: Foto d – Charlotte: Foto a – Eva: Foto b – Felix: Foto c – Mario: Foto e

**2** Die S. hören Geräusche und Szenen, die zu den Fotos passen. Hörtext Szene für Szene hören, nach jeder Szene stoppen und den Fotos zuordnen.
Wörter lesen und zuordnen. Unbekannten Wortschatz anhand der Fotos oder von Vorwissen klären.
***Lösung:*** 1: die Schule – 2: das Fußballspiel – 3: der Park – 4: das Abendessen – 5: der Schulweg – 6: die Party

**3a** Notieren Sie die drei Namen in Tabellenform an der Tafel: Mario, Eva, Jennifer. Die S. notieren sie im Heft. Die S. lesen die Texte und hören sie gleichzeitig von CD. Sie notieren alle Informationen zu den Personen, die sie verstehen. Vergleich im PL.

**Binnendifferenzierung:**
Die Bücher sind geschlossen. Namen an der Tafel in Tabellenform notieren, S. übertragen diese ins Heft. 1. Szene von CD (Mario) vorspielen – gemeinsam Informationen zu Mario an Tafel ergänzen. Dann restliche Szenen hören, S. ergänzen alleine. Vergleich in KG, dann im PL – danach diese Infos an der Tafel sammeln und mit den Texten im Buch vergleichen.
(Die Texte im Buch sind identisch mit denen auf der CD).

**3b** Texte lesen und die Ich-Aussagen in die Tabelle einordnen. Lösungskontrolle in ganzen Ich-Sätzen.
***Lösung:***
- Mario: Ich mag Sport. Ich fahre Ski. Ich bin 14. Ich gehe gern schwimmen. Ich spiele Tennis. Ich komme aus Stuttgart. Ich wohne in München. Ich gehe in die Klasse 8a. Ich mache gern Interviews.
- Eva: Ich spiele Gitarre. Ich mag Musik. Ich surfe und tauche.
- Jennifer: Ich bin die Technikerin. Ich arbeite am Computer. Ich gehe in die Klasse 8a.

**4** Transfer auf die Lebenswirklichkeit der S.
Zur Wortschatz-Vorentlastung: Gemeinsames Sammeln an der Tafel zum Punkt „Was magst du?" Die S. fragen sich in PA gegenseitig. Wichtig ist hier die sprachliche Produktion, nicht die Fertigkeit Schreiben.
**Alternative:** Die S. befragen mehrere S. und notieren Antworten. → Automatisierung der Strukturen.

Hinweis auf Tafelbild mit Grammatik: S. ergänzen „ich"/ „du". Im PL besprechen, woran S. erkannt haben, wo „ich" bzw. „du" eingesetzt werden muss. Weisen Sie die S. auf die Endungen hin.

2

## Hobbys von Mario, Eva und Jenny

**3** **Die Medien-AG stellt sich vor.**

1.13 **a** **Hört und lest. Was versteht ihr?**

Hallo, ich heiße Mario Neumann. Ich bin 14 und komme aus Stuttgart und wohne jetzt in München. Ich gehe ins Elsa-Brändström-Gymnasium, in die Klasse 8a. Ich mag Sport: Ski fahren, Tennis spielen, und ich gehe gern schwimmen. Ach ja, ich mache gern Interviews. Schaut mal.

Mein Name ist Eva Schmidt. Ich bin auch in der Medien-AG. Ich mag Musik. Ich spiele Gitarre, ein bisschen Klavier. Ich kann surfen und tauchen. Ja, und ich filme gern.

Ich bin Jennifer Fischer. Meine Freunde nennen mich Jenny. Ich bin auch in der Klasse 8a. Ich bin die Technikerin in der Medien-AG. Ich bearbeite die Videos am Computer. Sport mag ich nicht.

**b** **Wer sagt was? Lest die Texte noch einmal und ordnet die Informationen.**

| *Mario Neumann* | *Jennifer Fischer* | *Eva Schmidt* |
| --- | --- | --- |
| *Ich mag ...* | *Ich bin die Technikerin.* | *Ich spiele ...*<br>*Ich ...* |

~~... bin die Technikerin.~~ • ... fahre Ski. • ... mag Musik • ... bin 14. • ... gehe gern schwimmen. • ... surfe und tauche. • ... spiele Tennis. • ... arbeite am Computer. • ... spiele Gitarre.• ... komme aus Stuttgart. • ... wohne in München. • ... gehe in die Klasse 8a. • ... mag Sport. • ... mache gern Interviews.

**4** **Fragt und antwortet zu zweit.**

| | |
| --- | --- |
| Wie heißt du? | Ich heiße ... |
| Wo wohnst du? | Ich wohne in ... |
| Was magst du? | Ich mag ... |
| Magst du Sport? | Ja. / Nein! |

*„Ich" oder „du"?*
*▒ heiße Peter.*
*Wohnst ▒ in Deutschland?*
*Wo wohnst ▒?*
*▒ spiele Gitarre.*

16 sechzehn

**Video zu KB Aufg. 3**
Teil 1, Szene 1 (Die Medien-AG stellt sich vor): Die Übung 2 im Videotrainer (AB) bietet sich zur Wiederholung der Vorstellung der Jugendlichen nach Aufgabe **3** im KB an. Denken Sie daran, dass Sie den Film auch – über die Steuerung Ihres Videoplayers – mit Untertiteln sehen können.

**Information: AG**
AG bedeutet Arbeitsgemeinschaft. AGs sind Aktivitäten, die außerhalb des Unterrichts stattfinden und an denen die S. freiwillig teilnehmen können.

**Elsa Brändström:**
1888 in Sankt Petersburg als Kind schwedischer Eltern geboren. Aufwachsen in Schweden; 1908 zurück nach Russland.
1914: Erleben des Ausbruchs des 1. Weltkrieges in Russland → freiwillige Meldung als Militär-Krankenschwester.
1915: Reise für das schwedische Rote Kreuz nach Sibirien, um dort deutsche Kriegsgefangene medizinisch zu versorgen.
Nach Ende des Ersten Weltkrieges weitere Betreuung von Gefangenen, die in Sibirien bleiben mussten.
Nachdem die Gefangenen nach Deutschland heimgekehrt waren, gründete sie in Deutschland ein Sanatorium für die ehemaligen Gefangenen und ein Heim für deren Kinder.
Nach der Machtübernahme Hitlers floh sie mit ihrer Familie in die USA. Dort starb sie 1948.

**5** **Projekt: „Ich-Texte"**
P Macht ein Plakat wie im Beispiel.

**6** **Das ist Charlotte.**

**a Lest die zwei Texte, vergleicht die Verben und ergänzt die Regel im Heft.**

*Ich heiße Charlotte. Ich wohne auch in München. Ich fotografiere gern. Ich mag Musik und ich spiele Fußball.*

*Sie heißt Charlotte. Sie wohnt auch in München. Sie fotografiert gern. Sie mag Musik und sie spielt Fußball.*

**Regel**
Bei „ich" kommt ___,
bei „er/es/sie" kommt ___.
⚠ Bei „du" kommt *-st*.

**b Lest die Tabelle. Ergänzt Beispiele an der Tafel.**

| | | | | |
|---|---|---|---|---|
| wohn\|en | → | ich wohn\|e | du wohn\|st | Jenny (sie) wohn\|... |
| komm\|en | → | ich komm\|... | du komm\|st | Mario (er) komm\|t |
| spiel\|en | → | ich spiel\|... | du spiel\|st | er/sie spiel\|... |
| heiß\|en | → | ich heiß\|... | du heiß\|t | er/sie heiß\|... |
| ⚠ mögen | → | ich mag | du mag ___ | er/sie ___ |
| ⚠ sein | → | ich bin | du bist | er/sie ist |

G ⊃9, 10

**Verben**
Verbstamm | Endung

**c Mit Regeln arbeiten. Ergänzt die Dialoge 1–4.**

1 ● Wohnst du in Berlin?
○ Nein, ich wohn___ in Bern.
● Aha, wohn___ Sabrina auch in Bern?
○ Nein, sie wohn___ in Zürich.

2 ● Spielst du Gitarre oder Klavier?
○ Ich spiel___ Klavier. Aber der Musiklehrer spiel___ Gitarre.

3 ● Bist du in der Klasse 7a?
○ Nein, ich b___ in der Klasse 7b.
● Und Mario?
○ Er ___ in der Klasse 8a.

4 ● Wie alt ___ Ginger?
○ Er ___ zwei Jahre alt.
● Und du? Wie alt bist du?

1.14 **d Kontrolliert mit der CD.**

**e Spielt die Dialoge zu zweit.**



**5 Projekt:** Zur Vorbereitung bringt jeder S. mindestens ein Foto von sich mit.
Material: ein DIN-A3-Plakat für jeden S. Dort stellen sich S kreativ vor: malen, schreiben etc.
**Weitere Vorschläge:** s. unten.

**6a** Vergleichendes Lesen: Lesen beider Sprechblasen und Vergleich der Verben. Frage: *„Wer spricht?"*. Damit gehen Sie auf die unterschiedliche Perspektive ein. Die S. notieren die Regel im Heft. ***Regel:*** Bei „ich" kommt *-e*, bei „er/es/sie" kommt *-t*.

**Mehrsprachigkeit:** Fragen Sie im PL, wie es in den Muttersprachen der S. ist, und machen Sie deutlich, dass es in den meisten Sprachen verschiedene Endungen für die Personen gibt. Weisen Sie darauf hin, dass man im Deutschen immer das Pronomen nennen muss.

**6b** Tabelle ansehen und Formulierung von Regelmäßigkeiten.

**Visualisierung der Verben:** Die Verben immer in einem Oval darstellen. So lassen sich Präfixe, Suffixe, Stamm und auch trennbare Verben präsentieren.

**Erarbeitung der Konjugation:** Beginnen Sie mit einem Verb an der Tafel (z. B. „wohnen"; in einem Oval darstellen). Dann notieren Sie darunter „ich wohn-" (in einem abgeschnittenen Oval darstellen) und lassen die Endung (in dem Restoval) von S. ergänzen. So entwickeln Sie die Konjugation. Fahren Sie analog mit weiteren Verben fort. Abschließend sehen sich die S. die Tabelle im Buch an.

**6c–d** In PA Ergänzen der Endungen. Kontrolle der Lösung mit CD. ***Lösung:*** 1: wohne, wohnt, wohnt – 2: spiele, spielt – 3: bin, ist – 4: ist, ist

**Binnendifferenzierung:** Schwächere Lerngruppen: Zuerst Abspielen der CD, dann Ergänzen der Endungen in PA etc.

**6e** In PA Dialoge spielen. Achten Sie auf die Intonation der S.
**Vorschlag:** S. lernen 1–2 dieser Dialoge auswendig, damit sie sich auf die Intonation und Melodie konzentrieren können.

**Weitere Vorschläge zu 5:**
S. gestalten ihr Plakat mit Bildern aus Zeitschriften/Postkarten/Fotos etc. und notieren Sätze. Alle Plakate im Raum unter dem Motto „Unser Deutschkurs" aufhängen. Lesen der Plakate.
**Variante:** Die S. notieren die Ich-Sätze auf Haftzetteln. Daraus ergeben sich mehrere Möglichkeiten zur Binnendifferenzierung: Zuordnen der eigenen Infos, Zuordnen der Infos von Mitschülern, mündliches Beschreiben der Fotos ohne Haftzettel.

## AB zu KB Aufg. 6c

**5b** Nachdem die S. die Dialoge ausgefüllt und verglichen haben, bietet es sich an, sie die Dialoge in PA sprechen zu lassen. Das trainiert die Aussprache und dient der Automatisierung der Strukturen.

**7a–b** Flaggen ansehen, in KG den Ländern zuordnen. Machen Sie zuerst ein Beispiel im PL. Kontrolle und Korrektur mit der CD.
**Vorschlag:** Wettbewerb: *„Welche Kleingruppe hatte am meisten Flaggen und Länder richtig?"*
***Lösung:*** A: Deutschland – B: Griechenland – C: die Schweiz – D: Italien – E: Albanien – F: Kenia – G: Russland – H: Polen – I: Frankreich – J: Kanada – K: Österreich – L: Ungarn – M: die Türkei – N: China – O: die USA – P: Brasilien – Q: Japan – R: Spanien

**Mehrsprachigkeit:** *„Wie heißen die Länder in eurer Sprache?"* Viele der Ländernamen sind in den unterschiedlichen Sprachen ähnlich.

**7c** Wortakzente: CD hören und mit richtiger Betonung nachsprechen. *„Welche Buchstaben/Laute werden lang, welche kurz gesprochen?"*
Wiederholung der Markierungen für lange und kurze Vokale, die schon in Kapitel 1/Aufgabe 6 eingeführt wurden.

**8a** **1. Schritt:** Sprachsensibilisierung: Foto ansehen und Sprechblasen lesen. S raten, woher die Schüler kommen. *„Woher kommen die Schüler?"* Hinweis auf die Struktur auf dem Merkzettel. *„Welche Wörter erkennt ihr?"*

**Mehrsprachigkeit:** Sammlung von internationalen Wörtern aus den Sprechblasen an der Tafel. Beispiele: sport – interesso – tecnica – diszkóba – tele.

**2. Schritt:** Frage an der Tafel: Welche Sprache spricht ... (Pedro/Ágotá etc.)? Die S. antworten mithilfe des Buches. *„Wie habt ihr die Sprache erkannt?"*
***Lösung:***
Dagmara: Polen, Polnisch
Paolo: Italien, Italienisch
Pedro: Spanien, Spanisch
Ágotá: Ungarn, Ungarisch

Um die eigene Erfahrung der S. einzubeziehen, gegenseitiges Fragen der S. *„Welche Sprachen kannst du sprechen, verstehen, lesen?"* Schreiben Sie diese Fragen an die Tafel, beziehen Sie bewusst auch das Verstehen und Lesen mit ein, um mehr Erfolg zu ermöglichen. Helfen Sie bei neuen Sprachen und halten Sie sie an der Tafel fest.
Sind in Ihrem Land Dialekte identitätsstiftend, beziehen Sie auch diese mit in die Diskussion ein. Ziel dieser Aufgabe ist es, den S. deutlich zu machen, was sie schon alles können und welche Hilfen sie durch diese Mehrsprachigkeit haben.

**8b** Transfer auf die eigene Lebenswirklichkeit der S.
**Sprachheterogene Gruppen:** Fragen Sie die S.: *„Woher kommst du?"* S., die nicht aus Deutschland kommen, äußern kurze Aussagen in ihrer Muttersprache (wie im Beispiel **8a**). Die anderen raten, was gesagt wurde.
**Sprachhomogene Gruppen:** Fragen Sie S.: *„Habt ihr Freunde aus anderen Ländern?"* Sammlung der Länder und Sprachen an der Tafel.
**Erweiterung:** Bringen Sie Fotos von verschiedenen berühmten Personen mit, die Ihre S. kennen. Fragen Sie: *„Woher kommt die Person/...?"*, *„Welche Sprache spricht sie/...?"*

**AB zu KB Aufg. 7:**
**9d** Die S. notieren 2–3 Länder auf einem Zettel. Dann arbeiten sie in PA: A buchstabiert die Länder und B schreibt den Namen auf. Vergleich der Rechtschreibung. Dann Wechsel.

---

2

## Eine Klasse – viele Länder

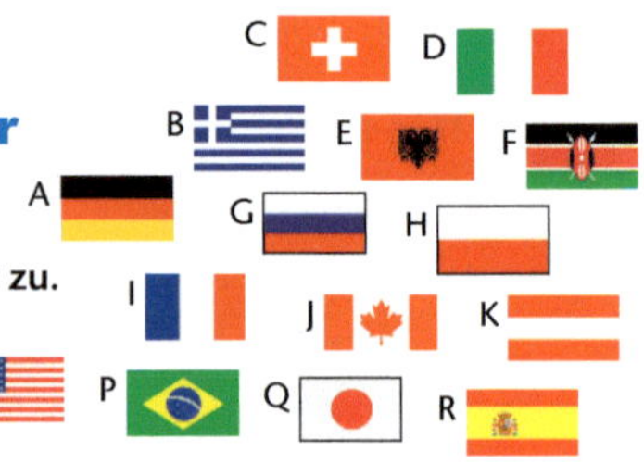

**7** Flaggen und Länder

**a** Was passt zusammen? Ordnet zu.

Spanien – Japan – Polen – Deutschland – die Türkei – Kanada – die Schweiz – die USA – China – Kenia – Russland – Frankreich – Albanien – Österreich – Ungarn – Griechenland – Brasilien – Italien – ...

1.15 **b** Kontrolliert mit der CD.

1.16 **c** Hört die Ländernamen, sprecht nach und achtet auf die Betonung.

**8** Sprachen und Länder

**a** Woher kommen die Schüler?

Er/Sie kommt ...
aus Spanien
aus Ungarn
aus Italien
aus Polen
aus der Schweiz
aus der Türkei
aus dem Iran
aus den USA

| | | |
|---|---|---|
| Paolo / Ágotá / Dagmara / Marco | spricht | Spanisch / Ungarisch / Italienisch<br>Polnisch / Deutsch / Französisch<br>Türkisch / Englisch / ... |

**b** Deine Klasse – Wie viele Länder? Wie heißen sie auf Deutsch?

## Gleich oder anders?

**9** **Aussprache international**

1.17 **a Hört zu und vergleicht die Wörter. Wie sagt man das auf …? Ordnet zu.**

1. Musik 3. musique
2. music 4. musica

a. Englisch b. Italienisch c. Französisch d. Deutsch

1.18 **b Hört zu und sprecht die Wörter laut.**

Telefon Computer Tennis Restaurant Pizza Gitarre
Banane Schule Film Gruppe Klasse Foto

**10** **Satzmelodie**

1.19 **a Hört zu und sprecht Dialoge wie im Beispiel.**

Ich fahre gern Ski. Und du? Ich auch. Ich nicht.

1. Ich spiele gern **Tennis**. Und **du**?
2. Ich höre gern **Musik**. Und **du**?
3. Ich spiele **Klavier**. Und **du**?
4. Ich wohne in der **Schweiz**. Und **du**?
5. Ich bin **zwölf**. Und **du**?

**b Schreibt und spielt eigene Dialoge.**

**11** **Antworten üben**

1.20

neunzehn | 19

**9a** Visualisierung von unterschiedlichen Wortakzenten:
Oft sehen Wörter, vor allem internationale, in verschiedenen Sprachen zwar ähnlich aus, werden aber anders ausgesprochen oder betont.
S. hören das Wort „Musik" in den verschiedenen Sprachen und ordnen die Sprachen zu. Diese Aufgabe soll von Anfang an helfen, Interferenzen – falsche Übertragungen bei der Aussprache – zu vermeiden.
***Lösung:*** 1d – 2a – 3c – 4b

**9b** Die S. hören nun weitere deutsche Wörter und sprechen nach. Sprechen Sie die Wörter noch einmal übertrieben betont vor und lassen Sie die S. auch genauso übertrieben betont nachsprechen.
**Vorschlag:** S. gestalten diese Wörter nach dem Hören visuell wie in **9a**, um die Wortaktzente im Schriftbild darzustellen.

**10a** Einführung der Satzmelodie: Hören des Beispielsatzes und nachsprechen. Gemeinsame Reflexion: *„Wie läuft die Melodie bei Aussagen? Wie bei Fragen?"*
Dann in PA die weiteren Sätze korrekt sprechen, schnellere Schüler üben mit eigenen Sätzen mündlich weiter.

**10b** Eigene Produktion: Die S. schreiben in PA kleine Dialoge, üben die Satzmelodie und sprechen die Dialoge in der Klasse vor.

**11** Üben der Betonung
1. Hören: Beispieldialog hören.
2. Hören: S. verdeutlichen die Satzakzente, indem sie auf den Tisch klopfen.
Die S. stellen sich in PA die drei Fragen. Der S., der antwortet, markiert den Satzakzent, indem er mit der flachen Hand auf den Tisch klopft.
**Variante:** Die S. fragen unterschiedliche Mitschüler, nicht nur einen.

### Lehrtipp Aussprache:

Von Anfang an sollten die S. möglichst deutlich und verständlich artikulieren. Lassen Sie die S. auch in späteren Phasen immer wieder Sätze und Phrasen laut und mit der richtigen Intonation wiederholen und benutzen Sie die visuellen Hilfen (Pfeile, Punkte und Striche) als Merkhilfen. Verständnisprobleme entstehen oft nicht durch grammatische Fehler, sondern dadurch, dass der Sprecher aufgrund seiner Aussprache nicht verstanden wird. Um diesem vorzubeugen, ist es wichtig, von Anfang an viele Ausspracheübungen anzubieten und die Aussprache konsequent zu wiederholen. Insbesondere kleine Dialoge eignen sich für weitere Trainings. Dabei sollen S. nicht vom Blatt ablesen, sondern frei und betont sprechen.

**12** Rap zu W-Fragen: Lied vorspielen und S. singen mit. S sammeln die fünf W-Fragen aus dem Lied und beantworten sie gegenseitig.
***Lösung:*** Was ist das? (Deutsch) – Wie heißt sie? (Ruth) – Wer ist er? (Paul) –- Wo liegt Bern? (Schweiz) – Woher kommt er? (Wien)
**Variante:** Kopieren Sie **KV 2** groß und zerschneiden Sie sie. Teilen Sie die Klasse in KG von fünf bis sechs S. Jeder S. der KG erhält eine Frage und eine Antwort (beim Verteilen darauf achten, dass diese nicht zusammenpassen). Je ein S. liest seine Frage vor, wer die Antwort hat, antwortet.

**13** PA: Ein S. fragt, der andere S. dreht das Buch um, hört zu, sucht die richtige Antwort und antwortet.

**Binnendifferenzierung:** Den schwierigeren Teil hat der S., der zuhört und die richtige Antwort finden muss.

***Lösung:*** 1d – 2g – 3f – 4a – 5c – 6e – 7b

**14** Spielerisches Üben der W-Fragen: Den Beispieldialog hören, damit das Konzept klar ist: S. wählen aus den Möglichkeiten zu den Fragen 1–5 je ein Wort aus und notieren es.
Dann PA: A beginnt und stellt eine Frage, B antwortet wie im Beispiel nur mit dem Anfangsbuchstaben des Wortes, das er/sie sich notiert hat. A rät, bis er/sie das von B notierte Wort gesagt hat. Dann wird gewechselt.



## Wer, was, wie, wo, woher?

G 1

**12** Der www-Rap – Hört zu und singt mit.

1.21

Wer, was, wie, wo, woher?
Das ist doch nicht so schwer.
Was, was? Was ist das?
Das ist Deutsch und Deutsch macht Spaß.

Wie, wie? Wie heißt sie?
Sie heißt Ruth und sie fährt Ski.
Wer, wer? Wer ist er?
Er heißt Paul und liebt sie sehr.

Wo, wo? Wo liegt Bern?
In der Schweiz, da bin ich gern.
Woher, woher? Woher kommt er?
Er kommt aus Wien, da kommt er her.

**13** Die Medien-AG: W-Fragen zuordnen und vorlesen.

1. Wo wohnt Mario?
2. Was mag Mario?
3. Wer spielt Gitarre?
4. Wer ist die Technikerin?
5. Wer fotografiert gern?
6. Was spielt Charlotte?
7. Wer ist zwei Jahre alt?

a) Jenny ist die Technikerin.
b) Ginger ist zwei Jahre alt.
c) Charlotte fotografiert gern.
d) Mario wohnt in München.
e) Sie spielt Fußball.
f) Eva spielt Gitarre.
g) Mario mag Sport.

**14** Ich wohne in M...! Stellt Fragen und antwortet wie im Beispiel.

1.22

Wo? ... in ...
Woher? ... aus ...

*Wo wohnst du?*
*Ich wohne in M!*
*In München?*
*Nein.*
*In Madrid?*
*Ja, genau!*

**1. Wo wohnst du?**
Ich wohne in: Berlin, München, Genf, Rom, Madrid, London, Wien, Bern, Luzern

**2. Woher kommst du?**
Ich komme aus: Deutschland, Italien, der Schweiz, Österreich, dem Iran, Spanien, England

**3. Wie heißt du?**
Ich heiße: Anna, Karin, Boris, Ulla, Michael, Hans, Karim, Michaela, Beate, Angela

**4. Was magst du?**
Ich mag: Tiere, Rap, Tennis, Computer, schwimmen, Pizza, Porsche, Cola

**5. Was kannst du?**
Ich kann: Gitarre spielen, Spaghetti kochen, Musik machen, Englisch sprechen, surfen, tauchen, Ski fahren, filmen

20 zwanzig

## Eine Mail von Anne

**15 Informationen zu W-Fragen finden**

Wie heißt sie? (Name) Wie alt ist sie? (Alter)
Wo wohnt sie? (Stadt) Woher kommt sie? (Land)

Was kann sie? (Sprache, Instrument)
Was mag sie? (Sport, Musik, …)

An: m.martine@donx.es
Betreff: Das bin ich!

Ich heiße **Anne Levin** und ich bin 14. Ich wohne in Wien, das ist in Österreich.
Ich gehe in ein Gymnasium. Ich kann Deutsch, Englisch und ein bisschen Französisch.

Ich habe viele Hobbys. Ich spiele Gitarre und ich schwimme gern.
Ich habe einen Hund. Er heißt Freddy und ist sehr lieb.
Ich mag Rap aus Amerika. Das ist cool. Und ich liebe Mangas.

Meine Freundin heißt Tanya. Sie geht auch in das Albert-Einstein-Gymnasium, in meine Klasse.
Bitte schreib mal!

Liebe Grüße
von Anne

**16 Antwortet Anne und schreibt eine eigene E-Mail.**

**a Notiert wichtige Ausdrücke aus der Mail von Anne.**

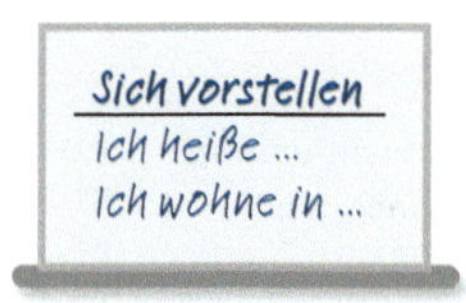


**b Schreibt die Mail.**

Liebe Anne,
Ich heiße … Ich bin … Ich wohne in …



### AB zu KB Aufg. 15

**13b/c Projekt-Vorschlag zu KB S. 21:** S recherchieren im Internet zu ihrem Star. Anfertigung einer Collage / eines Plakates. Vorstellen ihres Stars in der Klasse. Aufhängen der verschiedenen Plakate. Das fördert die Motivation der S.

### AB zu KB Aufg. 16

**14 als Binnendifferenzierung:** Diese Übung kann als Vorbereitung auf die freie schriftliche Produktion bei KB **16b** genutzt werden. S sortieren die Mail und haben so ein Beispiel für die Antwort.

**15 „Schnüffelstrategie" =** selektives Leseverstehen: Ziel ist nicht das Verstehen aller Einzelheiten, sondern das selektive Suchen von Informationen. Für die Auswahl der Informationen ist es hilfreich, mit den angegebenen W-Fragen zu arbeiten. Besprechen der W-Fragen im PL. Text lesen und S. machen Notizen. Die Aufgabe ist gelöst, wenn die W-Fragen beantwortet sind. Ergebnisse mündlich in der Klasse sammeln.
***Lösung:*** Wie heißt sie? Anne Levin – Wo wohnt sie? in Wien – Wie alt ist sie? 14 – Woher kommt sie? aus Österreich – Was kann sie? Deutsch, Englisch, Französisch, Gitarre (spielen) – Was mag sie? schwimmen, Rap, Mangas

**16a** Vorbereitung der schriftlichen Produktion: S. notieren sich wichtige Ausdrücke aus der Mail von Anne ins Heft, die sie auch für weitere Mails benutzen können.
**Redemittel-Beispiele:**
- sich vorstellen: Ich heiße …, Ich wohne …, Ich gehe …
- ich mag: Ich habe …, Ich … gern, Meine Freundin …
- Mailausdrücke: Bitte schreib mal. – Liebe Grüße von …

**16b** S. schreiben eine Mail an Anne in ihr Heft. Dann tauschen sie die Hefte aus und korrigieren sich gegenseitig: Geben Sie ein Kriterium vor, damit sich die S. darauf konzentrieren (z. B. Rechtschreibung/Wortstellung/Wortwahl). Dann korrigieren die S. ihre eigene Mail als HA zu einem anderen Aspekt. Zum Schluss korrigieren sie die Mails. Einige S. lesen die Mails im PL vor.
**Vorschlag:** Wenn die S. Lust haben, schreiben sie die Mail zu Hause am Computer und bringen sie mit. Dann werden die Mails aufgehängt und von allen gelesen. So lernen sich die S. besser kennen.
Sollten Ihre S. keine Möglichkeit haben, die Mails am PC zu schreiben, können sie sie auch auf buntes Papier schreiben und dann im Unterrichtsraum aufhängen.

## Das kann ich nach …

Die S. bearbeiten die „Das kann ich"-Seite im KB und die Selbstevaluation im AB wie in der Einleitung zum Lehrerhandbuch beschrieben.

**Zur Erinnerung:**
KB: Die linke Spalte wird abgedeckt, die Aufgaben in der rechten Spalte werden allein oder in PA bearbeitet – und im Anschluss mithilfe der linken Spalte kontrolliert.

### Lösungen & Tipps:

**1 Name, 5 Hobbys**
Hier nennen sich die S. gegenseitig mindestens fünf Hobbys.

**2 Fragen, 2 Antworten**
Die S. formulieren abwechselnd Fragen und Antworten.

**Andere Verben**
spielen: ich spiele, du spielst, er/es/sie spielt
sein: ich bin, du bist, er/es/sie ist
kommen: ich komme, du kommst, er/es/sie kommt
lernen: ich lerne, du lernst, er/es/sie lernt
…

**Wie heißt die Frage?**
Woher kommst du?
Wer ist das?
Wie heißt du?
Wo wohnst du?

**10 Ländernamen richtig sprechen**
Hier sollen die S. v. a. auf den Akzent achten. Wenn ihnen keine zehn Länder einfallen, können sie noch einmal bei Aufgabe **7** nachsehen.

**Satzmelodie**
Die S. formulieren mithilfe der Vorgaben Aussagesätze oder Fragen, z. B.:
Ich esse gern Pizza. Du auch? – Ja, ich liebe Pizza.
Ich fahre gern Rad. Und du? – Ich nicht.
Ich spiele gern Fußball. …

**Mit Sprache handeln**
Hier üben die S. noch einmal, sich vorzustellen. Dazu können sie ihre Ich-Texte zuhilfe nehmen. Außerdem fragen sie nach Informationen und antworten.

2

## Das kann ich nach Kapitel 2

| Wörter, Sätze, Dialoge | Übt zu zweit |
|---|---|
| **Freizeit/Hobbys**<br>Sport: Surfen, Schwimmen, Fußball<br>Musik: Klavier, Gitarre,<br>Sprachen: Deutsch, Englisch, Russisch, …<br>Medien: Kamera, Computer, Internet | **1 Name, 5 Hobbys**<br>Tom: Tennis, … |
| **… du?** / **Ich …**<br>Wie heißt du? – Ich heiße …<br>Wo wohnst du? – Ich wohne in …<br>Woher kommst du? – Ich komme aus …<br>Magst du (Sport)? – Ja. / Nein, ich mag …<br>Kannst du das buchstabieren? | **2 Fragen, 2 Antworten**<br>Wie …?<br>Wo …?<br>Woher …?<br>Magst …?<br>Kannst …? |

| Grammatik | Übt zu zweit |
|---|---|
| **ich, du, er, sie**<br>wohnen: ich wohne, du wohnst, er/sie wohnt<br>kommen: ich komme, du kommst, er/sie kommt | **Andere Verben**<br>spielen: ich spiele, du spielst, …<br>sein: ich bin, du bist, … |
| **W-Fragen**<br>Was magst/kannst du?<br>Wo wohnst du?<br>Woher kommst du?<br>Wie heißt du?<br>Wer ist das? | **Wie heißt die Frage?**<br>Aus der Schweiz.<br>Das ist Bello.<br>Alexander.<br>In Berlin. |

| Aussprache | Übt zu zweit |
|---|---|
| **Wortakzent: Länder**<br>Polen, Italien, Russland, … | **10 Ländernamen richtig sprechen**<br>Spanien |
| **Satzmelodie**<br>Ich fahre gern Ski. ↘ Und du? ↗ | **Satzmelodie – Sprecht Sätze.**<br>esse / Pizza<br>fahre / Rad<br>spiele / Fußball<br>lerne / Deutsch<br>höre / Musik<br>Ich esse … |

**Mit Sprache handeln**

| Ich kann nach Informationen fragen und antworten. | | Ich kann über mich sprechen. |
|---|---|---|
| ● Wer ist das?<br>○ Das ist … | ● Was kann/mag …<br>○ Er/Sie … | Ich komme aus …<br>Ich wohne in …<br>Ich spreche …<br>Ich … |
| ● Woher kommt Timo?<br>○ Timo kommt aus … | ● Wo wohnt …? | Und du?<br>Ich auch.<br>Ich nicht. |

„Schnüffeln"
Selektives Lesen mit W-Fragen:
Wer? Wie? Wo? Was? Woher? …

22 zweiundzwanzig

Als Sprechimpuls bietet es sich an, Fotos von bekannten Persönlichkeiten aus der Lebenswelt der S. mitzubringen.

Ich kann ...
• Schulsachen und Gegenstände in der Klasse nennen
• einfache Fragen stellen und auf Fragen antworten
• etwas verneinen

3

# Mein Schulalltag

**1 Ein Puzzle**

**a Was ist was? Ordnet zu.** *B ist das Plakat.*

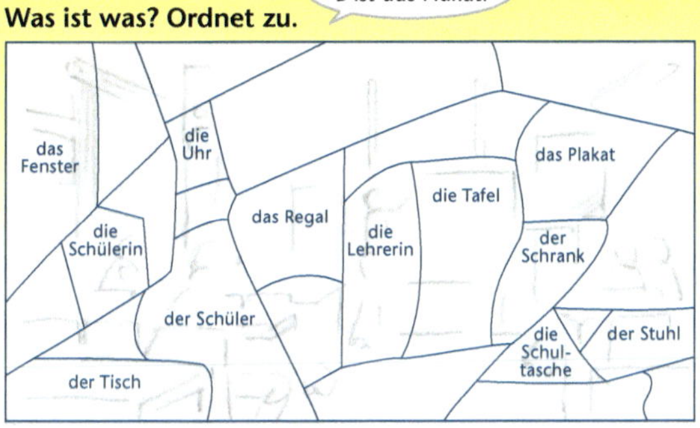


**b Sammelt noch mehr Wörter.** *Wie heißt das auf Deutsch?*

*Heft, das Heft.*

1.23 **c Hört zu und notiert Wörter zum Thema „Klassenzimmer".**

dreiundzwanzig | 23

**Vorschlag zu 1a:**
Kopieren und vergrößern Sie von **KV 3** für mehrere KG die Skizze des Klassenraums und schneiden Sie die Foto-Puzzleteile aus. Die S. legen die Puzzleteile in KG auf die Skizze. Wenn sie alles richtig gemacht haben, erscheint das komplette Foto. Anschließend notieren S. in den KG alle Wörter der Gegenstände auf dem Foto ins Heft. Haben sie alle behalten? Selbstkontrolle mit der Skizze unter den Fotos.

**Vorschlag zu 1b:**
S. notieren die Wörter mit Artikel auf Kärtchen; auf die Rückseite wird die Vokabel in der Muttersprache geschrieben. Die Kärtchen werden an den Gegenständen befestigt. Auf diese Weise entsteht eine Lernlandschaft. Am Ende der Stunde können die S. die Karten wiederholen, indem sie die Seite mit den Vokabeln in der Muttersprache nach oben drehen und kontrollieren, ob sie die deutsche Vokabel noch wissen. Bei Schwierigkeiten können Sie sie buchstabieren.

**Spielerisches Üben des Wortschatzes:** Die Wortkärtchen sind im Klassenraum verteilt. 2–3 S. gehen aus dem Klassenraum. Die anderen verändern die Position von fünf Kärtchen. Die 2–3 S. kommen wieder herein, finden die Fehler und kleben die Kärtchen an die richtige Stelle.

## AB zu KB Aufg. 1

**1** Als Wiederholung und Festigung von Aufgabe **1a** ordnen die S. auch hier im AB die Wörter noch einmal den Fototeilen zu.

## Allgemeines

In diesem Kapitel lernen die S. das Wortfeld „Schulsachen" kennen und erhalten Tipps zum Lernen neuer Wörter, speziell im Bereich Artikel + Nomen. Mit dem neuen Wortschatz wird die Aussprache, v. a. der Wortakzent, trainiert und die S. lernen erste Komposita kennen.
Hinsichtlich der Grammatik werden die Fragesätze um die Ja-/Nein-Frage erweitert. Dabei werden die neu auftretenden Satzbaumuster kenntlich gemacht und die S. versprachlichen dies direkt im Kontext. Ein weiteres grammatisches Thema sind der unbestimmte Artikel und „kein/-e" im Nominativ.

**1a** Die S. sehen sich die Puzzleteile an und ordnen sie den Wörtern in der Skizze unten zu. Dann benennen sie in KG die Gegenstände auf den Fotos.
Beispiel: Fragen Sie (oder ein S.): *„Was siehst du bei N?"* Antwort von S.: *„N ist die Lehrerin./Keine Ahnung."* (wenn S. es nicht zuordnen können).
**Sprachhomogene Gruppen:** Sie fragen: *„Wie heißt ‚die Lehrerin' auf ...?"* (hier die Muttersprache einsetzen) S. suchen das passende Foto zum Wort und sagen die Antwort in der Muttersprache.
***Lösung:*** B: Plakat – C: Regal – I: Schultasche – K: Fenster – L: Tisch – N.: Lehrerin – S: Schülerin – T: Uhr – V: Schüler – W: Schrank – X: Stuhl – Y: Tafel
**Vorschlag:** s. unten

**1b** Im PL weitere Wortschatzsammlung.
Fragen an der Tafel: *„Wie heißt das auf Deutsch?", „Was ist das deutsche Wort für ...?", „Was heißt ... auf Deutsch?"*
Die S. zeigen auf Gegenstände, die sie interessieren, und ein S. oder Sie antworten. Notieren Sie alle neuen Wörter an der Tafel.
**Vorschlag:** s. unten

**1c** S. hören die CD und notieren alle Wörter zum Thema „Klassenzimmer". Ggf. mehrfach hören, dann im PL vergleichen.
***Lösung:*** Klassenzimmer, Schüler, Schülerinnen, Klassenlehrer, Tafel, Tisch, Stuhl, Fenster, Schrank, Regal

**2** In der Collage sind Schulsachen oder Gegenstände zu sehen, die S. in Deutschland in ihrer Schultasche dabeihaben. Im Unterricht sollte gefragt werden, ob den S. Dinge auffallen, die in ihrer eigenen Tasche nicht zu finden sind (Pausenbrot, Handy etc.). Mit den Vorkenntnissen der S. können erste Vokabeln identifiziert werden („Banane", „Schokolade", „Marker" etc.). Die angegebenen Wortakzente spielen hier noch keine Rolle.

1. Schritt: Die S. betrachten das Bild, lesen die schon angegebenen Wörter halblaut. Achten Sie bei diesen Wörtern auf die Aussprache.
2. Schritt: S. hören die Wörter der Collage von CD, suchen sie auf dem Bild und zeigen darauf. Vor dem zweiten Hören noch einmal den Wortakzent und die Markierung deutlich machen (wie in Kapitel 1 beschrieben), z. B. die Brille (= kurzer Vokal), das Lineal (langer Vokal).

**Spielerisches Wortschatzüben:** Die S. schauen sich die Vokabeln dieser Seite an und jeder merkt sich so viele wie möglich. Sie schreiben 20 Vokabeln auf Kärtchen. Bücher schließen.
Teilen Sie nun die Klasse in zwei Gruppen: Der erste S. aus Gruppe A kommt nach vorn, zieht ein Kärtchen mit einer Vokabel und schreibt den ersten Buchstaben an die Tafel.
Beispiel: *Füller* – Der S. schreibt F, seine Gruppe sagt entweder das richtige Wort oder er schreibt den nächsten Buchstaben *ü*, die Gruppe rät weiter. Wenn die Gruppe A es nicht auflösen kann, schreibt der S. den dritten Buchstaben an die Tafel. Wenn Gruppe A es danach nicht weiß, darf Gruppe B auflösen, wenn sie das Wort weiß. Bis dahin sagt Gruppe B aber nichts. Wenn das Wort aufgelöst ist, wird es komplett an die Tafel geschrieben.
Danach ist der erste S. von Gruppe B an der Reihe. Für jeden korrekt genannten Begriff gibt es einen Punkt. Die Gruppe, die zuerst zehn Punkte hat, hat gewonnen.

3

Meine Tasche

2 Schulsachen. Seht das Bild an und lest die Wörter. Hört dann zu und zeigt auf das Wort.
1.24



24 vierundzwanzig

3

**3** **Was ist das?**

**a Hört zu und zeigt die Schulsachen.**

1.25

**b Hört noch einmal und sprecht nach.**

1.26

**4** **Findet ein Wort mit …**

*Ein Wort mit B.*

*B…, B…, Bleistift – der Bleistift!*

*Ein Wort mit S.*

fünfundzwanzig 25

**3a** S. legen Gegenstände aus dem Bild von **2** auf den Tisch, die sie in ihren Taschen haben. Dann hören sie die CD. Die S. konzentrieren sich auf das Verstehen und zeigen die genannten Gegenstände. Wer kann, spricht die Wörter nach.

**3b** Nachsprechen mit unterschiedlichen Emotionen. Die S. hören die Wörter und sprechen sie direkt nach. Achten Sie jetzt auf eine korrekte Aussprache und lassen Sie schwierige Sequenzen ggf. wiederholen. Hier darf bei der Aussprache gerne übertrieben werden.

**Vorschlag:** Die S. sammeln noch weitere Wörter aus Kapitel 1 und 2 an der Tafel. Sprechen Sie die gesammelten Wörter vor – dann sprechen S. die Wörter im Chor nach.

**4** Wortschatzwiederholung und -festigung: Ein S. gibt einen Buchstaben vor, der nächste S. nennt ein Wort mit dem passenden Anfangsbuchstaben und nennt anschließend einen neuen Buchstaben. Hierbei spielt es keine Rolle, um welche Wortart es sich bei den Wörtern handelt, aber bleiben Sie zuerst beim Thema Schule. Als Erweiterung können die S. dann auch Wörter aus den anderen Kapiteln nennen.

**Schulalphabet:**
Die S. erstellen ein Alphabet mit Wörtern zum Thema Schule. Schreiben Sie dazu das Alphabet untereinander auf einen Zettel (notieren Sie nur die Buchstaben, zu denen die S. auch Wörter kennen). Die S. arbeiten in KG und sammeln in 5–10 Minuten so viele Wörter wie möglich mit den genannten Buchstaben. Am Ende wird verglichen, welche Gruppe die meisten Wörter geschrieben hat.

**Beispiel für das Schulalphabet:**
s. unten

**Beispiel Schulalphabet zu 4:**

A: Aufgabe, AG, abschreiben
B: Bleistift, Banane, Brille
C: Computer, Collage, cool
D: Deutsch, Deutschbuch
E: Englisch, Etui
F: Füller, Fahrkarte, Fragen
G: Grammatik
H: Hausaufgabe, Heft
I: Italienisch
K: Kuli
L: Lineal, Lehrer, Lehrerin, lesen
M: Mäppchen, Marker, Mathe, mögen (ich mag)
P: Pause, Pausenbrot, Plakat, Poster
R: Radiergummi, Rucksack
S: Sport, Stunde, Schere, Spitzer, Stuhl, Schule, Schüler, Schülerin, schreiben
T: Tisch, Tafel
U: Uhr, Unterricht
V: Vokabelheft
W: Wort, Wörterbuch

**5** Lernstrategie für die bestimmten Artikel zu Nomen.
**Achtung:** Die Lerntipps beziehen sich nur auf Nomen, bei denen sich die S. den korrekten Artikel **schwer** merken können!

**Lerntipp 1:** Durch farbige Markierungen Gruppen mit demselben Artikel bilden (1 Farbe für *der* / 1 für *das* und 1 für *die*): Statt Wörter mühsam einzeln zu lernen, können sie so in Gruppen verankert werden. Hier können Sie mit Ihrer Klasse die Farben für die Artikel selbst auswählen, vielleicht hatten Ihre S. schon in der Primarstufe Deutsch und kennen von dort bestimmte Farbgebungen. Diese ggf. weiterführen.

**Lerntipp 2:** Visueller Ansatz und Fantasie: Aus verschiedenen Nomen werden Fantasiebilder gestaltet: Ein Nomen ist das Grundnomen, von ihm sollte der Artikel klar sein. Die anderen Nomen sollten solche sein, die Probleme beim Behalten bereiten.
In einem Bild dürfen nur Nomen mit demselben Artikel vorkommen. Hier ist ein Beispiel für „der" – mit Elefant, Bleistift und Ball – vorgegeben. Ebenso können die S. weitere Bilder für Nomen für *die* oder *das* erstellen. Lassen Sie die S. ihre Produkte in der Klasse präsentieren und in der Muttersprache kommentieren.
Sie können beide Lerntipps auch mischen und die Fantasiebilder in den festgelegten Farben der Artikel gestalten lassen (wie im Buch, z. B. *der* und alle Nomen sind blau gezeichnet)

**6a** Erweiterung des Themas Wortakzent: Wörter lesen, zuhören und auf den Wortakzent achten. Ggf. im Anschluss daran alle Wörter im Chor sprechen.

**6b** Wörter hören, ins Heft schreiben und den Wortakzent markieren. Vergleich erst untereinander, evtl. noch einmal hören, dann Besprechung im PL.
***Lösung:*** die Schere – der Marker – die Schokolade – die Uhr – der I-Pod – das Handy – die Brille

**7a** Komposita auf Deutsch: S. schreiben die Komposita mit Artikel ins Heft. Die Collage von KB-Seite 24–25 hilft.

3

## Nomen und Artikel

**5 Bestimmter Artikel:** ***der, das, die***

**Wie lerne ich die Artikel? Hier sind zwei Lerntipps.**

Lerntipp
- **Nomen farbig markieren: drei Artikel → drei Farben**

Lerntipp
- **Schwere Nomen zu Fantasiebildern verbinden (nur bei identischen Artikel!)**

**Fantasiebild zu schweren Nomen mit *der***
der Elefant
der Bleistift
der Ball

**6 Wortakzent**

1.27 **a Lest die Wörter, hört zu und achtet auf den Wortakzent.**
die Banane • das Heft • der Füller • der Spitzer • das Lineal • der Kuli • das Mäppchen

1.28 **b Jetzt ihr. Hört zu, schreibt die Wörter und markiert den Wortakzent.**
*die Schere*

**7 Komposita**

**a Schreibt die Wörter mit Artikel ins Heft.**

1.29 **b Hört zu und markiert den Wortakzent.**
*das Pausenbrot*

Pausenbrot
Deutschbuch
Vokabelheft
Wörterbuch
Sporthose
Schultasche

G ⊃4, 7

**8 Eine Regel finden. Woher kommt der Artikel?**
die Vokabel + **das Heft** → **das** Vokabelheft
die Hausaufgaben + **das Heft** → …
die Musik + **das Heft** → …

26 sechsundzwanzig

**7b** Wörter hören und Akzent markieren. Dabei geht es v. a. darum, festzustellen, wo die Betonung liegt und nicht, ob der Vokal lang oder kurz ist. Wer möchte, kann festhalten, ob der Akzent kurz oder lang ist. Fragen Sie die S., ob es in ihrer oder einer anderen Sprache auch zusammengesetzte Wörter gibt. Lassen Sie Beispiele nennen.
***Lösung:*** das Pausenbrot – das Deutschbuch – das Vokabelheft – das Wörterbuch – die Sporthose – die Schultasche

**8** Regel erarbeiten. Fragen Sie: *„Was ist ein Kompositum?"* Antwort: Zwei Nomen bilden ein Kompositum.
Lesen Sie dann mit den S. das Beispiel und fragen Sie: *„Was fällt auf? Woher kommt der Artikel?"*
***Lösung:*** Nomen 2 bestimmt den Artikel. (Tipp: Die S. teilen das Kompositum in zwei Teile, lesen zuerst die Endvokabel und suchen dafür den Artikel; dann lesen sie das vordere Wort, das nähere Details gibt.)
***Lösung:*** das Hausaufgabenheft – das Musikheft

Fragen Sie: *„Was beschreibt Nomen 2?"* Antwort: die generelle Bedeutung *(Was ist das? – Ein Heft.)*. *„Was beschreibt Nomen 1?"* Antwort: die spezielle Bedeutung *(Was für ein Heft? – Ein Vokabelheft.)*.

S. bilden die anderen Komposita.

### AB zu KB Aufg. 8

**11** Bei dieser Übung markieren S. das passende Wort für das Foto. Hier wird klar, was die Teile der Komposita bedeuten und welches Wort die Basis ist.

3

**9 Unbestimmter Artikel:** ***ein, eine***

1.30

**Was ist denn das?**

- ● Ist das ein Motor?
- ○ Ein Motor? Nein.
- ● Ist das ein Computer?
- ○ Ein Computer? Nein.
- ● Was ist das?
- ○ Das ist eine Uhr!

**10** ***ein, eine*** **und** ***der/das, die*** **– Wie heißt der bestimmte Artikel?**

ein Füller • ein Geldbeutel • ein Radiergummi • eine Brille • ein Mäppchen • ein Kuli • eine Banane • ein Marker

**11** ***ein, eine*** **und** ***kein, keine*** **– Hört die Dialoge und sprecht nach.**

1.31

**12 Artikel im Nominativ. Eine Regel selbst finden: Macht eine Tabelle.**

G ⊃5, 6

*Das ist …*

| | | | | |
|---|---|---|---|---|
| *der Schulhof* | → | *ein Schulhof* | → | *kein Schulhof* |
| *das Wörterbuch* | → | ▒ *Wörterbuch* | → | ▒ |
| *die Banane* | → | ▒ | → | ▒ |

siebenundzwanzig | 27

**9** Einführung des unbestimmten Artikels: Bis **12** erarbeiten sich die S. die Verbindung von bestimmtem, unbestimmtem Artikel und „kein/-e" selbstständig, dann wird systematisiert.
Dialog hören und mitlesen.
**Vorschlag:** s. unten

**10** Hinführung vom unbestimmten zum bestimmten Artikel. Gleichzeitig Wortschatzkontrolle/-wiederholung von KB-Seite 24/25. S. lesen die Wörter und notieren sie mit unbestimmten und bestimmten Artikel im Heft. So stellen sie fest, wie die entsprechenden Formen vom bestimmten und unbestimmten Artikel lauten.
***Lösung:*** der Füller – der Geldbeutel – der Radiergummi – die Brille – das Mäppchen – der Kuli – die Banane – der Marker

**11** Einführung der Negation von Nomen mit „kein-". Durch die starke Verbindung zum unbestimmten Artikel stellt „kein" keine strukturelle, sondern nur eine inhaltliche Erweiterung dar. Beim Hören der Texte sollte auch auf die Intonation geachtet werden.
**Vorschlag:** Die kleinen Dialoge nachspielen und variieren.
**Vorschlag:** Auch hier können Sie den Vorschlag von **9** noch einmal aufgreifen, um die Unterscheidung zwischen „ein" und „kein" zu üben. Vorgehen wie oben beschrieben, Sie greifen in den Rucksack: *„Was ist das? Ist das ein Heft?"* Sie ziehen z. B. ein Buch heraus: *„Nein, das ist kein Heft. Das ist ein Buch".* Dann sind die S. an der Reihe.

**12** Die Nomen aus **11** an der Tafel festhalten, die Artikel und „kein/-e" ergänzen. Schreiben Sie dazu so ein Tafelbild an die Tafel, wie im Buch vorgegeben, ergänzen Sie weitere Wörter aus **11**. Dann ergänzen die S. die fehlenden Wörter.
S. formulieren gemeinsam eine Regel für den unbestimmten Artikel und „kein/-e" im Nominativ.
***Lösung:***
der → (k)ein
die → (k)eine
das → (k)ein

**Vorschlag zu 9:**
Wenn die Unterscheidung zwischen dem unbestimmten und dem bestimmten Artikel bei Ihren S. ein Problem ist, bietet sich Folgendes an: Sie bringen einen Rucksack mit verschiedenen Dingen mit, die die S. schon kennen. Sie greifen in den Rucksack und fühlen. Dazu versprachlichen Sie das Gefühlte, z. B.: *„Was ist das? Das ist* ***ein*** *Buch."* – Dann holten Sie es heraus: *„Ah, das ist* ***das*** *Buch geni@l klick."* Anschließend fühlen verschiedene S. und benennen die Gegenstände mit den beiden Artikelformen.

## AB zu KB Aufg. 9

**13** Hier müssen S. die Wörter erraten. Geben Sie den S. weitere Beispiele mit Fotos am Whiteboard oder mit Folie und lassen Sie die S. in Gruppen raten und notieren. Welche Gruppe hat alles erraten?

**13** Frage: *„Ist das ein/eine ...?“* an die Tafel. In PA Fotos ansehen und sich gegenseitig fragen.
***Lösung:*** ein Spitzer – ein Füller – ein Lineal
**Vorschlag:** Für weitere kleine Dialoge skizzieren die S. Gegenstände, die sie bereits kennen, und fragen sich gegenseitig wie in der Aufgabe.

**14** Bereits in **9** haben die S. die Ja-/Nein-Frage kennengelernt und in **13** verwendet. Hier Erweiterung um die Antworten *„Vielleicht.“* und *„Keine Ahnung“*. Die S. fragen sich gegenseitig.

**15** Die Bewusstmachung der verschiedenen Satzmuster als Lernplakat, z. B. wie im KB dargestellt.
**Wichtig:** Hinweis auf die unterschiedlichen Wortpositionen, es geht v. a. um die Position des Verbs → Sensibilisierung von korrekten Satzbaumustern. Visuelle Hilfe durch die Darstellung des Verbs im Oval, wodurch die Unterschiede bei der Verbposition auf den ersten Blick deutlich werden.

Die S. erstellen zwei Lernplakate für die beiden Fragetypen. Sie schreiben erst die Sätze aus dem KB auf die Plakate und ergänzen sie dann um eigene Sätze. Sie können in KG mehrere Plakate erstellen lassen, die später im Klassenraum aufgehängt werden.

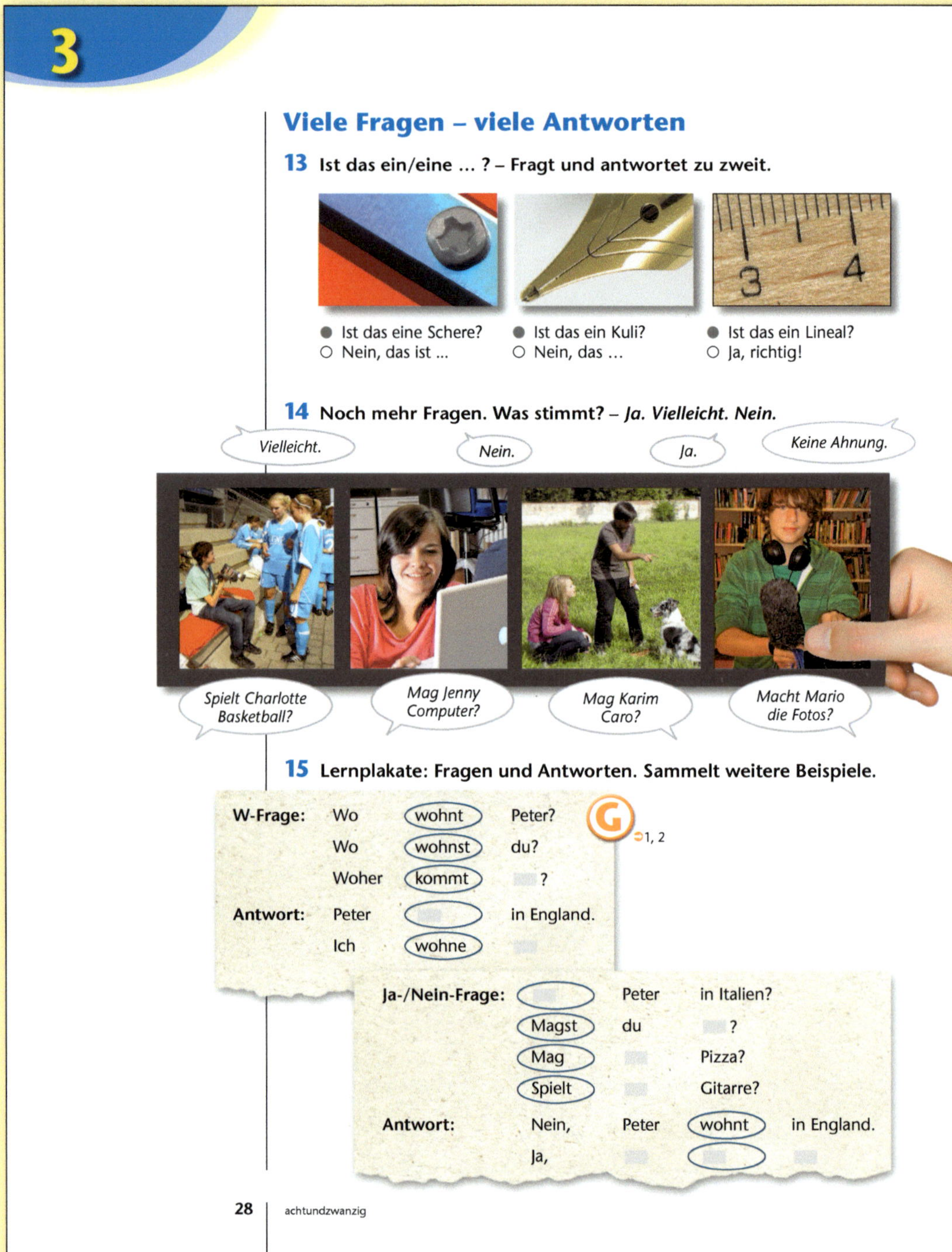

3

## Viele Fragen – viele Antworten

**13 Ist das ein/eine ... ? – Fragt und antwortet zu zweit.**

- ● Ist das eine Schere? ○ Nein, das ist ...
- ● Ist das ein Kuli? ○ Nein, das ...
- ● Ist das ein Lineal? ○ Ja, richtig!

**14 Noch mehr Fragen. Was stimmt? – *Ja. Vielleicht. Nein.***



**15 Lernplakate: Fragen und Antworten. Sammelt weitere Beispiele.**

| | | | |
|---|---|---|---|
| **W-Frage:** | Wo | wohnt | Peter? |
| | Wo | wohnst | du? |
| | Woher | kommt | ? |
| **Antwort:** | Peter | | in England. |
| | Ich | wohne | |

G ⊃1, 2

| | | | | |
|---|---|---|---|---|
| **Ja-/Nein-Frage:** | | Peter | in Italien? | |
| | Magst | du | ? | |
| | Mag | | Pizza? | |
| | Spielt | | Gitarre? | |
| **Antwort:** | Nein, | Peter | wohnt | in England. |
| | Ja, | | | |

28 achtundzwanzig

## AB zu KB Aufg. 13/14

**20** PA: A stellt eine Frage und B sucht die richtige Antwort und antwortet. Dann Wechsel.

## Zu KB Seite 29:

**16a** Die S. schreiben die Fragen 1–4 aus dem KB ins Heft. Dann hören sie alle zwölf Fragen von CD und schreiben auch die zusätzlichen acht Fragen ins Heft. Stoppen Sie dazu die CD nach jeder Frage, damit S. Zeit zum Notieren haben. Hören Sie die CD mindestens zweimal.
***Lösung:*** 5. Spielst du Gitarre? – 6. Magst du Pizza? – 7. Bist du cool? – 8. Magst du Sport? – 9. Liebst du Schokolade? – 10. Kannst du singen? – 11. Magst du Bio? – 12. Spielst du Tennis?

Helfen Sie bei Verstehensschwierigkeiten und notieren Sie zur Kontrolle alle zwölf Fragen an der Tafel, sodass alle S. korrekte Sätze in ihren Heften haben.
Die S. kreuzen in EA zu den zwölf Fragen in ihren Heften „Ja“ oder „Nein“ an.
Lassen Sie hier noch keine eigenen Fragen erstellen, da S. oft Wortschatz fehlt und es dann viel Zeit in Anspruch nimmt. Ziel dieser Aufgabe ist das Verstehen und Bewerten von Aussagen – noch nicht die Produktion.
Sie wird erst in **16c** verlangt.

**16** **Ja oder nein?**

1.32 **a Hört zu und ergänzt die Liste wie im Beispiel.**

*Kannst du kochen?*

1. Kannst du kochen?
2. Magst du „Tokio Hotel"?
3. Spielst du Fußball?
4. Hast du ein Fahrrad?
5. …

**b Lest die Fragen aus eurer Liste zu a laut und macht eine Statistik in der Klasse.**

| | 1. | 2. | 3. | 4. | 5. | 6. | 7. | 8. | 9. | 10. | 11. | 12. |
|---|---|---|---|---|---|---|---|---|---|---|---|---|
| Ja | II | | | | | | | | | | | |
| Nein | | | | | | | | | | | | |

P **c Projekt: Schreibt eigene Fragen, fragt in der Klasse und macht eine Statistik.**

**17** **Ein Spiel. Hört das Beispiel und spielt dann zu zweit.**

1.33

**18** **Keine Zeit. Hört zu und spielt die Szene in der Klasse.**

1.34

**16a** Kommentar zu dieser Aufgabe: s. unten

**16b** Klassenstatistik: Die Ergebnisse der Klasse werden im PL besprochen. 1–2 S. notieren dazu neben den Fragen die Anzahl der „Ja"- und „Nein"-Aussagen an der Tafel. Abschließende Fragen: *„Wo sind interessante Ergebnisse?", „Wie viele S. können … / Wer kann alles kochen?", „Wer mag …?"*

**16c** **Projekt:** S. formulieren als Hausaufgabe weitere Fragen. Diese an der Tafel sammeln, ggf. Wortschatz klären. Jeder S. ist für mindestens eine Frage verantwortlich, die er allen anderen S. stellt und sich die Ja-/Nein-Antworten notiert. Anschließend werden die Antworten an der Tafel / auf Plakaten zusammengefasst. So wird eine Klassenstatistik erstellt.

**17** In dieser spielerischen Aktivität werden in einem echten Kontext die Ja-/Nein-Fragen geübt und gesprochen. Sammeln Sie im PL Fragen und je drei Antwortmöglichkeiten. Helfen können auch die Fragen aus **16**.
Erklären Sie das Spiel, indem Sie es kurz mit einem S anspielen und so zeigen, wie es funktioniert. Dann hören S. den Dialog von CD als weiteres Beispiel.
**Spielanleitung:** s. unten
**Alternative:** Kopieren Sie **KV 4** und sammeln Sie im PL die drei Antwortmöglichkeiten und evtl. ein bis zwei weitere Fragen.

**18** Zeichnung ansehen, Gespräch von CD hören und dabei lesen. Im Kurs die verschiedenen Bedeutungen klären. Gespräch noch einmal hören, auf die Intonation achten, die S. dann beim Nachspielen einsetzen.
In KG spielen S. dieses Gespräch. Es darf ruhig übertrieben werden, um die Szene darzustellen. Auch Mimik und Gestik sollten bewusst genutzt werden. Danach variieren die S. die Frage und spielen weitere Dialoge. Damit wiederholen sie hier noch einmal die W-Fragen.

**Spielanleitung zu 17:**
S. spielen in PA. Beispiel: S. stehen oder sitzen Rücken an Rücken. Jeder S. wählt mithilfe der Kopiervorlage / des Tafelanschriebs für jede Frage eine Antwort aus und notiert sie. Person B notiert: „London", „Michael" etc.
Person A beginnt mit einer Frage wie im KB: „Wohnst du in London?" B antwortet: „Ja."
A darf so lange weiterfragen, bis er/sie von B ein „Nein" als Antwort bekommt. Dann ist B an der Reihe. Wer zuerst alle Antworten seines Partners/seiner Partnerin herausgefunden gefunden hat, hat gewonnen. Notizen zu den Antworten sind erlaubt, z. B. welche Wörter man schon gefragt hat.

## AB zu KB Aufg. 16

**22** In EA schreiben S. die Fragen. Dann fragen sie in der Klasse und notieren die Antworten. Anschließend Vergleich im PL.

## Das kann ich nach …

Die S. bearbeiten die „Das kann ich“-Seite im KB und die Selbstevaluation im AB wie in der Einleitung zum Lehrerhandbuch beschrieben.

**Zur Erinnerung:**
KB: Die linke Spalte wird abgedeckt, die Aufgaben in der rechten Spalte werden allein oder in PA bearbeitet – und im Anschluss mithilfe der linken Spalte kontrolliert.

### Lösungen & Tipps:

**Wie heißen die Schulsachen?**
der Bleistift, die Schere, das Heft

**Nennt vier Gegenstände in der Klasse.**
die Tafel
der Stuhl
der Tisch
das Regal

**Ein Wort mit *die, der* und *das*.**
In PA sagt ein S ein Nomen. Der andere nennt den Artikel, Kontrolle mit Buch. Dann Wechsel.

**Fragt und antwortet.**
S. lesen in PA den Beispieldialog und machen dann selbst weitere Minidialoge.
***Lösung:*** eine *CD* – keine *CD* – *ein Lineal* – Ist das *ein Marker*?/ Ist das *eine Schere*?

**Drei Fragen.**
S. stellen sich verschiedene Ja-/Nein-Fragen und antworten sich gegenseitig.

**Was passt zusammen?**
S. bilden Komposita und notieren den Artikel.
***Lösung:*** die Hausaufgaben – das Pausenbrot – der Klassenlehrer / das Klassenzimmer – die Schultasche

**Sprecht laut.**
S. sprechen die Wörter und achten auf den Wortakzent und ob es lange oder kurze Vokale sind.

**Mit Sprache handeln**
S. lesen in PA die Dialoge und denken sich dann Varianten aus, die sie zu zweit spielen. Wenn die S. die Dialoge als schwierig empfinden, verweisen Sie auf Aufgabe **18** als Hilfe.

**Lerntipp**
Lesen Sie im PL den Lerntipp und lassen Sie sich Beispiele geben.

---

3

## Das kann ich nach Kapitel 3

| **Wörter, Sätze, Dialoge** | **Übt zu zweit** |
|---|---|
| **Schulsachen**<br>die Schere, das Lineal, das Vokabelheft, das Mäppchen, das Wörterbuch, die Schultasche, der Bleistift, der Kuli, das Heft, der Marker, der Spitzer, der Radiergummi … | **Wie heißen die Schulsachen?**<br> |
| **Gegenstände in der Klasse**<br>der Stuhl, der Tisch, das Regal, die Tafel, die Uhr, das Fenster, das Plakat, … | **Nenne vier Gegenstände in der Klasse.**<br>die T , der St , der T , das R |
| **Was ist das?**<br>Das ist ein Regal, Stuhl, Marker, Heft, …<br>Das ist eine Schere, Tasche, Brille … | **Fragt in der Klasse.**<br>*Was ist das?* *Das ist ein … / eine …* |
| **Grammatik** | **Übt zu zweit** |
| **Nominativ:** ***der – das – die***<br>der Kuli, Spitzer, Schüler, … das Heft, Lineal, …<br>die Schere, Banane, … | **Ein Wort mit *die, der* und *das*.** |
| **Nominativ:** ***ein – eine / kein – keine***<br>der Marker → ein Marker / kein Marker<br>das Auto → ein Auto / kein Auto<br>die Banane → eine Banane / keine Banane | **Fragt und antwortet.**<br>● Ist das ein/eine ?<br>○ Nein, das ist kein/keine .<br>Das ist ein/eine .<br>● Ist das …?<br>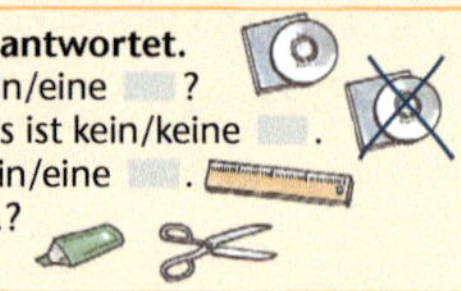 |
| **Ja-/Nein-Frage** / **Antwort**<br>● Gehst du in die Klasse 7b? ○ Ja.<br>● Magst du Eis? ○ Nein.<br>● Machst du ein Foto? ○ Vielleicht. | **Drei Fragen.**<br>Wohnst …?<br>Magst …?<br>Spielst …? |
| **Komposita**<br>Artikel → Wort 2<br>der Sport + **die Hose** = **die** Sporthose | **Was passt zusammen? Sucht die Wörter mit Artikel.**<br>AUFGABEN BROT KLASSEN LEHRER HAUS ZIMMER SCHUL TASCHE PAUSEN |
| **Aussprache** | **Übt zu zweit** |
| **Komposita**<br>Wortakzent → Wort 1<br>der Sport + die Hose = die Sporthose | **Sprecht laut.**<br>die Sporthose, das Vokabelheft, das Mathebuch, die Schultasche |
| **Mit Sprache handeln** | |
| **Ich kann einfache Fragen stellen und auf die Fragen antworten.**<br>● Bist du …? Wohnst du in …? Spielst du …?<br>○ Ja./Nein.<br>● Kommst du mit?<br>○ Keine Zeit. / Keine Lust. / Kein Geld. / Kein Interesse.<br>▲ Vielleicht. / Ich weiß nicht.<br>■ Ja, gerne! / Klar! | **Ich kann über Schulsachen sprechen.**<br>● Was ist das?<br>○ Das ist ein/kein … / Das ist eine/keine …<br>● Ist das ein/eine … (Buch, Lineal, Schere)?<br>○ Ja./Nein. |

**Nomen und Artikel**
- 3 Artikel → 3 Farben
- schwere Wörter – Artikel identisch? → Fantasiebild malen

30 dreißig

Ich kann …
- über meinen Schulalltag sprechen
- nach der Uhrzeit fragen und antworten
- meine Schule vorstellen

4

A

B

C

D

# Schule … Schule … Schule

1 Heute kommt Ann-Kathrin Hartwig in die Schule. Es ist der erste Schultag. Sie wohnt auf der Insel Nordstrandischmoor. Die Insel ist klein, sehr klein. Jetzt sind drei Schüler in Deutschlands kleinster Schule.
Am ersten Schultag gibt es eine Schultüte mit Schokolade, Chips, Obst und Geschenken …

2 Mode in der Schule? Bei uns kein Thema. Wir haben eine Schuluniform. Die ist okay. Das finden wir gut.

3 Das Zeugnis von Marika ist sehr gut! Sie hat in Mathematik, in Englisch, in Geografie und in Deutsch eine Eins, die beste Note. Sie bekommt 10 Euro.

4 Ich bin in der Koch-AG. Heute kochen wir italienisch, Spaghetti Bolognese. Das ist nicht kompliziert.

**1 Bilder und Texte zum Thema „Schule". Lest und hört zu. Was passt zusammen?**
1.35

**2 Thema „Schule"**

**a Findet elf (11) Wörter zum Thema „Schule" in den Texten.**

*Schule, Schultag, Zeugnis, …*

**b Schultüte, Schuluniform, Noten … Wie ist das bei euch?**



## Landeskundliche Information: Schule in D–A–CH (1)

**Schultüte:** In Deutschland und in Österreich bekommt jedes Grundschulkind am Tag seiner Einschulung eine Schultüte. Die Kinder sind bei der Einschulung meist sechs Jahre alt. In Deutschland gibt es diesen Brauch seit dem 19. Jahrhundert. Die Eltern füllen die Schultüte mit Süßigkeiten oder Dingen wie Buntstiften, Lineal, Radiergummi, die das Kind in der Schule braucht.

**Schuluniform:** Bis zum Jahr 2000 gab es in Deutschland keine Schuluniformen. Seitdem haben einige staatliche Schulen die sogenannte Schulkleidung eingeführt, d. h. die Schüler können sich die Kleidung aus einer bestimmten Kollektion aussuchen. Das Thema wird in Deutschland bundesweit diskutiert.

**Noten:** In Deutschland gibt es in der Sekundarstufe 1 die Noten 1 bis 6: 1 ist die beste und 6 die schlechteste Note. In Österreich gibt es die Noten 1 bis 5. Auch hier ist 1 die beste Note – und 5 die schlechteste.
Bedeutung der Noten: 1 = sehr gut, 2 = gut, 3 = befriedigend, 4 = ausreichend, 5 = mangelhaft, 6 = ungenügend. Wenn ein Schüler eine 5 oder 6 hat, hat er die Arbeit bzw. das Fach nicht bestanden. In den Klassenarbeiten können die Noten mit + oder – auf- oder abgewertet werden (2–), aber im Zeugnis gibt es nur volle Noten.

## Allgemeines

In Kapitel 4 geht es um den Themenkreis Schule: Die S. lernen, über ihren Schulalltag zu sprechen und ihre Schule vorzustellen. Dazu werden die Wochentage, die Uhrzeiten und die Zahlen von 1–100 eingeführt und trainiert. Zudem brauchen die S. dafür den Plural der Nomen und die Konjugation der Verben im Plural.

**1** Verschiedene Situationen zum Thema Schule: Texte lesen und hören. Zuordnen der Texte zu den passenden Fotos.
***Lösung:*** Text 1: Bild A – Text 2: Bild B – Text 3: Bild C – Text 4: Bild D
**Vorschlag für sprachhomogene Gruppen:** Die S. erzählen im ersten Schritt in ihrer Muttersprache, was sie auf den Fotos sehen, und stellen Vermutungen zu den Fotos an: *„Was passiert?", „Wo ist das?", „Was machen die Schüler auf dem Bild?"*

**2a** In KG suchen S. in den Texten elf Wörter zum Thema „Schule". Im PL die Wörter an der Tafel sammeln und ihre Bedeutung klären. Wörter im Heft notieren.
***Lösung:*** Zeugnis – Mathematik – Englisch – Geografie – Deutsch – Note (Eins) – Schule – Schuluniform – Schultag – Schüler – Schultüte – Koch-AG

**2b** Transfer auf die Lebenswelt der S.
**Sprachhomogene Gruppen:** Gespräch in der Muttersprache über die angegebenen Punkte und Vergleich mit dem eigenen Land.
**Sprachheterogene Gruppen:** Gespräch mit gezielten Fragen, Ergebnisse/Antworten an der Tafel festhalten. Fragen:
Foto Schultüte: *„Was ist das?", „Gibt es das in euren Ländern?"*
Foto Schuluniform: *„Habt ihr eine Schuluniform?"*
Foto Zeugnis: *„Ist das Zeugnis gut?", „Welche Noten gibt es bei euch?"*
Foto Koch-AG: *„Was machen die Schüler?", „Gibt es AGs bei euch?", „Welche?"*
Vergleich der verschiedenen Länder.

**3** Text hören und die Satzanfänge ergänzen. Dann lesen S. die Sätze möglichst sinngebend vor.
***Lösung:*** 8a – Musik – Saxofon – Mathe – Fotos

**4** Einstieg über die Fotos: *„Was seht ihr?", „Was passiert auf den Fotos?", „Wo ist das?", „Wer ist das?"* S. stellen Vermutungen zu den Fotos in KG an. Die Vermutungen werden dann im PL verglichen und an der Tafel festgehalten.
Abbauen von Hemmungen vor dem Hören: Text von CD hören und parallel dazu lesen. Zuordnung der Sätze zu den Fotos.
***Lösung:*** 1B – 2F – 3A – 4E – 5D – 6C

In KG bekannte Wörter aus dem Text suchen und im Heft notieren: *„Welche Wörter kennt ihr schon?"* An der Tafel oder auf einer Folie sammeln → Förderung der Lernstrategie: Zuerst beschäftigt man sich mit dem bekannten Wortschatz, um zu sehen, wie viel man schon von einem Text versteht.

**Erweiterung für lernstärkere Gruppen:** Die S. üben in KG, den Lesetext freier vorzulesen, um zum Schluss Janines Schule nur anhand der Fotos beschreiben zu können.
1. Schritt: S. lesen den Text in PA laut und versuchen ihr Gegenüber so oft wie möglich anzusehen. Dann Wechsel.
2. Schritt: Zwei S. notieren in PA zu jedem Foto das wichtigste Nomen im Heft. Anhand dieser Struktur und mit den Fotos versuchen sie, den Text zu rekonstruieren. Dann Wechsel.

**4**

## Meine Schule

**3 Das Goethegymnasium – Janine erzählt. Hört zu und notiert.**

1.36
Janine geht in die Klasse ...
Sie mag ...
Sie spielt ... in der Schulband.
Sie macht gerne ...
Sie macht die ... für die Schulzeitung.

**4 Janine erklärt die Fotos. Hört zu und lest die Aussagen. Was passt zusammen? Sortiert Fotos und Informationen.**
1.37

Das sind Fotos von meiner Schule. Das ist unser Direktor (1). Er ist total nett. Wir haben viele Lehrer. Mein Lieblingslehrer ist Herr Römer (2). Er unterrichtet Biologie und er ist total lustig. Und das hier ist unsere Schulband (3) bei einem Konzert. Das ist meine Klasse (4) und das ist mein Stundenplan (5). Wir beginnen immer kurz vor acht Uhr, Mittagspause haben wir nach sechs Stunden, na ja ...
Und das hier ist auch interessant: Das ist unsere Partnerschule (6). Sie ist in Finnland.

32 zweiunddreißig

### Lehrtipp Wortschatz lernen:

Notieren Sie sich in manchen Stunden die Wörter, die die S. als bekannt nennen. Sie können diese Wörter am Ende der Stunde oder in einer nächsten Stunde noch einmal diktieren, um sie weiter im Gedächtnis der S. zu verankern, d. h. Sie lesen die Wörter vor, die S. schreiben sie auf und vergleichen die Rechtschreibung in PA.

### AB zu KB Aufg. 3

**3** Die S. erledigen die Übung als Hausaufgabe oder in der Klasse. Zur mündlichen Festigung findet die Ergebnissicherung in PA statt. Die S. stellen sich gegenseitig vor.

## 5 Janine im Blog

**a Lest den Text und beantwortet die Fragen.**

a Welche Sprachen kann Janine lernen?
b Hat Janine am Samstag Schule?
c Welche AGs gibt es?
d Ist die Schulzeitung gut?

05 Februar

**Hallo alle,**

meine Schule, das Goethegymnasium, hat 1300 Schüler und mehr als 50 Klassen.

Wir lernen zwei Sprachen. Alle Schüler lernen Englisch. In Klasse 7 wählen wir Französisch, Latein oder Russisch. Die Schule hat auch eine Cafeteria. Die ist ganz o.k.

Am Nachmittag gibt es viele AGs (Arbeitsgemeinschaften) und Projekte, zum Beispiel Chor, Orchester, Sport oder Schulzeitung. Unsere Schulzeitung heißt „Penne". Sie ist super.

Wir haben von Montag bis Freitag Schule. Am Samstag und Sonntag ist schulfrei.

Liebe Grüße
Janine

*Das stimmt nicht: Die Schüler lernen Englisch, aber nicht …*

**b Fünf Sätze – drei Fehler. Korrigiert die Fehler.**

1 Die Schule hat 1300 Schüler.
2 Wir lernen Englisch und Spanisch.
3 Am Morgen haben wir AGs.
4 Die Schule hat eine Cafeteria.
5 Wir haben keine Schulzeitung.

## 6 Schulfächer international

**a Lest die Wörter, welche kennt ihr, welche kennt ihr nicht?**

Biologie • Mathematik • Deutsch • Kunst • Musik • Englisch • Französisch • Sozialkunde • Geschichte • Sport • Physik • Religion

1.38 **b Hört zu und sprecht nach.**

*Wann hat sie …?*

## 7 Janines Stundenplan

**a Übt Fragen und Antworten.**

*Wann hat Janine Bio?*

*Am Montag und am …*

| Uhrzeit | MONTAG | DIENSTAG | MITTWOCH | DONNERSTAG | FREITAG | SAMSTAG |
|---|---|---|---|---|---|---|
| $7^{55}$–$8^{45}$ | Mathe | Spanisch | Physik | Geografie | Mathe | |
| $8^{45}$–$9^{30}$ | Franz | Englisch | Franz | Englisch | Spanisch | |
| $9^{30}$–$10^{45}$ | Geschichte | Geografie | Kunst | Sozialkunde | Deutsch | |
| $10^{45}$–$11^{30}$ | Bio | Franz | Kunst | Bio | Deutsch | |
| $11^{30}$–$12^{45}$ | Spanisch | Deutsch | Sozialkunde | Sport | Physik | — FREI — |
| $12^{45}$–$13^{00}$ | Deutsch | Reli | Mathe | Sport | Geschichte | |
| $13^{00}$–$14^{00}$ | — Mittagspause | — Mittagspause — | | | | |
| $14^{00}$–$14^{45}$ | StuZ | StuZ | Musik | Deutsch | | |
| $14^{45}$–$15^{30}$ | Englisch | | Musik | Reli | | |
| $15^{30}$–$16^{45}$ | | | | | | |
| | | | | | | |

**b Euer Stundenplan. Fragt und antwortet.**

*Wann hast du …?*

*Wann hast du Bio?*

*Am Montag und am Mittwoch.*



**5a** In PA die Fragen und den Blog lesen, Antworten notieren. Vergleich in der Klasse: *„Welche Wörter helfen beim Zuordnen?"*
***Lösung:*** a. Englisch, Französisch, Latein, Russisch – b. Nein. – c. Chor, Orchester, Sport, Schulzeitung – d. Ja, super.

**5b** In EA die fünf Sätze lesen und mündlich korrigieren. Weisen Sie auf das Beispiel in der Randspalte hin: *„Das stimmt nicht: …"*
***Lösung:*** 1 Das stimmt. – 2 Das stimmt nicht: Die Schüler lernen Englisch, aber nicht Spanisch. – 3 Das stimmt nicht: Am Morgen haben sie keine AGs./Sie haben die AGs am Nachmittag. – 4 Das stimmt. 5 Das stimmt nicht: Sie haben eine Schulzeitung.

**6a** Wortakzent: Wörter lesen und unbekannte Fächer klären. Diese Wörter sind ein gutes Beispiel dafür, dass „internationale" Wörter ähnlich aussehen, aber ganz unterschiedlich ausgesprochen werden.

**6b** Wörter noch einmal komplett hören. Wiederholen Sie die Bedeutung des Wortakzents. Beim zweiten Hören direktes Nachsprechen der Wörter.

**7a** Stundenplan ansehen
**Vorentlastung:** Einführung der Wochentage mit der Frage: *„Wie heißt der Tag heute?"* Name an der Tafel notieren und die restlichen Tage mithilfe des Stundenplans ergänzen und dann ins Heft übertragen.

In KG formulieren S. zunächst mündlich, Fragen zum Stundenplan. Neue KGs zusammenstellen: Fragen stellen und beantworten …

**7b** Personalisieren der Aufgabe durch Bezug zur Lebenswirklichkeit der S.: In PA stellen sich die S. zu ihren eigenen Stundenplänen gegenseitig Fragen und beantworten diese.

### Information: Sozialkunde

Im Fach Sozialkunde, das in manchen Bundesländern auch Gemeinschaftskunde oder Politische Bildung heißt, sollen die S. mehr über das politische System, die Wirtschafts- und Rechtsordnung, die Gesellschaft in der Welt lernen.

### Landeskundliche Information: Schule in D–A–CH (2)

In Deutschland gehen die Schüler normalerweise von Montag bis Freitag zur Schule. Samstag und Sonntag sind schulfrei. Der Unterricht beginnt meist gegen 8.00 Uhr und endet mittags gegen 13.00 Uhr. Manchmal gibt es noch einige Stunden (z. B. Sport) am Nachmittag oder die AGs finden in dieser Zeit statt. An manchen Schulen ist aber auch am Nachmittag Unterricht.
In Österreich (und Teilen Deutschlands) gehen die S. zum Teil auch am Samstag zur Schule. In einigen Schulen geht der Unterricht bis in den Nachmittag.
In der Schweiz geht der Unterricht meist bis in den Nachmittag, nur am Mittwochnachmittag ist fast überall schulfrei.
Im Stundenplan findet sich auch noch die Angabe „StuZ": Sie steht für Studienzeit.

### Video zu KB Aufg. 7

Teil 1, Szene 3 (Jennys Stundenplan): S. sehen die Film-Szene und bearbeiten Übung 4 des Videotrainers im AB.

**8** Fragen lesen und in der Klasse beantworten: Teilen Sie die Klasse in zwei Gruppen: Eine fragt und die andere antwortet. Kleine Dialoge zu diesen Fragen schreiben und spielen. Weisen Sie hier auf den Unterschied zwischen „Lernst du …" und „Lernt ihr …" hin. Je nachdem, ob sich die S. einzeln fragen oder die andere Gruppe. **Alternative:** Andere Klassen auf Deutsch fragen (in der eigenen Schule / im Internet). Über die Antworten später im PL berichten.

**9** **Projekt:** Wenn Sie möchten, dass die S. mehr Verben im Plural haben, können Sie dieses Projekt auch nach Aufgabe **10** anbieten. Die Schüler berichten von sich (Ich-Texte). Sie antworten auf Janines Blogbeitrag und stellen schriftlich ihre Schule und ihren Stundenplan vor. Mögliche Themen für den Beitrag: Schulname, Klasse der Schüler, Fächer, Sprachenangebot (und ab wann), AGs, Partnerschule: ja oder nein Sie können im PL Sätze über die Schule der S. sammeln und diese dann gemeinsam zu einem Text verknüpfen und ihn an der Tafel festhalten. Anschließend schreiben S. den gemeinsam erstellten Text ins Heft. Diese Aufgabe ist auch als Hausaufgabe geeignet.

**Nach Möglichkeit:** E-Mail-Projekt oder Brief an Partnerschulen/-klassen schicken. Mit den Antworten in der Klasse arbeiten. Solche Texte sollten in jedem Fall über den Rahmen der Klasse hinaus verwendet werden.

**10a** Interview hören und auf die Intonation achten. Dialog noch einmal zu zu zweit üben und ein paar in der Klasse vorlesen lassen. Die Rolle des Lehrers sollte sich von den S. unterscheiden.

**10b** Kurzes Besprechen des Grammatikkastens am Rand (Randspalte oben). S. übertragen diesen ins Heft, und suchen weitere Beispiele aus dem Dialog (mündlich). Die S. notieren dann die Beispielsätze zu den passenden Pronomen aus dem Buch im Heft.
Liste an der Tafel anlegen:
wir …
ihr …
sie …
Sie …

---

4

## Wir, ihr, sie und Sie

G →10

| **Plural** | |
|---|---|
| wir | lern en |
| ihr | lern t |
| sie | lern en |
| Sie (formelle Anrede) | lern en |

**8** **Janine fragt, ihr antwortet. Ergänzt, schreibt und spielt Dialoge.**

1 Wir lernen drei Sprachen. Lernt ihr auch drei Sprachen?
● Ja, wir lernen auch drei Sprachen.
○ Nein, wir lernen zwei ….

2 Wir können Fächer wählen. Könnt ihr …?
● Ja, wir können auch …
○ Nein, wir können keine Fächer …

3 Wir haben eine Lehrerin in Deutsch. Habt ihr … ?
● Ja, wir haben auch …
○ Nein, wir haben einen Lehrer …

4 Wir haben eine Schulband. Habt ihr …?
● Ja, wir …
○ Nein, wir haben keine …

**9** **Projekt: Schreibt über eure Schule und euren Stundenplan.**

P

Liebe Janine,

wir sind die Klasse … Unsere Schule heißt … Wir haben auch …
Wir haben keine …

**10** **Ein Interview**

**a** **Hört zu und lest dann zu zweit.** 1.39

● Hallo Mario, *dreht ihr* hier ein Video?
○ Ja, klar, Herr Winter.
● Und wo sind Eva und Felix?
○ *Sie holen* die Kamera.
● Und wann *fangt ihr an*?
○ In 30 Minuten. …
Äh, Moment bitte. *Können wir* ein Interview machen?
● Ja, klar. Welche Fragen *habt ihr*?
○ Fragen? … Moment … *wir proben* … Herr Winter, welche Fächer *haben Sie*?
● Ich unterrichte Sozialkunde und Geschichte.
○ *Mögen Sie* die Schüler?
● Ja, klar. *Sie sind* toll.
○ *Sind die Kollegen* auch nett?
● Ja, *sie sind* nett.
○ O.k. … Das ist gut.
*Sie machen* das super!

**b** **Verben und Pronomen im Plural. Notiert Beispiele aus dem Dialog.**

*Dreht ihr ein Video?*

**c** **Welche Verben passen? Schreibt den Text ins Heft. Ergänzt.**

findet • habt • hat • heißen • ist (2x) • kommt • machen • mögen • sagt • sind (2x)

*Liebe Eva, lieber Felix,*

*wir ___ heute noch ein Interview mit Frau Kruse. Das ___ die Bio-Lehrerin von der Klasse 8a. Alle Schüler ___ sie sehr. Frau Kruse ___ drei Hunde. Sie ___ Hans, Franz und Fredo und sie ___ sehr intelligent. Frau Kruse ___: „Sie ___ gut in Mathematik." „Hunde und Mathe": Das ___ ein super Thema, oder? Wie ___ ihr die Idee? ___ ihr auch? Oder ___ ihr keine Zeit?*
*Adresse: Monika Kruse, Marktstraße 5. Beginn: 18 Uhr.*

34 vierunddreißig

---

**10c** In PA ergänzen S. mündlich den Brief mit den korrekten Verbformen, Vergleich im PL und dann Übertragen ins Heft.
***Lösung:*** *machen – ist – mögen – hat – heißen – sind – sagt – sind – ist – findet – Kommt – habt*

### Video zu KB Aufg. 10

Teil 1, Szene 2 (Interview mit Herrn Winter): Die S. sehen und hören das Interview und lösen Übung 3 im Videotrainer im AB.

**Binnendifferenzierung:** Die S. hören und sehen das Interview und notieren alle Fragen, die sie verstehen. Dann sehen sie es noch einmal mit Untertiteln und vergleichen.

## Die Zahlen bis 100

**11** Die Zahlen ab 12

1.40 **a Null bis zwölf kennt ihr aus Kapitel 1. Wie geht die Reihe weiter? Sortiert die Zahlen im Heft. Kontrolliert mit der CD.**

*dreizehn achtzehn vierzehn siebzehn fünfzehn neunzehn sechzehn*

**b Welche Zahlen fehlen in der Reihe?**

zwanzig • dreißig • vierzig • ...zig • sechzig • siebzig • ...zig • ...zig • (ein)hundert

**12** Zahlen sprechen

**a Vergleicht: „23": Deutsch, Englisch, ..., deine Sprache.**

| | 20 | 3 |
|---|---|---|
| englisch: | twenty | three |
| italienisch: | venti | tre |
| türkisch: | yirmi | üç |

**23**

| | | | |
|---|---|---|---|
| deutsch: | 3 | und | 20 |
| | drei | und | zwanzig |

**b Wer schätzt am besten? Schreibt die Zahlen und vergleicht.**

*Das sind ... Bücher.*

*Das sind ... Bälle.*

*Das sind ... Bleistifte.*

1.41 **c Wie heißen die Zahlen? Schreib auf und lies vor: 28, 31, 63, 57, 44.**

*achtund..., einund...,*

**13 Lotto – Notiere 3 mal 6 Zahlen: 1 bis 49.**
1.42 **Hör zu. Wie viele Richtige hast du?**



**11** Wiederholung der Zahlen von 0–12. Sie sind im Schweif des Flugzeugs zu finden: Zahlen von 0–12 laut lesen. In PA können sich S. gegenseitig ihre Handynummer/Festnetznummer diktieren. Einige Paare nennen sie im PL.

**11a** Die weiteren Zahlen zunächst mündlich, dann im Heft sortieren. Kontrolle mit der CD. Aussprache: CD noch einmal vorspielen (oder die Zahlen vorlesen). Die Klasse spricht im Chor nach.

**11b** Ergänzen der Zahlen „fünfzig", „achtzig", „neunzig". Auf Ausnahmen (drei**ß**ig, **sech**zig, **sieb**zig) eingehen.
Im AB finden sich viele weitere Übungen zu Zahlenreihen von einfach bis schwierig.

**12a** In einigen Sprachen werden die Zahlen ab 20 wie im Englischen gebildet. Im Deutschen werden die Zahlen „von hinten nach vorne" gesprochen („dreiundzwanzig"). Die S. überlegen, welche Systeme sie kennen.
Tipps zum Zahlenlernen anbieten (in Dreiergruppen lernen, mit Gestik verbinden u. a.).

**12b** In EA die Anzahl der Gegenstände schätzen. An der Tafel notieren. Welcher S. gewinnt? Motivierend ist es, wenn man bei solchen Gewinnspielen eine Kleinigkeit für den Sieger bereithält.
***Lösung:*** 57 Bücher – 44 Tennisbälle – 35 Bleistifte
**Vorschlag:** s. unten

**12c** Die Zahlen als Wörter im Heft notieren, ein S. schreibt die Zahlen an die Tafel. Kontrolle mit der CD, Überprüfung der Zahlen an der Tafel und ggf. Korrektur. Dann laut lesen lassen.
***Lösung:*** achtundzwanzig, einunddreißig, dreiundsechzig, siebenundfünfzig, vierundvierzig

**13** In EA notieren S je sechs Zahlen in einer Reihe, insgesamt drei Reihen. Danach hören sie die Ansage der Lottozahlen und vergleichen mit den eigenen Reihen. Wer ist Lottokönig/-in mit den meisten Richtigen? Beispiel:

| | | | | | |
|---|---|---|---|---|---|
| 4 | 5 | 12 | 20 | 23 | 13 |
| 8 | 36 | 30 | 11 | 38 | 17 |
| 48 | 16 | 44 | 6 | 31 | 40 |

**Vorschlag zu 12b:**
Bringen Sie von zu Hause Gläser mit, die sie gefüllt haben (z. B. mit Erbsen, Radiergummis, Büroklammern etc.), und lassen Sie die S. schätzen oder lassen Sie die S. selbst etwas mitbringen und die anderen schätzen. Auch gut für KG-Arbeit geeignet.

### Information: Lottozahlen in Deutschland

**Lotto:** Man kreuzt in einem Feld von 49 Zahlen sechs Zahlen an. Dann werden am Mittwoch und am Samstag sechs Zahlen gezogen. Minimum, um etwas zu gewinnen, sind drei richtige Zahlen. Lotto spielen darf man ab der Volljährigkeit.
**Zusatzzahl:** Die Zusatzzahl kreuzt man nicht auf dem Lottoschein an. Sie wird zusätzlich zu den sechs Gewinnzahlen ermittelt und ist nur wichtig, wenn man weniger als sechs Richtige hat. Sie erhöht den Gewinn.
**Superzahl:** Die Superzahl ist auf jedem Spielschein markiert, man kann sie sich also nicht aussuchen. Die Superzahl ist die letzte Zahl der „Losnummer" (die Lottoscheine sind nummeriert). Um den Jackpot zu „knacken"/gewinnen, braucht man man sechs richtige Zahlen und die richtige Superzahl.

**14a** Frage an der Tafel: *„Wie viele ... gibt es?"* Betrachten des Wimmelbildes. 1–2 Beispielfragen im PL: *„Wie viele Mädchen gibt es?"* Antwort der S. an der Tafel festhalten: *„Es gibt vier Mädchen."* In KG stellen S. mithilfe des Grammatikkastens Fragen und beantworten diese. Helfen Sie bei Vokabelfragen.
***Lösung:*** 4 Mädchen – 3 Jungen – 3 PCs – 5 Bananen – 2 Autos – 2 Stühle – 2 Hefte – 4 Länder – 5 Zahlen – 3 Katzen

Singular- und Pluralformen in der Klasse lesen, ebenso wie die feminine Form und den Lerntipp. Mögliche Frage: *„Wie heißt der Artikel im Plural?"* Deutlich machen, dass es im Deutschen im Nominativ nur einen Pluralartikel gibt (so, wie es auch im Akkusativ Plural (die) und Dativ Plural (den) nur einen Artikel gibt).

**14b** Lernkarten: da es keine durchgängigen Regeln für die Pluralbildung gibt, müssen S. die Nomen immer mit Pluralform lernen. Verweisen Sie auf den Lerntipp.

Austeilen vorbereiteter Kärtchen / S. bringen Kärtchen mit. Die S. notieren mithilfe der Wortschlange auf jedem Kärtchen das Pluralwort, ergänzen den Pluralartikel und notieren auf der Rückseite das Wort plus Artikel im Singular. Vergleich in der Klasse.

**15a** Weiteres Schreiben von Lernkarten zum Thema „Schulsachen". S. notieren alle Wörter, die sie behalten haben. Zusätzlich schlagen sie Wörter in der Wortliste nach: Im KB gibt es ab S. 131 eine alphabetische Liste, in der alle Wörter des Buches erscheinen. Schlagen Sie das Buch zusammen mit den S. dort auf und fragen Sie: *„Welche Wörter kann man hier finden?"* (Nomen, Verben, Adjektive). Hier zunächst nur auf die Nomen näher eingehen: Besprechen, welche Informationen es zum Nomen gibt (Nomen, Artikel, Pluralform, Seite/Aufgabennummer). Verweisen Sie auch auf die Wortakzente. Im PL einige Nomen aus der Liste mit Artikel und Plural lesen.



## Wie viele???

### 14 Plural: Wie viele Mädchen? Wie viele Autos? Wie viele ...?

**a Suchen und finden: Es gibt vier Mädchen, ... Autos, ...**

4, 8 G

| Singular | | Plural | Singular | | Plural |
|---|---|---|---|---|---|
| der Computer | | Computer | das Buch | | **Bücher** |
| der Junge | | Jung**en** | das Land | | **Länder** |
| der Stuhl | | **Stühle** | das Heft | | Heft**e** |
| der Lehrer | die | Lehrer | die Katze | die | Katze**n** |
| das Mädchen | | Mädchen | die Zahl | | Zahl**en** |
| das Auto | | Auto**s** | die Banane | | Banane**n** |

⚠ die Lehrerin – die Lehrer**innen** ⚠ die Schülerin – die Schüler**innen**

**Lerntipp**
**Nomen und Plural zusammen lernen!**

**b Schreibt Kärtchen mit Singular und Plural. Die Wortschlange hilft.**

der Hund – Singular
die Hunde – Plural

BÜCHERTAGESPRACHENFOTOSFÄCHERSCHÜLERUHRENHUNDELEHRERHOBBYS

das Fach – Singular
die Fächer – Plural

### 15 Plural in der Klasse

**a Schreibt Lernkarten zum Thema „Schulsachen". Die Wortliste auf Seite 131 hilft.**

**b Plural in der Klasse: Wie viele Schüler/Schülerinnen?**

*Wir haben ... Fächer.*
*In der Klasse gibt es ... Tische und ...*
*Es gibt ... Mädchen/Jungen.*
*Es gibt ... Plakate.*
*Es gibt ... Lehrerinnen und ... Lehrer in der Schule.*



Die S. schlagen Nomen zum Thema „Schulsachen" nach: Anzahl vorgeben: z. B. schnelle Lerner suchen zehn, langsamere Lerner nur fünf Nomen aus der Wortliste. Auswendiglernen der Kärtchen, in PA gegenseitiges Abfragen mithilfe der Karten.

**15b** Training der Pluralformen: In KG sprechen S. über ihre eigene Schule. Trainieren der Strukturen: „Es gibt", „gibt es".

**Binnendifferenzierung:** Lernstarke Gruppen können sich gegenseitig Fragen stellen.

Bei lernschwachen Gruppen schreiben S. Informationen zu ihrer Schule ins Heft und wandeln sie in Fragen um, die sie dann stellen.
**Vorschlag:** Klassenstatistik: Im PL weitere Objekte sammeln, z. B. Handys, I-Pods, Hunde etc. – alles, was die S. interessiert. Zu zweit sind S für eine Frage verantwortlich und befragen alle anderen und notieren die Anzahl. Am Ende erstellen eines Klassenstatistik-Plakats: Wir haben ... Handys. / Wir haben ... I-Pods. / Wir haben ... Hunde.

**Uhrzeittipp zu 16:**
Die Uhrzeiten sind für viele Lerner ein schwieriges Thema, deshalb sollte auch nach dieser Einführung und Übungsphase immer wieder trainiert und wiederholt werden. Fragen Sie einfach ab und an im Unterricht einen S., wie spät es gerade ist oder Sie bringen eine große Uhr mit, auf der Sie unterschiedliche Zeiten einstellen und benennen lassen. Lassen Sie die S. die Uhrzeiten strukturiert auf einem Lernplakat darstellen, das in der Klasse aufgehängt wird.

## Wie spät ist es?

**16** **Uhren und Uhrzeiten**

1.43 **a Hört zu. Was passt zusammen?**

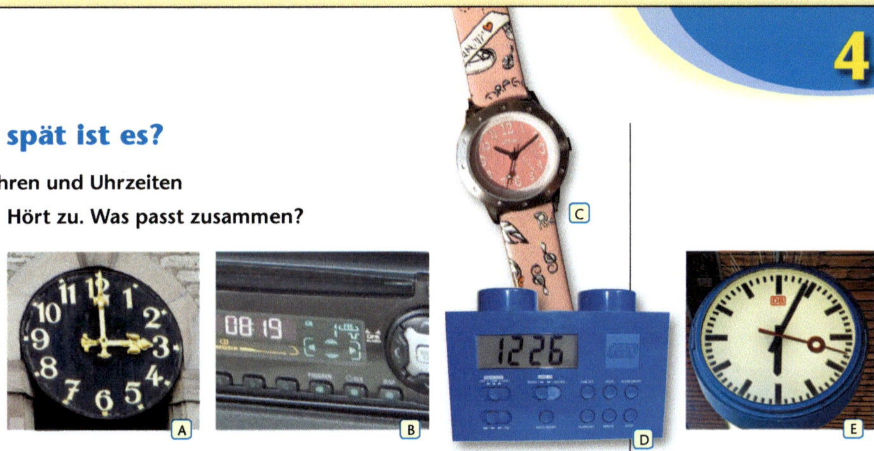


zehn Uhr zehn • drei Uhr • zwölf Uhr sechsundzwanzig • achtzehn Uhr vier • acht Uhr neunzehn

**b Sprecht die Uhrzeiten.**

7:15 12:10 15:25 17:53 23:15 ...

*Es ist 7 Uhr 15.*

1.44 **c Wie spät ist es? Lest die Uhrzeiten, hört zu und sprecht die Uhrzeiten nach.**

| | | | | | |
|---|---|---|---|---|---|
| Es ist 8 Uhr 15.<br>Es ist 20 Uhr 15. | Es ist 8 Uhr 30<br>Es ist 20 Uhr 30. | Es ist 8 Uhr 45.<br>Es ist 20 Uhr 45. | Es ist 8 Uhr 55.<br>Es ist 20 Uhr 55. | Es ist 9 Uhr.<br>Es ist 21 Uhr. | Es ist 9 Uhr 5.<br>Es ist 21 Uhr 5. |
| Es ist Viertel nach acht. | Es ist halb neun. | Es ist Viertel vor neun. | Es ist fünf vor neun. | Es ist neun. | Es ist fünf nach neun. |

**17** **Uhrzeiten zu zweit trainieren**

*Was hast du am Montag um acht Uhr?*

*Mathe.*

*Und was hast du am Dienstag um zehn?*

**18** **Mein Schultag. Julia erzählt. Hört zweimal. Notiert die Uhrzeiten, dann die Schulfächer.**

1.45

**19** **Projekt: euer Schultag. Schreibt einen Text und lest vor.**

P

Montag: Der Unterricht beginnt um ... → Zuerst haben wir ... → Dann haben wir ... → Um ... ist Pause. → Dann ... → Um ... Uhr haben wir ... → Um ... ist Schluss.

siebenunddreißig 37

**16a** Intuitives Zuordnen der Uhrzeiten zu den Fotos. Dann die CD hören. *„Welcher Dialog passt zu welchem Foto?"* 2. Hören: Uhrzeiten zuordnen. Vergleich erst in KG, dann in PL. Zum Vergleich im PL Frage an die Tafel: *„Wie spät ist es?"* und die Struktur: *Es ist ...*
***Lösung:*** Dialog 1 + E: achtzehn Uhr vier – Dialog 2 + B: acht Uhr neunzehn – Dialog 3 + C: zehn nach zehn – Dialog 4 + D: zwölf Uhr sechsundzwanzig – Dialog 5 + A: drei Uhr
**Uhrzeittipp:** s. unten

**16b** In PA Üben der offiziellen Uhrzeiten. Nach den fünf Beispielen können schnellere S. weitere Uhrzeiten notieren, die der Partner nennen muss.
**Variante:** In PA: Ein S. sagt eine Uhrzeit und der andere muss 15 Minuten dazuzählen und die nächste Uhrzeit sagen. Wechsel.

**16c** Tabelle lesen, Uhrzeiten hören und nachsprechen. Frage: *„Gibt es Unterschiede? Welche?"* informell/offiziell: An der Tafel visualisieren der verschiedenen Zeiten. Bei lernschwachen Gruppen lassen Sie die informelle Uhrzeit weg – im Referenzrahmen ist für Niveaustufe A1 nur die offizielle Uhrzeit gefordert.
**Vorschlag:** s. unten

**17** Erweiterung des Themas: In dieser Übung wird die Präposition *„um* + Uhrzeit" eingeführt und mit den Schulfächern verbunden. Frage an der Tafel: *„Was hast du am Montag* ***um acht Uhr****?"*. „um acht Uhr" markieren.
In PA: Nach fünf Fragen/Antworten wechseln, sodass beide S. fünfmal fragen und antworten. Zur Unterstützung können die S. bei jeder Äußerung einen Gegenstand (z. B. ein Mäppchen) hin und her reichen.

**18** Text zweimal hören, Uhrzeiten und Schulfächer notieren.
***Lösung:*** 8 Uhr: Sport – 9.50: Bio – dann: Englisch – 11.15: Pause – 11.45: Kunst
**Vorschlag:** s. unten

**19** **Projekt:** In PA einen Text über eigene Schule und Schulalltag schreiben.
**Vorschlag:** s. unten

**Vorschlag zu 16c:**
Lernplakat erstellen, auf dem die informellen Zeiten in Uhren und Text festgehalten werden; im Raum aufhängen zum Verweis. Beispiel: Es ist ... vier Uhr / Viertel nach vier. / zwanzig nach Vier. / halb fünf. / Viertel vor fünf. / zehn vor fünf. Heben Sie „vor" und „nach" hervor. Erklären Sie das Konzept von „halb fünf", da diese Uhrzeit in vielen Sprachen anders ist und oft zu Missverständnissen führt. Zur Übung lesen S. noch einmal die Uhrzeiten aus **16b**, diesmal informell.

**Erarbeitung der informellen Uhrzeit:** Kopieren Sie **KV 5** auf Karton. Fertigen Sie Kärtchensätze für 4–5 Gruppen an. In KG (max. 5 S. pro Gruppe) ordnen die S. Uhrzeiten und Text zu. Anschließend zeichnen S. eine Uhr ins Heft, markieren vor/nach/halb + Zahl und notieren die Uhrzeiten dazu.

**Vorschlag zu 18:**
**KV 6** Wechselspiel. Stundenpläne A und B enthalten unterschiedliche Informationen. In PA fragen, antworten, notieren.

**Vorschlag zu 19:**
Einen Fantasie-Stundenplan schreiben, z. B. „Der Unterricht beginnt um 11.00 Uhr. Zuerst haben wir Basketball. Um 12.00 Uhr haben wir Pause ..."

**Vorschlag zur Wiederholung der Uhrzeiten:** Uhrzeiten-Bingo s. **KV 7**

### AB zu KB Aufg. 19

**20** In PA führen die S. ein gesteuertes Interview über ihre Schulwoche. Dies kann auch als Vorentlastung für das Projekt in KB Aufgabe **19** gemacht werden.

## Das kann ich nach ...

Die S. bearbeiten die „Das kann ich"-Seite im KB und die Selbstevaluation im AB wie in der Einleitung zum Lehrerhandbuch beschrieben.

**Zur Erinnerung:**
KB: Die linke Spalte wird abgedeckt, die Aufgaben in der rechten Spalte werden allein oder in PA bearbeitet – und im Anschluss mithilfe der linken Spalte kontrolliert.

### Lösungen & Tipps:

**Wie spät ist es? Sagt die Uhrzeiten.**
fünf Uhr zwanzig/zwanzig nach fünf
drei Uhr dreißig/halb vier
sechs Uhr fünf/fünf nach sechs
elf Uhr fünfundvierzig/Viertel vor zwölf

**Ergänzt Schulfächer.**
Mathe(matik), Biologie, Deutsch, Physik

**Fragt und antwortet.**
S. fragen sich in PA gegenseitig zu ihrem eigenen Stundenplan.

**Zählt auf Deutsch.**
Wettspiel in PA. Ein S. stoppt jeweils die Zeit.

**Partnerarbeit**
S. nennen den Plural: die Pausen – die Fotos – die Uhren – die Radios – die Stundenpläne

**Fragen mit *ihr***
S. stellen sich gegenseitig Fragen: erst mit „ihr", dann erzählen sie Informationen mit „wir" und „sie".
Beispiel:
Wann habt ihr Mathe? Wo wohnt ihr? ...
Wir haben von Montag bis Freitag Schule ...

**Mit Sprache handeln**
In PA stellen S. noch einmal ihre Schule und ihren Schulalltag vor. Erst versuchen sie es, ohne ins Heft zu sehen. Wenn sie Hilfe brauchen, sehen sie im Buch oder im Heft nach.

Dann fragen sie sich gegenseitig nach Uhrzeiten.

4

## Das kann ich nach Kapitel 4

**Wörter, Sätze, Dialoge** | **Übt zu zweit**

**Uhrzeiten**
Es ist 13 Uhr.
Es ist 7 Uhr 12.

Es ist fünf.
Es ist Viertel vor sechs.

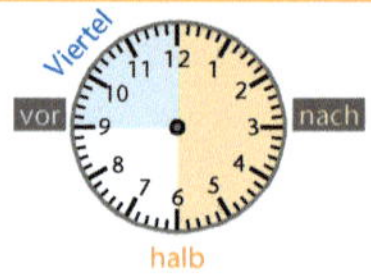


**Wie spät ist es? Sagt die Uhrzeiten.**

**Schulfächer**
Mathe(matik), Bio(logie), Deutsch, Geschichte, Englisch, Sport, Kunst, Musik, Physik, Religion, Chemie

**Ergänzt Schulfächer.**
Math ..., Bio ..., Deu ..., Phy ... ...

**Wochentage**
Montag, Dienstag, Mittwoch, Donnerstag, Freitag, Samstag, Sonntag

**Fragt und antwortet.**
Wann hast du Sport? Am ... um ...
Wann hast du Englisch? Am ... um ...

**Die Zahlen 11–100**
11: elf, 12: zwölf, 13: dreizehn, 14: vierzehn, 15: fünfzehn, 16: sechzehn, 17: siebzehn, 18: achtzehn, 19: neunzehn, 20: zwanzig, 21: einundzwanzig, 22: zweiundzwanzig, ... 30: dreißig, 40: vierzig, ..., 100: (ein)hundert

**Zählt auf Deutsch. Wie viele Zahlen in 30 Sekunden?**

**Grammatik** | **Übt zu zweit**

**Artikel im Plural immer *die***
das Fach – die Fächer
das Mädchen – die Mädchen
der Kuli – die Kulis
die Schere – die Scheren

**Partnerarbeit**
● das Auto → ○ die Autos
○ die Zahl → ● die Zahl...
die Pause, das Foto, die Uhr, das Radio, der Stundenplan

**Verben und Pronomen (Plural)**
wir lern|en
ihr lern|t
sie lern|en
Sie lern|en

**Fragen mit *ihr***
lernen: Lernt ihr Englisch?
haben: ...

**Übt auch mit *wir* und *sie*.**

**Mit Sprache handeln**

**Ich kann über meinen Schulalltag sprechen.**
Ich gehe in die Klasse 8a.
Ich spiele in der Schulband.
Ich mache die Fotos für die Schulzeitung.

**Ich kann meine Schule vorstellen.**
Das ist unser Direktor.
Herr Römer ist mein Lieblingslehrer.
Wir haben eine Schulzeitung.

Lerntipp Plural:
Nomen und Plural zusammen lernen!

**Ich kann nach Informationen (Schule, Schulfächer, Uhrzeit) fragen und antworten.**
● Wie spät ist es?
○ Es ist halb drei.

● Wann beginnt der Unterricht?
○ Um 8 Uhr.

● Wann hast du Mathe?
○ Am Montag.

● Hast du morgen Sport?
○ Ja, von 11 Uhr bis 12 Uhr!

● Habt ihr auch eine Cafeteria?
○ Nein, wir haben keine Cafeteria.

38 | achtunddreißig

## Allgemeines

In geni@l klick gibt es drei Plateaus, die der Anwendung des Gelernten und der Wiederholung von Wortschatz der vorausgegangenen Kapitel dienen.
Die S. werden in den Plateaus nicht mit neuen grammatischen Inhalten konfrontiert, sondern haben hier Zeit, noch einmal das zu wiederholen und zu vertiefen, was sie schon gesehen und gelernt haben, siehe auch Einleitung. Dort finden Sie auch Tipps zum Umgang mit dem Begleit-Video.

**1** Einstiegsseite: Karussell
Dieser Übungstyp ist als PA gedacht. Die S. sollen zu zweit abwechselnd die Impulse (blau) geben und darauf reagieren (rot). Dazu müssen sie ihre Kursbücher immer wieder drehen – daher der Name der Übung. In dieser Aufgabe werden viele Strukturen aus den Kapiteln 1–4 in einer Art Minidialog wieder aufgegriffen.

***Lösung:***
Wie heißt du? – Ich heiße ...
12 + 12 ist ...? – vierundzwanzig
Was macht Peter? – Er spielt Klavier.
Kommst du mit ins Konzert? – Tut mir leid, keine Zeit!
Zuerst haben wir Mathe.... – Dann haben wir Biologie.
Was ist das? – Das ist eine Brille.
Ist BMW ein Computer? – Nein, das ist ein Auto.
Das ist kein Hund, das ist ... – eine Katze.
Es ist: 19.15. – Es ist neunzehn Uhr fünfzehn.
Wolfgang Amadeus Mozart kommt aus ... – Österreich
Magst du Sport? – Ja, ich spiele Tennis.
Ist das ein Auto? – Nein, das ist ein Fahrrad.
Sprich die Zahl 35. – Fünfunddreißig
Ein Buch, aber 3 B... – Bücher
Liegt Bern in Deutschland? – Nein, in der Schweiz.
Wie alt ist Bello? – 8
Buchstabiere: [Banane] – Be, a, en, a, en, e
Guten Tag und ... auf Wiedersehen!

## Plateaus im Arbeitsbuch:

Die Plateaus im Arbeitsbuch sind als Testtraining angelegt. Die erste Seite erleichtert den Einstieg durch ihren spielerischen Wiederholungscharakter, bevor es dann an die Testtrainings geht. Die Tests sind dem Format der Fit-1-Prüfung angeglichen, damit die S. mit diesen und ähnlichen Testformaten schrittweise vertraut gemacht werden. In jedem Plateau werden alle vier Fertigkeiten mit ihren unterschiedlichen Aspekten trainiert. Mit der Seite „Mein Wortschatz" können die S. mit weiteren Übungen Wortschatz trainieren und langsam Lernstrategien entwickeln.

Die S. können die Plateau-Seiten im AB zu Hause bearbeiten – bis auf die Fertigkeit Sprechen, die immer im Unterricht behandelt werden sollte. Damit S. den Umgang mit diesen Seiten lernen, bietet es sich an, Plateau 1 im Kurs zu erklären und ausnahmsweise Teile daraus auch im Unterricht zu machen.

Auch wenn die S. die Übungen 1 und 2 zu Hause gemacht haben, bietet sich eine kurze Reflexion zu den beiden Übungen im PL an: *„Was war für euch schwieriger/einfacher?"* Wenn Sie diese reflektierenden Fragen ab und an im Kurs stellen, werden Sie und die S. wissen, wer wo Schwierigkeiten hat, was leichter/schwer fällt und wo die S. stärker gefördert werden müssen.

## Training

Auf dieser Doppelseite trainieren die S. folgende Fertigkeiten: Sie wiederholen Wortschatz, Redemittel und die schon gelernten Strukturen auf unterschiedliche Art und Weise.

**2a** In EA sehen S. das Bild an, hören dann den Text von CD und machen Notizen.
Beim zweiten Hören markieren sie r/f.
***Lösung:*** 1r – 2f – 3r – 4f – 5f – 6f – 7r – 8r

**2b** Mit ihren Notizen versuchen die S. in PA, die Sätze zu korrigieren. Noch einmal hören. Vergleich im PL.
***Lösung:*** 2: Er liest einen Comic. – 4: Es ist genau halb vier. – 5: Peter spielt Gitarre. – 6: Peter hat eine Katze.

**3** Wortschatzwiederholung: S markieren in EA im Worträtsel die Wörter. Vor den Wörtern steht immer eine Anzahl, die die S ebenfalls markieren.
Diese Aufgabe ist auch als Hausaufgabe geeignet.
***Lösung:*** waagerecht: zehn Uhren – zwanzig Bücher – vier Stühle – fünfzig Bleistifte – zwei Gitarren – eine Lehrerin – fünfunddreißig Kulis – fünfzig Handys – acht Taschen – drei Mädchen; senkrecht: ein Auto (links), zwölf Tische (rechts)

**Information:** Bei allen Arten von Rätseln gibt es in Deutschland das „ß“ nicht, es wird meist durch „ss“ ersetzt. So auch in diesem Rätsel.

# P1 Plateau

## Training

**2** Ein Suchbild

**a** Seht euch das Bild genau an und hört dann acht Sätze. Macht Notizen. Was ist richtig? Was ist falsch?
1.46

| Notiz | r | f |
|---|---|---|
| 1. Peter mag Pizza. | | x |
| 2. | | |
| 3. | | |
| 4. | | |
| ... | | |

**b** Könnt ihr die Sätze korrigieren?

*Peter liest einen Comic / ein Heft.*

**3** Was findet ihr? Es gibt 11 Wörter mit Zahlen (ß = ss).

| | A | B | C | D | E | F | G | H | I | J | K | L | M | N | O | P | Q | R | S | T |
|---|---|---|---|---|---|---|---|---|---|---|---|---|---|---|---|---|---|---|---|---|
| 1 | E | Z | D | W | Y | B | Q | P | Z | E | H | N | U | H | R | E | N | K | E | Z |
| 2 | I | E | Y | P | Z | W | A | N | Z | I | G | B | Ü | C | H | E | R | Z | F | W |
| 3 | N | V | I | E | R | S | T | Ü | H | L | E | M | Q | Ä | F | X | M | D | L | Ö |
| 4 | A | D | Q | Ä | T | R | Ö | J | N | P | K | S | F | S | Ö | T | U | X | A | L |
| 5 | U | F | Ü | N | F | Z | I | G | B | L | E | I | S | T | I | F | T | E | Ä | F |
| 6 | T | Z | W | E | I | G | I | T | A | R | R | E | N | C | A | Y | R | G | T | T |
| 7 | O | M | A | E | I | N | E | L | E | H | R | E | R | I | N | C | S | A | B | I |
| 8 | F | Ü | N | F | U | N | D | D | R | E | I | S | S | I | G | K | U | L | I | S |
| 9 | E | M | Ö | E | X | F | Ü | N | F | Z | I | G | H | A | N | D | Y | S | P | C |
| 10 | F | Ä | A | C | H | T | T | A | S | C | H | E | N | E | Y | P | B | G | G | H |
| 11 | S | P | D | D | R | E | I | M | Ä | D | C | H | E | N | K | X | I | R | H | E |

*Zehn Uhren, ...*

Ich sehe ...

Es gibt ...

Da sind ...

## 4 Noch ein Peter

**a Lest die Aussagen 1 bis 7 mit allen Informationen laut vor.**

1. Peter wohnt in Deutschland / in England / in der Schweiz / in Italien.
2. Er ist 13 / 14 / 15 / 17 Jahre alt.
3. Peter geht in die Klasse 7a / 8a / 9a / 10a.
4. Er spielt Klavier / Gitarre / Saxofon / Trompete.
5. Peter mag Mathe / Deutsch / Geschichte / Kunst.
6. Peter ist sehr cool / intelligent / faul / interessant.
7. Er liebt Hamburger / Pizza / Spaghetti / Fisch.

**b Wählt eine Information pro Satz aus und schreibt sie auf.**

*1. Peter wohnt in der Schweiz.*
*2. Er ist …*

1.47 **c Hört jetzt die CD. Was ist richtig?**

**d Lest jetzt eure Sätze vor. Was stimmt? Was stimmt nicht? Die anderen korrigieren.**

| | |
|---|---|
| 1. Peter wohnt in Deutschland. | – **Das stimmt!** Peter wohnt in Deutschland! |
| 2. Er ist 13 Jahre alt. | – **Das stimmt nicht!** Er ist … |

## 5 Und du??? Fragen und Antworten üben

1. ● Wohnst du in Deutschland?
   ○ **Ja**, ich wohne in … / **Nein**, ich wohne in …

| | | |
|---|---|---|
| 2. Bist du …? | | ich bin … |
| 3. Gehst du …? | | ich gehe … |
| 4. Spielst du …? | **Ja,/Nein,** | ich spiele … |
| 5. Magst du …? | | ich mag … |
| 6. Bist du …? | | ich bin … |
| 7. Liebst du …? | | ich liebe … |



**4a** Im PL lesen S. die Aussagen vor. Lassen Sie die verschiedenen Informationen immer von anderen S. lesen, damit alle an die Reihe kommen. Achten Sie beim Lesen auf die Aussprache und korrigieren Sie diese ggf. und klären Sie unbekannten Wortschatz.

**4b** S. wählen eine Information aus und notieren ihre gewählten Sätze ins Heft.

**4c** S hören den Text und markieren, welche Sätze von ihnen mit dem Hörtext übereinstimmen.
***Lösung:*** 1. Deutschland – 2. 15 – 3. 9a – 4. Saxofon – 5. Kunst – 6. cool – 7. Hamburger

**4d** S. lesen ihre Sätze vor und die anderen reagieren und korrigieren ggf. mit „Das stimmt…" oder „Das stimmt nicht. …" Damit alle S. ihre Sätze vorlesen können, bilden Sie bei großen Klassen KG, in denen die S. die Sätze vorlesen.

**5** Eigene Produktion der S: In PA stellen sie sich gegenseitig Ja-/Nein-Fragen und geben Antworten. Als Hilfe können S. den Wortschatz von **4** verwenden. Am besten, Sie spielen die Fragen und Antworten kurz im Plenum modellhaft durch und lassen dann die S. zu zweit arbeiten. Zuerst mit Hilfen und Unterstützung mündlich durchspielen, dann in einer Ruhephase die Sätze schreiben lassen. Danach vielleicht noch einmal (jetzt schneller) zu zweit durchspielen lassen.

## AB zu S. 40/41

Die ersten beiden Testformate, die geübt werden, sind **Hören** und **Lesen**.
Lesen Sie die Aufgabenstellung im PL und sprechen Sie mit den S. über die Struktur dieser Aufgaben.

**Hören:** Weisen Sie darauf hin, dass S. zuerst die Sätze lesen. Klären Sie hier unbekannten Wortschatz. Erklären Sie den S. auch, dass auf der CD immer erst das Beispiel gesprochen wird. Das Hören 1 soll zweimal gehört werden, spielen Sie denselben Track also zweimal vor.

## Sprechen/Aussprache

Auf dieser Doppelseite werden Sprechen und Aussprache trainiert. Anhand verschiedener Beispiele wiederholen S. Intonation und Satzmelodie aus den vorherigen Kapiteln.
Bei lernstarken Gruppen können Sie diese Dialoge auch als Anlass nehmen, um von den S selbst Dialoge erstellen zu lassen, die sie dann in den verschiedenen Intonationen lesen. Das Wichtigste bei dieser Art Übungen ist, dass die S. sich beim Sprechen anschauen und möglichst „echt" kommunizieren, mit Betonung, Übertreibung und Emotionen. Achten Sie darauf und agieren Sie am besten immer als Modell.

**6** Dialoge üben und „echt" sprechen: Die S. hören und lesen den Dialog und imitieren ihn anschließend. Erst lesen sie ihn zu zweit und Schritt für Schritt – dann sollen sie das Buch weglegen und frei sprechen.

**Binnendifferenzierung:** Für lernstärkere und schnellere S. können Sie auch weitere Dialoge aus den ersten vier Kapiteln verteilen, die die S. üben, um sie „echt" frei zu sprechen.

**7** S. hören die CD und sprechen nach. Dann lesen sie den Dialog in PA und imitieren die Intonation von CD.
**Vorschlag:** Lassen Sie den Dialog in verschiedenen Stimmungen lesen, z.B. interessiert, gelangweilt, begeistert. Dadurch wird deutlich, dass durch eine unterschiedliche Intonation auch Unterschiedliches ausgedrückt wird. Lassen Sie bei dieser Art von Kettenübung die Partner nach einem Durchgang wechseln, mit dem Partner links, rechts, hinten, vorne. Dadurch entstehen mehrere Übungsdurchgänge mit dennoch unterschiedlichen Situationen und Sprechpartnern.

**8** S. hören die Dialoge und sprechen sie nach. Die S. sollten hier ruhig deutlich übertreiben, damit das Bedauern oder die Begeisterung deutlich werden. Durch die Übertreibung verlieren die S. vielleicht auch Sprechhemmungen. Spielen Sie selbst Modell wie auf der CD.

**P1** Plateau

**Lerntipp**
Dialoge „echt" sprechen

## Sprechen/Aussprache

**6 Du und ich: lesen, sprechen.**
**Hört den Dialog und übt wie im Foto.**

1.48
- ● Was machst du am Wochenende?
- ○ Nichts.
- ● Kommst du mit ins Kino?
- ○ Ja, gerne! Wann gehen wir?
- ● Um 18 Uhr?
- ○ O.k. Ich freue mich!

**7 Hört die CD. Übt dann mit *Aha!, O.k., Hm!, O je!, Prima!, Cool!***
**Sprechen, zuhören und wiederholen.**

1.49
- ● Zuerst habe ich Mathe.
- ○ Aha, zuerst hast du Mathe.
- ● Dann habe ich Englisch.
- ○ O.k. Dann hast du Englisch.
- ● Um 10 Uhr ist Pause.
- ○ Hm, um 10 Uhr ist Pause.
- ● Dann habe ich noch Sport.
- ○ Oh je, dann hast du noch Sport.
- ● Um 13 Uhr ist Schluss.
- ○ Cool, um 13 Uhr ist Schluss.

**8 Fußball? Oh je. – Sprecht Dialoge wie im Beispiel.**

1.50

| | | |
|---|---|---|
| Ich liebe Fußball! | Fußball?? | Oh je! |
| Hast du einen Computer? | Einen Computer? | Logisch! |
| Das ist unser Biolehrer. | Euer Biolehrer?? | Cool. |
| Ich esse gerne Pizza! | Pizza?? | Aha. |
| Magst du Sport? | Sport?? | Klar. |
| Ich spiele Gitarre! | Gitarre??? | Toll! |

42 zweiundvierzig

Sammeln Sie an der Tafel weitere Sätze, mit denen die S. in PA Dialogvarianten spielen können.

**Binnendifferenzierung:**
Bei lernschwächeren Gruppen notieren sich S. die Sätze, die sie in dem neuen Dialog verwenden wollen, im Heft. Dann spielen sie zu zweit.

**9 Satzmelodie: Hört die Dialoge und sprecht sie nach.**

1.51

1 ● Kannst du Gitarre spielen? ○ Nein, ich spiele nichts.

2 ● Woher kommst du?
○ Ich komme aus der Schweiz.

3 ● Guten Tag, Herr Winter, wie geht's?
○ Danke, gut!

4 ● Wie viel Uhr ist es?
○ Es ist Viertel vor sieben.

5 ● Wer ist das?
○ Das ist Peter Müller.

6 ● Ist das ein BMW?
○ Nein, das ist ein VW!

**10 Brummsätze**

1.52 **a Hört die CD. Vier Fragen aus Aufgabe 9. Wie heißen die Fragen?**

**b Antworten aus 9 brummen, die anderen raten.**

**11 Wörter im Satz**

**a Wortakzent: Lest zuerst die Wörter (A) laut. Achtet auf den Akzent.**

| (A) | (B) |
|---|---|
| Fußball | Ich spiele Fußball. |
| Klavier | Spielst du auch Klavier? |
| Berlin | Sie kommt aus Berlin. |
| Schweiz | Ich komme aus der Schweiz |
| Schule | Unsere Schule ist sehr groß. |
| Klasse | Wir sind die Klasse ... |
| schwimmen | Ich kann nicht schwimmen. |
| Heft | Das ist kein Heft, das ist ein Buch. |
| Gitarre | Wer spielt Gitarre? |

**b Satzmelodie: Lest dann die Sätze (B).**

1.53 **c Hört die CD und kontrolliert.**

**d Übt dann noch einmal zu zweit.**



## AB zu S. 42/43

Auf dieser Doppelseite werden die Fertigkeiten **Schreiben** und **Sprechen** geübt.

**Schreiben:** Zum Üben von E-Mails bekommen die S. hier eine anhand von Leitfragen (1–5) strukturierte Mail, die sie ausfüllen müssen. Weisen Sie die S. darauf hin, dass sie zu allen Punkten etwas schreiben sollen und dass es nicht gut bewertet wird, wenn sie nur aus der E-Mail oben abschreiben. Schließlich sollen sie in der Prüfung eine E-Mail beantworten und sich selbst vorstellen.

**Sprechen 1:** Zum Üben sammeln Sie mit den S. die kompletten Fragen. Dann fragen sich die S. gegenseitig und stellen sich vor.

**Sprechen 2:** Die S. bereiten zu Hause die Mindmap zum Thema Schule vor. Im Unterricht schreiben sie zu den Wörtern Fragen auf Kärtchen. In einer Reihenübung in KG oder im PL stellen sie sich Fragen und der nächste S. muss antworten.

**9** Satzmelodie: Die S. lesen die Sätze mit der beschriebenen Satzmelodie. Dann hören sie und sprechen nach. Auch hier können Sie an der Tafel weitere kleine Dialoge sammeln lassen.
Diese notieren die S. im Heft und zeichnen die Satzmelodie ein. Dann sprechen sie zu zweit. Es geht hier nicht um eine genaue Reproduktion, sondern um Impulse zur Verwendung von Satzmelodie und Betonung.

**10a** S hören die CD, dort werden vier Fragen gebrummt. Stoppen Sie nach der ersten Frage und lassen Sie sie im PL lösen: *„Welche Frage aus Aufgabe 9 ist es?“* Antwort: *„Woher kommst du?“*
Dann hören die S. die restlichen gebrummten Fragen und nennen die entsprechenden Fragen aus **9**.
***Lösung:***
1. Woher kommst du?
2. Ist das ein BMW?
3. Guten Tag, Herr Winter, wie geht's?
4. Kannst du Gitarre spielen?

**10b** In KG oder PA brummen S. Antworten aus **9** und die anderen raten, welche Antwort gebrummt wurde.
Wenn Sie weitere Dialoge an der Tafel gesammelt haben, können sie auch diese hinzuziehen.

**11a** S lesen die Wörter aus Spalte A laut, gehen Sie herum, helfen und korrigieren Sie beim Wortakzent. Einige S. lesen die Wörter im PL laut.

**11b** Ähnlich wie bei **11a**. Jetzt lesen S. die Sätze. Helfen und korrigieren Sie auch hier.

**11c** Kontrolle der Aussprache mit der CD.
**Vorschlag:** Stoppen Sie nach den einzelnen Sätzen und S. sprechen noch einmal im Chor.

**11d** In PA üben S. die Sätze. Ein S. liest und der andere S. kontrolliert die richtige Aussprache und hilft. Dann Wechsel. Reihenübungen dieser Art können grundsätzlich immer zu zweit und abwechselnd geübt werden.

## Video (Teil 1)

**12 Sätze und Videobilder – was passt zusammen?**

1. Hurra, wir haben gewonnen!
2. Das ist Caro, meine beste Freundin, und ihr Hund Ginger.
3. Mama, wo ist meine Jogginghose?
4. Hey, hallo, was macht ihr denn hier?
5. Jetzt zeige ich euch meinen Schulweg.

## Lernen lernen

**13 Wiederholen ist wichtig! Aber wie? Sprecht über die Grafik. Wie lernt und wiederholt ihr?**

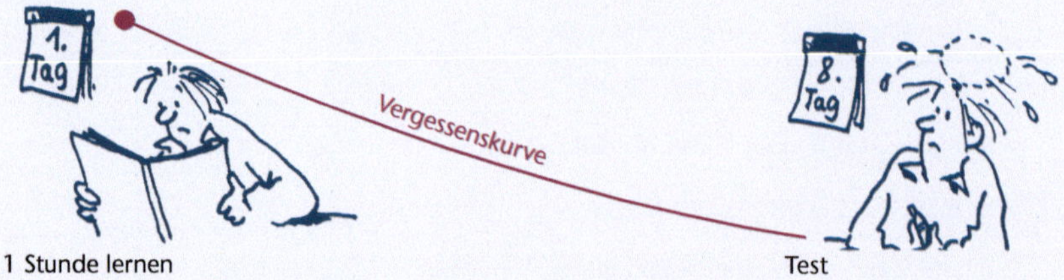




## Video

**12** S. sehen sich die Fotos an und lesen die Sätze. Dann ordnen die S. die Fotos den Sätzen zu. ***Lösung:*** Foto 1: Satz 5 – Foto 2: Satz 3 – Foto 3: Satz 2 – Foto 4: Satz 1 – Foto 5: Satz 4

**Vorschlag:** Sehen Sie alle vier Sequenzen des 1. Teils, teilen Sie die S. in Gruppen ein, die jeweils auf bestimmte Informationen achten, z. B. eine Gruppe achtet darauf, welche Personen zu sehen sind, andere Gruppen notieren Wörter, eine andere Gruppe notiert das jeweilige Thema der Sequenz etc. Vergleich im PL.

**Hinweis:** In Kapitel 10 geht es noch einmal ausführlich um die Themen Stadt und Schulweg. Dort können Sie diese Szene noch einmal aufgreifen. Wenn Ihre S. hier schon über den eigenen Schulweg sprechen wollen, können Sie es in der Muttersprache tun.

## Lernen lernen

In allen Plateaus geht es darum, die S. dazu anzuregen, sich über den eigenen Lernstil und die Lerngewohnheiten bewusst zu werden und neue Verfahren auszuprobieren. S. lernen in den Kapiteln und in den Plateaus verschiedene Lernstrategien und Lerntipps kennen, die ihnen beim Lernen helfen.
In Plateau 1 sollen sich die S. überlegen, wie und wann sie selbst zu Hause lernen und darüber nachdenken, ob ihr eigenes Lernen den gewünschten Erfolg hat oder was sie anders machen könnten.

**13** Lerntipps: Verdeutlichung von Lernen mit System: S. schauen sich die Abbildung an und nennen Unterschiede (jeden Tag lernen – einmal lernen / ein bisschen lernen / viel lernen etc.).
Mögliche Fragen: *„Wann lerne ich besser?", „Wie macht ihr es?", „Klappt es gut?"*
Notieren Sie positive Beispiele an der Tafel.

**Sprachhomogene Gruppen:** Hier bietet es sich an, dies ausführlich in der Muttersprache zu behandeln. Lassen Sie die S. von ihrem Lernverhalten berichten: *„Wie lernt ihr?", „Wie geht es am besten?", „Wo und wann lernt ihr?", „Klappt es gut?", „Wie ist es mit dem Vergessen und Behalten bei euch?"* Halten Sie positive Beispiele an der Tafel fest. Und fragen sie abschließend: *„Was kann man machen, um mehr zu behalten?"* Sammeln Sie diese Tipps an der Tafel.

## AB zu KB-S. 44

Die letzte Seite des Plateaus dient der Wortschatzwiederholung in Verknüpfung mit Lerntechniken.

**1** Hier ordnen die S. die Stichwörter den Begriffen in der Mindmap zu. Dies ist eine gesteuerte Vorbereitung auf die Erstellung einer freien Mindmap. Sie können das als Hausaufgabe machen, wichtig ist hier der Vergleich im Unterricht.

**2** S. lesen in PA die Fragen. Es sind alles Fragen, die sie aus dem Unterricht kennen. Sie sprechen darüber, welche Fragen sie leicht bzw. welche schwer zu verstehen finden. Dies kann bei sprachhomogenen Gruppen auch in der Muttersprache geschehen. Lassen Sie die S. auch diese Fragen in PA noch einmal laut lesen, um das Verständnis zu sichern.

## Video zu KB Aufg. 12

Teil 1, Szene 4 (Unser Schulweg): Die S. bearbeiten diese Film-Sequenz mit Übung 5 aus dem Videotrainer im AB.

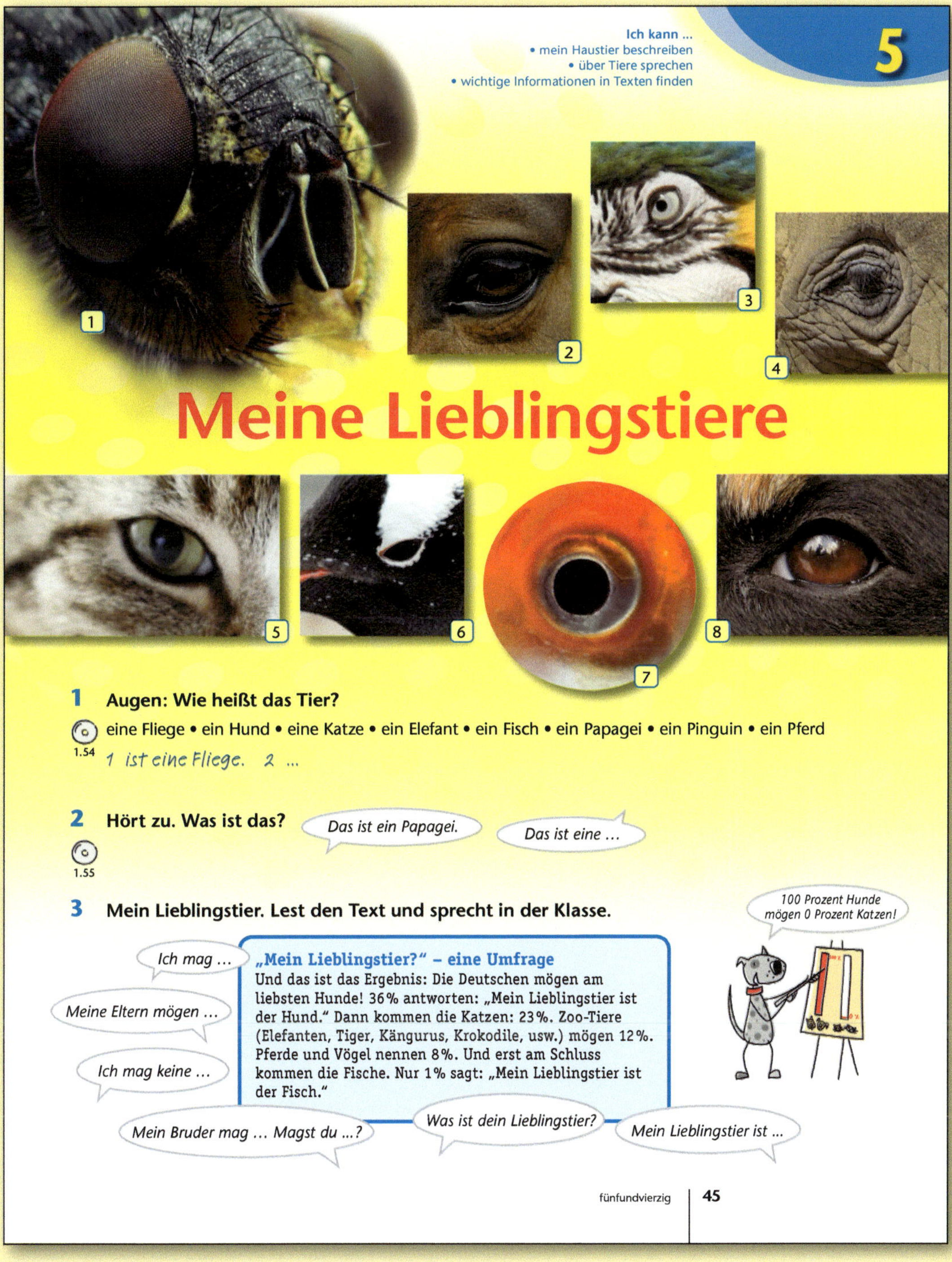

Ich kann …
• mein Haustier beschreiben
• über Tiere sprechen
• wichtige Informationen in Texten finden

5

# Meine Lieblingstiere

1 2 3 4 5 6 7 8

**1 Augen: Wie heißt das Tier?**

1.54 eine Fliege • ein Hund • eine Katze • ein Elefant • ein Fisch • ein Papagei • ein Pinguin • ein Pferd

*1 ist eine Fliege. 2 …*

**2 Hört zu. Was ist das?** *Das ist ein Papagei.* *Das ist eine …*

1.55

**3 Mein Lieblingstier. Lest den Text und sprecht in der Klasse.**

*100 Prozent Hunde mögen 0 Prozent Katzen!*

*Ich mag …*

*Meine Eltern mögen …*

*Ich mag keine …*

**„Mein Lieblingstier?" – eine Umfrage**
Und das ist das Ergebnis: Die Deutschen mögen am liebsten Hunde! 36% antworten: „Mein Lieblingstier ist der Hund." Dann kommen die Katzen: 23%. Zoo-Tiere (Elefanten, Tiger, Kängurus, Krokodile, usw.) mögen 12%. Pferde und Vögel nennen 8%. Und erst am Schluss kommen die Fische. Nur 1% sagt: „Mein Lieblingstier ist der Fisch."

*Mein Bruder mag … Magst du …?*

*Was ist dein Lieblingstier?*

*Mein Lieblingstier ist …*

fünfundvierzig | 45

## Allgemeines

Thema dieses Kapitels sind Haus- und Lieblingstiere (Tiere beschreiben, über sie sprechen und wichtige Informationen in Texten finden). Zudem lernen die S. die Farben und finden erstmals eine längere Geschichte und einen Sachtext. Es wird der Possessivartikel im Nominativ und Akkusativ eingeführt. Dass hier auch Adjektive in prädikativer Stellung, d. h. ohne grammatische Endungen, benutzt werden, muss nicht thematisiert werden. Zudem wird die eigenständige Grammatikarbeit per SOS-Modell trainiert.

**1** S. sehen sich die Fotos von den Tieraugen an und versuchen, die Tiernamen zuzuordnen. Diskussion in KG. Anschließend vergleichen S. ihre Vermutungen mit der CD. Dabei können sie auch die Entsprechungen der bestimmten und unbestimmten Artikel festhalten. Zum Schluss nennen S. die Lösung. Auf Aussprache achten. Im PL nennen S. weitere „internationale" Tiere. Notieren Sie diese an der Tafel. Beispiel: der Tiger, der Delfin, die Giraffe, das Känguru, das Krokodil, der Kolibri, das Zebra

**Binnendifferenzierung:** Bei lernschwächeren Klassen direkt die CD mit den Tiernamen abspielen.
***Lösung:*** 1 Fliege – 2 Pferd – 3 Papagei – 4 Elefant – 5 Katze – 6 Pinguin – 7 Fisch – 8 Hund

**2** Hören und zuordnen. Stoppen Sie die CD nach jedem Geräusch, damit S. Zeit haben, das Tier zu nennen.
***Lösung:*** Das ist … ein Papagei – ein Hund – eine Katze – eine Fliege – ein Fisch – ein Pferd

**3** Die S. lesen den Text und sprechen danach über ihre Vorlieben. Stellen Sie im PL einigen S. Fragen: *„Was magst du?", „Magst du …?"*. Dann sprechen die S. in KG und sagen, welche Tiere sie mögen / nicht mögen. Das Thema „mögen" + Akkusativ sollte hier jedoch noch nicht explizit behandelt werden. Hier steht das Sprechen im Vordergrund. Geben Sie den S. kurz Zeit, zwei bis drei Sätze im Kopf zu formulieren, bevor sie antworten.
**Wiederholungsübung:** s. unten

**Wiederholungsübung:**
Bringen Sie in die nächste Stunde Fotos von den genannten Tieren und den Tieren im Buch mit. Wer weiß noch, wie die Tiere heißen? Diese Fotos können Sie dann auch für eine Erweiterung nach Aufgabe **5** noch einmal benutzen.

## AB zu KB-Seite 45

Auf Seite 45 im AB wird viel mit dem Tier-Wortschatz geübt und in Übung 2 wird nach den Lieblingstieren der S. gefragt. S. suchen die Namen auf Deutsch im Wörterbuch und vergleichen in der Klasse. Schreiben Sie die „neuen" Tiere an der Tafel an.

**4** Kurzes Lesen. Die S. ordnen die Bilder den Texten zu. Lassen Sie die S. berichten, welche Wörter ihnen bei der Zuordnung geholfen haben.
***Lösung:*** 1b – 2c – 3a

**5** Dieses Quiz bezieht sich auf die Texte von **4.** Still lesen, Verstehenskontrolle zum Text erst in PA. Weisen Sie die S. darauf hin, dass eine Information nicht im Text zu finden ist (Nr. 8).
***Lösung:*** 1. Ginger – 2. Ginger – 3. Bunny – 4. Morus – 5. Lena – 6. Ginger – 7. Bunny – 8. (keine Information; es könnte Mieze sein, die sich hier eingeschlichen hat.)

Führen Sie an dieser Stelle auch die Farben ein, die rechts neben dem Quiz dargestellt sind. „Welche Farben kennt ihr?" Schreiben Sie die Farbwörter an die Tafel. Damit sich S. die Farben besser merken können, ist im KB eine visuelle Lernhilfe vorgeschlagen (Wörter und Farben assoziativ verbinden), die die S. direkt umsetzen können, z. B. Baum = grün, Sonne = gelb etc. Fragen Sie: *„Was fällt euch zu der Farbe ‚Gelb' etc. ein?"* Halten Sie die Ergebnisse (farbig) fest.
**Variante:** In KG sammeln die S. mit dem Wörterbuch alle Wörter, die ihnen zu den Farben einfallen und notieren sie in der Farbe auf einem DIN-A3-Plakat.

**Erweiterung:** Hier können Sie auf die Fotos zurückgreifen, die Sie bei KB-Seite 45 benutzt haben und die S. erstellen zu diesen Tieren Quizfragen, die sie sich dann gegenseitig in der Klasse stellen.

**6** Lernstrategie: Die S. lesen die Wortschlange und bilden Paare. Weisen Sie auf den Lerntipp hin, dass es immer besser ist, sich mehrere Wörter, die zusammengehören, zu merken, als einzelne Wörter.
Frage: *„Welche Wortpaare fallen euch noch ein?"*
***Lösung:*** Katze + Hund
schwarz + weiß
Tisch + Stuhl
Samstag + Sonntag
Lehrer + Schüler

**5**

## Tiere und Leute

**4** **Caro und Ginger, Lena und Morus, Tim und Bunny. Ordnet die Bilder den Texten zu.**

Tim hat viele Katzen. Seine Katze Bunny ist 1 Jahr alt. Sie ist schwarz und weiß. „Bunny ist meine Lieblingskatze!" Tims Mutter sagt: „Seine Katzen sind lieb, aber sie machen viel Arbeit." a

Caro wohnt in München. Sie geht in die Klasse 8. Sie sagt: „Das ist mein Hund. Er heißt Ginger. Ginger ist zwei. Er ist super intelligent. Sein Fell ist weiß und schwarz. Ginger läuft gern. Er mag keine Katzen." b

Lena ist 14. Ihre Hobbys sind Schwimmen, Radfahren und Reiten. Lena liebt Morus: Morus ist kein Junge, Morus ist ein Pferd. Es ist braun. c

**5** **Ein Quiz zu Aufgabe 4: Wer ist das?**

1. Er läuft gern.
2. Er ist weiß und schwarz.
3. Sie ist 1 Jahr alt.
4. Es ist braun.
5. Sie ist 14.
6. Er ist super intelligent.
7. Sie ist Tims Liebling.
8. Sie ist grau.

**6** **Partnerwörter: Bildet sinnvolle Paare.**

LehrerStuhlSchülerschwarzHundSamstagweißKatzeSonntagTisch...

Katze
Hund
schwarz
Tisch
Samstag
Lehrer

Lerntipp
**Lerne nie ein Wort allein!**

**7** **Zungenbrecher. Hört zu und sprecht nach. Wer ist am schnellsten?**
1.56
Fischers Fritz fischt frische Fische – frische Fische fischt Fischers Fritz.
Wenn Fliegen hinter Fliegen fliegen, fliegen Fliegen hinter Fliegen her.

46 sechsundvierzig

**7** Hier finden die S. zwei Zungenbrecher. Hören Sie die Zungenbrecher von CD. Dann üben die S. die Zungenbrecher in PA.

**Erweiterung:** *„Welche Zungenbrecher gibt es in eurer Sprache?"*
Bei sprachhomogenen Gruppen: *„Wer kann sie ohne Fehler sagen?"*
Bei sprachheterogenen Gruppen: Lassen Sie ein paar Zungenbrecher vorstellen. *„Was klingt eher leicht, was schwierig?"*

Rückführung zu den deutschen Zungenbrechern und noch einmal mit wechselnden PA lesen lassen. *„Wer kann einen Zungenbrecher perfekt sagen?"*

**8** Projekt „Tiere“ – Bilder und Texte. Macht ein Plakat in der Klasse.

Das ist mein Papagei.
Er heißt Coco und ist 30 Jahre alt.
Er ist bunt und sehr lieb.
Er kommt aus Brasilien.
Er mag Bananen.
Er kann sprechen.

Mein Lieblingstier ist der/das/die ...
Der/das/die ... ist ...
Er/es/sie ist ... (Farbe)
Er/es/sie mag ...
Er/es/sie kann ...

**9** Kurt und seine Freunde. Lest den Text. Welche Tiere gibt es?

Hallo, ich bin Kurt und das sind meine Freunde, Monika und Fritz. Wir lieben Tiere! Das ist mein Hund Robby, das ist meine Katze Ping und das sind meine Fische. Sie haben keinen Namen.

Und das ist Fritz. Das ist seine Ratte Lady Gaga, sein Pferd Blacky und seine Fische. Und wie heißt dein Haustier?

Und das ist Monika. Ihr Papagei heißt Lora, ihre Katze heißt Pong und das sind ihre Fische.

**10** Die SOS-Strategie – Formen sammeln, ordnen und systematisieren

a *Mein, dein, ...*: Sammelt die Possessivartikel im Text bei Aufgabe 9.

b Ordnet die Possessivartikel in die Liste ein.

| | |
|---|---|
| *ich* | *mein Hund, meine Katze, meine Freunde, ...* |
| *du* | *dein Haustier, deine ...* |
| *er* | *seine Katze, seine Fische, ...* |
| *sie* | *ihr ...* |

16, 17 G

**Singular**

| | der Hund | das Pferd | die Katze |
|---|---|---|---|
| ich → | mein Hund | mein Pferd | meine Katze |
| du → | dein | dein | deine Katze |
| er/es → | sein | sein | seine |
| sie → | ihr | ihr | ihre |

**Plural**

| | die Hunde/Pferde/Katzen |
|---|---|
| ich → | meine Hunde/Pferde/Katzen |
| du → | deine Hunde/Pferde/Katzen |
| er/es → | seine |
| sie → | ihre |

c Systematisieren. Wo steht das *„e“*?

d Grammatik-Kontrolle: Ergänzt die Possessivartikel.

Haustiere sind Freunde: Ich und ___ Papagei Lore; du und ___ Hund Harro; mein Lehrer und ___ Vogel Birdie; Klara und ___ Pferd Darling; Kurt und ___ Fische; Vanessa und ___ drei Katzen.

siebenundvierzig 47

**8 Projekt:** Erarbeitung von Lernplakaten. Die S. stellen Haustiere vor und bringen ggf. Bilder, Fotos etc. von zu Hause mit. Gibt es in Ihrer Klasse fast keine Haustiere, dann Aufgabe auf „Lieblingstiere“ ausweiten. Die S. erarbeiten in KG Bilder und Texte wie im Beispiel. Sie können auch die Vokabeln aus **4** und **5** verwenden. Am Ende werden die Bilder zu einem großen Plakat (bei großen Gruppen zwei Plakate) in der Klasse zusammengefügt. Jede KG stellt „ihr“ Haustier vor. Achten Sie darauf, dass wirklich alle S. der KG einen Satz lesen.
Tipp: Als Vorentlastung kann Übung 3 im AB dienen.

**9** S. lesen den Text und markieren oder notieren die Tiere. Vergleich im PL.
***Lösung:*** Hund – Katze – Fische; Ratte – Pferd – Fische; Papagei – Katze – Fische

**10** In **10a–c** folgen die S. dem SOS-Prinzip (s. Lehrtipp unten) und entdecken grammatische Regeln.

**10a** Kopieren Sie den Text aus **9** auf Folie oder in Powerpoint und lassen Sie die S. die Possessivartikel sammeln.
***Lösung:*** meine Freunde – mein Hund – meine Katze – meine Fische – seine Ratte – sein Pferd – seine Fische – dein Haustier – ihr Papagei – ihre Katze – ihre Fische

**10b** S. übertragen die Liste in ihr Heft und ordnen die Formen ein. S., die sich trauen, können dies an der Tafel machen.

**10c** Beim Systematisieren sehen sich die S. den Grammatikkasten an und nennen die Regel.
***Regel:*** Im Femininum und Plural Nominativ wird die Endung „-e“ an die Possessivartikel angehängt. S. formulieren die Regel ggf. in der Muttersprache.

**10d** Selbsttest: Direkte Anwendung des Gelernten. Die S. ergänzen die Possessivartikel, dazu können sie als Hilfe **10a** und **10b** benutzen. Erst Vergleich in PA, dann im PL.
***Lösung:*** mein – dein – sein – ihr – seine – ihre

## Bei Problemen mit den Possessivartikeln:

In vielen Sprachen sind die Formen für „er/es“ und „sie“ nicht gleich – das bereitet vielen Lernern Schwierigkeiten. Geben Sie daher Beispiele, in die Sie die S. einbeziehen, z. B. *„Wem gehört der Bleistift?“* Einmal nehmen Sie ein Mädchen und einmal einen Jungen, sodass den S. deutlich wird, dass der Possessivartikel wechselt. Verteilen Sie **KV 8** an die S. und im PL nennen die S. die weiteren Zuordnungen. Danach **KV 8** vergrößern und als Lernplakat im Raum aufhängen
***Lösung zur KV:*** Irene: ihr Pferd/ihre Fische/ihre Ratte – Simon: sein Pferd/seine Fische/seine Ratte – Thomas und Anna: ihr Pferd/ihre Fische/ihre Ratte

## Lehrtipp Grammatik: S-O-S (Sammeln – Ordnen – Systematisieren)

Geben Sie den Lernenden Gelegenheit, Regeln selbst zu finden. Grammatiktabellen dienen nur zur Überprüfung der eigenen, bereits gelernten Regeln.

1. **S**ammeln: S. entdecken in Texten Regelmäßigkeiten und halten diese fest.
2. **O**rdnen: S. ordnen die Beobachtungen nach Kategorien (z. B. Wortendungen oder Satzkontexten).
3. **S**ystematisieren: S. versuchen (ggf. mit Hilfen), **ihre** Regel zu formulieren.

**!!** Erst die Anwendung im Kontext sichert, dass die Regel ins Sprachinventar der S. integriert wird.

**11a** Hier lesen die S. eine Geschichte von Kurt und Monika, die sie schon aus Aufgabe **9** kennen. S. beschreiben die Bilder: *„Was seht ihr?" „Was passiert?"* Dann hören sie den Text und bringen die Bilder in die richtige Reihenfolge.
***Lösung:*** b – c – a

**11b** S. lesen die Dialoge, stellen Sie zum Textverständnis einige Frage: *„Wie heißt die Katze von Monika?", „Wo ist die Katze?", „Wo ist Robby, Kurts Hund?", „Was macht Kurt?", „Was ist das Problem?"*
Nachdem die S. die Geschichte verstanden haben, bilden sie zu dritt KG. Die S. verteilen die Rollen, lesen den Text und üben die richtige Intonation (erschrocken, genervt etc.). Anschließend spielen sie die Dialoge dann so frei wie möglich vor.
**Variante:** Inszenieren Sie das Drama als „Theaterstück": In KG verteilen S. die Rollen, üben den Text, um ihn auswendig sprechen zu können oder zumindest sehr frei lesen zu können. Als Erzähler können Sie ruhig zwei S. einsetzen. Ein weiterer S. ist der Regisseur, der Anweisungen gibt. Nicht allen S. gefällt es, vor der Klasse zu spielen, also sollte es auch Rollen geben, die hinter „der Bühne" bleiben. Pro KG ca. 4–5 S. (2 Spieler, 1–2 Erzähler, 1 Regisseur)

**12** S. schreiben den kleinen Text mit den Lücken in ihr Heft, dann hören sie die CD zweimal und ergänzen die Beschreibung.
***Lösung:*** Rücken: rot – Bauch: weiß – zwei Beine: schwarz – zwei Beine: weiß – Schwanz: orange

**Zur Wiederholung und Einprägung der Körperteile:** Die S. beschreiben ihre Haustiere oder bringen Sie Fotos von weiteren Tieren mit und lassen Sie S. die Tiere beschreiben (auch hier können Sie wieder die Fotos von KB-Seite 45 nutzen).

5

## Eine, meine, keine

### 11 Ein Drama: „Meine Katze ist weg!"

1.57 **a Hört zu. Wie ist die richtige Reihenfolge der Bilder?**

**b Lest, übt und spielt das Drama zu dritt**

1 *Es ist halb zwei. Kurt kommt aus der Schule. Er isst eine Pizza und trinkt eine Cola. Sein Handy klingelt.*
„Äh, Kurt, hallo?"
„Kurt, hier ist Monika. Meine Katze ist weg!"
„Oh, Monika!!! Äh, deine Katze?"
„Meine Katze Pong, sie ist weg! Bitte, Kurt, suche meine Katze!"
„Hm, Monika, ich esse meine Pizza, dann suche ich deine Katze, o.k.?"

2 *Kurt isst seine Pizza und trinkt seine Cola.*
*Er macht eine Pause.*
„Ach so, wo ist eigentlich mein Hund ...?"
*Er geht in sein Zimmer. Kein Hund.*
*Er denkt:* „Mein Hund ist weg!"
*Er ruft:* „Robby? Robby?"
*Er sagt:* „Ich esse jetzt meine Pizza, dann suche ich."

3 *Die Pizza ist kalt. Kurt mag keine kalte Pizza.*
*Er sucht die Tiere:* „Robby!! R-o-b-b-yyyyyy!!!"
*Keine Antwort.*
„Ach ja! Monikas Katze!!"
*Er ruft:* „Pong! Poooooooong!"
*Keine Antwort.*
*Er geht in den Garten und ...* „Oh, nein. ..."
„Hallo, Monika, hier ist Kurt. Wie sieht deine Katze aus?"

### 12 Hört zu und ergänzt die Beschreibung.

1.58 Ihr Kopf ist gelb. Ihr Rücken ist ___, ihr Bauch ist ___, zwei Beine sind ___ und zwei Beine sind ___. Ihr Schwanz ist ___.

48 achtundvierzig

**AB zu KB Aufg. 12:**
**10** Diese Übung eignet sich gut als weiterführende Aufgabe. Die S. arbeiten in PA, jeder malt das Fantasietier in Bild 1 bunt an. Danach setzen sich die S. zu zweit zusammen und beschreiben sich gegenseitig ihre Tiere. A beschreibt und B malt in Bild 2, dann Wechsel. Anschließend Überprüfung, ob die Fantasietiere identisch sind. Dadurch üben S. sowohl die Körperteile als auch die Farben noch einmal.

## 13 Menschen und ihre Haustiere

**a Was stimmt? Vergleicht in der Klasse.**

1. Caro hat eine Katze.
2. Lena hat kein Pferd.
3. Tim hat Katzen.
4. Kurt hat keinen Hund.
5. Kurt hat ein Pferd.
6. Monika hat keinen Hund.
7. Fritz hat kein Pferd.
8. Fritz hat eine Ratte.
9. Monika hat einen Papagei.
10. Monika hat keine Fische.

*Stimmt nicht! Caro hat keine Katze. Sie hat einen Hund. Der Hund heißt …*

*Stimmt! Tim hat viele Katzen!*

**b Vergleicht die Aussagen in a. Achtet auf die Artikel. Was fällt euch auf?**

**c Ergänzt die Regel: unbestimmter Artikel im Akkusativ.** G 16, 17, 22

Singular: der (ein) → ein___ , das (ein) → ein___ , die (eine) → ein___
Plural: die → ___ ?

**Das funktioniert auch bei:** Ich mag …
… meinen, deinen, seinen, ihren, unseren oder keinen Hund!

**d Ergänzt die Sätze. Tipp: Das Wörterbuch hilft!**

Ich habe ein___ Tiger.
Ich habe ein___ Kamel.
Ich habe ein___ Schlange.
Ich habe ___ Fische.

## 14 Verben mit Akkusativ: *haben, suchen, mögen, finden, kaufen, …*

**a Ergänzt die Sätze und ordnet die Antworten zu.**

1. Wie findest du unser___ Mathelehrer?
2. Ich kaufe ein___ Computer. Kommst du mit?
3. Hast du dein___ Pausenbrot?
4. Magst du ihr___ Papagei?
5. Suchst du dein___ Hund, Caro?
6. Wir haben kein___ Cafeteria!

a Nein, ihre Katze mag ich lieber.
b Ja, wo ist er? Giiinger!
c Aber wir haben ein Schwimmbad!
d Na ja, er ist ganz nett.
e Nein, ich habe keine Zeit!
f Ja, Mama! Tschüs!

*Wie findest du unseren Mathelehrer?*

*Na ja, er ist ganz nett.*

**b Spielt die Minidialoge vor.**

neunundvierzig 49

**13a** S. lesen die Sätze und notieren, welche Sätze stimmen. **4** und **9** helfen. S. korrigieren die falschen Sätze und geben mehr Details, wenn sie sich erinnern. Sie sprechen in PA/KG und vergleichen ihre Ergebnisse. Vergleich bei Schwierigkeiten im PL.
***Lösung:*** 1. keine Katze, einen Hund, Ginger – 2. ein Pferd, Morus – 3. das stimmt – 4. einen Hund, Robby – 5. kein Pferd, einen Hund, Robby – 6. stimmt, eine Katze, Pong – 7. ein Pferd, Blacky – 8. stimmt, eine Ratte, Lady Gaga – 9. stimmt, einen Papagei, Lora – 10. Fische

**13b** S. vergleichen die Artikel in **13a** und sagen, was ihnen auffällt.
***Lösung:*** „einen/keinen" ist neu und fällt auf.

**13c** S. ergänzen die Regel. Dazu lesen sie die Sätze aus **13a** und filtern die Artikel heraus. So systematisieren sie den unbestimmten Artikel im Akkusativ. Fazit: Es ändert sich im Vergleich zum Nominativ nur im Maskulinum die Endung zu *„-en"*! Fragen Sie: *„Wie ist der Pluralartikel im Akkusativ?", „Vergleicht die Sätze 3 und 10 – was passiert?"* Verdeutlichung, dass es den positiven unbestimmten Artikel im Plural nicht gibt, nur den negativen.
***Regel:*** der (ein) → einen; das (ein) → ein; die (eine) → eine; Plural: die → –/keine

**13d** Die S. ergänzen die Sätze mithilfe des Wörterbuchs. Im PL lesen sie den Merkzettel.
***Lösung:*** einen Tiger – ein Kamel – eine Schlange – Fische

**14a** Im PL lesen die S. die Aufgabe und die angegebenen Verben mit Akkusativ, die in den Sätzen vorkommen, die die S. in PA ergänzen. Dann ordnen sie die Antworten a–f zu.
***Lösung:*** 1d: unser*en* – 2e: ein*en* – 3f: dein? – 4a: ihr*en*? – 5b: dein*en* – 6c: kei*ne*
**Vorschlag:** s. unten

**14b** Anschließend spielen die S. die Minidialoge vor. Um das Vorspielen abwechslungsreicher zu gestalten, geben Sie Intonationen vor: fröhlich, genervt, leise, laut, angeberisch, etc.

**Vorschlag zu 14a:**
Um den Akkusativ zu üben, schreiben S. 2–3 Verben im Infinitiv auf Kärtchen. Die Karten werden eingesammelt, gemischt und neu an KGs verteilt. Ein S. zieht eine Karte, liest das Verb und macht einen Satz. In der KG kontrollieren die S., ob der Satz richtig ist oder nicht. Aufgabe **14** bzw. die Wortliste im Anhang helfen.

**15a–b** Spielprinzip „Schiffe versenken". Gehen Sie wie im Muster vor: Die S. zeichnen die Tabelle (A „der", B „das", C „die" / 1, 2, 3) zweimal in ihre Hefte oder Sie kopieren **KV 9** für die S.
**Spielanleitung:** Die S. einigen sich zunächst auf neun Tiere (3 maskulin, 3 feminin, 3 neutrum) und tragen diese dann individuell neu gemischt jeweils in das erste Schema ein, ohne dass es jemand anders sehen kann. Das zweite Schema bleibt leer!
PA: A beginnt, z. B. „Hast du einen Papagei in A1?" Antwortet B mit „Ja", trägt A den Tiernamen in das entsprechende Feld in dem zweiten noch leeren Schema ein und fragt weiter. Bei jedem „Ja" wird der erfragte Tiername eingetragen. Antwortet B „Nein", wird gewechselt und Person B ist an der Reihe. Wer zuerst alle Namen an der richtigen Position erraten und eingetragen hat, hat gewonnen.
In **KV 9** sind die Artikel in dem Schema des Partners schon vorgegeben. Somit müssen sich die S. keine Gedanken über die Form des Artikels im Akkusativ machen.

**16** Die S. arbeiten in PA. Ein S. würfelt und formuliert einen Satz, die anderen kontrollieren. Der Würfel entscheidet über den Satzanfang, der S. führt den Satz fort. **Beispiel zum Foto:** Augenzahl 3: Der Satz beginnt mit „Ich suche ...". Es müssen zwei weitere Elemente ausgewählt werden, z. B. „der Füller" + „mein". → „Ich suche meinen Füller."

**Binnendifferenzierung:** Wenn der Partner auf den gesagten Satz reagieren muss, steigert sich die Schwierigkeit der Aufgabe.

**17a** Tiersprachen: Die S. hören die CD und ordnen die Laute den Bildern zu.
***Lösung:*** Kuh – Katze – Schwein – Hahn – Hund – Ente – Fliege

**17b** Im PL erzählen die S., welche Laute die Tiere in ihrer Sprache von sich geben und machen es vor. Ist es gleich oder anders? Auf der Internetseite www.bzzzpeek.com finden Sie ein Tierstimmenprojekt: Kinder aus aller Welt machen die Geräusche der Tiere aus ihrem Land.



## Üben, üben, üben

### 15 Artikel üben

**a Spielt zu zweit: Sortiert Tiernamen in eine Tabelle.**

der Papagei • die Fliege • der Hund • der Elefant • die Katze • das Pony • das Krokodil • das Pferd • die Ratte • der Tiger • das Känguru • ...

| | A der | B das | C die |
|---|---|---|---|
| 1 | Elefant | Pferd | Katze |
| 2 | Papagei | Pony | Ratte |
| 3 | Hund | Krokodil | Fliege |

| | A der | B das | C die |
|---|---|---|---|
| 1 | Fisch | Krokodil | Katze |
| 2 | Vogel | Känguru | Ratte |
| 3 | Tiger | Pferd | Fliege |

**b Fragt wie im Beispiel. Wer findet die Tiere zuerst?**

*Hast du einen Papagei in A1?*

*Nein. Hast du eine Fliege in C3?*

### 16 Ein Würfelspiel. Spielt zu zweit und bildet Sätze.

| | | |
|---|---|---|
| Wie findest du ... | mein | (die) Katze |
| Hast du ... | kein | (der) Füller |
| Ich suche ... | mein | (der) Hund |
| Suchst du ... | dein | (das) Deutschbuch |
| Ich habe ... | sein | (das) Pony |
| Wo finde ich ... | dein | (die) CDs |

### 17 Die Kuh macht „Muh!"

1.59 **a Was sagen die Tiere? Hört zu und ordnet zu.**

*Muh!* *Wau, wau!* *Miau!!* *Quak, quak.* *Bsssssssss!* *Oink, oink!* *Kikerikiii!*

**b Wie sprechen die Tiere in eurer Sprache?**



**Wiederholungs-Spiel:**
Auf **KV 10** finden sich Kärtchen mit Angaben zu verschiedenen Tieren für das Tier-Quiz. Schneiden Sie Kärtchen für mehrere Gruppen aus und verteilen Sie sie an KG. Die S. ziehen die gleiche Anzahl an Kärtchen und formulieren dann reihum Sätze zu ihren Tieren ohne den Tiernamen zu nennen. Die anderen S. raten. Wer richtig geraten hat, bekommt die Karte. Sieger ist, wer die meisten Kärtchen gesammelt hat. Es gibt vier leere Kärtchen. Dort können die S. eigene Angaben zu weiteren Tieren notieren.

**AB zu KB Aufg. 15**
**14** S. notieren sechs Schulsachen, die sie heute mit in der Schule haben. Dann vergleichen sie in KG, z. B.: „Ich habe einen Bleistift, ein Lineal, ... – und du?"

**AB zu KB Aufg. 16**
**17** Hier ergänzen die S. die fehlenden Verben. Dann sprechen sie die Minidialoge zu zweit. Auch hier geht es um die richtige Intonation.

5

## Hunde in Deutschland

**18** Seht die Fotos an. Was ist das? Sucht die Antworten im Text.

**Die Deutschen sind weltberühmt für ihre Hunde**

Der deutsche Schäferhund, der deutsche Dackel, der Pudel, die Dogge und der Dobermann. Viele Erwachsene und viele Kinder haben einen Hund. Sind die Deutschen Hunde-Weltmeister? Nein! Nur in 13 % der deutschen Familien gibt es einen Hund – das ist nur Platz 14 in Europa! Aber trotzdem geben die Deutschen über 2 Milliarden Euro pro Jahr für ihre Lieblinge aus! Bello, Schnuffi, Maxi, Jenny oder Paula bekommen in Deutschland alles: Hundefutter, Hundekleider, Hundespielzeug. Es gibt sogar Hundefrisöre! Aber Hunde mögen keine Frisöre ...

einundfünfzig | 51

**18** Steigen Sie über die Fotos in den Text ein: *„Was seht ihr?“*, *„Kennt ihr diese Hunde?“*, *„Gibt es sie auch in eurem Land?“*, *„Was passiert mit dem Hund?“* Soweit möglich, antworten die S. auf Deutsch. Ist es zu schwierig, können sie bei sprachhomogenen Gruppen in die Muttersprache wechseln.
Anschließend lesen die S. den Text und schreiben Wörter heraus, die zu den Fotos passen. Weiterführende Frage: *„Welche anderen Informationen und Wörter sind interessant?“*, *„Gibt es bei euch auch Hundefrisöre?“*
**Vorschlag:** Die S. recherchieren zu Haustieren und Hunderassen in ihrem Land und vergleichen: *„Gibt es bei euch ein „Lieblingshaustier?“*, *„Haben bei euch viele Menschen Hunde? Welche?“* Vergleich in der Muttersprache.

***Hunderassen*** auf den Fotos oben, von links nach rechts: der Dackel – der Schäferhund – die Dogge – der Pudel – der Dobermann

## Das kann ich nach …

Die S. bearbeiten die „Das kann ich“-Seite im KB und die Selbstevaluation im AB wie in der Einleitung zum Lehrerhandbuch beschrieben.

**Zur Erinnerung:**
KB: Die linke Spalte wird abgedeckt, die Aufgaben in der rechten Spalte werden allein oder in PA bearbeitet – und im Anschluss mithilfe der linken Spalte kontrolliert.

### Lösungen & Tipps:

**Wie heißen die Tiere?**
das Pferd – der Vogel – der Elefant – der Hund – der Pinguin – die Fliege

**Welches Tier kann …?**
In PA stellen sich die S. abwechselnd Fragen, z. B.
Kann ein Papagei sprechen? – Ja, ein Papagei kann sprechen.
Kann ein Elefant fliegen?
Kann ein Hund schwimmen?

**Sortiert die Farben von hell nach dunkel.**
weiß – gelb – orange – grün – blau – rot – grau – braun – schwarz

**Ergänzt die Possessivartikel.**
Rudi und *sein* Hund.
Lara und *ihre* Katze.
Fritz und *seine* Ratte.
Monika und *ihre* Fische.

**Fragt und antwortet.**
Die S. stellen sich in PA Quizfragen zu den Figuren aus dem Kapitel und deren Haustieren.

**Ergänzt die Sätze.**
(Beispiel)
Monika sucht ihren Papagei.
Ich mag Pferde und Pinguine.
Kurt hat einen Hund, eine Katze und Fische. …
Wir schreiben eine E-Mail …

**Mit Sprache handeln**
Auch hier eignen sich die Fotos vom Anfang des Kapitels (entweder KB-Seite 55 oder die Fotos, die Sie mitgebracht haben), falls die S. Schwierigkeiten haben, frei über ein Tier zu sprechen.

Lesen Sie im PL den **Lerntipp** und lassen Sie die S. weitere Partnerwörter sammeln. Das können Sie auch als Wettbewerb gestalten. In KG haben die S. drei Minuten Zeit, Wortpaare zu finden (das haben sie im Kapitel in Aufgabe **6** bereits gemacht). Wer findet die meisten?

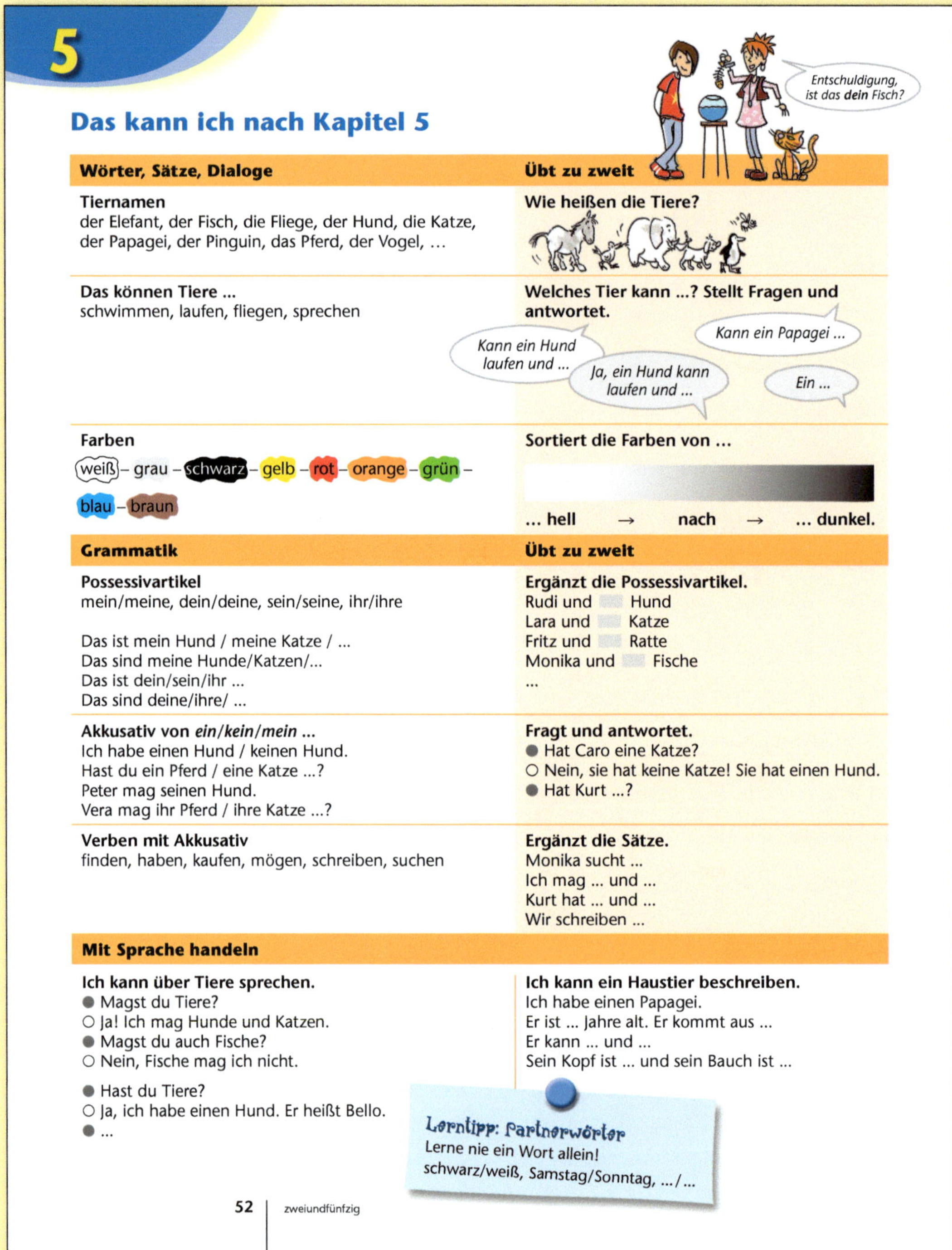
5

**Das kann ich nach Kapitel 5**



| Wörter, Sätze, Dialoge | Übt zu zweit |
|---|---|
| **Tiernamen**<br>der Elefant, der Fisch, die Fliege, der Hund, die Katze, der Papagei, der Pinguin, das Pferd, der Vogel, … | **Wie heißen die Tiere?** |
| **Das können Tiere …**<br>schwimmen, laufen, fliegen, sprechen | **Welches Tier kann …? Stellt Fragen und antwortet.**<br>Kann ein Hund laufen und …<br>Ja, ein Hund kann laufen und …<br>Kann ein Papagei …<br>Ein … |
| **Farben**<br>weiß – grau – schwarz – gelb – rot – orange – grün – blau – braun | **Sortiert die Farben von …**<br>… hell → nach → … dunkel. |

| Grammatik | Übt zu zweit |
|---|---|
| **Possessivartikel**<br>mein/meine, dein/deine, sein/seine, ihr/ihre<br><br>Das ist mein Hund / meine Katze / …<br>Das sind meine Hunde/Katzen/…<br>Das ist dein/sein/ihr …<br>Das sind deine/ihre/ … | **Ergänzt die Possessivartikel.**<br>Rudi und ___ Hund<br>Lara und ___ Katze<br>Fritz und ___ Ratte<br>Monika und ___ Fische<br>… |
| **Akkusativ von *ein/kein/mein* …**<br>Ich habe einen Hund / keinen Hund.<br>Hast du ein Pferd / eine Katze …?<br>Peter mag seinen Hund.<br>Vera mag ihr Pferd / ihre Katze …? | **Fragt und antwortet.**<br>● Hat Caro eine Katze?<br>○ Nein, sie hat keine Katze! Sie hat einen Hund.<br>● Hat Kurt …? |
| **Verben mit Akkusativ**<br>finden, haben, kaufen, mögen, schreiben, suchen | **Ergänzt die Sätze.**<br>Monika sucht …<br>Ich mag … und …<br>Kurt hat … und …<br>Wir schreiben … |

**Mit Sprache handeln**

| | |
|---|---|
| **Ich kann über Tiere sprechen.**<br>● Magst du Tiere?<br>○ Ja! Ich mag Hunde und Katzen.<br>● Magst du auch Fische?<br>○ Nein, Fische mag ich nicht.<br><br>● Hast du Tiere?<br>○ Ja, ich habe einen Hund. Er heißt Bello.<br>● … | **Ich kann ein Haustier beschreiben.**<br>Ich habe einen Papagei.<br>Er ist … Jahre alt. Er kommt aus …<br>Er kann … und …<br>Sein Kopf ist … und sein Bauch ist … |

**Lerntipp: Partnerwörter**
Lerne nie ein Wort allein!
schwarz/weiß, Samstag/Sonntag, … / …

52 | zweiundfünfzig

**Ich kann ...**
- mich verabreden, zusagen, absagen
- sagen, wohin ich gehe/gehen will
- sagen, was ich mag/nicht mag, habe/nicht habe, kann/nicht kann

6

# Lust auf Freizeit?

**1 Schade!**

1.60 **a Hört die Dialoge und seht den Comic an.**

**b Hört noch einmal, sprecht nach und spielt in der Klasse.**

**2 Spielt den Dialog neu: Daisy mag Sport. Daisy antwortet positiv. Benutzt die Sätze.**

*Gehen wir morgen schwimmen?*

*Ja, gerne! Ich liiieeebe Wasser!*

*Daisy ist spitze!*

*Er ist einfach super toll!*

Ja, gerne! Ich liiieeebe Wasser!
Natürlich, ich habe Zeit!
O.k. Ich freue mich! Ich gewinne!
Rad? Klar! Ich habe ein Top-Mountainbike!
Gerne! Wann?
Hamburg gegen München? Toll! Wir fahren hin!



## AB zu KB Aufg. 1 und 2

**1** Im Arbeitsbuch finden S. den Comic mit leeren Sprechblasen, sodass sie ihren eigenen Comic erstellen können.

**Binnendifferenzierung:** Im Wortkasten finden S. den Wortschatz, mit dem sie den Comic füllen können. Die S. können auch eigene, ganz freie Sätze einsetzen. Ziel ist es, dass die S. mit der Sprache spielerisch umgehen und Neues ausprobieren. Dazu können S vorher im PL weitere Sportarten und Verben sammeln, z. B. joggen, Fußball spielen, Badminton spielen etc.

## Allgemeines

Hauptthema des Kapitels sind Verabredungen von Jugendlichen. In diesem Zusammenhang werden Redemittel für Zustimmung und Ablehnung eingeführt und in unterschiedlichen Situationen geübt und angewendet. Dazu benötigen sie die Struktur „Präposition und Akkusativ". Die Wechselpräpositionen werden hier nicht explizit eingeführt, sondern die S. lernen die Ortsbezeichnungen als feste Einheiten. Als neue Grammatikstrukturen werden die trennbaren Verben eingeführt und die Negation vertieft. Dabei geht es auch um die Unterscheidung von „nicht" und „kein".

**1a** Die S. hören den Comic-Text von CD und lesen ihn gleichzeitig. Sollten einige S. den Witz nicht verstehen, lassen Sie ihn von anderen S. erklären (in der Muttersprache).

**1b** Die S. hören den Dialog noch einmal, anschließend spielen sie in KG zu mindestens drei S. den Dialog nach (1 Erzähler + 2 Sprecher). Die S. sollen den Dialog so üben, dass sie die Stimmung der Figuren beim Nachspielen deutlich machen können.

**2** Nun spielen S. den Dialog aus **1** noch einmal, jetzt aber mit Daisy, die immer positiv antwortet. Als Hilfe dienen die Redemittel.

**Binnendifferenzierung:** Bei lernschwächeren Gruppen lassen Sie den Dialog zuerst schreiben und dann nachspielen. Bei lernstärkeren Gruppen lassen Sie die S. direkt wieder in KG den Dialog üben und anschließend vorspielen.
**Variante:** Eine andere Form des Vorspielens ist folgende: Teilen Sie die Klasse in zwei Gruppen, die jeweils eine der Rollen im Chor sprechen. Sie sagen die Wochentage an und dann treten die beiden Gruppen in Aktion. Hier können Sie auch variieren, indem sie die Gruppen laut, leise etc. sprechen lassen.

**3a** Die S. sehen sich die Fotos an. Klären Sie evtl. Wortschatzfragen. Dann stellen sich die S. in PA Fragen zu den Orten, die beiden Sprechblasen helfen dabei. **Wettspiel:** Geben Sie den S. eine Zeit vor, sodass es um Schnelligkeit geht: *„Wie viele Fragen könnt ihr in dieser Zeit stellen?"*
Es geht bei dieser Aufgabe **nicht** um die Einführung der Wechselpräpositionen.

**3b** Die S. ordnen in EA die Sätze den Bildern zu.
***Lösung:*** 1d – 2a – 3g – 4f – 5h – 6b – 7c – 8e

**3c** Dann arbeiten die S. in PA und stellen sich Fragen und antworten. Bei den Antworten helfen ihnen die Redemittel in den Sprechblasen.

**4 Projekt:** Hier wird die Lebenswirklichkeit der S. einbezogen. Bilden Sie KG, in denen S. zu verschiedenen Orten in ihrer Heimatstadt recherchieren sollen. Geben Sie den S. Zeit (z. B. eine Woche), in der sie im Internet oder beim Touristenbüro nach Sehenswürdigkeiten suchen und sich informieren. Anschließend bringen die S. ihr Material mit in die Klasse und erstellen in den KG eine Collage von Orten ihrer Stadt, indem sie Fotos aufkleben und kleine Texte dazu schreiben. Diese Plakate werden vorgestellt und aufgehängt.
**Variante:** Jeder S. arbeitet alleine für sich. Alle Plakate werden zu einer Klassenausstellung aufgehängt und von den anderen gelesen. Um das Lesen interessanter zu machen, notieren Sie vorher Fragen, die die S. beantworten müssen, z. B. *„Welches Gebäude ist am häufigsten beschrieben?"*, *„Welcher Ort kommt nur einmal vor?"* etc. – dazu müssen sie die Texte vorher gesehen haben. Anschließend können die S. ihre Texte in ihr Portfolio legen (siehe Einleitung).

6

## Wohin?

*Kommst du mit ins Konzert?*

**3 Hast du Zeit?**

**a Stellt Fragen. Was machen wir?**

*Gehen wir morgen ...?*

1 ins Konzert

2 ins Schwimmbad

3 zu Tom

4 ins Kino

5 in den Freizeitpark

6 auf den Sportplatz, Fußball spielen

7 zur Party

8 in die Stadt – shoppen

**b Was passt zu den Fotos? Ordnet zu.**

a Es gibt einen 10-Meter-Turm!
b Wir gewinnen heute 2:0!!!
c Monika hat Geburtstag!
d Der Sänger ist echt cool!
e Ich suche eine Hose!
f Der neue Film ist super!
g Er hat ein neues Computerspiel.
h Da haben wir einen Supertag!

**c Minidialoge. Fragt und antwortet abwechselnd.**

*Kommst du mit ins Schwimmbad? Es gibt einen 10-Meter-Turm.*

*Kein Geld.* *Keine Lust.* *Prima!* *Keine Zeit.* *Ja, gerne!*

**4 Projekt „Orte in der Stadt". Sammelt und schreibt.**

P Madrid – das Museum Prado: „Da gibt es viele Bilder."
München – der Viktualienmarkt: „Viel Essen und Trinken"
Und in deiner Stadt?

### Landeskundliche Information:

Der Viktualienmarkt (rechtes Bild) liegt in München, Deutschland, und es ist ein großer Markt in der Innenstadt Münchens, auf dem man alle Sorten von Lebensmitteln kaufen kann. (Viktualien *(veraltet)* = Lebensmittel)
Das Museum Prado (linkes Bild) liegt in Madrid, Spanien, und ist eines der größten und bedeutensten Kunstmuseen auf der Welt.

### AB zu KB Aufg. 3

**2** Anleitung für das Sudoku:
Ziel des Sudoku-Spiels ist es, alle Felder des Spielfelds mit den Wörtern so auszufüllen, dass jedes Wort in jeder Zeile, jeder Spalte und jedem hervorgehobenen Teilquadrat des Spielfelds genau einmal vorkommt. Bei dem Sudoku gibt es nur eine mögliche Lösung.
Zu Wortschatz-Wiederholung können sich die S. in PA zu den Freizeitaktivitäten befragen, siehe Beispiel in der Sprechblase.

**5 Spielt Dialoge mit den Beispielen.**

| | |
|---|---|
| Hast du Zeit? Ich gehe morgen ... | • ins Museum • auf den Sportplatz |
| | • Tennis spielen |
| Kommst du mit ... | • in den Freizeitpark • ins Kino |
| | • schwimmen |
| Gehst du mit ... | • in die Schule • in den Zoo • skaten |
| | • in die Stadt • ins Eiscafé • tanzen |
| Hast du Lust? Ich gehe ... | • zu Tom • zum Bahnhof |
| | • zum Direktor |

| | | |
|---|---|---|
| Ja, prima!<br>Ja, klar!<br>Das geht.<br>Ja, gerne. | Vielleicht.<br>Mal sehen.<br>Ich weiß noch nicht. | Schade, das geht nicht.<br>Tut mir leid, keine Zeit!<br>Ich kann (leider) nicht.<br>Wie langweilig! |

**6 Dialoge**

1.61

**a Hört, lest und übt die Dialoge.**

**Dialog 1:**
- ● Hallo **Tom**, hier ist **Elke**.
- ○ Hallo **Elke**.
- ● Hast du **morgen Abend** Zeit?
- ○ Warum?
- ● Gehst du mit **ins Konzert**? Die Teddies spielen!
- ○ **Klar!** Holst du mich ab?
- ● O.k. **Um 17 Uhr**?
- ○ **Perfekt!**

**Dialog 2:**
- ● Maja.
- ○ Ja, Max.
- ● Hast du **heute Abend** Zeit?
- ○ **Ich weiß noch nicht, wann denn?**
- ● Um 18 Uhr. Maria und ich, wir gehen **ins Kino**.
- ○ Hm, **tut mir leid**! Ich kann nicht.
- ● **Schade.**
- ○ Vielleicht **morgen**?

**b Dialogvarianten: Ersetzt die markierten Teile.**

**Varianten**
- **Namen:** ...
- **Zeit:** heute Nachmittag / am Wochenende / ...
- **Wohin:** in den Park / auf den Sportplatz / ...
- **Antworten:** Ja. / Vielleicht. / Nein.



**5** Die S. lesen die Redemittel. Klären Sie evtl. unbekannten Wortschatz. Spielen Sie zunächst ein Modell mit einem S. vor. Anschließend spielen S. in PA die kleinen Dialoge. Lassen Sie 2–3 Dialoge im Heft notieren, bevor die S. dann ohne zu schreiben weitere Varianten bilden.

**6a** Die S. hören zuerst Dialog 1, lesen ihn und üben ihn zu zweit. Dann simulieren sie ein Telefongespräch, in dem sie Rücken an Rücken sitzen. Dadurch, dass die S. sich nicht sehen, müssen sie so deutlich sprechen, dass ihr Partner sie versteht. Achten Sie also darauf, dass die S. wirklich Rücken an Rücken sitzen.
Jetzt hören die S. Dialog 2, lesen ihn und simulieren ihn dann flüsternd. Achten sie darauf, dass die S. wirklich flüstern, denn Flüstern erhöht die Konzentration beim Sprechen und bei der Aussprache. Außerdem ergibt sich so eine authentische Situation, denn die S. flüstern sich wahrscheinlich öfter in der Klasse etwas zu.

**6b** Die S. schreiben und üben Dialogvarianten, indem sie die markierten Teile in den Dialogen ersetzen.
Lassen Sie einige Dialoge vorspielen. Geben Sie dem Publikum dazu Fragen, damit diese konzentriert zuhören, z. B.: *„Klappt die Verabredung?“, „Wann wollen sie sich verabreden?“, „Wohin wollen sie?“* etc.

**Binnendifferenzierung:**
Sammeln Sie für die markierten Teile weitere Möglichkeiten an der Tafel, aus denen die S. dann auswählen können.

## AB zu KB Aufg. 5

**4** Wenn Sie die verschiedenen Antworten weiterüben möchten, bietet es sich an, im Anschluss an die Übung 4 im AB Fragen zu den jeweiligen Antworten finden zu lassen. Evtl. auch erst einmal in der Muttersprache, damit den S. deutlich wird, für welche Fragen sie diese Antworten nutzen können.

**7a** Die S. sehen sich die Bilder an und lesen die Texte. In EA sortieren sie die Texte zu den Bildern.
***Lösung:*** 1d – 2c – 3b – 4f – 5a – 6e

**7b** Vergleich mit der CD. Die S. hören die Geschichte und vergleichen mit ihrer Reihenfolge. Im PL besprechen, woran sie die Zuordnung erkannt haben, was schwierig/leicht war.
Sollte das Missverständnis nicht klar sein (zwischen Bank = Sitzgelegenheit und Bank = Geldinstitut), lassen Sie es die S. erklären oder bringen Sie Wörterbücher mit und lassen Sie die S. das Wort „Bank" nachschlagen. Sie können auch auf Übung 8 im AB verweisen, denn dort wird das Wort noch einmal visualisiert.
**Vorschlag:** Fragen Sie die S., ob es in ihren Muttersprache(n) auch Wörter mit zwei Bedeutungen gibt und sammeln sie ein paar.

**6**

## Verabredung

**7 Peter und Sabine – ein Missverständnis**

**a Seht die Bilder an und lest die Texte. Welcher Text passt zu welchem Bild?**

a Peter sucht sein Handy in der Jacke: „Kein Handy, nichts!" Sabine sucht ihr Handy in der Tasche: „Mist! Der Akku ist leer."

b Auch Sabine ist glücklich. Sie trägt ihr neues Top und fährt mit dem Fahrrad zur Bank! Es ist gleich 3 Uhr.

c Dann kauft er eine rote Rose und nimmt den Bus. An der Bank steigt er aus.

d Sabine mag Peter und Peter mag Sabine. Heute ruft Sabine an. Sie will Peter treffen. „Hallo Peter? Um drei Uhr an der Bank? Ich freue mich!" Es ist das erste Mal! Peter ist sehr froh und zieht seine Jeans und seine neue schwarze Lederjacke an.

e So ein Pech! Peter und Sabine fahren zurück nach Hause. Sabine ruft Peter an!

f Peter wartet auf Sabine. Wo ist Sabine? Sabine wartet auf Peter. Wo ist Peter? Jetzt ist es schon halb vier und es fängt an zu regnen. Peter ist nicht da. Sabine ist nicht da. Da ist niemand! Beide sind nass und wütend! So ein Mist! Was ist los? „Wo ist Peter?" – „Wo ist Sabine?"

1.62 **b Hört die Geschichte und vergleicht die Reihenfolge.**

56 sechsundfünfzig

### AB zu KB Aufg. 7

**8** Zur Nachbereitung des Wortschatzes der Geschichte aus **7** bietet es sich an, direkt im Anschluss die AB-Übung **8a–c** in der Klasse zu bearbeiten.

### Video zu KB Aufg. 7

In Teil 2, Szene 5 (Eine Verabredung im Park) geht es um eine Verabredung im Park. Nach Aufgabe **7** im KB können die S. diese Sequenz ansehen und dazu sowohl im AB im Videotrainer Übung 6 als auch Aufgabe **10** im Plateau im KB bearbeiten.
**Hinweis:** Die Geschichte von Caro geht in der 6. und 7. Szene weiter. Dazu gibt es eine weitere Aufgabe in Plateau 2 (KB).

6

## Verben in zwei Teilen

**8 Dialoge**

**a Lest den Dialog zu zweit. Was fällt euch auf?**

● Kommst du heute Nachmittag mit?
○ Wohin?
● Ins Kino. Es kommt ICE AGE 7.
○ Wann beginnt der Film?
● Um 4. Ich hole dich zu Hause ab.
○ Und wann hört der Film auf?
● Um 6.
○ Vielleicht. Ich rufe dich an.

**b Findet die Verben aus dem Dialog in a.**

ankommen • mitgehen • aufhören • anrufen • abholen • aufstehen • anmachen • mitkommen

1.63 **c Hört zu. Wo liegt der Wortakzent? Am Anfang, in der Mitte, am Ende?**

**9 Wie funktionieren die trennbaren Verben? Macht ein Beispiel an der Tafel. Eure Lehrerin/euer Lehrer hilft.**

**10 Spielt die Minidialoge. Hört die Beispiele auf der CD.**

1.64
1 ● Der Bus kommt um **7 Uhr 30** an.
○ Um 7 Uhr 30???
● Ja, mach schnell!

2 ● Gehst du mit **ins Kino**?
○ Ins Kino???
● Ja, der Film ist toll!

3 ● Der Unterricht hört **um 9 Uhr** auf.
○ Um 9 Uhr???
● Ja, das ist gut, oder?

4 ● Ich rufe **meine Freundin** an.
○ Eva???
● Nein, sie heißt jetzt Evelyne!

5 ● Wir holen dich **zu Hause** ab.
○ Zu Hause???
● Klar! Zu Hause!

6 ● Ich stehe jeden Morgen **um 6 Uhr** auf.
○ Um 6 Uhr? So spät?
● So spät? Das ist früh!!!

7 ● Machst du bitte **das Radio** an?
○ Das Radio???
● Ja, da kommt Mozart.

8 ● Kommt ihr mit **ins Schwimmbad**?
○ Ins Schwimmbad???

*Der Bus kommt um 7 Uhr 30 an.*
*Um 7 Uhr 30???*
*Ja, mach schnell!*

**Lerntipp**
**Mit Rhythmus lernen: ANkommen, ABholen, MITkommen**

G ➲15, 20
ab|holen
Ich hole dich zu Hause ab.

**11 Caro: ein Tagesablauf**

1.65 **a Caro erzählt: zuerst lesen, dann hören, dann vorlesen**

ICH ...
... **stehe** um 6 Uhr / um 7 Uhr **auf** und trinke Kaffee/Kakao.
Ich **mache** den Fernseher / das Radio **an**.
Ich nehme das Fahrrad / gehe zu Fuß.
Um 7 Uhr 30 / 7 Uhr 45 **komme** ich in der Schule **an**.
Der Unterricht beginnt um 8 Uhr / 8 Uhr 30.
Um 13 Uhr / 14 Uhr **hört** der Unterricht **auf**.
Karim/Ginger **holt** mich **ab**.

**b Und du? Erzähle deinen Tagesablauf.**

siebenundfünfzig 57

**8a** Hier wird die Bildung der trennbaren Verben bewusst gemacht: S. lesen in PA den Dialog laut. Fragen Sie dann: *„Was fällt euch auf?"* Bei sprachhomogenen Gruppen können S. in der Muttersprache antworten.

**8b** S. suchen und notieren die Verben, die in **8a** vorkommen. Verweisen Sie hier auch auf den Grammatikkasten am Rand.
***Lösung:*** ankommen – abholen – aufhören – anrufen

**8c** Die S. hören die Verben von CD und notieren, wo der Wortakzent liegt. Weisen Sie hier auf den Lerntipp in der Randspalte hin.
***Lösung:*** Der Wortakzent liegt immer auf der Vorsilbe = am Anfang.

**9** Hier werden die trennbaren Verben aus **8** strukturiert zusammengefasst. Die S. nennen verschiedene Infinitive von trennbaren Verben und formulieren Sätze mit verschiedenen Personalpronomen (s. Tafelbild unten). Dann analysieren Sie im PL die Satzstruktur (bei sprachhomogenen Gruppen in der Muttersprache). Verdeutlichen Sie die Positionen mithilfe von halben Ovalen wie im Grammatikkasten.

**10** S. hören die Dialoge von CD, und achten dabei auf die Intonation. Dann sprechen S. die Dialoge in PA nach.
**Vorschlag:** s. unten

**11a** Die S. lesen zuerst alle Sätze über den Tagesablauf von Caro und klären Verständnisfragen. Dann hören sie den Text von CD und machen sich Notizen, was richtig ist. Zuletzt lesen die S. die Sätze mit den richtigen Angaben vor.
***Lösung:*** 7 Uhr – Kakao – das Radio – das Fahrrad – 7 Uhr 45 – 8 Uhr – 13 Uhr – Karim

**11b** In PA/KG erzählen die S. ihren eigenen wirklichen Tagesablauf, d. h. die S. müssen nicht nur trennbare Verben benutzen, sondern auch andere, die sie für den Tagesablauf brauchen.

**Vorentlastung:** Sammeln Sie weitere Aktivitäten an der Tafel, die die S. machen.

**Tafelbild zu 9 (Beispiel) –**
(statt in Ovale sind hier die Verbteile kursiv gesetzt)

| | | | |
|---|---|---|---|
| ankommen: | Wir | *kommen* | heute in Kiel *an*. |
| anrufen: | Ich | *rufe* | Anja um 16 Uhr *an*. |
| mitkommen: | Paul | *kommt* | heute Mittag nicht *mit*. |
| anmachen: | Meine Eltern | *machen* | um 20 Uhr den Fernseher *an*. |
| | | **Position 2** | |

**Vorschlag zu 10:** Zeigen Sie, wie man mit Emotionen spielen kann: Dazu lesen Sie einen Dialog mit einem S. und sprechen ihn wütend/traurig/fröhlich etc. Regen Sie die S. an, die Dialoge mit verschiedenen Emotionen zu sprechen und diese evtl. auch zu übertreiben.

### AB zu KB Aufg. 11b

**12a** Zur Vorentlastung für **11b** im KB können Sie Übung 12a im AB im Unterricht machen (dazu sollten die S. Übung 11 bereits zu Hause bearbeitet haben).
In Übung 12a schreiben die S. ihren Tagesablauf mithilfe von vorgegebenen Redemitteln auf und lesen den Text in PA vor. So bereiten Sie die mündliche Produktion vor. Anschließend können die S. in KB-Aufgabe **11b** ihren Tagesablauf in neuer PA mündlich vortragen.

**12a** Klassenstatistik: Die S. lesen die Fragen und ergänzen, wenn sie möchten, weitere Ja-/Nein-Fragen. Sammeln Sie diese an der Tafel.
Kopieren Sie **KV 11** und zerschneiden Sie die Vorlage, sodass jeder S. (oder ein Schülerpaar) eine Frage erhält. Lassen Sie weitere Fragen in die leeren Felder notieren. Nun gehen die S. durch die Klasse, stellen allen anderen Mitschülern ihre Frage und notieren sich die Antworten. Bei Zeitmangel verkürzen Sie die Aktivität, indem die S. nach vorne kommen, ihre Frage stellen und die Handzeichen zählen.

**12b** Anschließend werden die Ergebnisse an der Tafel gesammelt und so eine Klassenstatistik erstellt.
Weiterführende Fragen: Wenn z. B. von 20 S. dann 14 geantwortet haben, dass sie um 7 Uhr aufstehen, fragen Sie die restlichen *„Wann steht ihr auf?"* – ebenso mit den anderen Fragen. Lassen Sie die weiterführenden Fragen von den S. entwickeln.

**13** Die S. hören das Lied (Es ist mit Schweizer Akzent gesungen.) von CD, lesen mit und singen beim zweiten Hören mit.

**Binnendifferenzierung:** Bei lernstärkeren Gruppen können die S. in KG selbst weitere Liedtexte erstellen.



## Mein Tag – meine Woche

**12 Statistik in der Klasse**

**a Macht Interviews und sammelt Informationen.**

**Dein Tag**

- Stehst du jeden Morgen um 7 Uhr auf?
- Machst du jeden Tag den Fernseher an?
- Schreibst du die Hausaufgaben in der Schule ab?
- Holst du manchmal deine Schwester oder deinen Bruder oder ... ab?
- Rufst du jeden Tag die Freundin / den Freund / ... an?
- Gehst du oft in die Stadt zum Einkaufen?
- Gehst du manchmal ins Theater?
- Gehst du oft ins Schwimmbad?
- ...

**b Statistik an der Tafel**

*Schüler stehen jeden Morgen um 7 Uhr auf.* III
...

**13 Keine Zeit, keine Zeit – Hört zu und singt mit.**

1.66

Am Montag spiel' ich Fußball, da hab' ich keine Zeit.
Am Dienstag geh' ich schwimmen, es tut mir schrecklich leid.
Am Mittwoch muss ich lernen, für den blöden Test.
Am Donnerstag da feier' ich, mein Freund, der macht ein Fest.
Am Freitag geht es wieder nicht:
Da hab' ich Nachhilfeunterricht!
Am Wochenende hab' ich frei.
Kommst du dann vorbei?

## Nein, ich kann nicht ...

**14** **Ich nicht! Ich auch nicht! Aber ich!**

**a** **Was stimmt für euch? Wählt zwei Sätze und lest vor.**

Ich lese nicht gerne Bücher
Ich stehe nicht um 7 Uhr auf.
Ich spiele nicht Gitarre.
Ich kann nicht schwimmen.
Ich telefoniere nicht viel.
Ich bin nicht aus Deutschland.
Ich kann nicht gut tanzen.
Ich bin nicht fleißig.

**b** **Wo steht *nicht*? Vergleicht die Sätze. Was ist richtig? a oder b?**

1 a Ich spiele nicht gerne Gitarre.
b Ich nicht spiele gerne Gitarre.

2 a Ich nicht kann singen.
b Ich kann nicht singen.

3 a Ich stehe nicht um 7 auf.
b Ich nicht stehe um 7 auf.

G ➲23

**15** **Was macht ihr gerne / nicht gerne? Schreibt Aktivitäten auf. Lest abwechselnd vor wie im Beispiel. Hört die Beispiele auf der CD.** 1.67

Ich esse nicht gerne Spaghetti, aber ich esse gerne Pizza!
Ich spiele nicht Gitarre, aber ich spiele Klavier!
Ich kann nicht singen, aber ich kann tanzen! ...
Ich schwimme nicht gerne, aber ich kann gut Fußball spielen.

**16** **Arbeitet zu zweit. Was sagt der Nein-Typ? Findet schnell alle Sätze in 1 bis 3 und lest vor.**

1
IfneEneta
znaetK
rreLeh
hürBce
freedP
udenH
...

2
sinneT spielen
erratiG spielen
nemmiwhcs
hcsilgnE sprechen
hcsisenihC sprechen
nehcuat
...

3
Peaapgi
Makrer
Setpnadlnun
Klui
Rmaruimdegi
Btfliiest
Füleİr
...

**17** **Und ihr? Macht noch ein Beispiel zu a, b und c.**

a Ich mag ..., aber ich mag keine ...
b Ich kann gut ..., aber ich kann nicht ...
c Ich habe ein/e/en ..., aber ich habe kein/e/en ...

*Ich mag Katzen, aber ich mag keine Hunde ...*

*Ich kann gut tanzen, aber ich kann nicht ...*



### AB zu KB Aufg. 14 und 15

**14–17** In Übung 14 im AB wird die Verneinung mit „kein" wiederholt. In Übung 15 geht es um die Verneinung mit „nicht" und in Übung 16 und 17 sind beide Formen gemischt. Bevor Sie diese Übungen als Hausaufgabe aufgeben, verweisen Sie die S. auf den Merkzettel bei Übung 16, damit sie zu Hause wissen, wann sie „nicht" und wann „kein" benutzen: Verb + „nicht"; „kein" + Nomen.

**14a** S. lesen die Sätze und klären den Wortschatz. Dann suchen sie sich zwei Sätze aus, die auf sie zutreffen. Diese lesen sie in KG vor, die anderen S. der Gruppe reagieren entweder mit „Ich auch nicht." oder mit „Aber ich!"

**14b** Hier beginnt die Systematisierung der Verneinung, die die S. in **14a** automatisiert haben: Die S. lesen die Sätze und notieren, was richtig ist.
***Lösung:*** 1a – 2b – 3a

Da in vielen Sprachen die Verneinung vor dem Verb steht, ist es wichtig, den S. deutlich zu machen, dass dies im Deutschen nicht der Fall ist. *„Wo steht ‚nicht'?"* Bei sprachhomogenen Gruppen kann dies auch in der Muttersprache geschehen.
***Lösung:*** „nicht" steht hinter dem Verb/Modalverb.

**15** S. hören die Beispiele von CD und achten auf die Intonation. Anschließend notieren sie in einer Tabelle Aktivitäten, die sie gerne/nicht gerne machen. In PA lesen sie abwechselnd ihre eigenen Aktivitäten mit einer ähnlichen Intonation wie jener auf der CD vor.

**16** In PA lesen die S. die Sätze schnell vor. Hier geht es um Schnelligkeit und Wiederholung von Wortschatz und Verneinung. Welches Paar findet am schnellsten alle Sätze? In (1) geht es um Pluralformen, in (2) um Aktivitäten, in (3) um maskuline Gegenstände.
***Lösung:***
1. Ich mag keine Elefanten – Katzen – Lehrer – Bücher – Pferde – Hunde.
2. Ich kann nicht Tennis spielen – Gitarre spielen – schwimmen – Englisch sprechen – Chinesisch sprechen – tauchen.
3. Ich habe keinen Papagei – Marker – Stundenplan – Kuli – Radiergummi – Bleistift – Füller.

**17** Die S. schreiben nun selbst Sätze mit Verneinung zu den drei angegebenen Varianten a, b, c.
**Vorschlag:** Anschließend laufen die S. in der Klasse herum und suchen einen anderen S., der einen identischen Satz geschrieben hat. Gibt es jemanden?

## Das kann ich nach ...

Die S. bearbeiten die „Das kann ich"-Seite im KB und die Selbstevaluation im AB wie in der Einleitung zum Lehrerhandbuch beschrieben.

**Zur Erinnerung:**
KB: Die linke Spalte wird abgedeckt, die Aufgaben in der rechten Spalte werden allein oder in PA bearbeitet – und im Anschluss mithilfe der linken Spalte kontrolliert.

### Lösungen & Tipps:

**Stellt Fragen. Kommst du mit ...?**
*in die* Schule? ...
*ins* Museum? ...
*ins* Konzert? ...
*zu* Laura?

**Ergänzt die Sätze.**
G*ehen* wir joggen?
K*ommst* d*u* mit *Fußball spielen*?

**Ergänzt.**
Holst du Mario am Bahnhof *ab*?
Geht ihr *mit* ins Kino?
Kommst du *mit*? Ich gehe in die Stadt.
Der Bus kommt um 7 Uhr *an*.
Warum rufst du nicht *an*?
Stehst du auch um 6 Uhr 30 *auf*?
Wann *fängt/hört* der Unterricht *an/auf*?

Verweisen Sie hier noch einmal auf den Lerntipp unten auf der Seite.

***nicht* oder *kein*?**
Die S. fragen sich gegenseitig und antworten. Sie sollen mindestens zwei Beispiele pro Frage nennen.

**Mit Sprache handeln**
In PA lesen die S. die kleinen Dialoge. Wenn sie Lust haben, können sie die Aktivitäten und die Antworten variieren und so mündlich eigene kleine Minidialoge erstellen.
Die S. erzählen sich in KG, was sie nicht können/haben/mögen.

---

**6**

## Das kann ich nach Kapitel 6

| Wörter, Sätze, Dialoge | Übt zu zweit |
|---|---|
| **Wohin? Kommst du mit ...**<br>... ins Museum?<br>... in die Stadt?<br>... in den Freizeitpark?<br>... ins Schwimmbad?<br>... ins Kino?<br>... zur Party?<br>... zu Miriam? | **Stellt Fragen. Kommst du mit ...?**<br>... Schule?<br>... Museum?<br>... Konzert?<br>... Laura? |
| **Verben für die Freizeit**<br>schwimmen<br>Tennis spielen<br>Rad fahren | **Ergänzt die Sätze.**<br><br>G___ wir joggen?<br>K___ d___ mit ___ ___? |

| Grammatik | Übt zu zweit |
|---|---|
| **Trennbare Verben**<br>anfangen, ankommen, anmachen, anrufen, abholen, aufhören, aufstehen, aufwachen, einkaufen, mitgehen, mitkommen, ... | **Ergänzt.**<br>Holst du Mario am Bahnhof ___?<br>Geht ihr ___ ins Kino?<br>Kommst du ___? Ich gehe in die Stadt.<br>Der Bus ___ um 7 Uhr ___.<br>Warum ___ du nicht ___?<br>___ du auch um 6 Uhr 30 ___?<br>Wann ___ der Unterricht ___? |
| **Verneinung mit *nicht* und *kein***<br>Ich kann nicht schwimmen.<br>Ich tanze nicht (gerne).<br>Ich mag keine Fische.<br>Ich habe keinen Papagei. | ***nicht* oder *kein*? Sprecht zu zweit.**<br>**Findet für a–d immer zwei Beispiele.**<br>a Was kannst du NICHT?<br>b Was machst du NICHT (gerne)?<br>c Was magst du NICHT?<br>d Was hast du NICHT?<br>*Was kannst du nicht?*<br>*Ich kann nicht ...* |

**Mit Sprache handeln**

**Ich kann mich verabreden, zusagen oder absagen.**
● Kommst du mit in die Stadt? Shoppen?
○ Klar! / Ja, gerne.
● Ich gehe schwimmen. Hast du Lust?
○ Ich weiß nicht. / Vielleicht.
● Gehen wir zu Tom? Er hat ein neues Computerspiel.
○ Tut mir leid, ich kann nicht. / Schade, keine Zeit.

**Ich kann sagen, was ich nicht kann/habe/mag.**
Ich kann nicht Tennis spielen / schwimmen / ...
Ich habe keinen Computer / keine Katze / ...
Ich mag keine Hausaufgaben / keine Lehrer / ...

**Lerntipp: Mit Rhythmus lernen**
ANkommen
ABholen
MITkommen

60 sechzig

**Ich kann ...**
- über meine Hobbys und meine Freizeit sprechen
- kurze Gespräche im Geschäft führen
- sagen, welche Kleidung ich (nicht) gut finde
- etwas vergleichen und sagen, was ich gut oder besser finde

# 7 Was ich alles mache ...

**1 Wer macht was wann?**

**a Seht die Fotos an und ergänzt die Sätze. Hört dann die CD.** 1.68

a ... spielt Julian Karten.
b ... liest Laura Comics.
c ... trifft Pascal seine Freunde im Jugendclub.
d ... gehen Jenny und Natalie in die Stadt.
e ... spielt Lisa Fußball.
f ... übt Jakob E-Gitarre in der Band.
g ... hat Marie Zirkus-AG.
h ... fährt Nele in den Freizeitpark.

*1d Am Wochenende gehen Jenny und Natalie in die Stadt.*

**b Sammelt Hobbys und macht eine Liste.**

| Medien | Sport | Musik |
|---|---|---|
| Computerspiele | Tennis | |

**2 Julians Freizeit. Lest erst den Text und hört dann die CD. Was stimmt nicht?** 1.69

Das ist mein Freund Julian. Er hat viele Hobbys. Er spielt Fußball. Und er hört gerne Musik. Na ja ... Julian spielt auch gern Karten. Nach der Schule spielen wir oft zusammen. Am Nachmittag sind wir zusammen in der Medien-AG oder im Jugendclub.

einundsechzig | 61

**Lernplakat zu 1b: Beispiel zum Thema Hobbys:**

| Medien | Sport | Musik | Clubs |
|---|---|---|---|
| Computerspiele | Tennis | Saxofon | Karten |
| Wii spielen | Fußball | E-Gitarre | Jugendclub |
| Filme sehen | skaten | Band | Foto-AG |
| ... | schwimmen | ... | ... |
| | ... | | |

## Allgemeines

In diesem Kapitel geht es um das Thema Freizeit. Die S. berichten über ihre Hobbys und Freizeitaktivitäten, stellen erste Vergleiche an, sprechen über Vorlieben und Abneigungen, Shopping, Kleidungsstücke und Farben.
Bei den Strukturen geht es um Zeitangaben im Satz und damit um Inversion (Temporalangabe auf Position 1 im Satz). Die Komparativformen von „gut" und „gern" werden bei den Vergleichen mit „als" eingeführt. Zudem werden die unregelmäßigen Verben im Präsens thematisiert.

**1a** S. kennen viele der Wörter zu den abgebildeten Freizeitaktivitäten bereits aus Kapitel 6. In PA ergänzen S. die Sätze und kontrollieren ihre Ergebnisse mit der CD.
***Lösung:*** a. Nach der Schule spielt Julian Karten. – b. Am Abend liest Laura Comics. – c. Am Mittwoch trifft Pascal seine Freunde im Jugendclub. – d. Am Wochenende gehen Jenny und Natalie in die Stadt. – e. Am Nachmittag spielt Lisa Fußball. – f. Am Dienstag übt Jakob E-Gitarre in der Band. – g. Am Donnerstag um 15 Uhr hat Marie Zirkus-AG. – h. Am Freitag fährt Nele in den Freizeitpark.

**1b** S. sammeln verschiedene Hobbys zu den Oberbegriffen. Hier bietet sich wieder das Erstellen eines Lernplakats an, in dem die S. während der Bearbeitung des Kapitels immer wieder neue Hobbys ergänzen können. In KG erstellen die S. ein Lernplakat (s. unten).

**2** S. lesen zuerst den Text in EA. Dann hören sie das Interview von CD und notieren, worin der Lesetext und das Interview auf der CD nicht übereinstimmen. Ggf. noch einmal hören und die S. die falschen Sätze korrigieren lassen.
***Lösung:*** Julian spielt Fußball *und Basketball.* (Anm. der Redaktion: Ab der 2. Auflage steht Basketball nicht mehr im Lesetext.)
Er geht ab und zu in den Jugendclub. Er geht in die Foto-AG. (Anm. der Redaktion: Ab der 2. Auflage ist Foto-AG im Lesetext durch Video-AG ersetzt.)

**3a** Die S. lesen den Lerntipp und legen sich im Heft eine Tabelle mit folgenden Spaltenköpfen an: Name / Wann? / Was?
Dann hören sie die drei Dialoge und machen sich Notizen.
***Lösung:***
Linus / am Nachmittag / Jenny treffen
Paul / am Wochenende / ins Kino gehen
Laura / heute Abend / Eishockey spielen

**Vorschlag:** Bilden Sie in der Klasse Dreiergruppen. Jeder S. achtet auf einen der drei Punkte: Name? Wann? Was? Anschließend tauschen sich die S. aus.

**3b** In PA bilden die S. drei Sätze, was sie wann machen und lesen sich diese dann gegenseitig vor. Ziel ist hier noch nicht, die Inversion zu thematisieren, sondern dass die S. diese Satzstellung anwenden und einüben.

**3c** Die S. gehen durch die Klasse, befragen sich gegenseitig und notieren die Antworten ihrer Partner. Geben Sie ein Minimum an Fragen vor, sodass die S., die schneller sind, so lange weiterfragen, bis alle in der Klasse das Fragen-Minimum erreicht haben.
Beispiele: Was machst du … am Wochenende / in den Ferien / am Samstag (Minimum) / heute Abend / am Montag / im Sommer? Anschließend kann der Transfer geleistet werden: Einige S. erzählen im PL, was ihre Mitschüler wann machen. Als Hausaufgabe können die S. einen Text über einen Mitschüler schreiben.

**3d** Hier wird das, was die S. schon in **3b** und **3c** angewendet haben, systematisiert. Legen Sie ein Tafelbild an, das wie der Grammatikkasten aussieht. Die S. ergänzen den Satz (und weitere Sätze) und erkennen, dass das Verb in Aussagesätzen immer auf Position 2 steht. Sie notieren die Regel und den Beispielsatz im Heft.
***Lösung:*** Am Wochenende *spiele* ich Fußball.
***Regel:*** In Aussagesätzen steht das Verb immer auf Position 2.

**7**

## Am Morgen, am Mittag, …

Lerntipp: Notizen machen
Name: …
Wann? …
Was? …

**3 Meine Freizeit**

1.70 **a Hört die Dialoge. Was machen die Schüler? Notiert.**

**b Was macht ihr wann? Arbeitet zu zweit. Bildet drei Sätze und lest euch vor.**

| | | | |
|---|---|---|---|
| Am Morgen | gehe | ich | in die Schule / zum Bus / … |
| Am Vormittag | habe | ich | Mathe / Deutsch / Musik / frei |
| Am Mittag | fahre | ich | nach Hause / in die Stadt / Rad … |
| Am Nachmittag | treffe | ich | meine Freunde / Tina / Tom … |
| Am Abend | höre | ich | Musik / Radio / … |
| Am Wochenende | gehe | ich | schwimmen / ins Kino / … |
| In den Ferien | spiele | ich | Tennis/Basketball … |
| Um 9 Uhr | habe | ich | Englisch / frei / Medien-AG … |
| Heute | kaufe | ich | ein. |
| Am Sonntag | faulenze/lese … | ich. | |

*Am Nachmittag treffe ich meine Freunde.*
*Am Sonntag faulenze ich.*

*Was machst du am Wochenende?*
*Am Wochenende gehe ich …*

**c Was macht ihr am Wochenende / in den Ferien / am Samstag? Fragt in der Klasse und schreibt.**

*Am Wochenende geht Marie …*

**d Sätze bauen. Was fehlt? Ergänzt die Regel.**

12 G

| Position 1 | Position 2 | |
|---|---|---|
| Am Wochenende | | ich Fußball. |

**4 Nomen und Verben**

**a Findet Verben zu den Nomen.**

Computerspiele • Comics • Filme • Tennis • Gitarre • Mathe • Freunde • …

*Comics: lesen, malen, …*
*Freunde: haben, tr…*

**b Sprecht zu zweit. Was macht ihr (nicht) gerne?**

*Ich spiele gerne Computerspiele.*
*Ich auch.*
*Ich nicht.*



**4a** Wortschatz: In KG suchen die S. Verben zu den angegebenen Nomen. Dann lassen Sie die S. in den KG weitere Nomen und Verben suchen. Tragen Sie die Ergebnisse im PL zusammen und halten Sie diese an der Tafel fest.
***Lösungsvorschlag:*** Computerspiele haben/kaufen/spielen/… – Comics lesen/malen/kaufen/haben/… – Filme sehen/mögen/… – Tennis spielen/lernen/sehen/… – Gitarre spielen/üben/… – Mathe lernen/haben/mögen/üben/… – Freunde haben/treffen/anrufen/suchen/…

**4b** Nun äußern sich die S. in PA dazu, was sie gerne machen und was nicht. Dazu lesen S. im PL die beiden angegebenen Beispiele und reagieren darauf: *„Ich auch." – „Ich nicht. Ich tanze gerne. Und du?"* Anschließend lassen Sie noch weitere Beispiele im PL produzieren.
Für viele Deutschlerner ist die Struktur mit „gerne" schwierig, weil sie in der eigenen Sprache nach einem anderen Prinzip gebildet wird. Achten Sie deshalb hier bei der mündlichen Produktion darauf, dass die S. die Struktur korrekt verwenden. Ein S. sagt, was er/sie (nicht) mag und der andere S. reagiert zustimmend oder ablehnend.

## Aktivitäten

**5 Spiel zu viert**

**a Spielt das Spiel. Euer Lehrer/eure Lehrerin erklärt die Regeln.**

Start ▶ **Mo** schwimmen gehen – **Di** frei – **Mi** Gitarre üben – **Do** Joker – **Fr** ins Kino gehen – **Sa** faulenzen – **So** in den Zoo gehen –
**Mo** Mathe üben – **Di** in die Stadt gehen – **Mi** frei – **Do** Medien-AG haben – **Fr** zurück auf Sonntag – **Sa** ins Museum gehen – **So** Basketball spielen –
**Mo** Pizza essen – **Di** zurück auf Start – **Mi** Musik hören – **Do** einkaufen gehen – **Fr** Buch lesen – **Sa** eine Party feiern – **So** faulenzen –
**Mo** zurück auf Montag – **Di** zum Flohmarkt gehen – **Mi** Joker – **Do** in die Bibliothek gehen – **Fr** frei – **Sa** Klavier üben – **So** keine Hausaufgaben machen –
**Mo** Bio lernen – **Di** Joker – **Mi** Fahrrad fahren – **Do** faulenzen – **Fr** zurück auf Montag – **Sa** in den Freizeitpark fahren – **So** frei **Ziel**

**b Welche Aktivitäten fehlen? Sammelt Sätze in der Klasse.**

*Am Samstag sehe ich fern.*

**6 Vergleiche: *gut/besser …, gern/lieber …***

**a Hört zu. Was sagen die Schüler?** 1.71

Ich spiele gern Fußball, aber Basketball finde ich ___.
Computerspiele finde ich gut, aber Karten spielen finde ich ___.
Meinen Mathelehrer finde ich gut, aber meinen Fußballtrainer finde ich ___.
„Tokio Hotel" mag ich gern, aber „Queensberry" höre ich ___.

G ➲24
gut (☺) → besser (☺☺)
gern (☺) → lieber (☺☺)

**b Hobbys. Fragt in der Klasse. Was magst du gern? Was magst du lieber? Was findest du gut? Was findest du besser?**

| Frage | Antwort |
|---|---|
| Was magst/spielst/trinkst du lieber? | ... mag/spiele/trinke ich lieber als ... |
| Was ist/schmeckt besser? | ... ist/schmeckt besser als ... |
| Was findest du besser? | ... finde ich besser als ... |

Kartenspiele ↔ Computerspiele • ins Museum gehen ↔ ins Kino gehen • Katzen ↔ Hunde • Fahrrad fahren ↔ Skateboard fahren • lesen ↔ fernsehen

*Was magst du lieber: Comics oder Bücher?*
*Comics mag ich lieber als Bücher.*
*Was findest du besser: Tennis oder Basketball?*
*Tennis finde ich besser als …*

dreiundsechzig 63

**5a** In KG mit 3–4 Personen spielen die S. das Spiel. Kopieren Sie **KV 12.1** für jede KG einmal. Sie benötigen Spielfiguren und Würfel in ausreichender Anzahl. Ein S. beginnt bei Start und würfelt. Er rückt so viele Felder vor, wie der Würfel zeigt, z. B. drei. Nun muss er mit den Angaben auf dem Feld einen Satz bilden. Beispiel: *Am Mittwoch übe ich Gitarre.* Formuliert der S. den Satz richtig, darf er stehen bleiben – bei einem Fehler muss er zwei Felder zurück.
Aktionen bei den Feldern:
„frei"-Feld (Kreis): S. muss nichts tun.
Joker-Feld (gezackt): S. muss nichts tun und darf noch einmal würfeln.
Aktions-Feld (oval): S. muss den Anweisungen folgen. Gewonnen hat, wer als Erster im Ziel ist.
**Spielvariante:** s. unten

**5b** Anschließend sammeln die S. weitere Aktivitäten in der Klasse und nennen diese in einem ganzen Satz. Halten Sie diese an der Tafel fest.
**Projekt-Vorschlag:** s. unten

**6a** Die S. lesen die Satzanfänge, dann hören sie den Dialog und ergänzen die Sätze. Verweisen Sie auch auf den Merkzettel – und bilden Sie bei Bedarf weitere Beispiele, um den Unterschied „gern → lieber" und „gut → besser" zu verdeutlichen.
***Lösung:*** 3 x „finde ich *besser*" – 1 x „höre ich *lieber*"

**6b** Das Neue in dieser Teilübung ist der Vergleich mit „als". Die S. lesen die Aufgabe, die abgedruckten Zettel und die Beispiele darunter. Sie stehen auf und befragen sich gegenseitig in der Klasse zu den einzelnen Punkten. Um es zeitlich zu begrenzen, geben Sie vor, wie viele Personen minimal/maximal gefragt werden müssen.
***Lösungsbeispiele:***
Was findest du besser: Kartenspiele oder Computerspiele? – Computerspiele finde ich besser als Kartenspiele.
Was schmeckt besser: Wasser oder Cola? – Cola schmeckt besser.

**Spielvariante zu 5a:**
Vergrößern Sie **KV 12.1** beim Kopieren und zerschneiden Sie die Felder aus dem Spielplan. Bilden Sie verschiedene KG. Die S. ziehen reihum eine Aktionskarte und müssen einen Satz bilden. Ist der Satz richtig, behalten sie die Karte, wenn nicht, kommt die Karte unter den Stapel. Gewonnen hat, wer am Ende die meisten Karten besitzt.

**Projekt-Vorschlag zu 5b:**
Die S. erstellen ihr eigenes Spiel: Kopieren Sie **KV 12.2** und die S. ergänzen in KG eigene Aktivitäten und Zeitangaben (die S. können hier neben Wochentagen auch Uhrzeiten verwenden). Dann tauschen die Gruppen ihre Spielpläne und spielen das Spiel.

### AB zu KB Aufg. 6b

**7b Binnendifferenzierung:**
Bei lernstärkeren Gruppen kann die Übung 7b im AB zur Vorbereitung von Aufgabe **6b** verwendet werden: Hier ergänzen die S. noch vier eigene Fragen für die Mitschüler.
Bei lernschwächeren Gruppen eignet sich diese Übung als Wiederholung nach Aufgabe **6b** im KB und nach Übung 7a im AB.

**7a** S. lesen die Fragen im Buch, hören den Dialog zweimal, notieren die Antworten. Dann vergleichen/ergänzen sie in PA die Lösungen. Es geht hier nicht um detailliertes Hören – S. müssen nicht alles verstehen. In PA und dann im PL werden die fehlenden Informationen ergänzt.
**Vorschlag:** S. befragen gerne den eigenen Lehrer / die Lehrerin zu persönlichen Dingen. Überlegen Sie, ob sie ihren S. zur Verfügung stehen möchten oder ob sie lieber direkt zu **7b** übergehen. Damit das Schreiben der Fragen nicht zu viel Zeit kostet, können S. die Fragen im Buch nutzen, diese abschreiben und evtl. einige weitere Fragen ergänzen.
***Lösung:*** 1. Ja, natürlich. – 2. Ja, manchmal. – 3. Naja, ich mag Französisch lieber. – 4. Pizza und Eis. – 5. Ja, am Morgen im Bad. – 6. Nein, ich hasse joggen. – 7. Gladiator. – 8. Jazz, Beatles, … alles. – 9. Nein, mit dem Motorrad. – 10. Nein, Quatsch, ja, sicher.

**7b** S. notieren eigene Fragen. Das Wortmaterial hilft. Dann führen sie in der Klasse mit mehreren Mitschülern Interviews wie im Beispiel angegeben. Anschließend berichten sie über Punkte aus ihren Interviews oder schreiben einen Text über den Partner.

**8a** Grammatiksystematisierung: Die S. lesen die drei Konjugationen und benennen, wo sich etwas verändert. Das kann bei sprachhomogenen Gruppen auch in der Muttersprache geschehen.
***Lösung:*** Unregelmäßige Verben verändern sich bei der 2. und 3. Person Sg.: lesen – liest – liest (+ Vokalwechsel: e → ie); fahren – fährst – fährt (+ Umlaut: a → ä)
**Tipp Lernplakate:** s. unten

**8b** Lassen Sie die S. im PL eines der gelisteten Verben aus der Wortliste ab S. 131 heraussuchen, z. B. *lesen*. Geben Sie den Hinweis: Bei unregelmäßigen Verben wird nach dem Infinitiv die 3. Person Sg. konjugiert angegeben. Dann schlagen die S. in PA die Verben aus **8b** in der Wortliste nach.
In KG erstellen die S. zu einigen Verben Lernplakate, die dann in der Klasse aufgehängt und jederzeit ergänzt werden können.

7

## Fragen, Fragen, Fragen

### 7 Und Sie? Fragen an den Lehrer.

1.72 **a Hört zu. Was antwortet der Lehrer?**

1. Lesen Sie gern Bücher?
2. Spielen Sie Computerspiele?
3. Sprechen Sie gut Englisch?
4. Was essen Sie gern?
5. Singen Sie gern?
6. Joggen Sie gern?
7. Wie heißt Ihr Lieblingsfilm?
8. Welche Musik hören Sie?
9. Fahren Sie mit dem Bus?
10. Mögen Sie Ihre Schüler?

*Liest du gern Bücher?*

*Nein, aber ich lese gern Comics. Isst du …?*

**b Und jetzt du! Was machst du gern? Notiert Fragen. Fragt und antwortet in der Klasse.**

lernst du • machst du • liest du • isst du • gehst du • hörst du • fährst du • kochst du • schreibst du

… gern Bücher? • … Comics • … Sport? • … Rad? • … ins Kino? • … Englisch? • … Musik? • … gern Pizza? • … gern? • … Briefe? • … in die Stadt? • …

### 8 Verben vergleichen

**a Vergleicht *gehen, lesen* und *fahren.* Wo ändert sich etwas?** G 19

| | regelmäßig | unregelmäßig | |
|---|---|---|---|
| | gehen | lesen | fahren |
| ich | gehe | lese | fahre |
| du | gehst | liest | fährst |
| er/es/sie | geht | liest | fährt |
| wir | gehen | lesen | fahren |
| ihr | geht | lest | fahrt |
| sie/Sie | gehen | lesen | fahren |

lernen 26/5
Lernkarte, die, -n 36/15
Lerntipp, der, -s 13/11
lesen, er liest 9/2
Leute, die *Pl.* 46
lieb 21/15
lieb haben, er hat lieb 85/4

**b Schlagt die Verben in der Wortliste (ab S. 131) nach. Wählt drei Verben aus. Schreibt ein Lernplakat wie im Beispiel.**

laufen • sein • sehen • einladen • essen • haben • fahren • können • mögen

| | |
|---|---|
| Ich laufe nach Hause … | Ich sehe … |
| Läufst du …? | Du siehst … |
| Er läuft … | … |

64 vierundsechzig

**Tipp Lernplakate zu 8a:**
Die S. erstellen Lernplakate zu den Konjugationen der unregelmäßigen Verben. Zum Vergleich ein regelmäßiges Verb hinzufügen. Lassen Sie hier auch die formale Form „Sie" hinzufügen, wie im Tafelbild vorgegeben.
**Tipp:** Fragen Sie die S.: *„Was bleibt bei den Konjugationen immer gleich?"* S. schreiben erst die Konjugation auf das Plakat und notieren dann Sätze dazu. So erkennen S., dass der Plural bei der Konjugation immer regelmäßig ist (außer bei „sein").
Die S. notieren die Konjugation von einem Verb detailliert und notieren weitere Verben um die Konjugation herum, die auch nach diesem Muster konjugiert werden.
Zur Wiederholung hier auch noch einmal die Verben „sein" und „haben" konjugieren. Als Hilfe haben S. auch die Grammatikübersicht (s. KB Seite 142).
**Beispiel:** unregelmäßige Verben
a-ä: laufen, einladen, fahren
e-ie: sehen, lesen
e-i: essen, sprechen

**unregelmäßige Verben**

| | a → ä | e → i | e → ie |
|---|---|---|---|
| ich | laufe | esse | lese |
| du | läufst | isst | liest |
| er/es/sie | läuft | isst | liest |
| wir | laufen | essen | lesen |
| ihr | lauft | esst | lest |
| sie/Sie | laufen | essen | lesen |

## AB zu KB Aufg. 7

**9b** Zur Vertiefung der Strukturen mit „lieber als/besser als" notieren S. in Übung 9b weitere Fragen und stellen sich diese gegenseitig in PA.

## Das bin ich

**9** **Marcels Steckbrief**

**a** **Lest Marcels Steckbrief. Was versteht ihr schon?**

1.73 **b** **Marcel stellt sich vor. Hört zu. Welche Informationen sind neu?**

**10** **Sara sucht Brieffreunde**

**a** **Lest die Texte. Auf welche Fragen antworten die Mails?**

*Welche Farbe magst du?*
*Welche Hobbys hast du?*
*Wo …?*
*Was isst …?*

**Sara, 13 Jahre aus Norwegen**
29. April
Hallo, ich bin Sara. Ich wohne in Norwegen.
Ich bin dreizehn Jahre alt. Ich turne und reite gern. Ich liebe Gelb und Blau.
Schreibt doch mal! Sara

*3. Mai von Nina P.*
Hallo Sara,
ich finde es toll, dass du turnst und reitest. Das mache ich auch. Und ich mache Ballett. Ich schwimme und ich treffe meine Freundinnen. Ich mag die Farbe Grün. Ich mag Pizza sehr!
Liebe Grüße
Nina

*4. Mai von Monica*
Liebe Sara,
ich bin Moni. Ich bin im Moment im Computerraum. Wir haben Deutsch. Meine Lieblingsfarbe ist Blau. Mein Lieblingstier ist das Pferd. Ich liebe Musik.
Viele Grüße
Moni

*5. Mai von Gianna*
Hallo Sara,
ich heiße Gianna. Ich bin 14 Jahre alt. Ich wohne in Bozen. Ich mache Eiskunstlaufen. Meine Lieblingsfarben sind Gelb und Schwarz. Mein Lieblingssänger ist Justin Bieber. Magst du auch Musik? Antworte, bitte. Danke,
Gianna

P **b** **Projekt: Schreib jetzt deinen Steckbrief. Nenne 10 Informationen.**

**c** **Stellt euren Nachbarn/eure Nachbarin vor. Nennt alle 12 Informationen vom Steckbrief aus 9a (Nachname, Vorname, Alter …).**

Sie/Er wohnt in … liest gerne … liebt … spielt … isst sehr gerne …



**9a** Die S. lesen Marcels Steckbrief und formulieren in KG Sätze zu den Informationen, die sie schon verstehen.

**9b** Die S. hören den Text von CD und notieren die neuen Informationen.
***Lösung:*** Er spielt Basketball. Mit Freunden spielt er Videospiele, redet und hört Musik.

**10a** In EA oder PA lesen S. die Texte und notieren sich die Fragen, auf die in den Mails geantwortet wird.
***Lösungsmöglichkeiten:*** Was isst du gerne? Wo lebst/wohnst/bist du? Was sind deine Hobbys? Was ist dein Lieblingstier? Wie alt bist du? Wer ist dein Lieblingssänger?

**10b** In EA schreiben die S. ihren eigenen Steckbrief mit zehn wichtigen Informationen.

**Projekt:** Die S. können den Steckbrief schön gestalten und auch ein Foto dazukleben und/oder auf farbigem Papier schreiben. Diese Steckbriefe können dann erst in der Klasse aufgehängt und später für das Portfolio verwendet werden.

**10c** Die S. tauschen ihre Steckbriefe aus und stellen dann ihren Nachbarn im PL vor.
**Vorschlag:** Bei großen Gruppen bietet es sich an, die Klasse in zwei Gruppen zu teilen, die sich gegenseitig ihre Streckbriefe vorstellen.

### AB zu KB Aufg. 9

**12** Hier wird das Thema Steckbrief noch einmal in Verbindung mit dem Lieblingssportler bzw. -sänger aufgegriffen. Nach der Strukturübung schließt sich eine Internetrecherche an, bei der die S. zu Hause Informationen über ihren Favoriten suchen sollen. Bei dieser Übung können die S. die Informationen auch in ihrer Muttersprache suchen, für die Präsentation müssen sie allerdings den Steckbrief auf Deutsch verfassen. Dann arbeiten die S. den Steckbrief aus. Sie können ihn ansprechend gestalten und auch Fotos dazukleben. Im Unterricht stellen sie ihre Stars in der Klasse vor. Die Arbeiten können ebenfalls aufgehängt werden.

**11a** Lesen Sie im PL die Wörter zu den Kleidungstücken vor und lassen Sie die S. nachsprechen. Dann Hören des Gesprächs mit Hörauftrag.
***Lösung:*** Er sucht einen Pullover.

**Vorschlag zur Wiederholung:** Greifen Sie in einer der nächsten Stunden diesen Wortschatz noch einmal auf. In PA buchstabiert ein S. ein Kleidungsstück, der andere notiert es und spricht das Wort aus. Dann Wechsel.

**11b** Die S. hören nun den Dialog komplett und lesen ihn gleichzeitig im Buch. In Dreiergruppen spielen sie den Dialog.
**Vorschlag:** Die S. lernen ihre Rolle auswendig und spielen den Dialog dann ohne Buch vor. So können sie sich auf die Intonation konzentrieren und den Dialog authentischer gestalten.

**12** S. legen im Heft eine Tabelle wie im Buch an und sortieren die Redemittel. Vergleich in PA und Fragen zu Wortschatz oder bei Unsicherheiten im PL.
Formulieren Sie im PL ein paar Beispielsätze mit den Redemitteln. Es können immer bestimmte Artikel benutzt werden, „den" ist bereits als Hilfe angegeben, aber auch feminin und neutrum können verwendet werden.

***Lösung:***
**1. Spalte: „etwas gut finden":**
Der/das/die ... gefällt mir gut/besser/sehr.
Der … sieht gut/cool/klasse aus.
Das … ist super/schön.
Den … mag ich gerne.
Den … finde ich gut/besser.

**2. Spalte: „etwas nicht gut finden":**
Den … mag ich nicht.
Den … finde ich blöd/nicht gut.
Ich weiß nicht.

**3. Spalte: „Fragen":**
Wie findest du den/das/die …?
Wie gefällt dir der/das/die …?

---

7

## Hobby Shopping

### 11 Im Kaufhaus

1.74 **a Hört den Anfang von einem Gespräch. Welches Kleidungsstück sucht Robert?**

1.75 **b Hört und lest den Dialog komplett. Spielt den Dialog dann zu dritt.**

G 16

**Akkusativ: den – das – die**
**der** Pullover:
Wie findest du **den** Pullover?
Wie findest du das Kleid?
Wie findest du die Jeans?
**das** und **die** bleibt gleich!

● Und? Was suchst du?
○ Einen Pullover … Wie findest du *den* hier?
● Rot? Hm, ich weiß nicht.
○ Und *den*?
● Grau? … Das ist total langweilig.
○ Und Schwarz?
● Schwarz? … Ja, Schwarz finde ich besser.
○ Okay, *den* Pullover nehme ich.

▲ Guten Tag.
○ Hallo.
▲ Möchtest du *den* Pullover?
○ Ja, bitte.
▲ Das macht 19 Euro 90.
○ Bitte.
▲ 20 Euro, danke. … Und 10 Cent zurück.
○ Auf Wiedersehen.
▲ Danke … Wiedersehen.

### 12 Über Kleidung sprechen – Ordnet die Redemittel im Heft.

Der/Das/Die … gefällt mir gut/besser/sehr. • Das ist super/schön.
Wie findest du den/das/die …? • Ich weiß nicht.
Den … mag ich nicht. • Wie gefällt dir der …?
Der … sieht gut/cool/klasse aus. • Den … finde ich blöd/nicht gut.
Den … mag ich gerne. • Den … finde ich gut/besser.

| etwas gut finden | etwas nicht gut finden | Fragen |
|---|---|---|
| *... gefällt mir gut.* | *... finde ich blöd.* | *Wie ...?* |

66 sechsundsechzig

**13** **Kleidung aussuchen und bezahlen**

a **Schreibt Dialoge wie in Aufgabe 11b. Ändert Kleidungsstücke, Farben, Preise …**

b **Spielt eure Dialoge zu dritt in der Klasse.**

c **Trendfarben in der Klasse. Macht eine Umfrage.**

| | Blau | Weiß | Schwarz | Gelb | Grün | Rot | Grau |
|---|---|---|---|---|---|---|---|
| Hosen | IIIII | IIII | IIIII IIII | I | I | III | … |
| Pullover | | | | | | | |
| … | | | | | | | |

**14** **Du und deine Farben. Erzählt in der Klasse. Welche Farben mögt ihr (nicht)? Sucht vier Farben aus und sprecht in der Klasse.**

rot – blau – hellblau – gelb – grün – rosa – lila – orange – braun – grau – schwarz – weiß

meine Kleidung ist …

meine Tasche ist …

meine Schuhe sind …

meine Haare sind …

mein Fahrrad ist …

hellgrün dunkelgrün
hellblau dunkelblau

siebenundsechzig | 67

**AB zu KB Aufg. 13**

**13** Diese Übung geht auf die Mehrsprachigkeit ein. Die S. überlegen, welche Kleidungsstücke sie von anderen Sprachen ableiten können. Gibt es noch mehr, die sie kennen?

**AB zu KB Aufg. 13**

**17** **Binnendifferenzierung:** Bei lernschwächeren Gruppen bietet es sich an, vor Aufgabe **13** im KB die Übung 17 im AB zu bearbeiten. Hier werden die S. sehr gelenkt an das Sprechen der Dialoge herangeführt, indem sie zunächst die Dialoge ergänzen und sie dann variieren. Lernstärkere Gruppen machen diese Aufgabe als Hausaufgabe und schreiben direkt Varianten wie im KB beschrieben.

**13a** In KG schreiben S. Varianten von Dialogen aus **11b**. Sammeln Sie an der Tafel, welche Kategorien man ändern kann, und sammeln Sie dazu gemeinsam mit den S. Wortschatz (Kleidungsstücke: die Jacke, der Schal, das T-Shirt …; Farben: blau, rot, grün …). S. können hierbei natürlich auch alle Redemittel aus ihren Heften benutzen.

**Binnendifferenzierung:** Lernstärkere Gruppen schreiben eigene Dialoge. Lernschwächere Gruppen variieren nur einzelne Aspekte aus den vorgegebenen Dialogen in **11b**.

**13b** Die S. spielen den Dialog zu dritt in der Klasse vor. Auch hier kommen die S. einer realen Situation näher, wenn sie frei sprechen und nicht nur ihren Dialog vorlesen. Geben Sie den S. Zeit, sich auf das auswendige Vorspielen vorzubereiten.
Um auch den Zuhörern eine Aufgabe zu geben, notieren Sie Fragen an der Tafel, die die Zuhörer beantworten müssen, z. B. *„Was kauft die Person?", „Wie teuer ist es?", „Welche Farbe hat es?"*

**13c** Klassenstatistik: Im PL verschiedene Kleidungsstücke an der Tafel sammeln.
In PA übernimmt jedes Paar ein Kleidungsstück und befragt alle anderen S., welche Farbe sie dafür am besten finden, z. B. *Welche Farbe magst du für Hosen?* Anschließend wird das Ergebnis an der Tafel zusammengetragen.

**14** Die S. sprechen über Farben. S. wählen vier aus und erklären im PL oder in KG, warum sie diese Farben gewählt haben. Beispiel: *Meine Lieblingsfarbe ist blau. Alle meine Hosen sind blau und mein Fahrrad auch. Grün mag ich nicht so sehr, aber ich habe ein T-Shirt, das ist grün. Oder: …, aber ich habe ein T-Shirt in Grün.*

## Das kann ich nach …

Die S. bearbeiten die „Das kann ich“-Seite im KB und die Selbstevaluation im AB wie in der Einleitung zum Lehrerhandbuch beschrieben.

**Zur Erinnerung:**
KB: Die linke Spalte wird abgedeckt, die Aufgaben in der rechten Spalte werden allein oder in PA bearbeitet – und im Anschluss mithilfe der linken Spalte kontrolliert.

### Lösungen & Tipps:

**Welche Hobbys hast du? Nenne drei Hobbys.**
In PA nennen die S. abwechselnd ihre Hobbys. Dazu können sie auch Fragen einfügen, z. B.:
Ich gehe gern schwimmen. Und du? – Ich auch.
Ich gehe am Mittwoch zum Fußball. – Spielst du auch Fußball? etc.

**Wie heißen die Kleidungsstücke?**
S. benennen die Kleidungsstücke auf den Bildern. Zur Wiederholung können sie auch die Kleidungsstücke nennen, die sie selbst tragen.
Hose – Pullover – T-Shirt – Kleid – Jacke – Schuhe

**Was macht ihr wann?**
Mündlich erzählen S. in PA, was sie wann machen. Als Hilfe können Sie hier noch einmal die Regel mit dem Verb auf Position 2 an der Tafel notieren. Der S., der nicht spricht, kontrolliert die Satzstellung.

**Schreibt drei Fragen.**
Die S. notieren sich erst drei Fragen, die sie sich dann in PA gegenseitig stellen und beantworten.

**Spielt zwei kleine Dialoge**
In PA spielen die S. zwei Verkaufsgespräche.

**Welche Verben passen?**
Gitarre spielen/üben –
Bücher lesen/kaufen/mögen/… –
Briefe schreiben/lesen –
Spaghetti essen/kochen –
in die Stadt gehen/fahren –
Kleidung kaufen/mögen/tragen/…

**7**

## Das kann ich nach Kapitel 7

| **Wörter, Sätze, Dialoge** | **Übt zu zweit** |
|---|---|
| **Hobbys**<br>Computerspiele, Tennis spielen, kochen, faulenzen, joggen, Musik hören, fernsehen, Musik machen, basteln, Freunde treffen, Kleidung (ein)kaufen, … | **Welche Hobbys hast du? Nenne drei Hobbys.**<br>*Ich gehe …* |
| **Kleidungsstücke**<br>die Hose, der Pullover, das Kleid, das T-Shirt, die Jacke, die Bluse, die Jeans | **Wie heißen die Kleidungsstücke?**  |
| **Zeitangaben**<br>am Morgen, am Mittag, am Nachmittag, am Abend<br>am Montag, am Wochenende<br>um 9 Uhr, um 17 Uhr • in den Ferien | **Was macht ihr wann? Ergänzt die Sätze.**<br>Am Morgen … Am Nachmittag …<br>Am Sonntag … In den Ferien … |
| **Sagen, wie man etwas findet**<br>● Wie findest du …?<br>○ Das gefällt mir … gut / besser (als) / gar nicht.<br>● Das finde ich … | **Schreibt drei Fragen. Fragt und antwortet zu zweit.**<br>Wie findest du …? |
| **Bezahlen**<br>● Das macht … ○ Bitte. ● Danke. Und … zurück. | **Spielt zwei kleine Dialoge.**<br>*Das macht …* *Bitte.* *Danke. Und … zurück.* |

| **Grammatik** | **Übt zu zweit** |
|---|---|
| **Nomen und Verben**<br>Gitarre spielen, Gitarre üben<br>Briefe schreiben, Briefe lesen | **Welche Verben passen?**<br>Gitarre ___ • Bücher ___ • Briefe ___ •<br>Spaghetti ___ • in die Stadt ___ • Kleidung ___ |
| **Zeitangaben im Satz**<br>Am Montag spiele ich Tennis.<br>Um drei Uhr treffe ich Anja.<br>Am Abend sehe ich fern. | **Ergänzt die Sätze.**<br>… faulenze ich.<br>… gehe ich in die Schule.<br>… treffe ich meine Freunde. |
| **gut – besser (+ als) / gern – lieber (+ als)**<br>Ich finde Hunde besser als Katzen.<br>Ich mag Cola lieber als Wasser. | **Schreibt vier Sätze.**<br>Ich finde … besser als …<br>Ich trinke/esse/mag/spiele … lieber als … |
| **Verben: regelmäßig und unregelmäßig**<br>gehen – lesen – laufen<br>du gehst – du **lie**st – du l**äu**fst<br>er geht – er **lie**st – er l**äu**ft | **Ergänzt *lesen/kommen/sehen*.**<br>___ du zu Hause fern?<br>___ du mit ins Kino?<br>Sam ___ keine Bücher. |

**Mit Sprache handeln**

| | |
|---|---|
| **Ich kann sagen, was ich (nicht) gut/besser finde**<br>● Wie findest du …?<br>○ … finde ich cool/klasse/blöd …<br>● … gefällt mir gut/super/nicht.<br>● Wie findest du die Hose?<br>○ Die Hose finde ich blöd. Die Jeans finde ich besser. | **Ich kann sagen, was ich (nicht/lieber) mag**<br>● Magst du Bücher?<br>○ Nein, aber ich mag Comics.<br>● Bücher mag ich lieber/nicht. |

68 | achtundsechzig

**Ergänzt die Sätze.**
Die S. ergänzen frei, wann sie diese Aktivitäten in der Woche machen, z. B.:
*Am Wochenende* faulenze ich gern.
*Am Vormittag* gehe ich in die Schule.
*Um vier Uhr* treffe ich meine Freunde.

**Schreibt vier Sätze.**
(Beispiele)
Ich finde Computer besser als Bücher.
Ich trinke Cola lieber als Wasser.
Ich spiele Fußball lieber als Basketball.
Ich esse Hamburger lieber als Salat.

**Ergänzt *lesen/kommen/sehen*.**
*Siehst* du zu Hause fern?
*Kommst* du mit ins Kino?
Sam *liest* keine Bücher.

**Mit Sprache handeln**
In PA befragen sich die S. noch einmal gegenseitig und antworten.

**Ich kann …**
- über meine Familie und meine Verwandten sprechen
- Anweisungen verstehen und geben
- unser Haus beschreiben

**8**

# Meine Familie – unser Zuhause

**1 Marius und seine Familie**

**a Findet die passenden Informationen zu den Personen.**

2.2 **b Hört zu und kontrolliert eure Lösungen.**



## Allgemeines

In diesem Kapitel wird der Themenkreis Familie und Zuhause behandelt. Dabei lernen die S. die Verwandtschaftsbezeichnungen und die Beschreibung der eigenen Familie auf A1-Niveau. Zudem lernen die S., ihr Zuhause zu beschreiben und Mindmaps zu erstellen.
Grammatisch werden in diesem Kontext die Imperative eingeführt und anhand von passenden Situationen geübt. Wiederholt werden die Possessivpronomen im Nominativ und Akkusativ.

**1a** Auf der Einstiegsseite sehen die S. die Familie von Marius und erhalten weitere Informationen zu den einzelnen Personen. Die S. ordnen zu zweit – mithilfe der Fäden des Labyrinths – die zusammenpassenden Bilder einander zu, lesen die Sätze und notieren sie.
**Alternative:** Bevor die S. das Labyrinth lösen, lassen Sie im PL raten: *„Welche zwei Fotos passen zusammen?"*
***Lösung:*** Ich heiße Marius. Das ist mein Zimmer. – Hier seht ihr meine Mutter. Sie liebt unsere Katzen Miez und Mauz. – Meine Schwester heißt Melanie. Das sind ihre Freundinnen. – Mein Papa ist Polizist. Das ist sein Motorrad. – Mein Opa wohnt bei uns. Er mag unser Haus sehr.

**1b** Die S. hören die CD zur Kontrolle.

## AB zu KB Aufg. 1

**1** Direkt im Anschluss an die Aufgabe **1** im KB bietet sich die Übung 1 im AB an, da die S. auch hier noch einmal Vermutungen anstellen und Informationen verbinden. Bearbeiten Sie 1a und 1b im Kurs, 1c und 1d eignen sich gut als Hausaufgabe.

**2a** Im PL lesen die S. die Wörter und sagen, welche sie kennen oder aus anderen Sprachen ableiten können, siehe angegebene Beispiele *oncle* und *grand-mère* (Französisch), *cugina* (Italienisch). Dabei kann die Muttersprache zu Hilfe genommen werden, aber auch andere Sprachen. Zum Englischen etwa ergeben sich Ähnlichkeiten bei „Vater"/„father", „Mutter"/„mother", „Onkel"/„uncle" etc. Grammatische Ähnlichkeiten wie die Wortbildung von „Großmutter/grandmother/grand-mére" können ebenfalls angesprochen werden.
Die bekannten Wörter werden an der Tafel gesammelt.

In dieser Aufgabe sind die Wörter angegeben, die die S. für die Fit-Deutsch-1-Prüfung des Goethe-Instituts können müssen. Sie können das Thema erweitern, v.a. wenn sich aus den Muttersprachen der S. weitere Familienbezeichnungen ableiten lassen.

**2b** Die S. hören die Wörter von CD und sprechen sie im Chor so genau wie möglich nach. Dazu gibt es auf der CD nach jedem Wortpaar eine Pause.

**3a** Die S. hören den Text von CD und achten darauf, wie viele Personen Yvonne beschreibt. Dann sagen sie, welches Foto zu Yvonnes Text passt.
***Lösung:*** 4 Personen, Foto 5

**Binnendifferenzierung:** Bei lernstärkeren Gruppen können die S. auch schon darauf achten, wie die Personen heißen und dies notieren.

8

## Verwandte

**2 Familienfotos**

**a Welche Wörter kennst du?**

**die Großeltern**
die Großmutter • die Oma
der Großvater • der Opa

**die Eltern**
die Mutter • der Vater

**die Verwandten**
die Tante • der Onkel
die Cousine • der Cousin

**die Kinder**
**die Geschwister**
die Schwester • der Bruder

oncle cugina grand-mère

2.3 **b Vorsprechen – nachsprechen. Hört zu und sprecht nach.**

**3 Familien beschreiben (1)**

2.4 **a Hört zu. Wie viele Personen beschreibt Yvonne?**

1

2

3

4

5

70 siebzig

**3 Familien beschreiben (2)**

**b Wer ist wo?**
**Sprecht in der Klasse.**

**c Hört noch einmal und lest mit.**
**Welche Fotos von Aufgabe 3a passen?**

2.5

Hallo, ich bin Yvonne, ich bin 15 Jahre alt und das ist meine Familie. Vorne in der Mitte, das bin ich. Links ist meine Schwester. Sie heißt Annika. Hinten in der Mitte ist mein Vater. Er ist Koch. Und rechts sitzt meine Mutter Uschi. Sie ist immer lustig. Das Foto war ihre Idee. Es ist ein Geschenk für meinen Opa. Er wird 65. A

Und das hier ist mein Onkel Fabian. Er wohnt in Rostock. Und das sind meine Cousinen Anna und Lisa. B

Das ist ein lustiges Bild. Das ist im Theater in München. Links steht mein Onkel Burkhardt, hinten rechts steht meine Tante Clara. Hinten in der Mitte stehen mein Cousin Max und meine Cousine Tonja. Sie spielen mit Marionetten. Vorne in der Mitte ist mein Cousin Ole. C

Ich finde zwei Serien im Fernsehen super. Die Serie „Türkisch für Anfänger" kommt aus Berlin. Doris Schneider liebt Metin Öztürk. Beide haben Kinder. Doris ist die Mutter von Lena und Nils, Metin ist der Vater von Cemil und Yagmur. In der neuen Familie gibt es oft Konflikte, aber auch viel Spaß. Die Serie ist sehr lustig. Und ich liebe die Simpsons. Vater Homer, Mutter Marge, Bart und seine Schwestern sind genial. D

**d Was sagt Yvonne? Ordnet die Sätze.**

1. Meine Cousinen …
2. Mein Opa …
3. Marge und Homer Simpson …
4. Max …
5. Meine Mutter …
6. Mein Onkel Fabian …
7. Nils und Lena …

a. … wohnt in Rostock.
b. … heißen Anna, Lisa und Tonja.
c. … bekommt ein Foto.
d. … wohnen zusammen mit Cemil und Yagmur.
e. … ist der Bruder von Tonja.
f. … ist lustig.
g. … haben drei Kinder.

*Meine Cousinen heißen …*

**e Informationen erfragen und wiederholen. Wie heißt …? Wie alt ist …? Wo …? Was macht …?**

*Wie heißt deine Mutter?*

*Meine Mutter heißt Lara Croft.*

*Ah! Deine Mutter heißt Lara Croft. Und dein Vater?*



**3b** Die S. lernen hier Ortsangaben, die zu Foto 5 passen. Dann sprechen die S. in KG darüber, wer wo sitzt. Machen Sie das angegebene Beispiel im PL: *Ich sitze rechts. Wer bin ich? – Die Mutter. / Die Mutter Uschi. / Uschi, die Mutter.*
***Lösung:*** vorne: Yvonne, links: Schwester Annika, hinten: der Vater, rechts: Mutter Uschi

**Binnendifferenzierung:** Schwieriger wird es, wenn die S. die linke Buchseite zuhalten und sich so erinnern müssen, wer wo war.

**3c** Die S. hören den Text, lesen ihn gleichzeitig mit und ordnen die Textteile (A–D) den Fotos auf der vorherigen Seite zu. Klären Sie wichtiges Vokabular im PL.
***Lösung:*** A: Foto 5 – B: Foto 4 – C: Foto 1 – D: Fotos 2 und 3

**3d** Anschließend ordnen die S. in PA die Satzhälften zu und notieren diese im Heft. Vergleich im PL.
***Lösung:*** 1. b – 2. c – 3. g – 4. e – 5. f – 6. a – 7. d

**3e** Auf die Lebenswelt der S. eingehen: Die S. stellen sich in PA gegenseitig W-Fragen zu ihren eigenen Familien und beantworten sie.

**Binnendifferenzierung:** Sammeln Sie vorher gemeinsam mit der Klasse verschiedene Fragen. Dann befragen sich die S. in PA gegenseitig.

**Vorschlag:** Partnerspiel „Meine Familie" **KV 13:** Die S. arbeiten zu zweit und notieren sechs Informationen (z. B. Name, Wohnort, Beruf, Alter, Hobby, Geschwister etc. – zu verschiedenen Familienmitgliedern). Dabei dürfen die S. sich eine eigene Familie ausdenken. Sie tauschen die Blätter aus, der Partner lernt die Informationen auswendig, dann wird das Blatt wieder zurückgegeben und die Informationen werden aus dem Gedächtnis vorgetragen. Beispiel: A spricht dann über die Informationen von B: „Also … deine Mutter heißt … und dein Onkel ist …" B hört zu und korrigiert: „Nein, nein, meine Mutter heißt …"

## AB zu KB Aufg. 3b

**4** Nachdem Aufgabe **3b** im KB bearbeitet wurde, eignet sich Übung 4 zur Festigung der Ortsangaben.
Die S. arbeiten in PA: Beide S. schreiben Namen, die sie frei aussuchen (bis auf Volker, der angegeben ist), in Bild 1. Regen Sie hier die S. dazu an, dass sie deutsche Vornamen verwenden. Dann erklären die S. im Wechsel, welche Person wo steht (vorne links, etc.) und tragen das in Bild 2 ein. Zum Schluss kontrollieren die S., ob sie alles richtig verstanden haben.

**4a** Die S. sehen sich die Fotos an und stellen Vermutungen an, welches Zimmer, wo auf dem Plan ist. Dann hören sie Tommys Beschreibung der Wohnung von der CD und notieren die Reihenfolge der Zimmer. In KG nennen die S. die Reihenfolge der Zimmer mit den vorgegebenen Redemitteln „zuerst – dann ..."
***Lösung:*** 1: die Küche – 2: das Bad – 3: das Schlafzimmer – 4: sein Zimmer
Zuerst zeigt er die Küche, dann zeigt er das Bad, danach zeigt er das Schlafzimmer und zum Schluss sein Zimmer.

**4b** In PA ergänzen die S. die passenden Aktivitäten zu den verschiedenen Zimmern. Zum besseren Behalten sollten die S. die zwei passenden Sätze noch einmal ins Heft schreiben.
***Lösung:*** 1c – 2d – 3a – 4e – 5b



## Komm rein!

### 4 Zu Hause

**a Hört die CD. In welcher Reihenfolge zeigt Tommy die Zimmer?** 2.6

1

die Küche

2
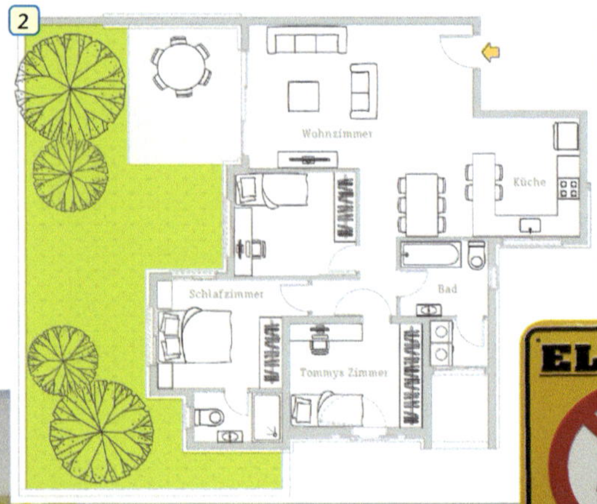

die Wohnung

3

das Schlafzimmer

6

sein Zimmer

4

das Bad

5

das Wohnzimmer

Zuerst zeigt er ... dann ... danach ... zum Schluss ...

**b Zimmer und Aktivitäten. Was passt zusammen? Ergänzt.**

| | |
|---|---|
| 1 Das ist unser Wohnzimmer. | a Hier kochen meine Eltern. |
| 2 Das ist das Bad. | b Hier mache ich Hausaufgaben. |
| 3 Das ist die Küche. | c Hier sehen wir fern. |
| 4 Das ist das Schlafzimmer. | d Hier dusche ich. |
| 5 Das ist mein Zimmer. | e Die Katzen lieben es. |



## AB zu KB Aufg. 4b

**7b** Hier bietet sich nach Aufgabe **4b** im KB zur Vertiefung Übung 7b im AB an. Die S. markieren in 7a alle Dinge, die sich bei ihnen im Zimmer befinden. Anschließend sprechen sie zu zweit darüber.
*„Sind die Zimmer gleich/ähnlich oder total anders?"*

**5** **Mein Zuhause**

**a** **Erstellt eine Mindmap: Bei uns zu Hause.**

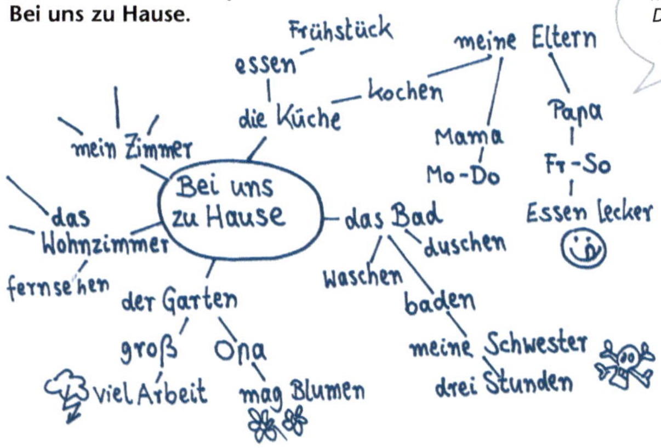


*Das ist unsere Küche. Meine Eltern kochen gerne. Das Essen ist immer lecker! Mein Vater kocht immer am Wochenende.*

**b** **Wählt Informationen aus und erzählt in der Klasse.**

die Küche → kochen → meine Eltern → Papa → Fr, Sa, So → Essen lecker

**6** P **Projekt: Meine Familie und ich. Bringt Familienfotos mit.**

| | |
|---|---|
| Ich heiße ... | Mein Vater heißt ... |
| Ich bin ... Jahre alt. | Meine Großeltern sind ... |
| Ich habe einen Bruder / ... Brüder. | Wir wohnen in ... |
| eine Schwester / ... Schwestern. | Das ist unser Haus. |
| keine Geschwister. | unser Auto. |
| | mein Zimmer |
| | Wir haben ... |

dreiundsiebzig | 73

**5a** Die S. sehen sich die Mindmap an. Besprechen Sie den Wortschatz im PL. Anschließend erstellen S. in KG auf Plakaten eine eigene Mindmap zum Thema „Bei uns zu Hause". Die S. müssen überlegen, wer was in welchem Zimmer macht. Notieren Sie evtl. Fragen an der Tafel: *„Welche Zimmer gibt es?", „Wer ist oft in diesen Zimmern?", „Welche Aktivitäten machen die Personen in dem Zimmer?"*

**5b** Anschließend setzen sich je zwei KG zusammen und versprachlichen abwechselnd Stichpunkte aus ihrer Mindmap. Lesen Sie dazu vorher das Beispiel im KB. Zum Schluss werden die Mindmaps in der Klasse aufgehängt.
**Vorschlag:** Regen Sie die S. bei unterschiedlichen Themen an, Mindmaps zu erstellen, um so den Wortschatz zu üben. Dabei sehen die S., welche Wörter sie bereits kennen und welche für sie wichtig sind.

**6** **Projekt:** Im Rahmen eines Projekts wenden die S. das Gelernte an und verknüpfen es mit ihrer eigenen Lebenswelt. Im PL kann als Hilfe weiterer Wortschatz gesammelt werden. Dann soll jeder S. anhand von Fotos eine kleine Präsentation über die eigene Familie vorbereiten. Geben Sie den S. genügend Zeit, dieses Projekt vorzubereiten. Zur Vorentlastung für die mündliche Präsentation können S. kurze Texte vorbereiten, in denen sie das gelernte Vokabular verwenden. Besprechen Sie mit den S., auf welche Art und Weise man präsentieren kann und sammeln Sie die Vorschläge an der Tafel, z. B. per Computer, auf Plakaten (Fotos und Text), Fotos an Schnur aufhängen, Fotos im Klassenraum verteilen, Fotoalben mitbringen etc.).

Präsentation der Familien im PL. Bei großen Gruppen: Immer nur 2–3 S. stellen pro Unterrichtsstunde ihre Familie vor.
**Variante:** s. unten

**Variante zu 6:**
Teilen Sie die Klasse in zwei Gruppen. Die Präsentationen der Gruppen hängen aus. Die S. gehen herum und schauen sich die Präsentationen ihrer Gruppe an. Dabei machen die S. sich Notizen zu Fragen, die sie vorher im PL gesammelt haben. Anschließend stellen sie in den Gruppen ihre Fragen.
Beispiel: *„Wer beschreibt viele Verwandte?", „Welcher S. hat Verwandte im Ausland?", „Wer hat Haustiere?", „Was war besonders interessant?"* etc.

## AB zu KB Aufg. 5

**8** Zur Verdeutlichung der Mindmap-Arbeit gibt es im AB zwei weitere Mindmaps zum Thema Familie. Sie können auch zur Vorbereitung auf das Projekt „Familienpräsentation" genutzt werden, da die S. sie in PA versprachlichen.

## AB zu KB Aufg. 6

**9** Zur Vorentlastung für das Projekt kann auch Übung 9 dienen, in der S. sowohl eine Mindmap zur eigenen Familie als auch einen kurzen Text erstellen.

**7a** Als Einstieg in das Thema Imperative können Sie den Titel „Ärger zu Hause" an der Tafel notieren und die S. sagen in Stichworten, wann und warum es zu Hause Ärger gibt. Halten Sie dies an der Tafel fest. Anschließend hören und lesen S. den Dialog und vergleichen im 1. Schritt den Ärger von Miriam mit den eigenen Ideen. Frage im PL: *„Kennt ihr diese Situation?", „Passiert das bei euch zu Hause auch?"* Dann sammeln S. Ideen, wie der Dialog weitergehen könnte. Halten Sie auch diese an der Tafel fest.

**7b** Die S. hören den Dialog noch einmal und vergleichen ihn mit ihren Ideen.
***Lösung:*** Fabian kommt zu Besuch und Miriam macht die Tür auf.

**8a** Die S. hören die Aufforderungen auf der CD und sprechen sie nach. Die Systematisierung des Imperativs folgt in **9** und **10**. Hier sollte der Fokus zunächst auf die Automatisierung der Äußerungen und den Inhalt gelegt werden.

**8b** Einstieg: Wie antworten die S. in ihrer Muttersprache? Wie ist die Betonung? Die S. geben Beispiele. Dann hören die S. kleine Dialoge mit Antworten auf Deutsch. Lassen Sie hier die S. nur die Antworten nachsprechen und achten Sie darauf, dass sie die Betonung und die Aussprache so nachahmen, dass sie den Reaktionen der CD-Sprecher in der Muttersprache entsprechen.
**Information:** Erklären Sie den S., dass die Antwort „Vergiss es." sehr aggressiv ist und damit auf jeden Fall zu Ärger führt.

**8c** In PA spielen die S. mündlich Minidialoge mit dem Wortschatz aus **8a** und **8b**. Gehen Sie herum und hören Sie, wie die S. die Intonation und Aussprache v. a. in den Antworten umsetzen.

**8d** Hier wird der kulturelle Vergleich und die Mehrsprachigkeit angeboten: Sammeln Sie im PL, was die S. in ihrer Muttersprache sagen, wenn Eltern diese typischen Aufforderungen vorbringen. Sprechen Sie darüber, ob es um ähnliche oder ganz andere Streitpunkte geht.

**8**

## Ärger zu Hause & Sprache in der Klasse

### 7 Krach bei Miriam

2.7 **a Hört zu. Wie geht es weiter? Sammelt Ideen in der Klasse.**

- ● Miriam, mach doch mal die Musik leiser.
- ○ Nein.
- ● Miriam, mach sofort die Tür auf.
- ○ Geh weg! ... Ich bin sauer.
- ● Miriaaam, komm jetzt bitte raus.
- ○ Nein, lass mich in Ruhe!
- ● Miriam? Du hast Besuch.
- ○ Wer denn?

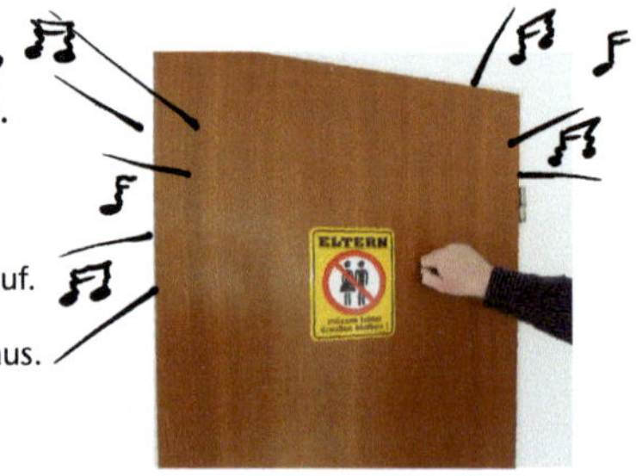

2.8 **b So geht es weiter. Hört noch einmal und vergleicht mit euren Ideen.**

### 8 Bei euch zu Hause

2.9 **a Was ist typisch? Hört zu und sprecht nach.**

Räum endlich dein Zimmer auf.
Mach sofort die Musik aus.
Beeil dich.
Mach die Hausaufgaben.
Mach den Computer aus.
Ruf Oma an.
Lies mal ein Buch.

2.10 **b Coole Antworten. Hört die Dialoge. Sprecht dann die Antworten.**

Später! Oh, langweilig. Jetzt nicht. Vergiss es. Oh Mann! Morgen.

**c Arbeitet zu zweit. Spielt Minidialoge mit Äußerungen aus Aufgabe a und b.**

**d Was sagt ihr in eurem Land? Sammelt in der Klasse.**

### 9 Bitten in der Klasse

**a Lest die Sätze und ordnet im Heft: Wer spricht? Lehrer oder Schüler?**

1. Bitte lies den Text vor.
2. Bitte schreib den Satz an die Tafel.
3. Bitte sprechen Sie lauter/langsamer.
4. Bitte wiederholen Sie das.
5. Erklären Sie das, bitte.
6. Hilf mir!!!
7. Hör sofort auf!
8. Seid leise, bitte.
9. Schlagt bitte das Buch auf.
10. Gib mir dein Lineal, bitte.

**b Sprecht die Sätze im Chor.**

**c Sprache in eurer Klasse – sammelt weitere Sätze.**

74 vierundsiebzig

**9a** Ein typischer Kontext des Imperativs ist der Kontext Schule und damit die Unterrichtssprache. S. lesen die Sätze, schreiben sie ins Heft und notieren dahinter, wer was sagt. Vergleich im PL und Klärung der Sätze.
***Lösung:*** (L = Lehrer, S = Schüler) 1. L – 2. L – 3. S – 4. S – 5. S – 6. S – 7. S/L – 8. S/L – 9. L – 10. S/L

**9b** Sprechen Sie die Sätze vor und die S. wiederholen im Chor.

**9c** Sammeln Sie weitere wichtige Sätze für die Klasse und notieren Sie diese auf einem Plakat, das dann aufgehängt wird.
**Vorschlag:** Zwei Gruppen erstellen je ein Plakat. Eine Gruppe notiert Aussagen des Lehrers, die andere notiert wichtige Ausdrücke der Schüler. Beide Plakate aufhängen. Sie helfen im Unterricht bei der Kommunikation auf Deutsch.

**Video zu KB Aufg. 7**
Zum Thema „Ärger zu Hause" passt auch der Teil 2, Szene 6 (Papa, darf ich ins Konzert?). Die S. lösen Übung 7 im Videotrainer im AB, wobei sie die Sequenz zunächst ohne Ton sehen. Dann kontrollieren sie ihre Lösungen mit Ton. Anschließend können Sie ein Klassengespräch in der Muttersprache führen: *„Wie ist es bei euch? Dürft ihr auf ein Konzert gehen? Welche Argumente sagen eure Eltern?"*

## 10 Imperative

**a Ergänzt die Regel im Heft.**

**b Schreibt noch drei Beispiele wie in der Tabelle mit den Verben *wiederholen, aufschlagen, geben.***

schreiben · lesen · auf|räumen · sprechen · an|rufen · machen

➲13, 21 G

| du | ihr | Sie |
|---|---|---|
| Schreib bitte den Satz! | Schreibt bitte ... | Schreiben Sie bitte ... |
| Lies bitte den Text! | Lest bitte ... | Lesen Sie bitte ... |
| Räum dein Zimmer auf! | Räumt ... | Räumen Sie ... |
| Sprich nicht so laut! | Sprecht nicht so ... | Sprechen Sie ... |
| Ruf bitte Oma Erna an! | Ruft bitte ... | Rufen Sie ... |
| Mach schnell! Es ist schon 8 Uhr! | Macht schnell! Es ist schon ... | Machen Sie schnell! Es ... |

| | | | |
|---|---|---|---|
| ⚠ sein | Sei bitte leise! | Seid bitte leise! | Seien Sie bitte leise! |
| ⚠ haben | Hab keine Angst! | Habt keine Angst! | Haben Sie keine Angst! |
| laufen | Lauf ...! | Lauft ...! | Laufen Sie ...! |
| fahren | Fahr ...! | Fahrt ...! | Fahren Sie vorsichtig! |
| schlafen | Schlaf ...! | Schlaft ...! | Schlafen Sie nicht ein! |

**Regel**
du schreib~~st~~ → schreib!
ihr schreibt →
Sie schreiben →

## 11 Bitten Bitten Bitten

**a Hallo, lieber Lehrer!!! Sprecht in der Klasse.**

**b Hallo, liebe Eltern!! Schreibt fünf Bitten an die Eltern.**



**10** Hier geht es nun um die Systematisierung des Imperativs: S. lesen die Tabelle und den Merkzettel am Rand.
S. stellen im PL Fragen, wie der Imperativ funktioniert, z. B. *„Welche Person hat einen Imperativ?"* (du, ihr und Sie), *„Wie bildet man die Form?"* (Hinweis auf den Merkzettel am Rand)
Bei sprachhomogenen Gruppen können die S. in eigenen Worten und in der Muttersprache noch einmal kurz die Regeln zur Bildung des Imperativs zusammenfassen.
Die S. schreiben in EA oder PA drei Beispiele zu den Verben „wiederholen", „aufschlagen" und „geben" ins Heft.
Gehen Sie auch auf das Wort „bitte" ein und erklären Sie den S., dass der Imperativ mit „bitte" höflicher ist und man ihn auf Deutsch oft als Bitte formuliert.

**11** Die S. bilden hier Imperative für den Lehrer. Achten Sie darauf, dass die S. das Wort „bitte" verwenden. Sie können diese Aufgabe als Reihenübung gestalten, sodass jeder S. der Reihe nach einen Imperativ sagen muss, ohne einen vorausgegangenen zu wiederholen.
Bei genügend Platz im Klassenraum stellen sich die S. in einen Kreis und werfen einen Ball. Wer den Ball fängt, muss einen Imperativ-Satz bilden und wirft den Ball dann weiter. Hier geht es um Schnelligkeit und Korrektheit. Besser als ein Ball eignet sich ein zusammengeknotetes Tuch oder ein Schal, da ein Ball oft fällt und rollt und dadurch viel Unruhe verursacht.

**Vorbereitung auf die Prüfung „Sprechen":** s. unten

**Vorbereitung auf die Prüfung „Sprechen"**
In der Prüfung des Goethe-Instituts Fit für Deutsch 1, die die S. nach diesem A1-Band ablegen können, bezieht sich „Teil 3 Sprechen" auf das Thema Bitten, Aufforderungen und Fragen formulieren. Hierzu bekommen die S. Kärtchen, auf denen ein Bild sowie entweder ein Fragezeichen (?) oder ein Ausrufungszeichen (!) zu sehen ist. Die Prüflinge müssen daraus Bitten/Aufforderungen oder Fragen formulieren und reagieren. Da dies für viele S. häufig schwierig ist, sollte man diese Aufgabenform im Unterricht oft üben. Im Anschluss an Aufgabe **11** im KB können Sie diese Aufgabenform mithilfe von **KV 14** üben.

## Das kann ich nach ...

Die S. bearbeiten die „Das kann ich“-Seite im KB und die Selbstevaluation im AB wie in der Einleitung zum Lehrerhandbuch beschrieben.

**Zur Erinnerung:**
KB: Die linke Spalte wird abgedeckt, die Aufgaben in der rechten Spalte werden allein oder in PA bearbeitet – und im Anschluss mithilfe der linken Spalte kontrolliert.

### Lösungen & Tipps:

**Sprecht über eure Familie.**
Die S. verwenden die vorgegebenen Satzanfänge, um sich gegenseitig etwas über ihre Familien zu erzählen.

**Wer ist vorne, hinten, links, rechts?**
Links ist die Schwester.
Hinten ist der Vater.
In der Mitte ist die Mutter.
Rechts ist der Bruder.

**Welche Zimmer passen?**
kochen – *Küche*
duschen – *Bad*
fernsehen – *Wohnzimmer*
telefonieren – *Wohnzimmer*
schlafen – *Schlafzimmer*

**Mach dies, mach das.**
In PA sprechen die S. abwechselnd die Imperative. Auch hier können sie zu Übungszwecken weitere Imperative bilden und der andere muss reagieren.
Vergiss deine Jacke nicht!
Mach deine Hausaufgaben!
Sprich lauter, bitte!
Buchstabier das Wort!
Räum dein Zimmer auf!

**Mit Sprache handeln**
Als Wiederholung können die S. in PA noch einmal ihre eigene Familie und ihr Zuhause beschreiben. Oder bringen Sie Fotos von Familien und Häusern/Wohnungen mit und die S. sprechen in PA über diese Fantasiefamilien/Häuser.

Bei Anweisungen verstehen und geben geht es v. a. auch um die Antworten und Reaktionen der S. Auch hier können die S. in PA auf Schnelligkeit spielen.

---

**8**

## Das kann ich nach Kapitel 8

| **Wörter, Sätze, Dialoge** | **Übt zu zweit** |
|---|---|
| **Familie**<br>die Großeltern: die Großmutter (Oma) – der Großvater (Opa)<br>die Eltern: der Vater – die Mutter<br>die Geschwister: die Schwester – der Bruder<br>die Verwandten: die Tante – der Onkel, die Cousine – der Cousin | **Sprecht über eure Familie.**<br>**Ergänzt je drei Sätze.**<br>Meine Oma / Mein Opa heißt …<br>Meine Mutter / Mein Vater mag …<br>Meine Schwester / Mein Bruder spielt …<br>Meine Tante / Mein Onkel wohnt in … |
| **Was ist wo?**  | **Wer ist in der Mitte, hinten, links, rechts?**  |
| **das Haus/die Wohnung**<br>das Wohnzimmer, das Schlafzimmer,<br>die Küche, das Bad, das Zimmer von …, der Garten | **Welche Zimmer passen?**<br>kochen → K…<br>duschen → B…<br>fernsehen → W…<br>telefonieren → …<br>schlafen → … |



| **Grammatik** | **Übt zu zweit** |
|---|---|
| **Imperativ**<br>Komm / Kommt / Kommen Sie – doch mit in/ins …<br>Gib / Gebt / Geben Sie – mir bitte das Buch. | **Mach dies, mach das.**<br>**Ordnet zu und sprecht zu zweit.**<br>Vergiss – dein Zimmer auf!<br>Mach – das Wort!<br>Sprich – deine Jacke nicht!<br>Buchstabier – deine Hausaufgaben!<br>Räum – lauter, bitte! |

**Mit Sprache handeln**

**Ich kann über meine Familie sprechen.**
Das ist meine Familie.
Mein Vater heißt … / Er ist …
Meine Mutter heißt …
Ich habe … Geschwister.

**Ich kann unser Haus / unsere Wohnung beschreiben.**
Wir wohnen in …
Unsere Wohnung/unser Haus hat … Zimmer.
Wir haben (k)einen Garten.

**Ich kann Anweisungen verstehen und geben.**
● Komm mit zur Party.
○ Nein, ich habe keine Lust / keine Zeit / …
● Hol mich bitte ab.
○ Ja, gerne. Wann?
● Gib mir 20 Euro.
○ Ich? Wieso ich?

**Wörter in Paaren lernen**
Vater – Mutter
vorne – hinten
kochen – Küche

76 sechsundsiebzig

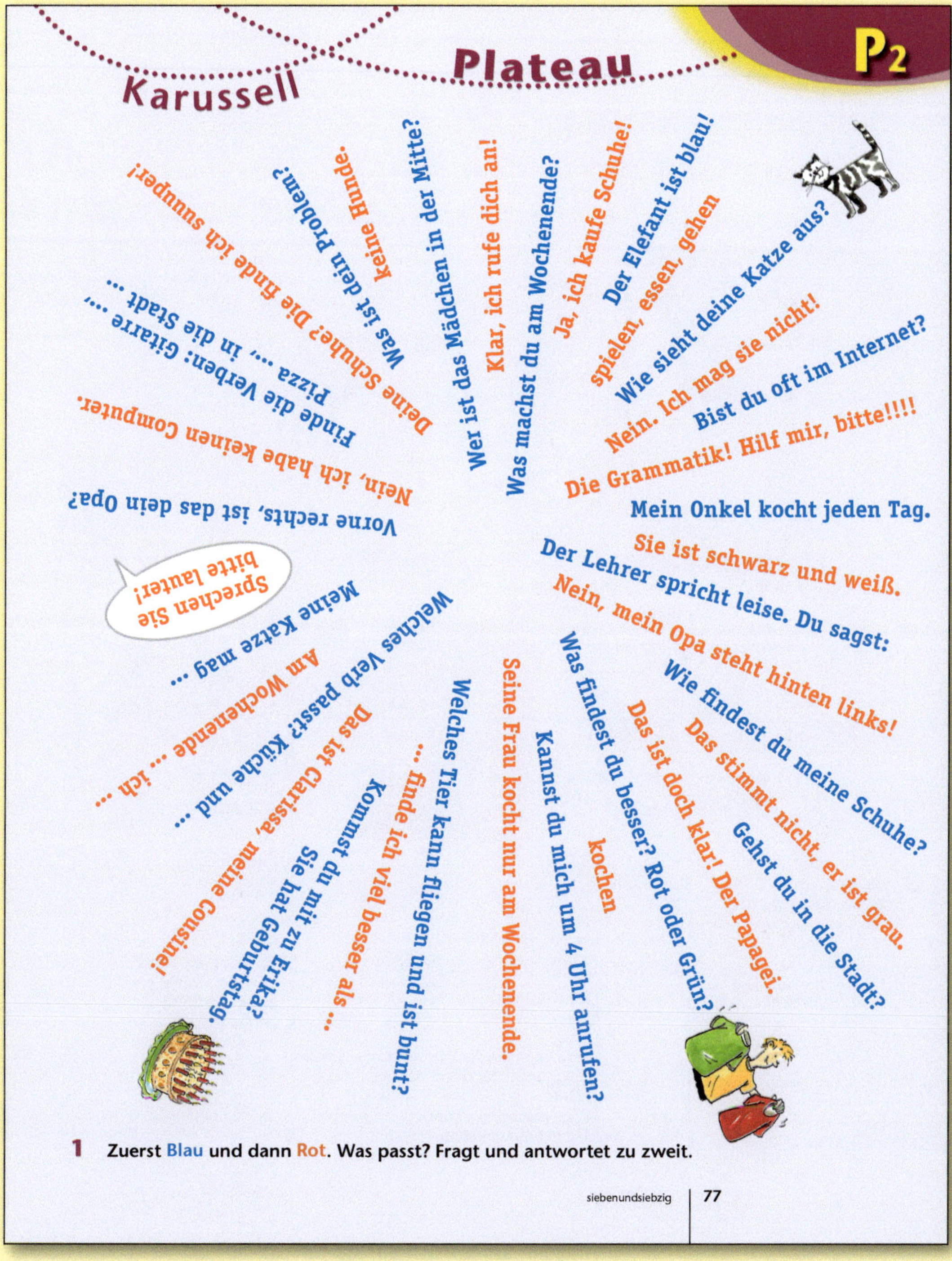


## AB zu KB Aufg. 1

1 Domino: Das Spiel eignet sich gut für den Unterricht. Die S. spielen es in KG und wiederholen so Strukturen und Wortschatz. Sie können es im AB spielen, indem sie die richtigen Ergänzungen suchen oder Sie kopieren **KV 15** und schneiden die Kärtchen aus, sodass wirklich Domino gespielt werden kann. Die Kärtchen werden verteilt. Ein Kärtchen wird offen in die Mitte gelegt. Ein S beginnt und legt – wenn vorhanden – eine passende Karte an. Dann ist der nächste S. an der Reihe. Gewonnen hat, wer zuerst alle Karten abgelegt hat.

## Allgemeines

Ausführliche Anmerkungen zur Arbeit mit den Plateaus finden Sie auf Seite 49 bei Plateau 1.

1 Einstiegsseite: Karussell
In PA: A liest einen blauen Impuls vor und B sucht die rote Entsprechung. Dazu müssen die S. ihre Kursbücher immer wieder drehen, daher der Name der Übung. Wechsel der Rollen in PA. In dieser Aufgabe werden viele Strukturen aus den Kapiteln 5–8 in einer Art Minidialog wieder aufgegriffen. Manchmal müssen die S. noch eigenes ergänzen, wie z. B. eine Aktivität bei „Am Wochenende ..." oder eine Vorliebe wie „rot" oder „grün".

***Lösung:***
Wer ist das Mädchen in der Mitte? – Das ist Clarissa, meine Cousine.
Was machst du am Wochenende? – Am Wochenende ... ich ...
Der Elefant ist blau. – Das stimmt nicht. Er ist grau.
Wie sieht deine Katze aus? – Sie ist schwarz und weiß.
Bist du oft im Internet? – Nein, ich habe keinen Computer.
Mein Onkel kocht jeden Tag – Seine Frau kocht nur am Wochenende.
Der Lehrer spricht leise. Du sagst: – Sprechen Sie bitte lauter!
Wie findest du meine Schuhe? – Deine Schuhe? Die finde ich super.
Gehst du in die Stadt? – Ja, ich kaufe Schuhe.
Was findest du besser? Rot oder Grün? – ... finde ich viel besser als ...
Kannst du mich um 4 Uhr anrufen? – Klar, ich rufe dich an!
Welches Tier kann fliegen und ist bunt? – Das ist doch klar! Der Papagei.
Kommst du mit zu Erika? Sie hat Geburtstag. – Nein: Ich mag sie nicht.
Welches Verb passt? Küche und ... – kochen
Meine Katze mag ... – keine Hunde
Vorne rechts, ist das dein Opa? – Nein, mein Opa steht hinten links.
Finde die Verben: Gitarre ..., Pizza ..., in die Stadt ... – spielen, essen, gehen
Was ist dein Problem? – Die Grammatik! Hilf mir, bitte!!!!

## Training

Auf dieser Doppelseite geht es um das Training der verschiedenen Fertigkeiten: S. wiederholen Wortschatz, Redemittel und die schon gelernten Strukturen auf unterschiedliche Art und Weise.

**2** In PA lesen die S. die Aussagen und vergleichen sie mit den Fotos. *„Welcher Satz passt zu welchem Foto? Aber was stimmt nicht?"*
Die S. korrigieren die Sätze, indem sie zuerst die Aussagen 1–10 den Fotos zuordnen und dann die Aussagen mithilfe der Redemittel a–j ergänzen. Die Korrektur sollte mit einem der Einleitungssätze von dem Notizzettel in der Randspalte beginnen.

***Lösung:***
(Satzanfänge sind Beispiele)

1c Das stimmt nicht, die Schuhe sind *grün*.
2i Das ist nicht richtig. Sie übt *Klavier*.
3e Das ist falsch. Er heißt *Ginger*.
4j Das stimmt nicht. Sie liest lieber *Comics*.
5b Das ist nicht richtig. Sie essen lieber *Spaghetti*.
6h Das ist falsch. Sie spielen *Computerspiele*
7a Das stimmt nicht. Er fährt mit dem *Fahrrad*.
8d Das ist nicht richtig. Er kommt aus *Frankreich*.
9f Das ist falsch. Er geht auf den *Sportplatz*.
10g Das stimmt nicht. Er fängt um *20 Uhr 30* an.

P2 Plateau

**Training**

**2 „Stimmt nicht" – alles falsch!**
**Lest die Aussagen zu zweit vor. Vergleicht mit den Fotos und korrigiert wie im Beispiel. Unten findet ihr Lösungshilfen.**



Das ist falsch!
Das ist nicht richtig!
Das stimmt nicht!

*Das stimmt nicht, ICH heiße Bello!!!*

*Die Schuhe sind gelb.*

*Das stimmt nicht. Die Schuhe sind ... .*

1. Die Schuhe sind gelb.
2. Am Dienstag übt Petra Gitarre.
3. Der Hund von Caro heißt Bello.
4. Laura liest gerne Bücher.
5. Mein Onkel und meine Tante essen gerne Pizza.
6. Jenny und Natalie machen Hausaufgaben.
7. Herr Schmidt fährt mit dem Bus in die Schule.
8. Enrico kommt aus Italien.
9. Max geht in die Stadt.
10. Der Film fängt um 18 Uhr 30 an.

a. Er fährt mit dem ___ !
b. Sie essen lieber ___ !
c. Die Schuhe sind ___ !
d. Er kommt aus ___ !
e. Er heißt ___ !
f. Er geht auf den ___ !
g. Er fängt um ___ an!
h. Sie spielen ___ !
i. Sie übt ___ !
j. Sie liest lieber ___ !

78 achtundsiebzig

**3** **Ein Zimmer, zwei Sätze**

**a** **Wie heißen die Zimmer?**

**b** **Was passt? Schreibt sechs kleine Texte ins Heft und lest sie vor.**

**Das ist unser W...**

Das ist unser B...

Das ist mein Z...

Das ist unsere K...

Das ist unser S...

Das ist unser G...

Mein Vater macht immer Pizza.
Das ist echt blöd!
Da schlafen meine Eltern.
**Am Wochenende essen wir hier Kuchen und trinken Kaffee.**
Manchmal liegt auch unsere Katze im Bett.
Hier spiele ich am Computer.
Hier arbeiten Oma und Opa.
**Hier sitzt die ganze Familie und sieht fern.**
Hier kocht meine Mutter und manchmal auch mein Vater.
Meine Schwester duscht immer 1 Stunde.
Es gibt viele Blumen.
Hier mache ich meine Hausaufgaben.

*Das ist unser Wohnzimmer. Hier sitzt die ganze Familie ...*

2.11 **c** **Kontrolliert mit der CD.**

**4** **Familie**

**a** **Ergänzt das Gedicht.**

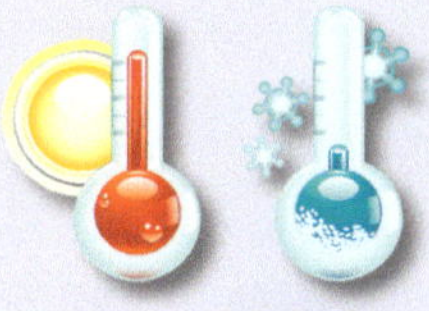

Mein Vater sagt schwarz,
Meine Schwester sagt kalt,
Mein Opa liebt Rom,
Mein Onkel mag Fisch,
Die Cousine spielt Tennis,
Meine Familie, ich lieeeebe sie.

der Cousin läuft gern Ski.
meine Mutter sagt weiß.
meine Oma liebt Nizza.
mein Bruder sagt heiß.
meine Tante mag Pizza.

2.12 **b** **Hört dann die CD.**

**c** **Lernt das Gedicht auswendig und spielt es vor.**



**3a** Wortschatzwiederholung und Textproduktion: Die S. nennen die Zimmer, die auf den Fotos zu sehen sind.
***Lösung:*** Wohnzimmer – Bad – mein Zimmer – Küche – Schlafzimmer – Garten

**3b–c** Die S. lesen die Sätze und schreiben kurze Texte zu den Zimmern ins Heft. Zu jedem Zimmer gibt es zwei passende Sätze. Anschließend lesen S. diese in KG oder im PL vor. Danach kontrollieren sie ihre Varianten mit der CD.
***Lösung:***
Das ist unser Wohnzimmer. Am Wochenende essen wir hier Kuchen und trinken Kaffee. Hier sitzt die ganze Familie und sieht fern.
Das ist unser Bad. Meine Schwester duscht immer 1 Stunde. Das ist echt blöd.
Das ist mein Zimmer. Hier spiele ich am Computer. Hier mache ich meine Hausaufgaben.
Das ist unsere Küche. Hier kocht meine Mutter und manchmal auch mein Vater. Mein Vater macht immer Pizza.
Das ist unser Schlafzimmer. Da schlafen meine Eltern. Manchmal liegt auch unsere Katze im Bett.
Das ist unser Garten. Hier arbeiten Oma und Opa. Es gibt viele Blumen.

**4a–b** S. lesen das Gedicht, ergänzen die Sätze und vergleichen anschließend mit der CD.
***Lösung:***
Mein Vater sagt schwarz, meine Mutter sagt weiß. / Meine Schwester sagt kalt, mein Bruder sagt heiß. / Mein Opa liebt Rom. Meine Oma liebt Nizza. / Mein Onkel mag Fisch. Meine Tante mag Pizza. / Die Cousine spielt Tennis, der Cousin läuft gern Ski. / Meine Familie, ich lieeeebe sie.

**4c** S. lernen das Gedicht auswendig und tragen es mit verteilten Rollen (jeder eine Zeile) vor. Hier können sie auch wieder die Betonung und Mimik variieren, d. h. sie lesen in verschiedenen Stimmungen, z. B. begeistert, genervt, traurig, fröhlich.
**Variante:** Gedicht in KG vorbereiten lassen. S. überlegen sich eine Stimmung/Gestik/Mimik dazu und sprechen es dann im Chor vor. Die Zuhörer erraten die Stimmung.

## Mit Notizen lernen

Diese Seite widmet sich der Vertiefung der Lernstrategie „Mit Notizen lernen".
Die Technik des Notizzettels ist bei langen Hör- oder Lesetexten hilfreich, zu denen die S. in relativ kurzer Zeit das Wichtigste notieren sollen. Viele S. haben die Tendenz, immer einen ganzen Satz zu schreiben, was oft zu lange dauert und sie so zu lange von dem eigentlichen Hörtext abgelenkt sind.

**5a–b** Anhand des Notizzettels (Modell) stellen sich S. in PA Maria vor, indem sie abwechselnd die Stichpunkte und Symbole zu ganzen Sätzen versprachlichen. Dann überprüfen sie ihre Version mit der CD. Gehen Sie hier auf die Symbole ein (z. B. das Herz im Notizzettel steht dafür, dass Maria ihren Hund sehr gerne mag). Regen Sie die S. an, selbst mit Symbolen zu arbeiten.

**6a** Nun erstellen S. selbst Notizzettel. In EA lesen S. den Text und schreiben ihren eigenen Notizzettel, den sie dann in PA vergleichen. Haben sie alle wichtigen Informationen notiert?
**Lösungsvorschlag:** Moritz / Deutschland / Frankfurt – 14 / Schwester / Hannah / Hip Hop – Badminton / Computer / Gitarre in der Schulband

**6b** Nun stellen sich die S. anhand ihrer Notizen gegenseitig Moritz vor.
**Idee:** Verdeutlichung für die S., ob ein Notizzettel funktioniert oder nicht:
1. S. schreiben kurze Texte, in denen eine Person vorgestellt wird. Helfen und korrigieren Sie. Dann werden diese Texte in der Klasse verteilt.
2. S. schreiben Notizzettel.
3. Ein anderer S., der den Text nicht geschrieben und nicht gelesen hat, muss die Person anhand der Notizen vorstellen. Wurden alle wichtigen Informationen genannt?
Sie können auch ein Modell der Notizen an der Tafel erstellen und mit den S. so kurze „Personenvorstellungen" üben. Ein S. stellt die Person mithilfe der Notizen in ganzen Sätzen vor.

# P2 Plateau

## Mit Notizen lernen

**5 Maria**

**a Lest die Notizen und erzählt.**

*Sie heißt Maria und sie ist 12 Jahre alt. Sie kommt aus …*

*Maria, 12*
*Italien/Rom*
*Hund: Didi ♡*
*lesen, schwimmen,*
*Klavier spielen, Sport ☹*

**b Hört die CD und vergleicht.** (2.13)

**6 Moritz**

**a Macht Notizen zu dem Text über Moritz und vergleicht die Ergebnisse.**

Ich heiße Moritz.
Ich wohne in Deutschland, in Frankfurt.
Ich bin 14 Jahre alt und habe noch eine Schwester, Hannah.
Sie tanzt Hip Hop und ich spiele Badminton.
Ich mache viel mit dem Computer und ich spiele Gitarre in der Schulband.

*Moritz / Deutschland /*
*Frankfurt*
*14 / Schwester / …*

**b Stellt jetzt Moritz vor (wie Maria).**

*Moritz wohnt in Deutschland, in Frankfurt. Er ist …*

**7 Carola und Mathelehrer Schmidt**

**a Hört die Texte und macht Notizen.** (2.14)

**b Stellt die Personen vor. Vergleicht die Ergebnisse.**

80 achtzig

**7a–b** Die letzte Übung in dieser Sequenz ist die anspruchsvollste, da die S. hier Notizen zu einem Hörtext machen sollen. Die S. hören die beiden Texte und machen sich Notizen zu Carola und Mathelehrer Schmidt. Dann stellen sie die beiden in PA mithilfe ihrer Notizen vor. Sollte die Übung noch zu schwierig sein, stoppen Sie die CD und erarbeiten zunächst zusammen mit den S. an der Tafel Carola. Dann lassen Sie die S. Notizen zu Mathelehrer Schmidt anfertigen.

***Lösungsvorschlag:***
Carola/13/Schule (Symbol: Herz oder Smiley) – Kunst/fotografieren/essen (Symbol: Herzen) – Salat (Symbole: Herz und !!!); Martin Schmidt/Mathelehrer/8a – 39/Frau: Maria – 2 Kinder: Elisa, Patrick – 1 Hund/2 Katzen – alle: Sport, joggen, schwimmen

## Sprechen/Aussprache

**8 Imperative. Hört die Beispiele und übt zu zweit.**

2.15

Lies den **Text**.
Bitte, lies den **Text**.
Bitte, lies doch den **Text**!
Bitte lies doch jetzt den **Text**!
Bitte lies doch jetzt endlich den **Text**!

Mach die **Musik** aus!
Mach bitte die **Musik** aus!
Mach bitte sofort die **Musik** aus!
Mach sofort die **Musik** aus!!!!
SOFORT!!!

Gib mir das **Buch**. Bitte, gib mir das **Buch**. …
Mach die **Hausaufgaben**! Mach …
Ruf deine **Oma** an! Ruf …

Räum dein **Zimmer** auf.
**Lach** doch mal.
Mach mal **Sport**!
Sei **ruhig**.
Sei **lieb**!

**9 Wie findest du …?**

**a Vorbereitung: Schreibt 10 Kärtchen mit Smileys – 5 positiv, 5 negativ.**

**b Arbeitet zu zweit. A wählt etwas im Kasten aus, stellt eine Frage. B zieht ein Kärtchen und antwortet. Dann wechseln.**

- ● Wie findest du meinen Pullover?
- ○ Ganz o.k.
- ● Und wie findest du meine Jeans?
- ○ Furchtbar!
- ● Echt?

Wie findest du …
… den Mathelehrer?
… das Kleid von …?
… meine Uhr?
… unsere Schule?
… meine Schuhe?

Ganz o.k.
Prima!
Toll!
Nicht schlecht.
Wahnsinn!
Gefällt mir gut!
Ist Klasse.

schrecklich
furchtbar
total blöd
echt schlimm
Katastrophe
nicht so gut
gefällt mir nicht



### Sprache/Aussprache

**8** Die S. hören die CD und lesen die Imperative mit. Anschließend ahmen sie die Aufforderungen zu zweit nach. Achten Sie darauf, dass sich die S. auch wirklich in der Schärfe der Aussagen steigern. Dann üben die S. mit den anderen Sätzen, die im Buch angegeben sind.
Denken Sie daran: Es wird laut in der Klasse!

**9a–b** Bringen Sie viele Kärtchen mit in den Unterricht. Pro Paar brauchen die S. zehn Karten. Auf diese malen sie je fünf positive und fünf negative Smileys (☺)/ Frowneys (☹). Die Karten werden gemischt und verdeckt auf die Tische gelegt.
Lassen Sie die S. zunächst die positiven und negativen Redemittel bei **9b** mehrfach laut lesen. Da diese entscheidend für das Gelingen der Übung sind, erklären Sie ggf. die Bedeutung der Redemittel. Lesen Sie nun im PL das Beispiel im Buch und geben Sie einige Beispiele: „Wie findest du Deutsch?" Ein S. deckt nun eine Karte auf und antwortet z. B. „Wahnsinn!" oder „Katastrophe". Dann spielen die S. zu zweit. A stellt eine Frage *„Wie findest du …?"*, B zieht eine Karte und reagiert entsprechend dem Smiley-/Frowney-Gesicht, das auf der Karte zu sehen ist.
Nach einigen Minuten sollten die Partner das Tempo steigern.

**Variante:** Lassen Sie die S. vorher selbst Fragen schreiben, die sie dann auch benutzen können.

### AB zu S. 80/81

**Schreiben:** In diesem Plateau wird das Schreiben ein wenig freier. Die S. müssen zunächst den Brief verstehen, dann die Fragen beantworten, neue Fragen stellen und einen Satz ergänzen. Dies ist der zweite vorbereitende Schritt zum freien Schreiben einer E-Mail/eines Briefes.

**Sprechen 1:** Hier wird das Vorstellen von Personen im Zusammenhang mit dem Thema Familie noch einmal vertieft. Die S. können erst in EA die Mindmap ergänzen und stellen sich dann gegenseitig die Familie vor.
Wenn die S. diese Übung zu Hause machen, raten Sie ihnen, die Personenvorstellung/Präsentation auch mündlich zu üben, z. B. indem sie sie laut vortragen oder vor dem Spiegel sprechen.

**Sprechen 2:** Die S. bereiten in EA Fragen zum Thema „Freizeit und Hobbys" vor, indem sie die Fragen auf den vorgegebenen Kärtchen ergänzen.
Dann arbeiten sie zu zweit, stellen sich die Fragen und antworten.

## Video

**10** Die S. lesen den Dialog und entscheiden sich in PA für eine Variante. Lassen Sie die S. abwechselnd ihre Variante vorlesen (jedes Paar eine Zeile). Die anderen können reagieren und korrigieren. Zum Schluss sehen sie die Video-Sequenz oder hören den Dialog von der CD. Was ist die Originalversion?
Wenn die S. Lust haben, können sie im Anschluss den Dialog zu zweit üben, bis sie ihn flüssig vortragen können.
***Lösung:*** so – im Park – 4 Uhr – 4 – shoppen – Schade. – Zeit – das Tor – in 10 Minuten

**11a** S. sehen sich das Foto aus dem Video Teil 2, Szene 5 (Eine Verabredung im Park) im Buch an. Sie müssen sich bei den Sätzen für eine Option entscheiden. Anschließend sehen sie die Video-Szene und korrigieren die Sätze.
***Lösung:***
1. eine Uhr
2. kein Tattoo
3. ein Halsband
4. blau
5. Club
6. schwarz
7. nichts

**11b** Die S. bringen Fotos/Bilder mit und schreiben Sätze mit verschiedenen Auswahl-Optionen. In KG zeigen sie die Bilder, die anderen S. sehen sie eine Minute lang an. Dann wird das Bild umgedreht und die S. müssen die Sätze korrigieren. *„Wer hat die meisten richtig?"* Dann ist der nächste S. an der Reihe.

## Lernen lernen

**12** Die Sätze im PL lesen und klären. Womit verbringen die S. viel Zeit? Jeder S. bestimmt für sich alleine, was zutrifft und was nicht. Dann wird in der Klasse verglichen. Was ist das Problem Nr. 1 in der Klasse?

**Weiterführende Aufgabe:** Wie kann man das Problem Nr. 1 oder auch andere Probleme lösen? S. notieren in KG Tipps zur Problemlösung.

---

**P2 Plateau**

## Video (Teil 2)

**10** **Caro ruft Karim an. Was sagen die beiden? Wählt aus und schreibt den Dialog ins Heft. Kontrolliert mit dem Video oder der CD.**

2.16

- ● Karim.
- ○ Hey Karim.
- ● Hey Caro, was machst du jetzt / gerade / im Moment / so?
- ○ Ähm, Ich bin mit Ginger zu Hause / in der Stadt / im Park / im Schwimmbad.
- ● Cool, hast du um 3 Uhr / 4 Uhr / 5 Uhr Zeit?
- ○ Oh nee, um ___ Uhr kann ich nicht. Da geh ich mit der Jenny in die Stadt shoppen / ein Eis essen / eine Cola trinken / Kuchen essen.
- ● Mist. / Schade. / Tut mir leid.
- ○ Aber jetzt hätte ich Lust / Zeit!
- ● Wo genau bist du?
- ○ Äh, ah ja, kennst du die Bank / das Tor / das Café?
- ● Klar, ich komme in 5 Minuten / in 10 Minuten / in 15 Minuten.

**11** **Caro und Karim**

**a** **Was stimmt? Denkt nach und notiert die Antwort. Korrigiert dann mit dem Video. Wer hat die meisten Antworten richtig?**

1. Karim trägt eine Uhr / keine Uhr?
2. Karim hat ein Tatoo / kein Tatoo?
3. Ginger hat ein Halsband / kein Halsband?
4. Die Augen von Ginger sind grün/braun/blau?
5. Auf dem T-Shirt sieht man das Wort: Club/Super/Pop?
6. Die Jeans von Karim ist blau/schwarz/grün.
7. Am Tor ist eine Katze / eine Frau / ein Kind.

**b** **Macht selbst Beispiele mit Bildern.**

## Lernen lernen

**12** **Was stimmt für dich? Was stimmt nicht? Lest und notiert. Vergleicht in der Klasse. Was ist das Problem Nummer 1?**

Meine Freunde kommen jeden Tag. Dann arbeite ich nicht.
Mein Zimmer ist ein Chaos. Ich suche oft meine Sachen.
Was ist wichtig? Was ist nicht wichtig? Keine Ahnung!
Ich fange zu spät mit dem Lernen an. Das gibt Stress.
Ich mache die Hausaufgaben spät am Abend.
Ich mag Fernsehen. Jeden Tag zwei Stunden.
Ich habe viele Hobbys. Das kostet Zeit.
Computerspiele sind mein Problem.
Ich kann nicht „Nein" sagen.
Ich telefoniere sehr viel.

**Lerntipp**
Kontrolliere die Zeit!

---

### AB „Mein Wortschatz"

**2** Die S. ordnen die Aktivitäten den Verben zu. Diese Übung eignet sich auch als Hausaufgabe.
Im Kurs in PA stellen sich die S. dann gegenseitig Fragen zu Lenas Woche. Anhand ihrer Antworten überprüfen die S. so, ob alles richtig ist.

Ich kann ...
• jemanden einladen • gute Wünsche sagen
• eine Ausrede oder eine Entschuldigung formulieren
• sagen, was mir weh tut/wie es mir geht

9

# Alles Gute!

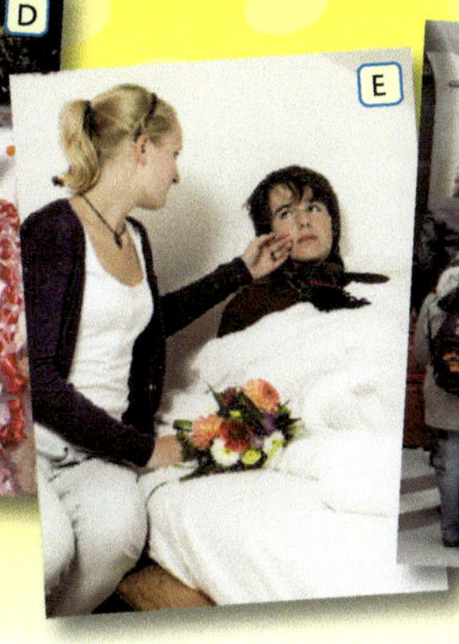

**1 Wünsche und Situationen**

**a Was kennt ihr?**

Geburtstag • Klassenarbeit • Weihnachten • Krankenbesuch • Ostern • Abendessen • Reise

2.17 **b Hört die Dialoge und ordnet zu.**

Herzlichen Glückwunsch zum Geburtstag!

Viel Glück!

Frohe Weihnachten!

Guten Appetit!

Frohe Ostern!

Gute Reise!

Gute Besserung!

*1 Guten Appetit! – Foto B*



## Allgemeines

In diesem Kapitel geht es um das Thema Wünsche, mit dem Schwerpunkt Geburtstag. Die S. lernen Redemittel kennen, um jemanden einzuladen, gute Wünsche zu äußern und sich zu erkundigen, wie es jemandem geht. Des Weiteren lernen sie, Entschuldigungen und Ausreden zu formulieren. Neben dem Wortschatz der Monate und den Wünschen für besondere Anlässe lernen die S. auch die Körperteile auf A1-Niveau kennen. Hinsichtlich Grammatik geht es um Modalverben, das Präteritum von „haben" und „sein" sowie die W-Fragepronomen.

**1a** Einstieg: Die S. lernen hier einige landeskundlich relevante Formulierungen, die sie in den nächsten Stunden situationsgemäß anwenden können. Auf den Fotos sind Wünsche visualisiert, als Einstieg können die S. darüber sprechen, was sie auf den Abbildungen sehen: *„Beschreibt die Fotos: Wann ist das? Wer ist auf dem Foto? Wo ist das? Was passiert?"*
Dann lesen S. das Wortmaterial zu den Situationen und ordnen die Begriffe zu. Lassen Sie begründen, warum eine Situation passt.
***Lösung:*** A: Weihnachten – B: Abendessen – C: Klassenarbeit – D: Geburtstag – E: Krankenbesuch – F: Reise – G: Ostern

**1b** Die S. lesen die Wünsche und können sie als ersten Schritt gleich den Situationen zuordnen. Sprechen Sie die Wünsche vor und lassen Sie die S. im Chor nachsprechen.
Anschließend hören S. die CD und ordnen die Wünsche den Dialogen zu.
***Lösung:***
1. Guten Appetit! + Foto B
2. Frohe Weihnachten! + Foto A
3. Frohe Ostern! + Foto G
4. Gute Reise! + Foto F
5. Herzlichen Glückwunsch zum Geburtstag! + Foto D
6. Gute Besserung! + Foto E
7. Viel Glück! + Foto C

**Vorschlag:** s. unten

**Vorschlag zu 1b:**
Bei sprachhomogenen Gruppen bietet es sich an, die Wünsche zu kontrastieren: *„Was sagt ihr in eurer Muttersprache?", „Ist es dasselbe wie auf Deutsch?", „Gibt es diese Feste/Situationen auch in eurem Land?"*
Bei sprachheterogenen Ländern fragen Sie nach den Wünschen in den jeweiligen Landessprachen und lassen Sie die S. entscheiden, welchen Wunsch sie in den anderen Sprachen lernen wollen. Dazu kommt ein S. aus diesem Land an die Tafel und notiert den Wunsch, er spricht ihn vor und die anderen wiederholen ihn.

**2a** Hier steigen die S. mit einem landeskundlichen Text zum Thema Geburtstag in den D-A-CH-Ländern ein. Sprechen Sie zunächst mit den S. über das Thema, notieren Sie die Fragen an die Tafel: *„Wie wichtig ist Geburtstag bei euch? Ist es dir wichtig?", „Was macht ihr am Geburtstag? Wen ladet ihr ein?", „Was ist typisch für den Geburtstag?"*
Anschließend lesen die S. den Text in PA und beantworten die Fragen. Vergleich im PL.
***Lösung:***
Wer feiert? – Kinder und Jugendliche
Wer kommt? – Familie, Freunde, Bekannte
Was gibt es? – Geschenke, Kuchen, Saft, Limonade, Cola
Was macht man? – Geburtstagsparty, Geburtstagsspiele, Musik zum Tanzen, Schwimmbad, Ausflug machen, ins Kino gehen

**2b** S. sammeln aus dem Text in KG Wörter, die zum Wortfeld Geburtstag passen und erstellen eine Mindmap. Dabei kann die Mindmap im AB Übung 2 helfen.

**3a** Um die S. einzubeziehen, sollte das Thema Geburtstag möglichst schnell auf die Klasse bezogen werden. Fragen Sie zunächst nach den Monatsnamen: *„Wie heißen die Monate auf Deutsch?"* Sicher weiß der eine oder andere S. einen Monat auf Deutsch. Notieren Sie alle genannten Monate an der Tafel. Dann entwerfen die S. einen Geburtstagskalender mit den Monaten. In ihn tragen sie ihre Geburtstage ein, indem sie sich gegenseitig fragen: „Wann hast du Geburtstag?" oder „Ich habe im ... Geburtstag. Hast du auch im ... Geburtstag?"
Auf dem Niveau A1 liegt der Schwerpunkt zunächst auf den Monaten und Jahreszeiten, noch nicht auf den Ordnungszahlen und Daten. Diese werden im Niveau A2 eingeführt und geübt.

**3b–c** Die S. hören die CD und schreiben die Monatsnamen in der Reihenfolge, die sie hören. Dann hören sie ein zweites Mal und notieren den Wortakzent. Anschließend lesen sie in PA noch einmal die Monate laut.

Frage: *„Welche Monate sind in deiner Sprache ähnlich/gleich?"*
***Lösung:*** Februar – November – Dezember – März – Juni – Juli – Januar – August – September – April – Mai – Oktober

**Wiederholung:** Zur Wiederholung der Monate müssen sich die S. in der nächsten Stunde gegenseitig fragen, wann sie Geburtstag haben und sich so aufstellen, dass die S. mit Geburtstag im Januar vorne stehen und die im Dezember Geborenen hinten.

**3d** Die S. lesen die Jahreszeiten in der Randspalte und ordnen die Monate den Jahreszeiten zu. Dies kann ganz unterschiedlich aussehen, je nachdem, in welchem Land Sie unterrichten. Dann lesen die S. die Fragen im KB und prägen sie sich ein. Sie stehen auf und gehen in der Klasse herum und stellen sich gegenseitig diese Fragen. Jeder S. soll zu jeder Jahreszeit mindestens zwei Personen notieren, die dann Geburtstag haben. Wer ist der Schnellste?

Achten Sie hier darauf, dass die Präposition „im" immer mit den Monaten/Jahreszeiten benutzt wird.

9

# Herzlichen Glückwunsch!

## 2 Geburtstagsfest in D–A–CH

**a Lest den Text und beantwortet die Fragen.**

Wer feiert Geburtstag? Wer kommt zur Feier?
Was gibt es zum Geburtstag? Was macht man am Geburtstag?

In Deutschland, in Österreich und in der Schweiz ist der Geburtstag sehr wichtig.
Kinder und Jugendliche feiern diesen Tag jedes Jahr. Zum Geburtstagsfest laden sie die Familie, ihre Freunde und Bekannten ein. Am Geburtstag bekommt das „Geburtstagskind" viele Geschenke.
Man isst Kuchen und trinkt Saft, Cola oder Limonade.
Viele machen eine Geburtstagsparty mit Geburtstagsspielen oder mit Musik zum Tanzen. Manche Geburtstagskinder feiern mit ihren Gästen auch im Schwimmbad oder sie machen einen Ausflug oder sie gehen zusammen ins Kino.

*Jahreszeiten*

*Winter*

*Frühling*

*Sommer*

*Herbst*

**b Sammelt Geburtstagswörter im Text und macht eine Mindmap.**

## 3 Wann hast du Geburtstag?

**a Macht einen Geburtstagskalender in der Klasse.**

2.18 **b Aussprache: Welche Monate hört ihr? Schreibt die Monatsnamen.**

**c Hört noch einmal und markiert den Wortakzent.**

*Januar, Februar ...*

**d Geburtstage – Fragt in der Klasse.**

Wer hat im Januar Geburtstag?
Wer hat im Sommer Geburtstag?
Wann hast du Geburtstag?
Wann hat dein Bruder / deine Schwester / ... Geburtstag?

84 vierundachtzig

9

## 4 Die Einladung

**a Lest die Einladung und beantwortet die Fragen.**

Lieber Tom, liebe Caro, lieb...

am Samstag habe ich Geburtstag. Ich lade dich herzlich ein!
Die Party beginnt um 16 Uhr.
Wir feiern bei Opa im Garten: Meisenweg 12!
Kommst du?

Deine Biggi

Wer hat Geburtstag?
Wann ist die Party?
Wo ist die Party?
Wer ist eingeladen?

*Tom, Anja, Eva, Felix, Caro, Meike*

2.19 **b Hört und lest die Antworten. Wer kommt auf die Party?**

Liebe Biggi!
Danke für deine Einladung! Ich muss babysitten ;( Ruf mich bitte an.
Grüße! Eva

**SMS-Kürzel**

4u → for you – für dich
bb → bis bald
cu → see you – tschüs, bis bald
dd → drück dich
gn8 → gute Nacht
hdl → hab dich lieb
mfg → mit freundlichen Grüßen
ME2/M2 → me too – ich auch

**c Ihr seid auch zur Party eingeladen. Schreibt eine Antwort/SMS.**

## 5 Biggi lädt Eva ein.

2.20 **a Hört den Dialog. Vergleicht mit der Grafik.**

| Eva | Biggi |
|---|---|
| Eva Herzog | |
| | Biggi. |
| Hallo! | |
| | Samstag: Party? |
| ☹ / Babysitten / bis 20 Uhr. | |
| | später / bis 22 Uhr / Geburtstag! |
| 2 Stunden / Tom? | |
| | ☹ krank |
| ☹ / bis ... | ☺☺!! |

**b Schreibt und spielt das Gespräch.**

fünfundachtzig | 85

**Vorschlag zu 5a–b:**
Erweiterung: Die S. schreiben Varianten zu dem Telefonat mit den Personen aus **4**. Dann erstellen sie daraus ein Dialoggerüst. Anschließend tauschen je zwei Schülerpaare ihre Dialoggerüste. Das neue Schülerpaar schreibt und spielt den Dialog. Kontrolle mit dem „Experten"-Paar, das den Dialog erstellt hat.

**Video zu KB Aufg. 5**
Teil 3, Szene 10 (Eine Einladung): In Übung 11 im Videotrainer im AB versuchen die S. zunächst, die fehlenden Wörter in der Einladung an Caro zu ergänzen. Dann sehen sie das Video zur Kontrolle.
Teil 3, Szene 12 (Jennys Geburtstagsparty): Zu dieser Sequenz lösen die S. die Übungen 12–14 im Videotrainer im AB.

Gespräch über Geburtstag im Land / den Herkunftsländern der S.: *„Wie feiert ihr Geburtstag?", „Findet ihr den Geburtstag wichtig?", „Warum (nicht)?"* etc.

**4a** Einladung zu einer Geburtstagsparty: Die S. lesen die Einladung und beantworten mithilfe der Mail und der Zettel in KG die Fragen.
Frage: *„Kann man bei euch auch Jungen und Mädchen zusammen einladen?"*
***Lösung:*** Wer? Biggi – Wann? am Samstag, 16 Uhr – Wo? bei Opa im Garten; Meisenweg 12 – Wer ist eingeladen? Tom, Anja, Eva, Felix, Caro, Meike

**4b** Die S. hören zuerst von CD die Antworten, die Biggi auf ihrer Sprachbox hat, und notieren, wer kommt und wer nicht.
***Lösung:*** Anja kommt, Tom kommt nicht.

Bei lernstarken Gruppen können Sie auch weitere Details der CD nutzen, in dem Sie z. B. folgende Fragen vor dem Hören stellen: *„Was fragt Anja?", „Warum kann Tom nicht kommen?"* (Achtung, neuer Wortschatz: mitbringen/ Unfall/mir tut alles weh) Dann lesen die S. die SMS und sagen im PL, wer kommt und wer nicht.
***Lösung:*** Felix, Meike und Caro kommen, Eva kommt nicht.

Lassen Sie die SMS noch einmal laut im PL lesen und weisen Sie auf den Merkzettel mit den SMS-Kürzeln hin. Lassen Sie auch diese vorlesen. *„Kennt ihr noch mehr SMS-Kürzel auf Deutsch?"*
Beispiele: LG: Liebe Grüße – VG: Viele Grüße – PS.: Postskriptum – alkl: alles klar – dad: denk an dich – dam: denk an mich – vd: vermisse dich
*„Gibt es Kürzel, die auf eurer Sprache identisch sind?", „Was sind typische SMS-Kürzel in eurer Sprache?"*

**4c** In PA schreiben die S. eine Antwort-SMS auf die Einladung und hängen sie im Kursraum auf.

**5a–b** Die S. hören das Telefongespräch und verfolgen beim Hören die Grafik (das Dialoggerüst). Dann schreiben sie in PA den Dialog ins Heft und vergleichen ihn mit einem anderen Schülerpaar. Wenn nötig auch noch einmal Vergleich mit der CD, bevor die S. das Telefonat spielen.
**Vorschlag:** s. unten

**6** Diese Doppelseite widmet sich dem Themenkreis Krankheit, Genesungswünsche und Körperteile. Die S. sehen sich die Bilder an und beschreiben sie in KG: *„Was passiert?", „Was tut Rudi und Lara weh?"* Sammeln Sie die Antworten und neues Vokabular an der Tafel.
**Variante:** Kopieren Sie die Bilder größer und schneiden Sie sie aus. Verteilen Sie diese Kärtchen an die KG und lassen Sie die S. die Bilder sortieren und dann erzählen, was passiert ist.

**7a** Schnüffelstrategie: Die S. sprechen im PL über das Foto: *„Was hat der Junge?"* Dann hören sie das Gespräch und sollen gezielt die Antworten zu den vorgegebenen Fragen heraushören. Die S. müssen nicht alles verstehen. Beim Hören notieren sie Stichpunkte im Heft. Dann beantworten sie die Fragen im PL als ganze Sätze. Klären Sie unbekannten Wortschatz.
***Lösung:*** Biggi besucht Tom. – Tom hat Probleme/Schmerzen. – Ihm tut alles weh: der Fuß, der Arm, der Hals, der Kopf. – Die Party war super. – Biggi war schlecht.

**7b** In KG gestalten die S. ein Lernplakat zum Thema Körper, indem sie eine eigene Zeichnung eines Körpers mit den Wörtern aus den Wortschlangen beschriften. Die Wörter „Ohr, Nase, Mund und Hand" übersteigen den „Fit 1"-Wortschatz, sind aber für die Kommunikation wichtig.
***Lösung:*** der Arm – der Rücken – das Ohr – der Zahn – der Bauch – die Nase – der Fuß – das Auge – die Hand – das Bein – der Hals – der Mund – der Kopf

**Variante:** Bringen Sie große Papierrollen mit. Ein S. aus jeder KG legt sich auf das Papier und die anderen zeichnen die Umrisse und notieren den Wortschatz in diesen Körper. Zum Schluss werden alle Plakate aufgehängt und die Rechtschreibung überprüft.

**Wiederholung der Körperteile:**
- In KG zeigen die S. auf ein Körperteil und die anderen müssen es mit Artikel nennen.
- Sie zeigen auf ihre Nase und sagen: *„Das ist mein Mund"*. Ein S. antwortet und korrigiert: *„Nein, das ist die Nase."* Dann zeigt S. auf den Mund und sagt: *„Und das ist der Mund."*. Anschließend zeigt S. auf ein anderes Körperteil und benennt es falsch. Die S. spielen in KG.

9

## Gute Besserung!

**6 Rudi und Lara geht es schlecht. Was tut weh?**

**7 Wie geht es dir?**

2.21 **a Hört zu und beantwortet die Fragen.**

Wer besucht wen?
Wer hat Probleme?
Was hat er?
Wie war die Party?
Was hat sie?

**b Macht ein Lernplakat: Körperteile.**

derarmderrückendasohrderzahnderbauchdienasederfuß
dasaugediehanddasbeinderhalsdermundderkopf

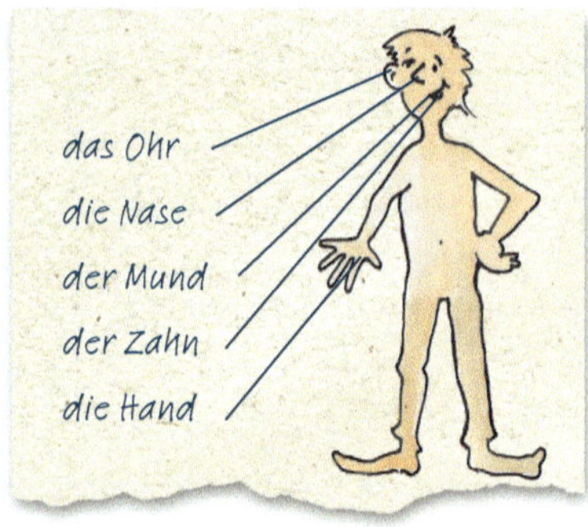


86 sechsundachtzig

**8** **Hört und spielt die Dialoge.**

2.22

**Dialog 1**
- ● Kommst du mit ins Kino?
- ○ Nee, ich kann nicht mitkommen. Mir ist schlecht und ich habe Kopfschmerzen.
- ● Was ist los?
- ○ Mathetest.
- ● Na dann, gute Besserung!

**Dialog 2**
- ● Hallo Alex! Wir gehen in den Park, Fußball spielen.
- ○ Ich kann nicht mitkommen. Mein Fuß tut weh.
- ● Wann ist das passiert?
- ○ Gestern im Park, beim Fußball spielen ...
- ● Warst du im Krankenhaus?
- ○ Nö, zuerst beim Arzt und dann in der Apotheke.

**sein**
ich war
du warst
er/es/sie war

**9** **Wo warst du gestern? Hört zu und sortiert den Dialog im Heft.**

2.23

Ja, danke, es geht mir besser!
Hallo Paul, wo warst du gestern?
Es war sehr schön! Die Musik war super!
Ich war krank. Ich hatte Fieber.
Wie war das Schulfest?
Bist du jetzt wieder o.k.?

*Hallo Paul, ...*

**10** **Und wo warst du gestern? – Lest die „Entschuldigungen" und übt zu zweit.**

36 G

| Gestern **war** ich | Gestern **war** ich | Gestern **war** ich | Gestern **hatte** ich |
|---|---|---|---|
| schwimmen. | nicht zu Hause. | krank. | viele Hausaufgaben. |
| Fußball spielen. | im Kino. | müde. | keine Zeit/Lust. |
| einkaufen. | nicht hier. | total kaputt. | Nachhilfe in Mathe. |
| ... | weg. | ... | Klavierunterricht. |
| | ... | | Kopfschmerzen ... |

*Wo warst du gestern?*

*Gestern war ich schwimmen.*

**haben**
ich hatte
du hattest
er/es/sie hatte

**Variante zu 9:**
S. versuchen zuerst, die Sätze in PA im Heft in die richtige Reihenfolge zu bringen. Dann hören sie zur Kontrolle die CD. Auch hier bietet es sich an, dass Sie sowohl die Fotos als auch den Text mehrfach kopieren und ausschneiden. Die S. arbeiten in PA und jedes Paar erhält einen Satz Fotos und Textstreifen. Die S. sortieren zuerst, wer was sagt und dann die Reihenfolge der Äußerungen. Dann wird zur Kontrolle die CD gehört.

**8** S. lesen und hören die Dialoge gleichzeitig. Dann lesen sie sie noch einmal in PA und spielen sie.

**Binnendifferenzierung:** Lernstärkere S. schreiben in PA weitere Dialoge, die sie dann frei vorspielen.

**9** Im Kontext von Krankheiten, Nachfragen und Erklärungen werden hier die Präteritumformen von „sein" und „haben" eingeführt und geübt. Die S. lesen die Sätze zu den Fotos, hören das Telefongespräch von CD und notieren die richtige Reihenfolge der Sätze (beim Hören nur den Anfangsbuchstaben jeder Zeile festhalten). Anschließend schreiben die S. den Dialog ins Heft. Fragen Sie dann: *„War Paul auf dem Schulfest?", „Warum nicht?", „Was hatte er?", „Wie war die Musik?", „Wie geht es Paul jetzt?"* In PA lesen die S. den Dialog mit richtiger Intonation. *„Was fällt euch bei den Verben auf?"* Erklären Sie kurz die Funktion von „war" und „hatte" und weisen Sie die S. auf die Merkzettel in der Randspalte hin. Hier geht es nicht darum, das Präteritum als Zeitform systematisch einzuführen, sondern darum, dass die S. all das in der Vergangenheit ausdrücken können, was für ihr Lern-Niveau wichtig ist.
***Lösung:*** Hallo Paul, wo warst du gestern? – Ich war krank. Ich hatte Fieber. Wie war das Schulfest? – Es war sehr schön! Die Musik war super! Bist du jetzt wieder o.k.? – Ja danke, es geht mir besser.
**Variante:** s. unten

**10** Jetzt sind die S. an der Reihe: Sie lesen die „Entschuldigungen" im PL und klären unbekannten Wortschatz. Sammeln Sie weitere Entschuldigungen/Erklärungen im PL und halten Sie diese in Rubriken an der Tafel fest: Spalte 1: Aktivitäten – Spalte 2: Wo? – Spalte 3: Wie gefühlt? – Spalte 4: Was hattest du? Dann fragen sich die S. gegenseitig und antworten.
**Variante:** Die S. schreiben die eigenen Entschuldigungen auf Kärtchen. Diese werden in der Klasse verteilt. Jeder S. zieht eine Karte. S. gehen in der Klasse herum, fragen sich gegenseitig und antworten. Dann tauschen sie ihre Karte und fragen den nächsten S.

**11a** Geburtstage sind in Deutschland besondere Tage und die „Geburtstagskinder" dürfen oft Dinge, die ihnen an normalen Tagen nicht erlaubt sind. Der Titel „König für einen Tag" bedeutet auch so viel wie: Diese Person ist heute etwas Besonderes.
In diesem Kontext werden die Modalverben „dürfen" und „nicht müssen" eingeführt.
Die S. ergänzen in PA die Sätze 1–8 und lesen sie vor.
***Lösung:*** 1. fernsehen/telefonieren – 2. einladen – 3. helfen – 4. essen – 5. ins Bett gehen – 6. fernsehen/telefonieren – 7. hören – 8. nett

**11b** Hier sprechen die S. über sich: *„Was darfst du auch an deinem Geburtstag?", „Was musst du nicht machen?"* Machen Sie mit einem Beispiel deutlich, was sowohl „dürfen" als auch „nicht müssen" bedeutet: „dürfen" ist die Erlaubnis, dass jemand etwas machen darf – „nicht müssen" hat die Bedeutung, dass etwas für eine Person freiwillig ist.
Beispiel: An meinem Geburtstag darf ich spät ins Bett gehen. (Das bedeutet, dass die Person normalerweise früher ins Bett gehen muss.) An meinem Geburtstag muss ich keine Hausaufgaben machen. (Das bedeutet, dass die Person normalerweise Hausaufgaben machen muss, am Geburtstag aber nicht.)

**12a** Bewusstmachung der Modalverben. Zeichnen Sie eine leere Satzklammer an die Tafel. Zwei S. schreiben an der Tafel mithilfe des PL die Sätze aus dem KB in die Satzklammer. Fragen Sie dann: *„Wo steht das Modalverb?"* (Position 2); *„Wo steht der Infinitiv?"* (Am Ende.)
Die S. schreiben in PA jeweils noch zwei eigene Sätze mit den drei Modalverben, die sie anschließend im PL vorlesen.

**12b** Zur Verdeutlichung des Unterschieds zwischen „dürfen" und „müssen" sortieren hier die S. die Sätze zum Geburtstag bzw. Schultag. Vergleich im PL. Klärung von Sätzen, sollten S. sie nicht richtig sortiert haben.
***Lösung:*** Geburtstag: 1, 4, 6 – Schultag: 2, 3, 5



## König für einen Tag

### 11 Was darf Peter am Geburtstag?

**a Ergänzt die Sätze und lest sie vor.**

einladen • ins Bett gehen • helfen • fernsehen • telefonieren • hören • nett • essen

1. Ich darf drei Stunden …
2. Ich darf alle meine Freunde …
3. Ich muss nicht in der Küche …
4. Ich darf Pommes, Hamburger, Kuchen …
5. Ich muss nicht früh …
6. Ich darf lange …
7. Ich darf meine Lieblingsmusik ganz laut …
8. Mein Vater ist den ganzen Tag …

**b Sprecht in der Klasse: Was darfst du auch? Was musst du nicht?**

*Ich muss nicht …* — *Ich darf …*

### 12 Modalverben: *können, müssen, dürfen.*

29, 35 G

**a Schreibe zwei Sätze zu jedem Modalverb.**

Ich (kann) sehr gut Gitarre (spielen).
Ich (muss) jeden Morgen (aufstehen).
Ich (darf) nicht ins Konzert (gehen).

**b Ordnet die Sätze zu.**

1. Ich darf lange schlafen.
2. Ich muss meine Hausaufgaben machen.
3. Ich muss früh aufstehen.
4. Meine Mutter kocht mein Lieblingsessen.
5. Ich darf nicht so lange aufbleiben.
6. Ich darf eine Party machen.

| Geburtstag: | Schultag: |
|---|---|
| Ich … | Ich … |

### 13 Stoffel hat Geburtstag – aber niemand will kommen. Erfindet Ausreden: Fragt und antwortet wie im Beispiel.

**Kommst du mit? Wir …**
- Samstag eine Party machen
- ins Schwimmbad gehen
- einen Ausflug machen
- ins Kino gehen

**Tut mir leid, …**
- Hausaufgaben machen
- mein Zimmer aufräumen
- Babysitten
- für den Mathetest lernen
- im Bett bleiben (krank)

**13** Anwendung des Gelernten: Hier verknüpfen die S. den Wortschatz aus **10** (Entschuldigungen) mit den Modalverben. Jeder S. notiert sich drei bis vier Ausreden. In KG fragen die S. sich dann gegenseitig und antworten mit den vorbereiteten Ausreden. Wer hat die Originellste? Lassen Sie die S. zwei- bis dreimal neue KG bilden. Sammeln Sie im PL alternative Situationen, bei denen die S. Ausreden brauchen, z. B. Zimmer aufräumen, Hausaufgaben machen etc.

## 14 Interviews zum Thema „Geburtstag"

2.24 **a Hört zu und macht Notizen. Die Fragen helfen.**

| | |
|---|---|
| Party: | Ja/Nein? |
| Zeit: | Wann fängt die Party an?<br>Wann hört sie auf? |
| Aktivitäten: | Was machen die Jugendlichen? |
| Essen/Trinken: | Was gibt es zu essen und zu trinken? |
| Personen: | Wer kommt zur Party? |
| Geschenke: | Was schenken wir ihm/ihr? |

| *Jutta* | *Tobias* |
|---|---|
| *keine Party* | |

**b Berichtet in der Klasse.**

*Jutta macht keine ...*

*Sie geht mit den Eltern ...*

P **c Projekt: Plant eure Traumgeburtstagsparty und sammelt Ideen zu dritt, zu viert: Wo? Wer? Was? Wann?**

**14a–b** Schnüffelstrategie: Zwei Interviews zum Thema: Wie feierst du deinen Geburtstag? Die S. erfahren hier viele landeskundliche Einzelheiten zu der Frage, wie deutsche Jugendliche ihren Geburtstag feiern. Interview 1 ist kurz, Interview 2 ist länger und enthält mehr Details.
Als Vorentlastung können Sie über die Bilder und den Bezug zum Thema Geburtstag sprechen: *„Was seht ihr auf den Bildern?", „Was hat das wohl mit einem Geburtstag zu tun?", „Welche Informationen kommen in den Interviews vielleicht vor?"*
Im PL lesen die S. die Leitfragen und die Interviews. Die S. machen sich in EA Notizen, so wie sie es schon in den anderen Kapiteln und im Plateau gelernt haben, und vergleichen ihre Ergebnisse dann in PA. Lassen Sie die S. die Interviews mindestens zweimal hören.
Im PL versprachlichen die S. ihre Notizen. Halten Sie die Ergebnisse an der Tafel fest (Tafelbild s. unten).

**14c Projekt:** In KG planen die S. ihre Traumgeburtstagsparty zu den vier W-Fragen. Bringen Sie Zeitschriften und großes Papier mit. Die S. gestalten Collagen zu ihrer Party, indem sie kurze Texte schreiben und Bilder auf die Plakate kleben. Anschließend werden die Partys im PL vorgestellt.

### Tafelbild zu Aufgabe 14 (Vorschlag)

| | Interview 1 | Interview 2 |
|---|---|---|
| Party | keine Party | macht Party am Wochenende |
| Zeit | nach der Schule | Samstag 1–22 Uhr |
| Aktivitäten | mit Freundin shoppen (neue Jeans), vielleicht ins Kino | Geburtstagsfrühstück mit Eltern<br>auf Party: Musik hören, tanzen, essen, trinken, Spaß haben, Videos sehen |
| Essen/Trinken | Eis essen | Sandwiches, Pizza, Salate, Kuchen, Nudelsalat, Baklava, Saft, Cola, Wasser |
| Personen | Eltern, Oma, Tante, Freundin | Freunde und Freundinnen (10 Personen) |
| Geschenke | Geld, (hoffentlich) MP3-Player | Mountainbike |

### AB vor KB Aufg. 14

**14** Als Vorentlastung zu Aufgabe **14** im KB können die S. die E-Mail im AB lesen. Zu dem Text notieren die S. vier W-Fragen im Heft, die sie sich anschließend in PA gegenseitig stellen. Danach hören sie die Interviews im KB.

## Das kann ich nach ...

Die S. bearbeiten die „Das kann ich"-Seite im KB und die Selbstevaluation im AB wie in der Einleitung zum Lehrerhandbuch beschrieben.

**Zur Erinnerung:**
KB: Die linke Spalte wird abgedeckt, die Aufgaben in der rechten Spalte werden allein oder in PA bearbeitet – und im Anschluss mithilfe der linken Spalte kontrolliert.

### Lösungen & Tipps:

**Ergänzt die Monatsnamen.**
Frühling: März, *April, Mai*
Sommer: Juni, *Juli, August*
Herbst: *September, Oktober, November*
Winter: *Dezember, Januar, Februar*

Je nachdem, in welchem Land Sie unterrichten, kann dies variieren. Nehmen Sie dann die Monate, die für Ihre S. die richtigen sind.

**Fragen stellen und beantworten.**
In PA befragen sich die S. gegenseitig und antworten individuell.

**Ihr bekommt eine Einladung zur Party.**
**Sagt zu.** Super, ich komme gerne. – Klar, wann fängt die Party an?
**Sagt ab.** Tut mir leid, da kann ich nicht. – Das geht leider nicht. Ich muss babysitten. (o. Ä.)

**Was tut weh?**
Sein Bauch tut weh. / Er hat Bauchschmerzen.
Ihr Hals tut weh. / Sie hat Halsschmerzen.
Sein Fuß tut weh.

**Welches Verb passt?**
Ich *darf* bis 22 Uhr feiern.
Du *musst* deine Hausaufgaben machen.
Biggi *kann* gut Gitarre spielen.

**Schreibt vier Sätze mit „war" und „hatte".**
Gestern *war* ich im Kino.
Gestern *hatte* sie keine Schule.
Beispiele: Am Wochenende *war ich bei Tom.* / Am Wochenende *hatte ich Hausaufgaben.*
In den Ferien *war ich in Berlin.* / In den Ferien *hatte ich Bauchschmerzen.*

9

## Das kann ich nach Kapitel 9

| Wörter, Sätze, Dialoge | Übt zu zweit |
|---|---|
| **Monatsnamen**<br>Januar, Februar, März, April, Mai, Juni, Juli, August, September, Oktober, November, Dezember<br>**Jahreszeiten**<br>Frühling, Sommer, Herbst, Winter | **Ergänzt die Monatsnamen.**<br>Frühling: März, ...<br>Sommer: Juni, ...<br>Herbst: Sep...<br>Winter: Dez... |
| **Fragen stellen**<br>Wer hat im Sommer Geburtstag?<br>Wann hast du / hat dein Bruder Geburtstag?<br>Wo ist die Party?<br>Wer ist eingeladen? | **Fragen stellen und beantworten:**<br>● Wer hat ...? ○ Im Sommer hat ...<br>● Wann hast du ...? ○ Ich habe im ...<br>● Wo ist ...? ○ Die Party ist ...<br>● Wer ... ? ○ Ich habe ... |
| **Jemanden einladen**<br>Kommst du mit ins Kino?<br>Ich mache am Samstag eine Party.<br>Ich lade dich zum Ausflug ein. | **Ihr bekommt eine Einladung zur Party.**<br>**Sagt zu.** ● Super! Ich ... ○ Klar, wann ...?<br>**Sagt ab.** ● Tut mir leid, ... ○ Das geht leider nicht ... |
| **Körperteile**<br>der Arm, das Auge, der Bauch, das Bein, der Fuß, der Hals, der Kopf, der Rücken, der Zahn, das Ohr, der Mund, die Hand, die Nase | **Was tut weh?**  |

| Grammatik | Übt zu zweit |
|---|---|
| **Modalverben** (siehe Tabelle) | **Welches Verb passt?**<br>Ich ___ bis 22 Uhr feiern.<br>Du ___ deine Hausaufgaben machen!<br>Biggi ___ gut Gitarre spielen. |
| **Präteritum von *sein* und *haben***<br>ich war – ich hatte<br>du warst – du hattest<br>er/es/sie war – er/es/sie hatte | **Schreibt vier Sätze mit *war* und *hatte*.**<br>Gestern ___ ich im Kino.<br>Gestern ___ sie keine Schule.<br>Am Wochenende ... In den Ferien ... |

| | können | müssen | dürfen |
|---|---|---|---|
| ich | kann | muss | darf |
| du | kannst | musst | darfst |
| er/es/sie | kann | muss | darf |
| wir | können | müssen | dürfen |

| Aussprache | Übt zu zweit |
|---|---|
| **Wortakzent**<br>Januar, Februar, ... | **Markiert den Wortakzent.**<br>September, Dezember, Juli, August |

**Mit Sprache handeln**

**Ich kann gute Wünsche sagen.**
● Ich habe heute Geburtstag.
○ Herzlichen Glückwunsch!
● Morgen ist der Mathetest.
○ Viel Glück! / Alles Gute!
● Ich bin krank.
○ Gute Besserung!

**Ich kann Ausreden/Entschuldigungen formulieren.**
● Tut mir leid, ich hatte ... keine Zeit / zu viele Hausaufgaben / Kopfschmerzen.

**Ich kann sagen, wie es mir geht.**
● Wie geht es dir?
○ Es geht mir (nicht so) gut. / Es geht mir besser.
● Was ist los?
○ Ich habe Schmerzen. / Mir ist schlecht. / Ich habe Fieber.
● Was tut weh?
○ Mir tut alles weh. / Mein Bauch tut weh.

90 neunzig

**Markiert den Wortakzent.**
September – Dezember – Juli – August

**Mit Sprache handeln**
Die S. lesen die Ausdrücke und üben sie in freien kleinen Dialogen. Als Hilfe können Sie Fotos von den verschiedenen Situationen mitbringen und die S. müssen korrekt reagieren.

**Ich kann ...**
- über Orte in der Stadt sprechen
- sagen, wo etwas ist
- einfache Wegbeschreibungen verstehen und geben

**10**

# Meine Stadt

**1 Das ist meine Stadt.**

**a Seht die Stadt an. Welche Geschäfte, Häuser und Orte kennst du?**

**b Lest und hört den Text. Wo wohnt Johann?** 2.25

> Das ist meine Stadt. Ich wohne im Zentrum. Das finde ich super. Alles ist ganz nah. Das Kino ist nicht weit und in fünf Minuten bin ich am Sportplatz. Ich kann auch schnell einkaufen. In meiner Straße sind eine Bäckerei, ein Kiosk und ein Supermarkt. Manchmal besuche ich meine Freunde. Die wohnen nicht im Zentrum. Aber das ist kein Problem. Direkt vor meinem Haus ist eine Haltestelle für Busse und Straßenbahnen. Wo wohne ich?

**2 Was gibt es wo? Was könnt ihr wo tun? Bildet Sätze.**

*In der Bäckerei gibt es ...* *... Brot und Brötchen.*

In der Bäckerei gibt es ... | Briefmarken. | Auf dem Sportplatz kann man ... | einen Film sehen. | Fahrkarten kaufen. | Bei der Polizei kann man ... | Fußball spielen. | Im Krankenhaus gibt es ... | Am Bahnhof kann ich ... | Im Kino kann ich ... | sehr laut Musik hören. | Bei der Post gibt es ... | Brot und Brötchen. | Freunde treffen. | In der Disco kann man ... | Medikamente kaufen. | In der Apotheke kann man ... | Wurst, Käse, Bananen, Shampoo ... | Im Supermarkt gibt es ... | viele Ärzte. | Am Kiosk gibt es ... | Hilfe holen. | Im Jugendzentrum kann ich ... | Zeitungen.



**Lösung zu 2:**
In der Bäckerei gibt es ... Brot und Brötchen.
Auf dem Sportplatz kann man ... Fußball spielen.
Bei der Polizei kann man ... Hilfe holen.
Im Krankenhaus gibt es ... viele Ärzte.
Am Bahnhof kann ich ... Fahrkarten kaufen.
Im Kino kann ich ... einen Film sehen.
Bei der Post gibt es ... Briefmarken.
In der Disco kann man ... sehr laut Musik hören.
In der Apotheke kann man ... Medikamente kaufen.
Im Supermarkt gibt es ... Wurst, Käse, Bananen, Shampoo, ...
Am Kiosk gibt es ... Zeitungen.
Im Jugendzentrum kann ich ... Freunde treffen.

## Allgemeines

Thema dieses Kapitels ist die Orientierung in der Stadt. Es werden Verben und Präpositionen im Dativ eingeführt. Das komplette grammatische Paradigma der Wechselpräpositionen wird jedoch an dieser Stelle noch nicht thematisiert. Die S. lernen Wortschatz zum Thema Stadt und Redemittel für die Beschreibung, wo sie etwas finden, sowie einfache Wegbeschreibungen. Den Abschluss bildet ein längerer Lesetext.

**1a** Bevor S. das KB öffnen, können Sie als Vorentlastung fragen: *„Was gibt es in einer Stadt?"* S. nennen Gebäude, Orte, Läden etc., die sie bereits aus vorausgegangenen Kapiteln kennen (z. B. Krankenhaus, Apotheke, Bank, Schule, Kino, Sportplatz, Park). Halten Sie die Nennungen an der Tafel fest. Dann öffnen die S. das KB und sehen sich das Bild an. Sie sprechen in KG darüber, welche Gebäude/Orte sie entdecken. Die meisten kennen sie bereits, den Rest können sie über Internationalismen (Hotel, Café, ...) oder die Illustration erschließen.

**1b** Die S. lesen und hören den Text, während sie das Bild ansehen. Wenn Sie das Bild als Kopie zur Verfügung stellen, können die S. dort markieren, wo Johann wohnt, und den Plan beschriften. Die S. beschreiben im PL, wo Johann wohnt.
**Variante:** Geben Sie eine Multiple-Choice Auswahl vor. Die S. wählen die korrekte Information aus und lesen vor.
Tafelanschrieb: Er wohnt: a. in der Marktstraße, b. in der Mozartstraße, c. am Kirchplatz; ODER: Er wohnt: a. über der Bäckerei, b. neben der Disco, c. hinter dem Hotel
***Lösung:*** Er wohnt in der Marktstraße/Ecke Bahnhofstraße, hinter dem Hotel.

**2** In PA lesen S. die Satzteile und fügen so viele Teile wie möglich korrekt zusammen. Einige Wörter sind neu und müssen aus dem Kontext oder über Vorwissen erschlossen werden (Briefmarken, Medikamente, Shampoo). Dann schreiben S. die Sätze ins Heft.
***Lösung:*** s. unten

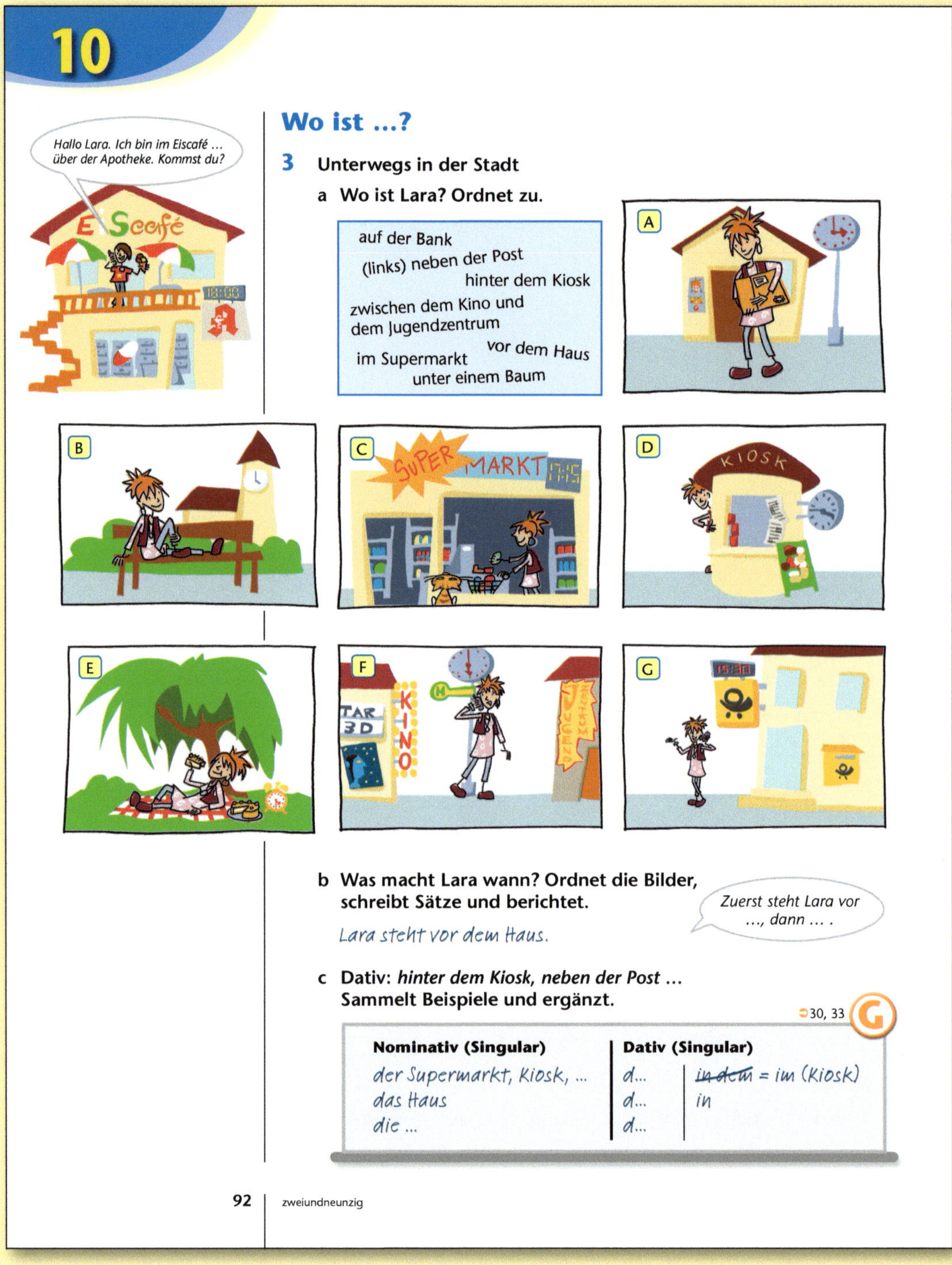


**3a** Kombinieren von Bekanntem und Unbekanntem: Die S. sehen sich die Bilder an und lesen das Wortmaterial im Kasten. Den Bildern werden dann die passenden Aussagen zugeordnet. Dabei nehmen die S. auch die Präpositionen zum ersten Mal bewusst wahr.
***Lösung:*** A: vor dem Haus – B: auf der Bank – C: im Supermarkt – D: hinter dem Kiosk – E: unter einem Baum – F: zwischen dem Kino und dem Jugendzentrum – G: (links) neben der Post

**3b** Nun verknüpfen die S. die Ortsangaben mit den Aktivitäten von Lara. Sie schreiben Sätze ins Heft. Dabei verwenden die S. auch die konkreten Präpositionen.
***Lösung:*** 15 Uhr: Lara steht vor dem Haus. (A) – 15:30 Uhr: Lara steht links neben der Post. (G) – 15:45 Uhr: Lara ist/steht hinter dem Kiosk. (D) – 16 Uhr: Lara sitzt auf der Bank. (B) – 16:30 Uhr: Lara ist/liegt unter dem Baum. (E) – 17:15 Uhr: Lara ist im Supermarkt. (C) – 18:00 Uhr: Lara ist zwischen dem Kino und dem Jugendzentrum. (F)

Zum Schluss erzählen sich die S. in PA, was Lara macht. Lesen Sie dazu das Beispiel mit den S., sodass diese auch die Strukturelemente (zuerst, dann, danach) verwenden und noch einmal darauf hingewiesen werden, auf welcher Position das Verb steht.
***Lösung mündlich mit Stukturelementen:*** Zuerst steht Lara vor dem Haus. Dann sitzt sie auf der Bank. Danach ist Lara im Supermarkt. Dann …

**Vorschlag:** Um die Präpositionen noch einmal in ihrer inhaltlichen Bedeutung zu festigen, schlagen die S. im Grammatik-Teil des KB auf Seite 130 nach und sehen sich G33 an.
Im Kurs kann eine kleine spielerische Übung mit einem Blatt Papier gemacht werden: *„Wo ist das Blatt?"* Drei S. gehen nach vorn: Die anderen in der Klasse geben Kommandos, die S. vorne reagieren. Beispiel: Das Blatt ist neben Katja. S1 hält das Blatt neben Katja, etc. Alle S. dürfen das KB benutzen.

**3c** Hier liegt der Fokus auf der Einführung und der Bewusstmachung des bestimmten Artikels im Dativ. Die S. leiten aus den Beispielen die Regel ab. Ergänzen Sie sie an der Tafel wie im KB vorgeschlagen. Lassen Sie die S. weitere Beispiele für die verschiedenen Genera suchen. Bilden Sie weitere Beispielsätze im PL mit den Gebäuden und Dativ: z. B. *Ich bin im Supermark und kaufe Bananen. In der Post kaufe ich Briefmarken. Am Kiosk gibt es Zeitungen. …*

***Lösung/Ergänzung des Tafelbilds:***
**Singular Nominativ:**
der Supermarkt, Kiosk, Baum
das Haus, Kino, Jugendzentrum
die Bank, Post

**Dativ:**
dem in dem = im
dem in dem = im
der in der

## 4 Wo???

**a Arbeitet zu zweit. Was passt? Ordnet zu und lest die Dialoge zu zweit.**

a ● Wo bist du heute Nachmittag?
b ● Wo ist dein Fahrrad?
c ● Bist du um vier auf dem Sportplatz?
d ● Kaufst du die Brötchen in der Bäckerei?
e ● Seid ihr am Samstag auch in der Disco?
f ● Wo ist meine Tasche?
g ● Wie geht's Thorsten?
h ● Entschuldigung, wo ist der Bahnhof?

○ Es steht an der Post.
○ Die ist unter dem Tisch.
○ Der Bahnhof ist hinter dem Rathaus.
○ Nein, im Supermarkt.
○ Schlecht. Er ist noch im Krankenhaus.
○ Ich bin im Jugendclub.
○ Um vier? Ja klar. Ich bin da.
○ Nein, wir besuchen unsere Großeltern.

2.26 **b Kontrolliert jetzt mit der CD.**

**c Hört noch einmal und sprecht die Dialoge nach. Lest nicht ab!**

## 5 Ein Spiel für vier: *auf, zwischen, neben, unter, über ...???*

**a Schreibt zu zweit zehn Sätze mit den Präpositionen und den Schulsachen.**

Ihr braucht:
einen Radiergummi, ein Heft, ein Buch, einen Bleistift, ein Lineal, zwei Stifte, eine Schere, einen Kuli, zwei Taschen, ein Handy, eine Brille

Pro Paar: 1 Blatt Papier und einen Stift

*Der Bleistift liegt zwischen der Schere und dem Kuli. Die Brille liegt neben ...*

**b Jetzt geht's los. Gruppe A sagt einen Satz. Ein Schüler aus Gruppe B legt den Satz. Achtung: 2 Minuten Zeit!**

**4a–b** In PA ordnen S. die Fragen a–h den Antworten im Wortkasten zu. Anschließend lesen sie die Frage-Antwort-Paare laut vor. Kontrolle mit der CD. Weisen Sie noch einmal auf die Verbindung zwischen der Frage „Wo bist, stehst, kaufst ...?" und den Präposition mit Dativ hin.

***Lösung:***
a Ich bin im Jugendclub.
b Es steht an der Post.
c Um vier? Ja, klar. Ich bin da.
d Nein, im Supermarkt.
e Nein, wir besuchen unsere Großeltern.
f Die ist unter dem Tisch.
g Schlecht. Er ist noch im Krankenhaus.
h Der Bahnhof ist hinter dem Rathaus.

**4c** Die S. hören die Minidialoge noch einmal und sprechen sie nach, ohne im KB abzulesen. Hier bietet es sich an, die Klasse in zwei Gruppen zu teilen, die jeweils eine Person übernehmen: Gruppe A spricht das Mädchen, Gruppe B den Jungen. Dann wird gewechselt. So müssen sich die S. nur auf einen Teil konzentrieren.
**Vorschlag:** s. unten

**5a–b Spielerisches Üben der Präpositionen im Dativ.**
Sollte die Bedeutung der Präpositionen noch nicht klar sein, verweisen Sie auf die Zeichnung in der Randspalte oder kopieren Sie **KV 16.1**. Lassen die S. Sätze mit den Präpositionen dazu schreiben. Machen Sie den S. den Unterschied zwischen „neben" und „an" deutlich: „an" = mit Kontakt und „neben" ohne Kontakt.

Zunächst schreiben S. in PA zehn Sätze mit Präpositionen und den Schulsachen, die auf dem blauen Zettel angegeben sind.
Dann folgt das Spiel: Zwei Schülerpaare setzen sich zusammen. Gruppe A liest einen Satz vor und ein S. aus Gruppe B muss den Satz mit den Utensilien legen. Gruppe A stoppt die Zeit, man hat nur zwei Minuten Zeit. Wie viele Sätze kann jede Gruppe innerhalb der Zeit richtig darstellen?

**Vorschlag zu 4c:**
In PA notieren die S. Orte mit Artikel auf einem Zettel, auf einen anderen Zettel notieren sie in anderer Reihenfolge, was man an diesen Orten macht (z. B. Brot kaufen).
A hat Zettel 1 (Orte) und B Zettel 2 (Aktivitäten). B fragt: *„Wo kann man Brot kaufen?"* A muss auf dem Zettel die richtige Aktivität finden und antwortet: *„In der Bäckerei."* Nach einiger Zeit tauschen die S. die Zettel.

**Vertiefung/Wiederholung:**
- Um die Bedeutung der Präpositionen weiter zu üben und zu wiederholen, spielen Sie das Präpositionen-Memory von **KV 16.1 und 16.2**.
- Visuelles Diktat: In EA malen die S. ein Zimmer mit vorgegebenen Gegenständen, z. B. ein Fenster, zwei Stühle, ein Tisch, ein Bett, eine Gitarre. Nun diktieren S. in PA abwechselnd. A „diktiert" sein Zimmer und B muss es exakt so malen. Wechsel. Am Ende Vergleich der Bilder.

**6a** Themen dieser Seite sind Schulweg und Wegbeschreibung. Die S. ordnen die Aussagen a–e den Zahlen 1–5 im Foto zu.
***Lösung:*** 1a – 2c – 3b – 4e – 5d

**6b** In PA wenden die S. das Neugelernte an. Lesen Sie im PL die Sprechblasen und klären Sie unbekannten Wortschatz. Eine Person gibt Anweisungen, die andere ist der Roboter, der die Anweisung ausführt. Lassen Sie die S. in der Klasse mit Bewegung spielen.

**6c** Die S. hören die Beschreibung von drei Schulwegen. Kopieren Sie den Schulweg aus dem KB groß, damit die S. die Wege nachzeichnen können oder lassen Sie die S. in PA Notizen machen.
***Lösung:*** Hannes (1) blauer Weg: beginnt am Marktplatz – Bonny (2) roter Weg: beginnt an der Ampel in der Rathausstraße – Clara (3) grüner Weg: beginnt an der U-Bahn-Station Goethestraße.

**Binnendifferenzierung:** Für lernstärkere Gruppen kopieren Sie **KV 17** mit dem Stadtplan, auf dem die Wege noch nicht eingezeichnet sind. Die S. hören die Wegbeschreibungen und zeichnen die Schulwege ein. Anschließend beschreiben die S. die Wege noch einmal in KG.

**6d** Lesen Sie im PL die Redemittel zur Wegbeschreibung und klären Sie Verständnisfragen. In PA beschreiben die S. zwei der drei vorgegebenen Wege (A–C).

**Binnendifferenzierung:** (siehe auch gelber Merkzettel im KB)
**Lernschwächere Gruppen:** Die S. hören zuerst die Wegbeschreibungen von CD und machen sich genaue Notizen zum Weg. Dann arbeiten sie in KG und beschreiben die Wege. (Grundlage ist die Skizze aus 6c)
**Lernstärkere Gruppen:** Mithilfe der Angabe von Start und Ziel, der Skizze und der Redemittel beschreiben die S. in PA die Wege. Danach hören sie die Wegbeschreibungen von der CD. *„War der Weg gleich?“, „War euer Weg anders?“*
Es gibt natürlich nicht nur eine richtige Lösung.

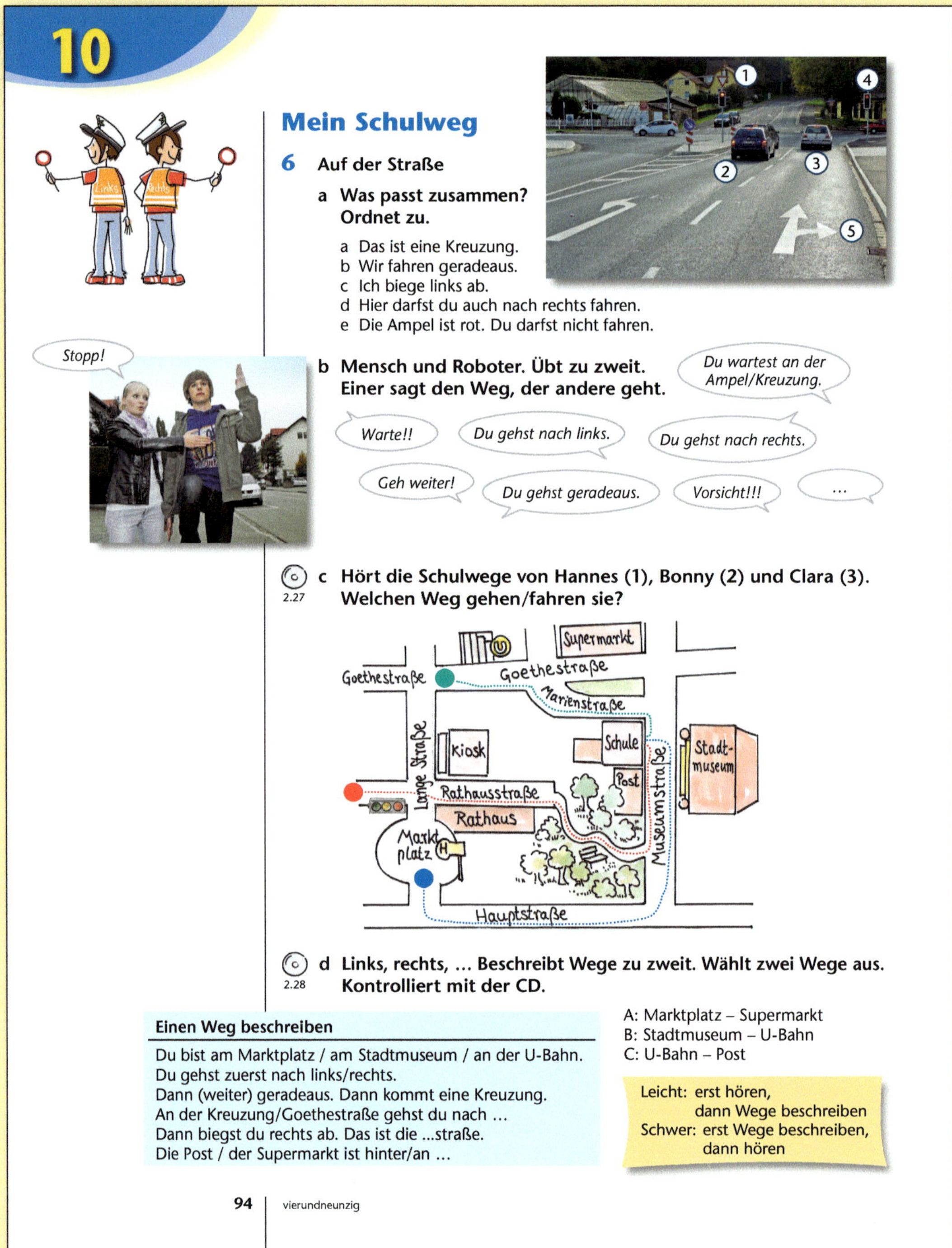
10

## Mein Schulweg

**6 Auf der Straße**

**a Was passt zusammen? Ordnet zu.**

a Das ist eine Kreuzung.
b Wir fahren geradeaus.
c Ich biege links ab.
d Hier darfst du auch nach rechts fahren.
e Die Ampel ist rot. Du darfst nicht fahren.

**b Mensch und Roboter. Übt zu zweit. Einer sagt den Weg, der andere geht.**



2.27 **c Hört die Schulwege von Hannes (1), Bonny (2) und Clara (3). Welchen Weg gehen/fahren sie?**



2.28 **d Links, rechts, … Beschreibt Wege zu zweit. Wählt zwei Wege aus. Kontrolliert mit der CD.**

**Einen Weg beschreiben**
Du bist am Marktplatz / am Stadtmuseum / an der U-Bahn.
Du gehst zuerst nach links/rechts.
Dann (weiter) geradeaus. Dann kommt eine Kreuzung.
An der Kreuzung/Goethestraße gehst du nach …
Dann biegst du rechts ab. Das ist die …straße.
Die Post / der Supermarkt ist hinter/an …

A: Marktplatz – Supermarkt
B: Stadtmuseum – U-Bahn
C: U-Bahn – Post

Leicht: erst hören, dann Wege beschreiben
Schwer: erst Wege beschreiben, dann hören

94 vierundneunzig

### Video zu KB Aufg. 6

Teil 1, Szene 4 (Unser Schulweg)
Möglichkeiten:
- Die S. sehen die Szene ohne Ton und versprachlichen den Weg von Jenny und Caro.
- Die S. sehen die Szene zuerst mit Ton und danach beschreiben sie den Weg.
- Die S. notieren für sie wichtige Wörter aus der Szene und anschließend beschreiben sie, was sie gesehen und gehört haben.

Sprechen Sie abschließend im PL über den Schulweg der S. und lassen Sie ihn mit dem in der Szene gezeigten Schulweg vergleichen. Ggf. kann dies auch in der Muttersprache erfolgen.

**7** **Wörter lernen und behalten. Arbeitet in Gruppen. Erstellt Mindmaps zum Thema „In der Stadt".**

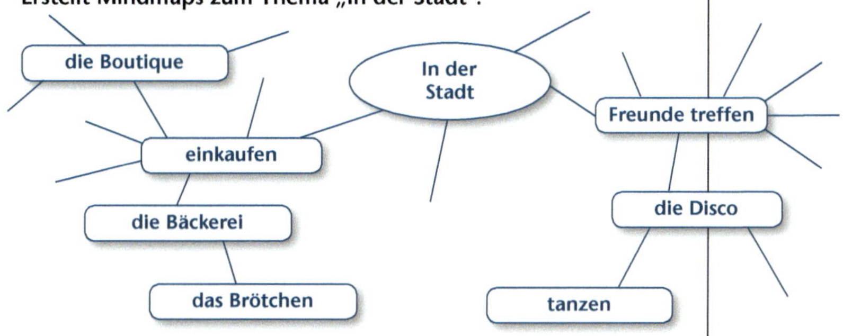


**8** **Projekt: „Die perfekte Schule"**

P **a** **Arbeitet in Gruppen. Zeichnet eure perfekte Schule. Welche Zimmer gibt es? Was ist wo?**

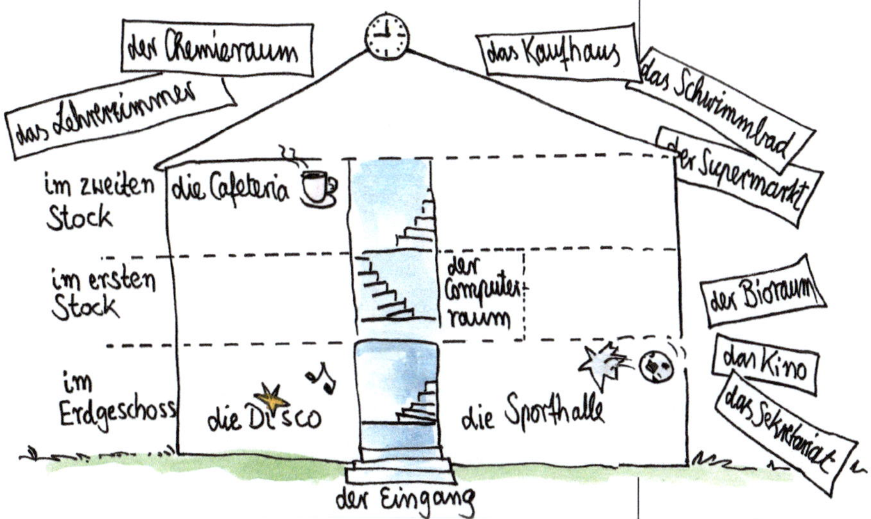


**b** **Stellt jetzt eure Schulen vor. Welche Ideen gefallen euch?**

*Die Cafeteria ist im zweiten Stock.*

*Der Computerraum ist über der Sporthalle.*

*Wir haben eine Disco. Sie ist neben dem Eingang.*



**7** Die S. erstellen eine Mindmap wie im KB angelegt zum Thema „In der Stadt", die sie dann im PL präsentieren.
Um einen Bezug zur realen Lebenswelt der S. herzustellen, können sie die Mindmap auch konkret auf ihren Wohnort beziehen und zum Thema „In meiner Stadt" arbeiten.
Vorschläge für weitere Kategorien: Gebäude – in der Schule – in der Freizeit etc.

**8a–b** **Projekt:** In KG sprechen die S. über ihre perfekte Schule. Sie werden kreativ und integrieren in die Schule, was ihnen gefällt: ein Kino, eine Disco, ein Restaurant etc. Es können auch andere Begriffe als die vorgegebenen genutzt werden. Es sollte aber insgesamt eine Schule bleiben, in der man wichtige Dinge lernen kann. Die S. zeichnen einen Grundriss und beschriften die Räume in den verschiedenen Stockwerken. Auch hier können die S. Zeitschriften mitbringen, um die Schule mit Bildmaterial bunter zu gestalten.
*„Was gibt es in der Schule? Was gibt es auf dem Grundstück?"*

**8b** Präsentation der Schulen, wobei die S. mithilfe der Präpositionen beschreiben und zeigen, wo sich die einzelnen Räume befinden. Der Umriss der Schule im KB dient mit den Beispielen in den Sprechblasen als Hilfe. Die anderen Gruppen hören zu und geben danach ihre Meinung ab.
*„Was gefällt euch? Was nicht?"*

**9** Die S. werden hier erstmals mit einem längeren Erzähltext konfrontiert. Die Geschichte wird sowohl als Lesetext als auch als Hörtext angeboten.
Bearbeiten Sie die verschiedenen Abschnitte des Textes mit unterschiedlichen Methoden – z. B. wie unten vorgeschlagen –, sodass die S. nicht immer lesen und gleichzeitig hören.
Beginnen Sie zur Vorentlastung mit dem Titel „Die Klassenarbeit". Die S. erarbeiten in KG Hypothesen, worum es in der Geschichte gehen könnte. Sammeln Sie diese Ideen auf einem Plakat, damit Sie zum Schluss zu den Vermutungen zurückkehren können.

**1. Abschnitt:** Bücher sind geschlossen. Die S. hören den Text und machen sich Notizen zu der Frage: *„Welche Personen gibt es?", „Was passiert?", „Welches Problem hat Herr Schmidt?"*
***Lösung:*** Montagmorgen – Herr Schmidt steht auf – er duscht – er will frühstücken – Kühlschrank fast leer – schreibt Einkaufszettel
***Problem:*** Der Kühlschrank ist (fast) leer, Herr Schmidt hat keine Wurst und keinen Käse.

Die S. lesen nun den ersten Abschnitt und überprüfen so ihr Hörverstehen. Anschließend Gespräch im PL oder in KG: *„Was esst ihr am liebsten zum Frühstück?"*

**2. Abschnitt:** Die S. lesen den Abschnitt: *„Was ist nun das Problem von Herrn Schmidt?"*
***Antwort:*** Er findet das Aufgabenblatt für die Klassenarbeit nicht. In KG sammeln die S. Ideen, wie die Geschichte weitergehen könnte. Vergleich im PL und Festhalten der Ideen an der Tafel/auf einem Plakat.

**3. Abschnitt:** Die S. hören den Text bei geschlossenen Büchern und notieren Antworten auf die Frage: *„Welche Verkehrsmittel benutzt Herr Schmidt?"*
***Antwort:*** Bus – U-Bahn
Frage: *„Wie kommt ihr in die Schule?"* Im PL sammeln S. weitere Verkehrsmittel an der Tafel, etwa Auto, Fahrrad, Zug, zu Fuß.

S. lesen nun den Text und beantworten die Frage: *„Was macht Herr Schmidt auf dem Weg zur Schule?"*
***Antwort:*** Er kauft Obst für die Pause: einen Apfel und eine Banane. Er überlegt Aufgaben für die Klassenarbeit.

**4. Abschnitt:** Die S. hören und lesen den Text und beantworten folgende Frage: *„Was schreibt Herr Schmidt auf den Zettel? Welche Ideen habt ihr?"*
***Antwort:*** Aufgaben für die Klassenarbeit

Anschließend überlegen die S. in PA, was Olli für Herrn Schmidt hat. Vergleich im PL. Die S. lesen den Abschnitt mit verteilten Rollen und der Intonation wie auf der CD.

## AB zu KB Aufg. 9

**11** Im AB finden Sie ab Übung 11 viele weitere Übungen, die sich auf die Geschichte beziehen. Sie können diese von den S. zur Verständnissicherung nach dem Lesen bearbeiten lassen oder sie auch als Einstieg und Vorentlastung vor dem Lesen der Textabschnitte nutzen.

## AB zu Abschnitt 2

**12c** *Wo sucht Herr Schmidt das Aufgabenblatt?* Die S. notieren mithilfe der Bilder die verschiedenen Orte. Dann hören sie zur Kontrolle die CD.

## AB zu Abschnitt 3

**13c** In dieser Übung notieren die S., wie sie zur Schule kommen. Sie vergleichen in der Klasse. Machen Sie eine Klassenstatistik an der Tafel: *„Was ist das häufigste Verkehrsmittel?"*

---

**10**

## Eine Geschichte

**9 Die Klassenarbeit. Hört und lest die Geschichte. Beantwortet die Fragen.**

Welches Problem hat Herr Schmidt?

**1**

2.29 Es ist Montagmorgen, 6 Uhr 30. Der Wecker klingelt. Herr Schmidt wacht auf. Er macht den Wecker aus und steht auf. Er geht in die Küche und kocht Tee. Dann geht er ins Bad. Herr Schmidt duscht: zuerst heiß und dann kalt. Jetzt ist er wach. Herr Schmidt hat Hunger! Er freut sich auf das Frühstück – aber der Kühlschrank ist fast leer: ein Ei, Quark, Marmelade, Milch, Salat. Kein Käse, keine Wurst! Herr Schmidt liebt Käse und Wurst. Er isst ein Brot mit Quark und Marmelade und trinkt eine Tasse Tee. „Heute muss ich einkaufen! Das darf ich nicht vergessen." Er schreibt einen Zettel.

Was esst ihr am liebsten zum Frühstück?

**2**

2.30 Nach dem Frühstück liest Herr Schmidt seinen Stundenplan: 8.00 Uhr bis 9.30 Uhr Klasse 6b. 9.30 Uhr Klasse 7a – Klassenarbeit … „Klassenarbeit? Mensch, da muss ich noch die Aufgabenblätter kopieren!" Herr Schmidt zieht sich an und packt seine Tasche: Mathebuch für die 6b, Aufgabenblatt für die Klassenarbeit … „Wo ist denn das Blatt? Ich hatte das doch hierhin gelegt!" Aber auf dem Schreibtisch liegt es nicht. Er sucht im Schreibtisch. Er sucht unter dem Schreibtisch – nichts. Er sucht auch noch hinter dem Schreibtisch und vor dem Regal. Es ist nicht da. Herr Schmidt ist nervös. Er läuft in die Küche, sucht auf dem Tisch, unter dem Tisch, neben der Marmelade, links und rechts vom Kühlschrank. Kein Aufgabenblatt! „Mist! Schon nach sieben! Ich muss los! Mein Bus!"

*Die Klassenarbeit fällt aus.*

Wie geht die Geschichte weiter? Sammelt Ideen:

*Herr Schmidt …*

*Er findet das Blatt.*

**3**

2.31 Herr Schmidt geht zur Bushaltestelle. Gerade kommt die Nummer 54. Er fährt vier Stationen bis zum Marktplatz. Hier muss Herr Schmidt umsteigen. Am Marktplatz kauft Herr Schmidt Obst für die Pause: einen Apfel und eine Banane. Neben der Post ist die U-Bahn. Er geht zum Gleis 2. Herr Schmidt wartet. Er überlegt Aufgaben für die Klassenarbeit.

Wie kommt ihr in die Schule? Sammelt die Verkehrsmittel an der Tafel.

**4**

2.32 Die U-Bahn kommt. Herr Schmidt steigt ein. Die U-Bahn fährt ab. Herr Schmidt überlegt und schreibt einen Zettel. Die U-Bahn hält. Ein Schüler aus der Klasse 7a steigt ein.
„Guten Morgen, Herr Schmidt!"
„Äh, ach Olli! Guten Morgen."
„Schöner Tag heute, Herr Schmidt!"
„Was? Ja, ja, schöner Tag."
„Entschuldigung, Herr Schmidt. Ich hab da was für Sie."
„Bitte? Nicht jetzt, Olli. Ich muss noch ein bisschen arbeiten, wir sehen uns ja dann später."

Überlegt zu zweit: Was hat Olli für Herrn Schmidt?

96 sechsundneunzig

5

2.33 „Nächste Haltestelle Schulzentrum Goethestraße!“
Herr Schmidt steigt aus. Am Kiosk kauft er Schokolade. Dann geht er zur Schule.
In der Schule geht Herr Schmidt sofort in das Sekretariat. Er gibt der Sekretärin den Notizzettel und die Tafel Schokolade: „Guten Morgen, Frau Kraus! Können Sie mir das bitte 24-mal kopieren. Ich brauche es um 9 Uhr 30.“
„Gerne, Herr Schmidt, mach' ich. Äh, Herr Schmidt, ich hab' da was für Sie ...“
Die Sekretärin gibt Herrn Schmidt ein Blatt. Es ist ziemlich schmutzig und verknittert.
Herr Schmidt schaut auf das Blatt: die Aufgaben für die Klassenarbeit! „Vielen Dank, Frau Kraus. Das such' ich schon den ganzen Morgen. Woher haben Sie das?“
„Das hat mir eben ein Schüler aus der Klasse 7a gegeben ...“
„Olli? Egal. Hauptsache, ich habe es wieder! Dann kopieren Sie doch bitte das Aufgabenblatt.“
„Ein bisschen schmutzig ist es ja schon ...“
Die Sekretärin schaut auf das Blatt und dann zu Herrn Schmidt. Sie wundert sich.

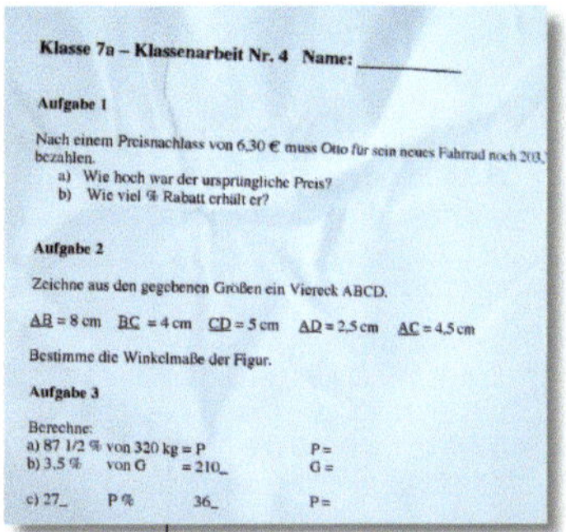
**Klasse 7a – Klassenarbeit Nr. 4 Name:** ____________

**Aufgabe 1**

Nach einem Preisnachlass von 6,30 € muss Otto für sein neues Fahrrad noch 203,… bezahlen.
a) Wie hoch war der ursprüngliche Preis?
b) Wie viel % Rabatt erhält er?

**Aufgabe 2**

Zeichne aus den gegebenen Größen ein Viereck ABCD.

$\underline{AB} = 8$ cm  $\underline{BC} = 4$ cm  $\underline{CD} = 5$ cm  $\underline{AD} = 2{,}5$ cm  $\underline{AC} = 4{,}5$ cm

Bestimme die Winkelmaße der Figur.

**Aufgabe 3**

Berechne:
a) 87 1/2 % von 320 kg = P  P =
b) 3,5 % von G = 210_  G =
c) 27_  P %  36_  P =

Was macht Herr Schmidt im Sekretariat? Woher kommt das Blatt für die Klassenarbeit? Was ist passiert?

6

2.34 „Ruhe bitte!“
Um 9 Uhr 30 verteilt Herr Schmidt die Aufgabenblätter.
„Wir schreiben heute eine Klassenarbeit. Seid ihr gut vorbereitet?“
Alle rufen: „Aber sicher, Herr Schmidt!!!“
Alle? Alle, nur Susy nicht. Sie war am Wochenende nicht zu Hause.

Welche Noten bekommen die Schülerinnen und Schüler? Welche Note bekommt Susy?

## 10 Acht Aussagen zur Geschichte – Was passt zu wem?

a Herr Schmidt

b Der Direktor

c Olli

d Martin (in Mathe der Beste)

e Susy

f Sabine (in Mathe sehr schlecht) und ihr Vater

1 Hallo, Olli, ich bin fertig. Hast du die E-Mail-Adressen von unserer Klasse?
2 Hm, Herr Schmidt, das ist komisch … fast alle eine 1? Nur eine 5 …
3 Hey, was ist denn das? Mann, das ist ja interessant! Ich muss sofort Martin anrufen.
4 So ein Mist! Und ich war am Wochenende bei meiner Oma.
5 Donnerwetter! Meine 7a ist in Mathe super!
6 O.k., Martin, 30 Tafeln Schokolade und die neue CD von ‚Jan Delay'!
7 Eine 1 in Mathe! Ich kann es nicht glauben! Das musst du Mama zeigen!
8 Hallo, Martin, ich hab' da ein Aufgabenblatt, Mathe!

**5. Abschnitt:** Kopieren Sie den Abschnitt mehrfach größer, zerschneiden ihn und verteilen ihn an die S. Die S. versuchen in KG, den Text zu sortieren und überprüfen dann ihre Version mit der CD/dem KB. S. lesen den Teil mit verteilten Rollen und der Intonation wie auf CD. Anschließend beantworten S. die Fragen. Erst in KG und dann im PL. Vergleich mit den Vermutungen, die S. nach dem 4. Abschnitt geäußert haben.

**6. Abschnitt:** S. lesen und hören den Text und beantworten die Frage nach den Noten (Begründung!).
**Variante:** Machen Sie aus dem Text einen Lückentext, indem Sie den Text kopieren und z. B. die Verben eliminieren. Die S. hören den Text ohne KB und notieren die Verben. Dann kontrollieren sie mithilfe des Textes im KB.
**Lernstärkere Gruppen:** Vor dem Hören und Lesen lassen Sie die S. in KG die Geschichte zu Ende schreiben. Die KG stellen dann ihre Versionen im PL vor. Anschließend hören und lesen die S. den Schluss der Geschichte und vergleichen ihn mit ihrem Ende. *„Welches ist das originellste Ende?“* Abstimmung in der Klasse.

**Rückgriff auf die Hypothesen vom Anfang:** Nachdem S. die gesamte Geschichte gehört und gelesen haben, zeigen Sie erneut das Plakat mit den Vermutungen vom Anfang. Welche Ideen gab es? Waren sie identisch mit dem Text? Die S. können eine kleine Geschichte zu einer der Vermutungen vom Anfang als Hausaufgabe schreiben. Die schönste wird prämiert.

**10** Die Aussagen 1–8 beziehen sich alle in irgendeiner Form auf die Geschichte. Es treten aber auch Personen auf, die in der Geschichte nicht genannt werden. Trotzdem sollten S. die Zuordnung mit etwas Nachdenken schaffen. Sie können die Begründung natürlich auch in ihrer Muttersprache formulieren.
***Lösung:*** 1d – 2b – 3c – 4e – 5a – 6c – 7f – 8c

**Lösung zur gesamten Geschichte:** s. unten

**Lösung zur gesamten Geschichte:**
Olli findet das Aufgabenblatt für den Mathetest (wo: im Schulhof = schmutzig, zerknittert, Abschnitt 5, Zeile 10): Siehe Aufgabe 10, Satz 8.
Mit dem Matheprimus Martin macht er einen Deal: Martin löst die Aufgaben, bekommt dafür Schokolade und eine CD.
Dann werden die Lösungen an alle in der Klasse verschickt.
So bekommt auch Sabine eine 1.
Leider war Susy am Wochenende bei der Oma, deshalb hat sie keine Lösungen bekommen und in der Mathearbeit eine 5 geschrieben.
Mathelehrer Schmidt ist stolz auf seine Klasse – der Direktor eher skeptisch …

## Das kann ich nach ...

Die S. bearbeiten die „Das kann ich"-Seite im KB und die Selbstevaluation im AB wie in der Einleitung zum Lehrerhandbuch beschrieben.

**Zur Erinnerung:**
KB: Die linke Spalte wird abgedeckt, die Aufgaben in der rechten Spalte werden allein oder in PA bearbeitet – und im Anschluss mithilfe der linken Spalte kontrolliert.

## Lösungen & Tipps:

**Nenne sechs Orte in der Stadt.**
Die S. nennen abwechselnd je sechs Orte.

**Sammelt zu zweit Nomen.**
trinken: der Tee, die Limonade, das Wasser, die Milch, die Cola, der Saft etc.
Frühstück: die Marmelade, das Brot, das Brötchen, der Käse, die Wurst, das Obst etc.

**Was ist das?**
ein Bus – eine Straßenbahn – ein Fahrrad

**Ergänzt die Sätze.**
Die S. versprachlichen die kleinen Symbole.
Ich gehe nach *rechts*.
Ich biege *links* ab.
Ich fahre immer *geradeaus*.
Dann kommt eine *Ampel*.

**Entschuldigung, wo ist die Post? Antwortet.**
Die S. bilden Sätze mit Präpositionen und dem Dativ.
neben *dem* Kiosk – hinter *dem* Restaurant – zwischen *dem* Supermarkt und *der* Apotheke – vor *der* Bäckerei

**Mein Schulweg**
In PA beschreiben sich die S. gegenseitig ihren Schulweg.

**Mit Sprache handeln**
Hier üben die S. in PA noch einmal Antworten auf die Fragen „Wo ist ...?" bzw. „Wo bist du?" Die S. können die hier angegebenen Redemittel nutzen, um in PA verschiedene Wegbeschreibungen zu geben, z. B. ihren eigenen Schulweg oder einen Weg, den sie normalerweise gehen, z. B. zum Fußballtraining/zum Gitarrenunterricht.

# 10

## Das kann ich nach Kapitel 10

| **Wörter, Sätze, Dialoge** | **Übt zu zweit** |
|---|---|
| **Orte in der Stadt**<br>die Post, die Polizei, die Apotheke, das Krankenhaus, der Sportplatz, der Kiosk, der Marktplatz, das Kino, der Supermarkt, der Bahnhof, … | **Nenne sechs Orte in der Stadt.** |
| **Lebensmittel**<br>der Apfel, die Banane, das Brot, das Brötchen, die Cola, das Ei, der Käse, der Kaffee, der Kakao, der Saft, die Marmelade, die Milch, die Pizza, der Quark, der Salat, die Schokolade, der Tee, die Wurst … | **Sammelt zu zweit Nomen.**<br>trinken    Frühstück |
| **Verkehrsmittel**<br>das Fahrrad, der Bus, die Straßenbahn, die U-Bahn<br><br>Ich gehe zu Fuß.<br>Ich fahre mit dem Fahrrad / mit dem Bus / mit der Straßenbahn … | **Was ist das?**<br> |
| **Richtungsangaben**<br>links/rechts/geradeaus<br><br>An der Ampel/Kreuzung … | **Ergänzt die Sätze.**<br>Ich gehe nach ⇨.<br>Ich biege ⇦ ab.<br>Ich fahre immer ⇧.<br>Dann kommt eine 🚦. |
| **Grammatik** | **Übt zu zweit** |
| **Ortsangaben mit Dativ** *(Wo ist …?)*<br>vor, hinter, neben, zwischen, in, auf, an, unter, über<br><br>neben dem Supermarkt<br>neben dem Kino<br>neben der Disco<br><br>*in + dem = im, an + dem = am* | **Entschuldigung, wo ist die Post? Antwortet.**<br>neben – der Kiosk<br>hinter – das Restaurant<br>zwischen – der Supermarkt / die Apotheke<br>vor – die Bäckerei<br>*Die Post ist …* |
| *mit* + Dativ<br>Ich fahre mit dem Bus / mit dem Auto / mit der Straßenbahn. | **Mein Schulweg.**<br>● Ich gehe … / Ich fahre mit … Und du?<br>○ Ich … |
| **Mit Sprache handeln** | |
| **Ich kann beschreiben, wo etwas ist.**<br>Die Bank ist in der Kirchstraße.<br>Die Post ist in neben der Bank.<br>Der Supermarkt ist an/neben/vor ..<br>Lara steht vor der Post.<br><br>● Wo bist du?<br>○ Ich bin bei Tom / beim Arzt, … | **Ich kann einen Weg beschreiben.**<br>Du gehst zuerst nach links.<br>Dann geradeaus.<br>Dann biegst du rechts ab.<br>Dann kommt eine Kreuzung. |

98 | achtundneunzig

**Wortschatzwiederholung:**
Bringen Sie Fotos/Bilder von verschiedenen Orten und Gebäuden in einer Stadt mit, die die S. kennengelernt haben und fragen Sie: *„Was kann ich hier tun?"* Die S. bilden Sätze. Alternativ können Sie die S. auch in die Wiederholungsarbeit einbeziehen, indem Sie sie bitten, eigene Fotos/Bilder mitzubringen. Je nach Menge der Fotos die sie haben, können die S. auch in KG arbeiten.

### AB zu KB „Mit Sprache handeln"

6 Wenn diese Aufgabe für die S. zu frei sein sollte, können sie im AB die Übung 6 auf der „Das kann ich"-Seite machen. Hier werden die S. strukturiert angeleitet, ihren Weg zu beschreiben. Anschließend können Sie die freiere Aufgabe erledigen.

**Ich kann ...**
- Vorschläge und Gegenvorschläge machen • zustimmen und ablehnen
- geografische Angaben machen • Postkarten schreiben
- Speisen und Getränke bestellen und bezahlen
- Gründe und Konsequenzen nennen

11

# Wir fahren weg!

**1** **Städte in D-A-CH**

a **Schaut euch in Ruhe die Karte und die Fotos an und orientiert euch: Was ist wo? Was kennt ihr schon?**

*Foto A, das ist Kassel.*

b **Quiz: Städte und Fotos, was gehört zusammen? Bildet Hypothesen und kontrolliert mit der CD.** (2.35)

Kassel • Zürich • Dresden • München • Konstanz • Bochum • Hamburg • Wien

c **Und wo liegen die Städte? Hört die Beispiele und fragt in der Klasse.** (2.36)

● Wo liegt Hamburg? ○ Das weißt du nicht? Hamburg liegt ...
● Und wo liegt Wien? ○ Keine Ahnung! ● Wien liegt in Österreich, im Osten.

Hamburg liegt ...
im Norden
im Westen | in der Mitte | im Osten
im Süden
... von Deutschland
... von Österreich
... von der Schweiz



## Allgemeines

Der Fokus dieses Kapitels liegt auf der Landeskunde. Der Einstieg erfolgt über eine Karte der D–A–CH-Länder. Die S. lernen, geografische Angaben zu machen und erweitern ihren Wortschatz um die Himmelsrichtungen. Im Anschluss begleiten die S. Familie Schröder, die einen Ausflug nach Hamburg macht und in der Jugendherberge übernachtet. Die Familie geht essen und schreibt Postkarten.
Es werden weitere geografische Angaben wie „ans Meer" und „nach Berlin" eingeführt. Die S. lernen Vorschläge zu machen, anzunehmen oder abzulehnen und Speisen und Getränke zu bestellen. Die S. lernen Gründe und Folgeentscheidungen (Konsequenzen) auszudrücken und die Modalverben werden um „wollen" und „möchten" ergänzt.

**1a** Einstieg über die Fotos: *„Was seht ihr?", „Was kennt ihr?", Was ist wo?"* Geben Sie den S. Zeit (auch in der Muttersprache), über die Fotos zu sprechen: *„Was gibt es auch im eigenen Land? Was nicht?", „Was ist besonders interessant?"*

**1b** In KG stellen die S. Vermutungen an, welche Stadt zu welchem Foto gehört. Anschließend Kontrolle mit der CD.
***Lösung:*** Kassel: Herkules (A) – Zürich: Schokolade (F) – Dresden: Frauenkirche (B) – München: Brezel und Weißwurst (C) – Konstanz: Bodensee (E) – Bochum: Ruhrgebiet (G) – Hamburg: Hafen (H) – Wien: Riesenrad (D)

**1c** Die S. hören die Dialoge und lesen sie im KB mit. Sie befragen sich gegenseitig zu den Städten aus **1b** und antworten mithilfe des Merkzettels.
Der Einfachheit halber beziehen sich die geografischen Angaben nur auf die vier Himmelsrichtungen N–S–O–W.
Fragen Sie, wer schon einmal in Deutschland, Österreich oder der Schweiz war, in welcher Stadt oder Gegend und wo der Ort liegt.

## AB zu KB Aufg. 1c

**1c** Um die geografischen Angaben weiter zu üben, schauen sich die S. die Landkarte an und befragen sich gegenseitig, wo bestimmte Städte liegen.
Hier können die S. auch nach Städten im eigenen Land fragen.

## Landeskundliche Information:

**Der Herkules** ist das Wahrzeichen von Kassel. Der Name bezieht sich nicht nur auf die Statue, sondern wird inzwischen für das gesamte Bauwerk benutzt.
**Die Frauenkirche** in Dresden wurde im 2. Weltkrieg zerstört. In der DDR blieb die Ruine als Mahnmal gegen den Krieg stehen. Nach der Wiedervereinigung wurde sie wieder aufgebaut.
**Brezel und Weißwurst** ist eine Spezialität aus München, traditionell isst man sie vormittags als Imbiss mit süßem Senf.
**Das Riesenrad** steht im Prater von Wien und ist ein Wahrzeichen der Stadt. Es wurde 1897 aufgestellt und war damals das größte Riesenrad der Welt.
**Der Bodensee** grenzt an Deutschland, Österreich und die Schweiz. Er ist einer der größten Seen Mitteleuropas.
**Schokolade** ist seit dem 19. Jahrhundert ein Markenzeichen der Schweiz.
**Das Ruhrgebiet** rund um Duisburg, Bochum, Dortmund ist nach dem Fluss Ruhr benannt. Es ist der größte Ballungsraum Deutschlands. Hier lebten die Menschen lange vom Bergbau.
**Der Hamburger Hafen** ist der größte Hafen Deutschlands und ein wichtiger Hafen in Europa.

**2a** Die Reise von Familie Schröder nach Hamburg ist in einer Sequenz angelegt, von der Planung der Reise, über die Reservierung in der Jugendherberge und dem Essen in Hamburg bis zum Schreiben von Postkarten.

Die Bücher sind geschlossen. Notieren Sie die drei Fragen an der Tafel.
Die S. hören das Gespräch von CD und achten dabei gezielt auf die Informationen zur Beantwortung der Fragen (selektives Hörverstehen). Es ist hier nicht entscheidend, dass alle S. alle Informationen heraushören. Durch das gemeinsame Zusammentragen an der Tafel nach dem Hören der CD wird der Wissensstand im PL gesichert.
***Lösung:*** Wohin fährt Familie Schröder? – nach Hamburg; Wie fahren sie? – mit dem Auto; Wo wohnen sie? – in der Jugendherberge

**Binnendifferenzierung:** Lernstärkere Gruppen können mit der globalen Frage: *„Was versteht ihr?"* weitere Verstehensinseln sammeln. Notieren Sie die Nennungen der S. an der Tafel.

**2b** Die S. hören das Gespräch noch einmal und lesen nun den Text im KB mit. Stellen Sie zum Textverständnis ein paar weitere Fragen, z.B. *„Wann fährt Familie Schröder?"*, *„Was möchten sie in Hamburg sehen?"*, *„Wer findet Zugfahren langweilig?"* etc.

**2c** Nun ordnen S. die Fotos den Aussagen aus dem Gespräch zu.
***Lösung:***
Foto Suppe: Ich möchte am liebsten nach Hamburg. Mmmh, eine gute Fischsuppe (Zeilen 8–9)
Foto Schiff: Ja, Hafen ist gut, das gibt es viele Schiffe. (Zeile 13); Und ich will unbedingt das neue Musical sehen! (Zeile 16, es gibt ein Musicaltheater in Hamburg, das man nur mit dem Schiff erreichen kann. „Tarzan" ist ein Musical.)
Foto Wecker: am Samstagmorgen um 7 Uhr fahren wir los. etc. (Zeilen 20–25)
Foto Jugendherberge: Können wir nicht in der Jugendherberge übernachten, das ist viel lustiger. (Zeilen 28–29)

**11**

## Ein Ausflug

**2 Familie Schröder plant einen Ausflug.**

2.37 **a Schließt das Kursbuch und hört das Gespräch. Was versteht ihr? Sammelt Notizen an der Tafel.**

Wohin fährt Familie Schröder?
Wie fahren sie?
Wo wohnen sie?

**b Hört das Gespräch noch einmal und lest mit.**

Herr S.: Also, was machen wir jetzt am Wochenende? Einen Ausflug?
Alle: Au ja! Wohin?
Herr S.: Keine Ahnung, vielleicht eine Fahrradtour?
Timo: Oh nein, ich fahre jeden Tag mit dem Fahrrad ...
Monika: ... und mein Fahrrad ist kaputt.

Frau S.: Ich möchte am liebsten nach Hamburg. Mmmh, eine gute Fischsuppe!!!
Monika: Fischsuppe? Igitt!!
Herr S.: Hamburg? Hm, gute Idee, da gibt es einen Hafen.
Monika: Ja, Hafen ist gut, da gibt es viele Schiffe ... Ich möchte auch nach Hamburg fahren!
Timo: Und ich will unbedingt das neue Musical sehen!

Monika: Aber ich möchte mit dem Auto fahren. Mit dem Zug das finde ich langweilig ...
Frau S.: Du hast recht, dann können wir immer anhalten.

Herr S.: Also gut, am Samstagmorgen um 7 Uhr fahren wir los.
Timo: Um siiieeben? Papa! Das ist total verrückt! Da schlafe ich noch.
Monika: Ich auch.
Herr S.: Na gut, dann um 8. Aber dann müssen alle fertig sein.

Frau S.: Und wo wohnen wir?
Herr S.: Im Hotel?
Monika: Können wir nicht in der Jugendherberge übernachten, das ist viel lustiger.
Timo: Da gibt es mehr junge Leute.
Herr S.: Gute Idee, Monika, reservierst du für uns?

**c Welche Sätze aus dem Gespräch passen zu den Bildern?**

**d Übt das Gespräch und spielt die Szene vor.**

100 einhundert

**2d** In KG bereiten die S. ein kleines Rollenspiel zu einzelnen Teilen dieses Gesprächs vor. Für die fünf Teile sollten fünf KG gebildet werden, die jeweils einen Teil üben, sodass man am Ende das gesamte Gespräch einmal auf der „Bühne" sieht. Die S. verteilen die Rollen untereinander und lernen sie auswendig. Ebenso sollen sie sich Requisiten und die Darstellungsform überlegen. Dann spielen sie die Szene vor. Denken Sie an den Applaus!

### AB zu KB Aufg. 2

**3a** Die Übung 3a bereitet auf das Hörverstehen in 3b vor. Die S. ordnen die Fotos den Begriffen zu. Dazu benutzen sie die Lernstrategie: Weltwissen aktivieren, da sie diese Wörter nicht alle aus dem KB kennen, sie aber ableiten können.
Dann hören sie die CD und lösen die Übung.

11

### 3 Übernachten in der Jugendherberge

2.38 **a Monika ruft bei der Jugendherberge in Hamburg an. Lest zuerst die Fragen. Hört dann das Gespräch, macht Notizen zu den Fragen.**

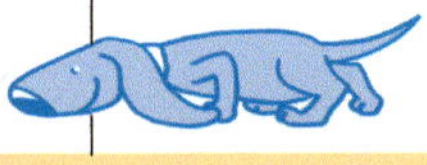

1 Wann kommt die Familie an? Wann fährt sie ab?
2 Wo kann man einen Ausweis für die Jugendherberge kaufen?
3 Wie viel kostet das Zimmer für eine Nacht?
4 Muss die Familie für das Frühstück extra bezahlen?
5 Kann man auch ein Mittagessen bekommen?
6 Wo wohnt Monika?

**b Vergleicht dann noch einmal mit der CD.**

### 4 Wichtige Informationen über Jugendherbergen

**a Lest den Text und macht eine Mindmap.**

Bei Reisen in Deutschland, Österreich oder der Schweiz können Jugendliche zum Beispiel in Jugendherbergen oder Jugendhotels übernachten. Das ist nicht so teuer und man findet sie überall. In Deutschland gibt es ca. 550 Jugendherbergen. Es gibt auch Jugendherbergen in einem Schloss oder einer Burg. In den Jugendherbergen kann man schlafen und essen. Aber es gibt auch oft etwas für die Freizeit: Man kann Sport machen und Musik, manchmal gibt es eine Disco und fast immer eine Cafeteria. Viele Schulklassen und Jugendgruppen übernachten in der Jugendherberge, aber auch Familien können hier übernachten. Informationen findet man im Internet: http://www.jugendherberge.de/ Man kann aber auch direkt anrufen.

**b Vergleicht eure Mindmaps.**

### 5 Lest die Sätze mit den richtigen Angaben vor. Der Text in 4 hilft.

1 In Deutschland gibt es viele/wenige Jugendherbergen.
2 In Jugendherbergen kann man übernachten / nicht übernachten.
3 Jugendherbergen sind teuer/billig.
4 Man kann dort essen/spielen.
5 Es gibt immer/manchmal eine Disco.
6 Es gibt nie/fast immer eine Cafeteria.
7 Familien können auch übernachten / nicht übernachten.

### 6 Die Jugendherberge Burg Stahleck im Internet. Sammelt Informationen.

1 Wo liegt die Jugendherberge? Wie heißt der Ort?
2 Gibt es einen See? Einen Fluss?
3 Hat die Jugendherberge Internet?
4 Kann man mit dem Zug zur Jugendherberge kommen oder muss man mit dem Auto fahren?

einhunderteins 101

**Variante zu 6b:**
Sammeln Sie weitere Fragen im PL, die Ihre S. interessieren, z. B. *„Was für Aktivitäten gibt es in der Jugendherberge?", „Kann man Sport machen? Was?", „Kann eine Familie dort übernachten?"* etc.
Dazu können Sie auch die Fragen an verschiedene Gruppen verteilen, sodass nicht alle S. für alle Fragen verantwortlich sind.

**3a** Bücher schließen. Familie Schröder will in einer Jugendherberge übernachten. Monika ruft bei der Jugendherberge an. In KG notieren S. drei Fragen, die sie an Monikas Stelle stellen würden. Einige S. lesen ihre Fragen vor – dann Vergleich mit dem Buch. Die S. notieren Fragen in ihrem Heft und hören das Gespräch: Sie achten dabei gezielt auf bestimmte Informationen (selektives Hören) und wenden so die „Schnüffelstrategie" an. Auch hier profitieren die S. von der Technik des Notizenmachens. In PA oder KG vergleichen die S. ihre Notizen und einige S. lesen ihre Fragen vor. Vergleich mit dem KB.

**3b** S. hören den Text erneut und ergänzen/korrigieren ihre Notizen. Vergleich im PL. Zur Sicherung Notizen an der Tafel festhalten.
***Lösung:*** Freitagnachmittag; Sonntag, abends 19 Uhr – 2. in der Jugendherberge – 3. 100 Euro – 4. nein (Frühstück inklusive) – 5. ja, aber (das) kostet extra – 6. (Hauptstr. 14, 34119 ) in Kassel

**4a–b** S. lesen den Text über die Jugendherbergen und erstellen in KG eine Mindmap mit den wichtigsten Informationen. Dann vergleichen sie ihre Mindmaps untereinander.

**5** S. bearbeiten die Aufgabe in EA und schreiben die Sätze mit dem richtigen Wort ins Heft. Anschließend lesen sie die richtigen Sätze im PL vor.
***Lösung:*** 1 viele – 2 übernachten – 3 billig – 4 essen – 5 manchmal – 6 fast immer – 7 übernachten

**6** Nach dem allgemeinen Informationstext über Jugendherbergen in **4** gibt es nun eine Rechercheaufgabe zur Jugendherberge in der Burg Stahleck. Falls es nicht möglich ist, diese Recherche in Ihrer Schule durchzuführen, geben Sie den Rechercheauftrag als Hausaufgabe auf. (Bei einer Suchmaschine oder www.diejugendherbergen.de/ „Burg Stahleck" eingeben.)
***Lösung:*** 1. in Bacharach – 2. Fluss: Rhein – 3. ja – 4. Man kann mit dem Zug oder Auto fahren.

**Variante:** s. unten

**7** In Hamburg angekommen, geht Familie Schröder auf dem Fischmarkt essen. Notieren Sie „Fischmarkt" an der Tafel und lassen Sie die S. Vermutungen anstellen: *„Was ist das?"* Stellen Sie einige landeskundliche Informationen zu dem Markt (s. unten) zur Verfügung. Die Familie isst an einer Fischbude. Dieser Kontext dürfte auch den Essgewohnheiten der S. eher entsprechen als das Essengehen in einem Restaurant. Lesen Sie die Bezeichnungen der Speisen und die S. sprechen die Wörter im Chor nach.
**Variante:** Kopieren Sie **KV 18** mehrfach und schneiden Sie die Kärtchen aus. In KG ordnen die S. die Abbildungen der Speisen intuitiv den Wörtern zu. Diese Karten können Sie später auch zur Wiederholung als Memory-Spiel verwenden. Wenn Sie den Wortschatz ein bisschen ausbauen wollen, bietet Übung 6 im AB weitere Wörter.

**Dialoge üben:** Die Bücher sind geschlossen. Notieren Sie die Namen der Personen an die Tafel: Herr Schröder, Frau Schröder, Timo, Monika. Die S. hören den Dialog und notieren: *„Wer nimmt was?"*
***Antwort:*** Herr S: Fischbrötchen und Mineralwasser – Frau S.: Fischsuppe – Timo: Cola – Monika: Käsebrötchen, Apfelsaft und Eis
Die S. lesen ihre Lösung im PL vor: „Herr S. nimmt ..." Dann lesen S. den Dialog im Buch und vergleichen. Anschließend üben sie den Dialog in KG, indem sie die Betonung von den Sprechern auf der CD nachahmen.
**Variante:** Kopieren Sie den Dialog größer und zerschneiden Sie ihn in drei Teile (1. Teil bis inkl. Verkäufer: Möchten Sie auch etwas trinken? 2. Teil bis inkl. Timo: Nur eine Flasche Cola, bitte. 3. Teil: der Rest). Die S. versuchen zuerst, den Dialog zu sortieren, dann hören sie zur Kontrolle die CD.

**8** Lesen und klären Sie zusammen mit den S. die Redemittel im Kasten. Die S. sollen dann eigene Dialoge schreiben und spielen und dabei die Speisen, Getränke etc. variieren. Erinnern Sie die S. an die Speisen und Getränke, die sie schon kennen (Pizza, Spaghetti etc.).

**11**

## Familie Schröder geht essen

**7 Auf dem Hamburger Fischmarkt. Hört, lest und übt die Dialoge.**

2.39

ein Hamburger

eine Portion Pommes

ein Stück Pizza

ein Käsebrötchen

ein Eis

| | |
|---|---|
| Verkäufer: | Ja bitte, was möchten Sie? |
| Herr S.: | Ich nehme ein Fischbrötchen. |
| Verkäufer: | Möchten Sie auch etwas trinken? |
| Herr S.: | Ja, ein Glas Mineralwasser, bitte. |
| Frau S.: | ... und ich nehme einen Teller Fischsuppe. |
| Timo: | Ich mag keinen Fisch! Ich möchte nichts essen. Nur eine Flasche Cola, bitte! |
| Monika: | Also, ich habe Hunger! Ich möchte ein Brötchen mit Käse und ein Glas Apfelsaft bitte! Und danach ein großes Eis! |
| Herr S.: | Was kostet das, bitte? |
| Verkäufer: | Alles zusammen? 23 Euro. |
| Frau S.: | Mmmhh, die Suppe schmeckt wunderbar! |

eine Cola

ein Stück Kuchen

ein Salat

eine Currywurst

**8 Macht zu zweit andere Dialoge. Esst und trinkt, was ihr wollt!!!**
**Spielt die Szene in der Klasse.**

| | | |
|---|---|---|
| Was möchten Sie, bitte?<br>Was möchtest du, bitte?<br>Was möchtet ihr, bitte? | Ich möchte, ich nehme ...<br>... ein Käsebrötchen<br>... ein Stück Kuchen<br>... ein Glas Mineralwasser<br>... eine Tasse Kaffee/Tee<br>... eine Cola<br>... einen Teller Suppe<br>... 5 Hamburger<br>... 10 Portionen Pommes<br><br>Nichts, ich habe keinen Hunger/Durst.<br>Ich weiß noch nicht ... | Das schmeckt lecker!<br>Das ist echt gut!<br>Mir ist schlecht! |

102 einhundertzwei

Die Präsentation muss nicht im Plenum erfolgen. Die S. spielen sich in KG ihre Szenen gegenseitig vor. Hören Sie in alle Gruppen hinein und helfen Sie bei Problemen.

### Landeskundliche Information: Fischmarkt

Der Hamburger Fischmarkt ist eine Attraktion. Er findet immer sonntags statt und beginnt schon sehr früh (ca. um 5 Uhr) und ist gegen 9.30 Uhr zu Ende. Um 6 Uhr sind in der Regel schon Tausende von Hamburgern und Touristen auf dem Fischmarkt. Man kann hier nicht nur Fisch kaufen, sondern auch Obst, Gemüse, Kleider etc. Berühmt sind die sogenannten Marktschreier, die aus vollem Hals ihre Waren anpreisen und eine Attraktion für die Besucher sind.
Fischbrötchen bekommt man überall in Deutschland, allerdings nicht immer so frisch wie in Hamburg auf dem Fischmarkt.

11

## Grüße aus ...

**9 Postkarte oder SMS? Lest die Aussage von Katrin. Fragt in der Klasse. Wer schreibt aus dem Urlaub?**

Katrin: „Zu Hause schreibe ich SMS und chatte und telefoniere. Aber wenn ich reise, dann schreibe ich immer eine Postkarte. Das ist cool. SMS aus dem Urlaub? Das ist doch langweilig!"

**Umfrage in der Klasse**
SMS: III
Postkarte: IIII
Nicht schreiben: ~~IIII~~ II

**10 Familie Schröder schreibt Postkarten. Wer schreibt welche Karte? Was hilft bei der Lösung? Und wo war Petra?**

a — Hamburg, Blick über den Hafen
Lieber Robert,
herzliche Grüße aus Hamburg. Wir haben viel Spaß, auch die Kinder. Zu Hause erzählen wir mehr. Bis bald ...

c — Hamburg, Tierpark Hagenbeck
Hallo Uschi,
wir waren ein Wochenende in Hamburg. Die Fischsuppe, einfach sensationell!
Liebe Grüße, ...

b — Hamburg, Rund um die Alster
Hi Tanja, Hamburg ist cool, 3 Stunden Hafen. Klasse! Und das Wetter ist auch super. Ich rufe dich an!

d — Hamburg, Blick vom Rathaus
Hi Max,
Hamburg ist echt genial und die Familie ist auch o.k. Nächstes Mal kommst du mit! Tarzan war Klasse!
Ciao ...

Liebe Sara!
Hier ist es ganz toll! Es gibt viele Boutiquen und ich habe schon 5 (!!!) neue Blusen! Am Samstag bin ich wieder da. Ich rufe dich an!
Deine Petra

An
Sara Hollstein
Querallee 29
D-34119 KASSEL
(Deutschland)

**11 Herr Schröder, Frau Schröder, Monika und Timo sind in eurer Stadt und schreiben Postkarten. Was schreiben sie? Wählt eine Person und schreibt die Karte. Lest sie dann vor.**

**12 Probleme beim Reisen. Was passt zusammen? Was passt zu den Fotos? Lest vor, kontrolliert mit der CD und spielt die Szene.**
2.40

1 Meine Füße! Ich kann nicht mehr!
2 Ich habe Durst! Ich sterbe!
3 Schon wieder eine Kirche!!!
4 Schnell! Eine Toilette.

a Da hinten! Neben der Post! Nur 100 Meter!
b Du interessierst dich einfach nicht für Kultur!
c Warte! Gleich kommt ein Kiosk!
d Das sind die Berge!

A

B

C

D

einhundertdrei 103

**9** Im PL lesen die S. die Äußerung von Katrin, die im Urlaub immer Postkarten schreibt, weil sie SMS langweilig findet. Machen Sie eine Umfrage in der Klasse: *„Wer schreibt Postkarten?", „Wer schreibt SMS?", „Wer schreibt gar nicht?"* Fragen Sie dann nach der Begründung.

**10** Familie Schröder schreibt Postkarten aus Hamburg, aber wer schreibt welche Karte? Auf jeder Karte gibt es Hinweise auf den Verfasser, die im Lesetext in Aufgabe **2** auf der KB-Seite 100 genannt werden. Die S. notieren in PA, wer welche Karte schreibt. Vergleich im PL. Lassen Sie die Entscheidungen kurz begründen.
***Lösung:*** a: Herr Schröder (Kinder) – b: Monika (Hafen) – c: Frau Schröder (Fischsuppe) – d: Timo (Tarzan: Musical) – Petra war in Paris (Eiffelturm, französische Briefmarke)

**11** Kreative Schreibaufgabe: Die S. sollen sich vorstellen, dass Familie Schröder in ihrer eigenen Heimatstadt ist und sich in ein Mitglied der Familie Schröder hineinversetzen. Was ist attraktiv/sehenswert für Erwachsene (Frauen, Männer) und Jugendliche? Was könnten die einzelnen Familienmitglieder auf ihre Postkarte schreiben?
In PA wählen die S. eine Person und schreiben eine Postkarte. Diese werden aufgehängt und von den anderen gelesen.
**Variante:** Die S. lesen im PL oder in KG ihre Postkarten vor, ohne den Absender zu nennen. Die anderen raten, welches Mitglied der Familie Schröder die Karte geschrieben hat.

**12** Einstiegsfrage: *„Welche Probleme gibt es beim Reisen?"*
Sammeln Sie die Ideen an der Tafel. Dann sehen sich die S. die Fotos an: „Was gibt es hier für Probleme?"
Die S. ordnen die Sätze 1–4 und a–d untereinander zu. Anschließend ergänzen sie auch die Angabe der passenden Fotos. Die S. lesen ihre Sätze vor, kontrollieren sie dann mit der CD und spielen in PA die Minidialoge.
***Lösung:*** 1d + Foto D – 2c + Foto A – 3b + Foto B – 4a + Foto C

**13** Die S. lesen die Richtungsangaben in den Pfeilen und sprechen darüber, was ihnen auffällt (die Angaben sind unterschiedlich). Das kann bei sprachhomogenen Gruppen auch in der Muttersprache und kontrastiv zur eigenen Sprache erfolgen.
Sammeln Sie im PL weitere Reiseziele und notieren Sie sie mit der richtigen Präposition an der Tafel (immer dieselben Präpositionen untereinander):

| | |
|---|---|
| links: | an den Bodensee |
| | ans Meer |
| mitte: | in den Schwarzwald |
| | in die Berge |
| rechts: | nach Spanien |
| | nach Berlin |

Die S. übertragen alles in ihr Heft und haben so eine Merkhilfe zu den Reisezielen, die für sie persönlich wichtig sind. Die Präpositionen haben hier eine rein „lexikalische" Funktion und sollen an dieser Stelle nicht systematisch thematisiert werden.

**14** Hier lernen die S. Folgen/Konsequenzen mit „deshalb" auszudrücken. Sie vervollständigen die Sätze in EA und lesen sie vor. Notieren Sie ein paar Sätze an der Tafel – so wie im KB vorgeschlagen – und markieren sie das Verb im „deshalb"-Satz, um den S. deutlich zu machen, dass „deshalb" die erste Position besetzt und direkt danach das Verb folgt.
**Variante:** Die S. erhalten **KV 19** und bilden Sätze mit „deshalb" wie im Beispiel. Anschließend setzen sie sich in PA oder KG zusammen und malen selbst solche Sätze, am besten auf eine Folie. Diese wird dann auf den OHP gelegt und die anderen S. versprachlichen die Sätze mit „deshalb".

**15a** Die S. üben die neue Struktur, indem sie die Satzhälften inhaltlich zuordnen. In diesem ersten Schritt geht es vor allem um die semantische Zuordnung.
***Lösung:*** 1c – 2d – 3e – 4b – 5a

**15b** Nun sollen die S. in PA selbstständig Sätze mit „deshalb" sinnvoll beenden. Die S. ergänzen noch mindestens zwei weitere Sätze. Schnellere S. können hier auch weitaus mehr schreiben.

**11**

## Wohin fahrt ihr in den Ferien?

**13** **Lest den Text in den Pfeilen vor. Was fällt auf?**

**14** **Warum in die Berge? – *Deshalb.* Ergänzt die Beispiele und lest vor.**

1 Wir wandern gerne, deshalb fahren wir immer in die Berge.
2 Ich möchte die Hauptstadt von Deutschland besuchen, deshalb fahre ich ...
3 Wir schwimmen gerne, deshalb fahren wir immer ...
4 Mein Bruder spielt Flamencogitarre, deshalb will er ...

➲25 G

| Grund | Folge/Konsequenz |
|---|---|
| Ich höre gern Musik, | deshalb kaufe ich jede Woche eine CD. |

**15** **Gründe und Konsequenzen**

**a** **Was passt zusammen?**

| | |
|---|---|
| 1 Jutta hat Geburtstag, | a deshalb fahre ich nach Frankreich. |
| 2 Meike hat im Flugzeug Angst, | b deshalb geht sie zur Bäckerei. |
| 3 Die Ampel ist rot, | c deshalb bekommt sie Geld von Oma. |
| 4 Marie möchte Brötchen kaufen, | d deshalb fährt sie mit dem Zug. |
| 5 Ich möchte Paris sehen, | e deshalb dürfen wir nicht fahren. |

**b** **Macht selbst noch weitere Beispiele: Was ist die Konsequenz?**

a Peter hat keinen Wecker, deshalb ( ) ...
b Am Sonntag haben wir keine Schule, deshalb ( ) ...
c Heute regnet es, deshalb ( ) ...
d ...

104 einhundertvier

### AB nach KB Aufg. 13

**11** Im AB finden die S. eine Geschichte, in der jedes Bild für ein Wort steht. Die S. überlegen zu zweit, welche Wörter es sind und lesen dann die Geschichte. Bei 11c sollen die S. sich selbst so eine Geschichte ausdenken und ein paar Wörter durch eine Zeichnung gestalten. Diese Geschichten werden ausgetauscht und andere KG lesen sie vor. Gibt es Schwierigkeiten? Die „Experten"-Gruppe hilft.

## Vorschläge diskutieren

**16** Biggi und Tom

2.41 **a Hört, lest und übt den Dialog und achtet auf die Satzmelodie.**

Biggi: Ich möchte nach Wien fahren.
Tom: Nach Wien? Das ist doch langweilig. Berlin finde ich viel besser! Ich will lieber nach Berlin fahren!
Biggi: Aber das ist zu weit!
Tom: Quatsch, wir fahren mit dem ICE.
Biggi: O.k. Einverstanden. Berlin finde ich auch gut.

Ich möchte nach Wien fahren.
Ich will lieber nach Berlin fahren!!

**b Was bedeutet „Vorschlag, Zustimmung, Ablehnung, neuer Vorschlag"? Was findet ihr im Dialog von Biggi und Tom?**

**17** Dialoge

2.42 **a Lest die Dialoge und schreibt sie ins Heft. Kontrolliert mit der CD und markiert die Betonung.**

**Dialog 1**
- ● Kommst du mit nach Basel in die Disco?
- ○ In die Disco? Keine Lust und keine Zeit. Und ich kann nicht tanzen. Aber heute Abend kommt ein super Film im Fernsehen und meine Schwester ist auch da.
- ● O.k, dann sehen wir uns den Film an.

**Dialog 2**
- ● Machen wir ein Fahrradrennen?
- ○ Das ist keine gute Idee, mein Fahrrad ist kaputt. Aber ich habe eine Idee: Wir können eine Stunde am See joggen!
- ● O.k! Ich bin einverstanden. Wann laufen wir?

**b Spielt die Dialoge zu zweit vor.**

**18 Schreibt selbst kurze Dialoge mit Vorschlag/Zustimmung/Ablehnung/neuer Vorschlag. Arbeitet zu zweit oder zu dritt.**

| Vorschlag | Zustimmung | Ablehnung | Neuer Vorschlag |
|---|---|---|---|
| Ich habe eine Idee: | Ja, das finde ich gut. | Das finde ich nicht gut! | Ich möchte lieber ... |
| Wir fahren .../Ich möchte ... | Ich möchte/will auch ... | Das ist Quatsch! | Wir können ... |
| ... nach Hamburg | Das ist eine gute Idee! | Das ist doch langweilig. | Aber ich habe eine Idee ... |
| ... ins Kino | Super! O.k. | Das ist keine gute Idee! | |
| ... schlafen | Klasse, ich freue mich. | Keine Lust! Keine Zeit! | |
| | Kein Problem ... | Aber das ist ... | |

**19** Projekt: Über Reisen (Länder und Städte) sprechen

**a Wie ist das bei euch in der Klasse? Wer fährt wohin? Berichtet, sammelt in der Gruppe.**

*Wir fahren jeden Sommer nach Italien.*
*Ich bleibe in den Ferien zu Hause.*
*Ich war schon zweimal in Deutschland.*

**b Schreibt einen Text für die Schülerzeitung zum Thema „Wohin fahren die Schüler in eurer Klasse?"**



**16a** Die S. hören und lesen den Dialog. *„Wohin fahren Biggi und Tom?"* In PA üben die S. den Dialog und achten dabei auf die Satzmelodie. Lassen Sie die CD noch einmal hören, damit die S. auf die Satzmelodie achten können.

**16b** Die S. identifizieren in dem Dialog aus **16a** die verschiedenen Redemittel für Vorschlag, Zustimmung, Ablehnung, neuer Vorschlag. Notieren Sie diese vier Kategorien an der Tafel und lassen Sie einige S. die Aufgabe an der Tafel lösen. Dann Vergleich im PL: *„Ist alles richtig, was an der Tafel steht?", „Habt ihr es auch so?"*
***Lösung:*** s. unten

**17a** Die S. lesen die beiden Dialoge und schreiben sie ins Heft. Auch aus diesen Dialogen können Sie weitere Redemittel für die Kategorien in **16b** sammeln lassen und an der Tafel ergänzen (z. B. keine Lust / keine Zeit). Dann hören die S. die Dialoge von CD und markieren die Betonung. Es geht hier um die Sensibilisierung der S. für Betonung und Satzmelodie. Akzeptieren Sie alle Lösungen, die Ihnen realistisch erscheinen.

**17b** Nun spielen die S. die Dialoge in PA und achten darauf, die Betonung zu benutzen, die sie markiert haben. Lassen Sie einige Dialoge vorspielen und korrigieren Sie, wenn nötig.

**18** **Transfer:** Lesen Sie im PL die Redemittel und klären Sie ggf. die neuen Begriffe. Die S. arbeiten in PA oder in KG und schreiben selbst kleine Dialoge wie in **16** oder **17**. Auch diese können vorgespielt werden und das Publikum muss notieren, ob der Ausgang positiv oder negativ ist und welche Entscheidung das vorspielende Schülerpaar zum Schluss trifft.

**19a–b** **Projekt:** In KG sammeln S. Ideen, wohin sie in den Ferien fahren. Sie tauschen sich aus, welche Aktivitäten sie am Urlaubsort machen und ob sie gerne dorthin fahren oder nicht und warum. Mit diesen Informationen schreiben sie einen kleinen Artikel für die „Schülerzeitung".

**Variante:** s. unten

**Lösung zu 16b:**
Zuordnung zu den vier Kategorien:
**Vorschlag:**
Ich möchte … fahren.
Wir fahren mit …
**Zustimmung:**
o.k. Einverstanden!
… finde ich auch gut.
**Ablehnung:**
Das ist doch langweilig.
Aber das ist zu weit.
Quatsch!
**Neuer Vorschlag:**
Ich will lieber … fahren.
… finde ich viel besser.

**Variante zu 19a–b:**
Die S. planen in KG eine kleine Traumreise. Sie einigen sich auf ein Ziel und überlegen, wie sie dorthin kommen, wo sie schlafen und was sie sehen wollen. Sie sollen auch begründen, warum sie dieses Ziel gewählt haben. Dann schreiben sie ebenfalls einen Artikel.
Folgende Fragen können bei der Planung helfen:
Wohin möchtest du fahren?
Wann möchtest du fahren?
Wer fährt mit?
Womit möchtest du fahren?
Wo möchtest du wohnen?
Wie lange möchtest du bleiben?
Was möchtest du machen?

## Das kann ich nach …

Die S. bearbeiten die „Das kann ich"-Seite im KB und die Selbstevaluation im AB wie in der Einleitung zum Lehrerhandbuch beschrieben.

**Zur Erinnerung:**
KB: Die linke Spalte wird abgedeckt, die Aufgaben in der rechten Spalte werden allein oder in PA bearbeitet – und im Anschluss mithilfe der linken Spalte kontrolliert.

### Lösungen & Tipps:

**Wo liegt …?**
Wien *liegt im Osten von Österreich.* – Hamburg *liegt im Norden von Deutschland.* – München *liegt im Süden von Deutschland.* – Genf *liegt im Westen von der Schweiz.*

**Ich möchte:**
ein Stück Kuchen – eine Currywurst – eine Flasche/Dose Cola – einen Hamburger/ein Fischbrötchen

**Ergänzt:**
*mit dem* Fahrrad
*mit dem* Schiff
*mit dem* Flugzeug

**Ergänzt: Wir fahren …**
*an den* Bodensee
*in die* Berge
*in den* Schwarzwald
*ans* Meer
*nach* Basel, Berlin, Wien
*in die* Türkei

**Was möchtet ihr? Was wollt ihr?**
Hier bilden S. in PA Sätze, z. B. Ich möchte/will gute Noten haben oder Ich möchte/will in die USA fliegen.
Nachdem S. die angegebenen Sätze gebildet haben, sollen sie noch mindestens zwei eigene Sätze ergänzen.

**Verbindet die Sätze mit *deshalb*.**
Marina ist faul, deshalb hat sie schlechte Noten.
Pedro spielt gut Klavier, deshalb spielt er in einer Band.

**Mit Sprache handeln**
S. suchen sich verschiedene Themen aus und entwickeln in PA frei kleine Dialoge. Helfen Sie, wenn S. nicht weiterkommen und verweisen Sie sie auf das Kapitel (Vorschläge machen, Aufgabe **16**, Speisen bestellen Aufgabe **7** etc.).

**11**

## Das kann ich nach Kapitel 11

| **Wörter, Sätze, Dialoge** | **Übt zu zweit** |
|---|---|
| **Wo liegt das?**<br>im Norden, im Osten, im Süden, im Westen<br>im Norden/Osten/Süden/Westen von Deutschland, von Österreich, von der Schweiz | **Wo liegt Wien? Hamburg? München? Genf? …?**<br>Hamburg liegt im ___ von Deutschland. |
| **Speisen und Getränke**<br>ein Fischbrötchen, ein Käsebrötchen, eine Currywurst, ein Teller Fischsuppe, ein Eis, ein Stück Kuchen, eine Portion Pommes frites, ein Salat, …<br>eine Flasche Cola, ein Glas Apfelsaft/Mineralwasser | **Ich möchte:**<br> |
| **Verkehrsmittel**<br>das Auto, der Zug, das Schiff, das Flugzeug<br>Ich fahre mit dem Auto / mit dem Zug. | **Ergänzt.**<br>Wir fahren ___ ___ Fahrrad.<br>Wir fahren ___ ___ Schiff.<br>Wir fliegen ___ ___ Flugzeug. |
| **Wohin fahren wir?**<br>nach Basel, Berlin, Wien …<br>nach Italien, in die Schweiz<br>an den Bodensee<br>in den Schwarzwald<br>in die Berge<br>ans Meer | **Ergänzt: Wir fahren …**<br>___ ___ Bodensee<br>___ ___ Berge<br>___ ___ Schwarzwald<br>___ Meer<br>___ Basel, Berlin, Wien …<br>___ ___ Türkei |
| **Grammatik** | **Übt zu zweit** |
| **Modalverb:** ***möchten/wollen***<br>Ich möchte mit dem Auto fahren.<br>Ich will mit dem Auto fahren!!!<br>Ich möchte ein Eis.<br>Ich will ein Eis!!!! | **Was möchtet ihr? Was wollt ihr?**<br>gute Noten haben • in die USA fliegen • keine Hausaufgaben machen • viele Geschenke bekommen • … |
| **Konnektoren:** ***deshalb***<br>Ich bin fleißig. Ich habe gute Noten. →<br>Ich bin fleißig, deshalb habe ich gute Noten. | **Verbindet die Sätze mit *deshalb*.**<br>Marina ist faul. Sie hat schlechte Noten.<br>Pedro spielt gut Klavier. Er spielt in einer Band. |
| **Mit Sprache handeln** | |
| **Ich kann Vorschläge machen, zustimmen, ablehnen, neue Vorschläge machen.**<br>● Ich möchte nach Wien fahren. Kommst du mit?<br>○ Das ist doch langweilig. Berlin finde ich besser.<br>● Einverstanden. Wir fahren nach Berlin.<br>● Wir machen eine Fahrradtour. Hast du Lust?<br>○ Au ja. Ich komme mit. | **Ich kann sagen, wo etwas liegt.**<br>München liegt im Süden von Deutschland. |
| **Ich kann Speisen und Getränke bestellen und bezahlen.**<br>Ich möchte ein Brötchen und eine Cola, bitte.<br>Was kostet das? | **Ich kann Gründe nennen und Konsequenzen.**<br>Ich komme aus den USA, deshalb kann ich gut Englisch sprechen. |

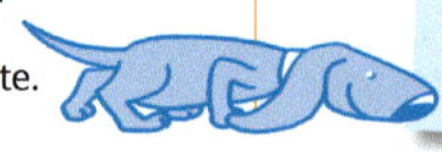

**Schnüffel-Strategie**
Ich kann wichtige Informationen in Texten finden und sammeln.

106 | einhundertsechs

**Lerntipp**
Lesen Sie im PL den Lerntipp.
Erweiterung: Bringen Sie verschiedene Texte mit und teilen Sie die S. in KG. Jede KG markiert die wichtigsten Informationen. Daraus formulieren sie Fragen. Die Fragen und die Texte werden ausgetauscht und eine andere KG bearbeitet die Fragen. Vergleich im PL.

### AB „So lerne und übe ich"

**5** Empfehlen Sie den S., weitere Wörter zu suchen, die sie ableiten können. Sie können eine Klassenaktivität daraus machen: Geben Sie als Hausaufgabe auf, dass die S. noch zwei weitere Wörter als Foto/Bild mitbringen, die die anderen aus ihrem Weltwissen ableiten können. Mischen Sie Bilder und Wörter mehrerer S. und lassen Sie die S. diese in KG zuordnen.
**Variante:** Geben Sie den S. ein Thema vor, zu dem sie Wörter mitbringen sollen, hier bieten sich z. B. die Themen Essen (Sandwich, Ananas, Banane, Toast, …) oder Reisen (Kamera, Bikini, Hotel, …) an.

**Ich kann ...**
- einen Tagesablauf beschreiben
- über Berufe und Berufswünsche sprechen
- sagen, was ich immer/oft/manchmal/nie mache

**12**

# Mein Vater ist Polizist

**1** **So viel Arbeit! Welche Berufe kennt ihr? Wie viele Berufe haben die Personen?**

*Herr Müller ist ...*

**2** **Berufe wiederholen**

**a Arbeitet in Gruppen. Wer findet zuerst alle Berufe?**

*Technikerin*

1 In der Medien-AG ist Jenny die T … und Eva ist die Kam … .
2 An unserer Schule gibt es 52 L … .
3 Unsere Se … heißt Frau Müller.
4 Der D … ist der Boss an der Schule.
5 In Deutschland gibt es sogar einen Fri … für Hunde.
6 Mein Papa ist K … . Er macht deutsche Spezialitäten.
7 Ein A … arbeitet in einem Krankenhaus.
8 Mein Vater ist P … und fährt Motorrad.

**b Fertig? Lest eure Lösungen vor und vergleicht.**

**3** **Hört zu. Welchen Beruf haben die Leute?**

2.43

einhundertsieben | 107

## Allgemeines

In diesem Kapitel geht es um Berufe und Berufswünsche. Darüber hinaus lesen die S. den Tagesablauf einer Schülerin und werden so dazu angeregt, ihren eigenen Tagesablauf noch einmal detaillierter als in Kapitel 6 zu beschreiben.
Neue Grammatikstrukturen sind in diesem Kapitel die Personalpronomen im Akkusativ. Thematisiert werden, neben dem Wortfeld „Berufe", auch Angaben zur Häufigkeit (manchmal, nie, oft, immer).

**1** Im PL sehen die S. die Bilder an und sprechen über die neun Berufe, die in den drei abgebildeten Personen dargestellt sind. Die Berufskleidung und die Gegenstände geben Hinweise auf jeweils drei Berufe. Helfen Sie bei den Berufsbezeichnungen und notieren Sie die Berufe an der Tafel. Die meisten Berufe kennen die S. bereits aus anderen Kapiteln. Neu sind hier: Bauer, Fußballspieler und Bäcker.
***Lösung:*** 1: Lehrer, Koch, Bauer – 2: Sekretärin, Ärztin, Polizistin – 3: Fußballspieler, Bäcker, Frisör

**2a–b** Die S. wiederholen in KG die Berufe, die sie schon aus den anderen Kapiteln kennen. Welche KG ist als erstes fertig? Die S. lesen die Lösungen vor und vergleichen im PL.
***Lösung:*** 1. Technikerin, Kamerafrau – 2. Lehrer – 3. Sekretärin – 4. Direktor – 5. Frisör – 6. Koch – 7. Arzt – 8. Polizist

**3** Die S. hören die Berufsbeschreibungen von CD und notieren im Heft, welche Berufe die Personen haben. Vergleich in KG und im PL.
***Lösung:*** 1: Koch – 2: Frisör – 3: Lehrer – 4: Sekretärin

**4a** Hier lernen die S. nun auch neue Berufe kennen. Einige Bezeichnungen sind in vielen Sprachen ähnlich. In KG ordnen die S. die Berufsbezeichnungen den Bildern zu – die Anfangsbuchstaben sind als Hilfe angegeben. Die Berufsbezeichnungen sind mit den Wortakzenten als Aussprachehilfe versehen. Berufe, die die S. nicht zuordnen können, besprechen Sie im PL oder S. unternehmen den Versuch, sie aus anderen Sprachen abzuleiten.
Fragen Sie im PL: *„Welche Berufe klingen/heißen in deiner Sprache ähnlich / fast gleich?", „Welche sind ganz anders?", „Wie bildet man die feminine Form?"*
Weisen Sie auf den Merkzettel in der Randspalte hin. Wie wird die feminine Form gebildet?
Lerntipp: Berufe in maskuliner und femininer Form zusammenlernen, z. B. der Polizist / die Polizistin; der Anwalt / die Anwältin, der Kaufmann / die Kauffrau
***Lösung:*** 1: Hausmann – 2: Künstlerin – 3: Zahnarzt – 4: Schauspielerin – 5: Bauer – 6: Anwältin – 7: Bäcker – 8: Verkäuferin

**4b** S. hören die Berufsbezeichnungen in ihrer männlichen und weiblichen Form und sprechen sie nach. Sprechen Sie Berufe, bei denen die S. in Ihrem Land mehr Schwierigkeiten haben, nach dem Hören der CD noch einmal vor und die S. sprechen sie nach. Beispiel: In Spanien haben S. oft Schwierigkeiten, das Wort „Arzt" und „Ärztin" korrekt auszusprechen. Zum Einüben darf bei schwierigen Lauten gerne bei der Aussprache übertrieben werden.

**12**

## Was sind sie von Beruf? Was arbeiten sie?

**4 Der Arzt, die Ärztin, der …**

**a Welche Berufe passen zu den Zeichnungen? Ordnet zu.**

Hausmann/-frau • Künstler/-in • Ingenieur/-in • Kaufmann/-frau • Zahnarzt/-ärztin • Sekretär/-in • Schauspieler/-in • Architekt/-in • Bauer/Bäuerin • Computerspezialist/-in • Frisör/-in • Taxifahrer/-in • Model • Anwalt/Anwältin • Politiker/-in • Polizist/-in • Bäcker/-in • Verkäufer/-in

-in Künstlerin | ¨ + -in Ärztin | -frau Hausfrau

1 H… 2 K… 3 Z… 4 S…

5 B… 6 A… 7 B… 8 V…

**b Hört die Berufe und übt die Aussprache.** 2.44

**5 Ein Rätsel: Wer arbeitet hier? Findet die Lösung mit dem Wörterbuch.**

Ich will in der Bank arbeiten.
Ich werde Bankkauffrau.

**6 Welche Berufe interessieren euch? Sammelt und sprecht in der Klasse.**

*Mein Traumberuf ist Pilot.* — *Pilot/-in* — *... finde ich interessant.*



**5** In KG sehen sich die S. die Fotos an und raten, welcher Beruf das sein könnte (bei sprachhomogenen Gruppen auch in der Muttersprache). Dann schlagen S. die Berufe im Wörterbuch nach und notieren sie in beiden Formen (männlich und weiblich) im Heft. Vergleich im PL.
***Lösung:*** A: der Mechatroniker/die Mechatronikerin – B: der Maurer/die Maurerin – C: der Maler/die Malerin – D: der Gärtner/die Gärtnerin – E: der Schneider/die Schneiderin

**6** Sammeln Sie im PL die Berufe, die die S. interessieren und notieren Sie neue Wörter an der Tafel.

**Binnendifferenzierung:** Bei lernstärkeren Gruppen können sich die S. in KG darüber austauschen, warum sie diese Berufe interessieren und so auch die „deshalb"-Struktur wiederholen, z. B. Ich finde Mode super, deshalb ist mein Traumberuf Schneiderin.

**Wiederholungsspiel zu Berufen:**
Kopieren Sie **KV 20** mehrfach und bilden Sie KG. Jede KG erhält einen Spielplan, einen Würfel und Spielsteine. S. würfeln, ziehen entsprechend der gewürfelten Zahl und nennen den abgebildeten Beruf. Mal ist es die männliche, mal die weibliche Form. Als Spielvariante bilden S. einen Satz zu der Frage: „Was macht man in diesem Beruf?" Beispiel: Ein Bäcker backt Brot. (Diese Variante passt auch zu Aufgabe **7**.)

**AB zu KB Aufg. 6:**
**6** S. ergänzen die Sätze mit Berufen. Dies kann als Vorbereitung zum Sprechen für Aufgabe **6** im KB dienen. Nachdem S. dann im KB ihre Berufe vorgestellt haben, führen sie im AB in Übung 6b eine Klassenumfrage zu den Traumberufen durch. Dazu befragt jeder S. fünf andere: *„Was ist dein Traumberuf?"* Danach werden die Ergebnisse zusammengetragen und an der Tafel festgehalten. Wie sieht die Traumberuf-Hitparade in der Klasse aus?

**7** **Berufe und Aktivitäten. Arbeitet zu zweit.**
**A liest eine Tätigkeit vor, B nennt den Beruf. Dann wechseln.**

*Sie arbeitet in einem Büro.* — *Das ist eine Sekretärin.*

**Lerntipp – Vokabeln im Kontext lernen**
**Ein Bäcker backt Brot und Brötchen.**
**Ein Taxifahrer transportiert Leute im Auto.**

a transportiert Leute im Auto
b backt Brot und Kuchen
c redet oft im Fernsehen
d arbeitet in einem Büro
e ist schön und bekommt viel Geld
f kauft oder verkauft etwas
g repariert Zähne
h macht Essen im Restaurant
i macht die Haare schön
j hat oft viele Tiere
k repariert Autos
l macht Bilder, Skulpturen oder Filme

**8** **Projekt: Stellt einen Beruf vor. Macht eine kleine Präsentation.**

P

Beruf: Koch

Mein Bruder ist Koch. Er arbeitet in einem Restaurant.

Seine Spezialität ist Saltimbocca!!

**9** **Beruferaten. Macht eine typische Bewegung. Die anderen raten.**

**10** **Eva hat viele Jobs.**

a **Seht die Bilder an. Was macht Eva?**

b **Lest den Text. Welche Bilder passen zum Text?**

*Bild 1 passt zu Zeile …*

Hallo Leute,
ich bin Eva und ich bin 14 Jahre alt. Ich brauche immer ein bisschen Geld. Deshalb jobbe ich. Ich habe einen Job als Babysitterin. Wir spielen und manchmal gehen wir in den Park. Die Kleine ist so süß. Manchmal gehe ich für unsere Nachbarin einkaufen. Sie ist alt und kann die Taschen nicht so gut tragen. Zweimal pro Woche trage ich Zeitungen aus. Das dauert etwa 2 Stunden. Ich verdiene 15 bis 20 Euro pro Woche. Das reicht.
Zu Hause helfe ich aber auch. Abwaschen, einkaufen, aufräumen. Und wie ist das bei dir?
Schreibt mir mal!
Eure Eva

c **Wie ist das bei euch? Schreibt eine Antwort an Eva.**



**7** Die S. bearbeiten die Aufgabe in PA wie beschrieben: A gibt eine Tätigkeitsbeschreibung und B nennt die Berufsbezeichnung in der männlichen oder weiblichen Form. Dann wird gewechselt.
***Lösung:*** a: Taxifahrer(in)/Busfahrer(in) – b: Bäcker(in) – c: Politiker(in)/Schauspieler(in) – d: Sekretär(in) – e: Schauspieler(in)/Model/Sänger(in) – f: Verkäufer(in) – g: Zahnarzt/Zahnärztin – h: Koch/Köchin – i: Frisör(in) – j: Bauer/Bäuerin – k: Mechatroniker(in) – l: Künstler(in)/Schauspieler(in)

**8** **Projekt:** In KG suchen sich die S. einen Beruf aus, den sie gut finden oder gut kennen. Dann sprechen sie darüber, was typisch für diesen Beruf ist. Dabei sollen sie so viel bekannten Wortschatz wie möglich benutzen, wobei mehr allgemeiner als berufsspezifischer Wortschatz verwendet wird. Ziel ist es, den S. zu zeigen, dass sie schon eine ganze Menge auf Deutsch sagen können.
**Tipps zum Projekt:** s. unten

**9** **Spielerische Übung zu den Berufen:** s. unten

**10a** In Deutschland bessern viele Jugendliche ihr Taschengeld mit kleinen Jobs auf, wie z. B. Zeitung austragen, Nachhilfe geben etc. Die S. sehen sich die Fotos von Eva an und sprechen darüber, welche Jobs sie hat.
***Lösung:*** 1 Babysitten – 2 einkaufen (für die Nachbarin) – 3 Zeitungen austragen

**10b** S. lesen die E-Mail und ordnen die Bilder dem Text zu. Versprachlichung im PL. Anschließend sprechen sie in KG darüber, wie es in ihren Ländern ist: *„Jobbt ihr auch?", „Was möchtet ihr gern machen? Was nicht? Warum?"*
***Lösung:*** Bild 1: Zeile 3 – Bild 2: Zeile 4 – Bild 3: Zeile 5

**10c** Sammeln Sie im PL Redemittel für eine Antwort-E-Mail. In PA oder als Hausaufgabe schreiben die S. eine Antwort auf die E-Mail. Wer nicht jobbt, kann auch andere Aktivitäten nennen, die man übernimmt, z. B. einkaufen, aufräumen, in der Küche helfen, kochen, Auto waschen, Rasen mähen ...

**Tipps für das Projekt zu 8:**
Je nach Lerngruppe können Sie auch erst Hinweise und Hilfen mit der Klasse erarbeiten und an der Tafel notieren, z. B. Zeiten (Wann?): Mo–Fr, abends, am Wochenende, steht früh auf …; Orte (Wo?): in der Bäckerei, im Supermarkt, im Büro, in der Bank, in der Post, in einer Firma, …; Tätigkeiten: arbeitet mit dem Computer/Kollegen/…, kocht, backt, fährt, hat immer …,

**Spiel zu 9:**
(in vielen Ländern aus dem Fernsehen bekannt)
Wiederholen Sie zuerst im PL alle Berufe, die die S. nun kennen, und notieren Sie diese auf Folie oder an der Tafel. Spielanleitung: Es dürfen nur Berufe dargestellt werden, die an der Tafel stehen, damit die anderen S. eine Chance haben, sie zu erraten. Machen Sie ein Beispiel vor, indem Sie eine „typische" Bewegung zu einem Beruf pantomimisch darstellen, und die S. raten.
Gespielt wird in KG: Der S., der den Beruf vormacht, notiert ihn vorher auf einem Zettel. Dann macht er die Pantomime, die anderen raten. Wenn die Gruppe die Lösung erraten hat, folgt die Überprüfung anhand des Zettels.

## Video zu KB Aufg. 10a

Teil 2, Szene 11 (Eva und ihre Berufe): Dazu bearbeiten die S. die Übung 12 im Videotrainer im AB.

**11a Vorentlastung:** Klassengespräch über die Gewohnheiten der S. mit Fragen wie: *„Wann stehst du auf?", „Wann isst du zu Mittag?", „Wie lange brauchst du für deine Hausaufgaben?", „Wann gehst du ins Bett?"*
Die S. lesen dann den Text und beantworten nun die o.g. Fragen auch für Susanna.
**Variante:** Kopieren und zerschneiden Sie den Text in drei bis vier Abschnitte. Die S. lesen die Textteile in KG und sortieren sie. Vergleich mit dem KB.

**11b** Die S. lesen im PL die Aussagen und die Häufigkeitsangaben. Klären Sie ggf. unbekannten Wortschatz, damit die S. wissen, worauf sie beim zweiten Lesen des Textes achten sollen. Anwendung der Schnüffelstrategie beim Lesen des Textes, d.h. die S. achten genau auf die Informationen, die sie brauchen, um **11b** lösen zu können. S. notieren die richtigen Sätze mit den Angaben zur Häufigkeit im Heft. Dann lesen sie sie im PL vor.
***Lösung:*** 1. immer – 2. manchmal – 3. oft – 4. immer – 5. manchmal – 6. immer – 7. manchmal – 8. nie – 9. manchmal – 10. immer

**12** Gespräch im PL: *„Wie findet ihr den Tagesablauf von Susanna?"* Sammeln Sie gemeinsam einige Redemittel, die Sie an der Tafel notieren. Hier können z.B. Redemittel aus Kapitel 7 genutzt werden (s. KB-Seite 68).
Beispiele:
Susannas Tag finde ich gut/langweilig/normal/…
Mein Tag ist gleich/anders/besser.
Susanna hat kein Hobby. Aber ich …
Ich gehe oft/nie/immer weg.
Wir essen auch nie/oft zusammen.
Wir essen immer/oft um … Uhr.

Dann lesen S. die Beiträge aus dem Forum und schreiben selbst einen Forumsbeitrag.

**Erweiterung bei Spaß am Schreiben:** Die S. schreiben als Hausaufgabe ihren Tagesablauf. Hängen Sie die Tagesabläufe auf und darunter Zettel. Im stillen Dialog „antworten" (d.h. schreiben) die S. auf die Tagesabläufe. Niemand darf sprechen, die ganze Kommunikation läuft still ab. Aber jeder kann auf Antworten auch wieder antworten.
Bei großen Gruppen teilen Sie die Klasse in mehrere Untergruppen, die dann nur die Beiträge der Gruppe lesen.

---

**12**

## Beruf Schülerin – Ein Tag in Susannas Leben

**11 Susanna im Internet-Forum**
**a Lest den Beitrag von Susanna.**

Mein Beruf ist Schülerin und mein Tag ist ganz normal: Ich stehe immer um 6 Uhr 30 auf (natürlich nicht am Wochenende!), dann dusche ich, frühstücke und gehe in die Schule.

Wenn ich wieder zu Hause bin, esse ich schnell etwas und mache dann sofort die Hausaufgaben. Ich brauche oft zwei oder drei Stunden! Aber ich sage immer: erst die Arbeit, dann der Spaß.

Danach gehe ich manchmal zum Kiosk und treffe meine Freundinnen Moni und Claudia. Oft quatschen wir nur, aber wir haben immer viel Spaß. Es ist nie langweilig. Um sechs Uhr (pünktlich!) gibt es immer Abendessen. Wir essen alle zusammen. Manchmal sehen wir danach fern. Um neun bin ich immer total müde und gehe ins Bett. Manchmal lese ich dann noch ein paar Seiten. In der Woche gehe ich nie aus. Aber am Wochenende gehe ich manchmal auf eine Party oder zu Freunden. Ich muss aber oft schon um zehn zu Hause sein. Mein Vater holt mich immer mit dem Auto ab. So ist meine Woche. Was meint ihr?

**b Wie heißen die Aussagen richtig? Lest vor.**

immer → oft → manchmal → nie

*Sie steht immer um 6 Uhr 30 auf …*

1. Sie steht nie um 6 Uhr 30 auf.
2. Sie geht am Nachmittag immer zum Kiosk.
3. Manchmal quatscht sie dort mit Moni und Claudia.
4. Sie haben nie viel Spaß.
5. Die Familie sieht immer zusammen fern.
6. Susanna geht nie um 9 Uhr ins Bett.
7. Oft liest sie dann noch ein bisschen.
8. In der Woche geht sie fast immer weg.
9. Am Wochenende geht sie immer auf eine Party.
10. Ihr Vater holt sie nie mit dem Auto ab.

**12 Wie ist Susannas Tagesablauf? Langweilig? Normal? Interessant? Toll? Lest die Antworten aus dem Forum. Was sagt ihr?**

**Funky:** Boooaaa, wie langweilig! Existieren für dich auch Hobbys???

**R2D2:** Hast du mal ein Foto von Moni und Claudia für mich??? Ich möchte sie kennenlernen.

**Streber500:** Ich finde das o.k. Meine Woche ist auch so! Wir sind Schüler und für uns sind gute Noten wichtig! Du hast bestimmt auch gute Noten???!!!

**Sunny:** Um 9 Uhr im Bett??? Das gibt es doch gar nicht. Ich geh' immer erst um 12. Und dein Vater holt dich von der Party ab??? Oh, wie peinlich!

110 einhundertzehn

---

**AB zu KB Aufg. 11:**
**8c–d** Hier versprachlichen die S. bildgesteuert ihren eigenen Tagesablauf, indem sie auch die Häufigkeitswörter benutzen. Dann arbeiten sie in PA und vergleichen ihre Tagesabläufe. *„Was ist gleich? Was ist anders?"*

12

## Was für ein Tag!

**13** **Freitag der 13.**

**a Seht die Bilder an. Was passiert? Ordnet die Aussagen zu.**

a Ab in die Küche. Kaffee machen. Kaffee??? … Kein Kaffee da.
b Schnell zum Bus. Das schaffe ich. … Halt! Komm zurück!!! Bitte!!
c Ich stehe schnell auf. AUA!
d Ich wache auf. 20 vor 8! Katastrophe! Der Wecker ist kaputt.
e Mama anrufen. Nein … Akku leer.
f O.k., dann mit dem Fahrrad. Fahrradschlüssel? Äh … im Haus.
g Schnell ins Bad. Mist! Die Dusche ist kaputt.
h Toast. Warum ist der Toast so weiß und grün? Igitt!
i Was für ein Tag. Was mache ich jetzt bloß? Ah, ich …

2.45 **b Tom erzählt seine Geschichte. Hört zu.**

**c Spielt die Geschichte. Achtet auf Intonation, Mimik, Gestik, …**

**d Dein Katastrophentag? Schreib vier Sätze und spiel den Tag vor.**



**13** Einstieg über den Titel „Freitag der 13.“: Notieren Sie den Titel an der Tafel. „Welche Assoziationen habt ihr?“ In Deutschland, Österreich und der Schweiz steht Freitag der 13. für einen Unglückstag, an dem alles schiefgeht oder viele Katastrophen passieren. In anderen Ländern sind es andere Tage (z. B. in Spanien, Griechenland und Lateinamerika: Dienstag der 13.).

**13a** Die S. beschreiben in KG, was auf den Fotos passiert. Dann lesen sie die Aussagen und ordnen sie den einzelnen Fotos zu.
***Lösung:*** 1d – 2c – 3g – 4a – 5h – 6b – 7f – 8e – 9i

**Variante:** Kopieren Sie die **KV 21** mehrfach und schneiden die Fotos und die Aussagen aus. Die S. bringen zuerst die Geschichte in die richtige Reihenfolge und legen dann die passenden Sätze dazu.

**13b** Die S. überprüfen ihre Zuordnung mit der CD.

**13c** In KG überlegen die S., wie sie diese Geschichte darstellen wollen.
**Ideen:** Eine Person spielt und spricht, die anderen helfen. / Eine Person spielt und achtet auf Gestik und Mimik, eine andere Person liest mit der passenden Intonation. / Zwei Personen spielen und eine Person liest etc.
**Variante:** Bevor die S. die Geschichte spielen, überlegen sie sich, wie die Geschichte weitergeht und führen die Geschichte mit ein paar Sätzen fort. Dazu vorher im PL Wortschatz sammeln.

**13d** Die S. arbeiten in PA. Jeder schreibt mindestens vier eigene Sätze. Die S. tauschen die Sätze aus. Ein S. liest vor, der andere spielt seinen Tag.
**Vorschlag:** Hier bietet sich das „Armspiel“ an: In KG zu 3–4 Personen: A stellt sich hinter B. B hat die Hände auf dem Rücken, A streckt seine Hände durch die Arme von B nach vorne. C liest (oder zwei Personen lesen abwechselnd) mit passender Intonation den Text vor. A macht die Gestik dazu und B die Mimik.

**14** Bewusstmachung der Personalpronomen im Akkusativ: Schreiben Sie die Personalpronomen wie im Tafelbild im KB an die Tafel. S. übertragen den Anschrieb ins Heft. Dann suchen sie aus den Texten von **12** die Akkusativpronomen und ergänzen diese in den Lücken. Üben Sie dann die Pronomenpaare erst im Chor und dann in PA: ich – mich, du – dich etc.
**Zum Üben:** S. schließen Hefte und Bücher. Wischen Sie jetzt aus der Liste ein Pronomenpaar weg (z. B. ich – mich) und lassen Sie die Pronomen von den S. reproduzieren. Machen Sie so weiter, bis am Ende gar nichts mehr an der Tafel steht und S. die Pronomen ganz aus dem Gedächtnis reproduzieren müssen.

**15a–b** S. ordnen die vier Fragen den Antworten zu und lesen sie vor. Vergleich mit der CD. Sammeln Sie im PL weitere Verben, die mit Akkusativ stehen. Dann schreiben S. in PA weitere Sätze/Minidialoge mit den Personalpronomen aus dem Wortkasten und den Verben mit Akkusativ. Vergleich im PL.
***Lösung:*** 1c – 2d – 3b – 4a

**16** S. hören das Beispiel von CD und bilden in PA lange Sätze für b und c.
Bei lernschwächeren Gruppen sollten mögliche Ergänzungen an der Tafel gesammelt werden (Zeiten, Orte, Attribute etc.).
Beispiele:
Holst du mich am Montag – um 17 Uhr – mit dem Fahrrad – zu Hause – ab? / Treffen wir uns – am Samstag – um 9 Uhr abends – mit deinem Freund – an der Bushaltestelle – vor der Disco – in der Goethestraße?

**17** S. lesen und hören den Dialog von CD. Und spielen ihn in PA in KG.
**Vorschlag:** Hören in zwei Schritten.
Schritt 1: Hören: *„Was ist das Thema?“, „Wo liegt das Problem?“* Die Antwort ist auch in der Muttersprache möglich. (Lösung: Thema: Liebe; Problem: beide sind eifersüchtig, und die Frau verwechselt Antonio mit Martin)
Schritt 2: S. spielen Dialog in PA.

12

## Pronomen im Akkusativ

**14 Ergänzt die Personalpronomen im Akkusativ. Die Texte in Aufgabe 12 helfen.**

34 G

| | | | | | | | | | |
|---|---|---|---|---|---|---|---|---|---|
| Nominativ | ich | du | er | sie | es | wir | ihr | sie | Sie |
| Akkusativ | m___ | d___ | ihn | sie | es | u___ | euch | s___ | Sie |

**Verben mit Akkusativ**
treffen
verstehen
haben
suchen
kennen

**15 Pronomen üben**

**a Minidialoge. Was passt zusammen?**

1 Besucht ihr **uns** mal wieder?
2 Verstehst du **mich**?
3 Kennst du Roger Federer?
4 Wo sind Sie? Ich suche **Sie** schon eine Stunde!

a Oh, das tut mir leid, Herr Direktor. Ich war im Sekreteriat!
b Klar, alle kennen **ihn**.
c Ja klar, Oma, am Sonntag. Wir lieben **euch**!
d Nein, ich höre **dich** nicht. Sprich lauter!

2.46 **b Lest die Minidialoge von a vor und vergleicht mit der CD.**

**16 Sätze bauen. Wer hat den längsten Satz? Hört die CD.**

2.47
a Ich rufe dich an. Ich rufe dich morgen an. Ich rufe dich morgen Abend an. Ich rufe dich morgen Abend um 20 Uhr an. …
b Holst du mich ab?
c Treffen wir uns …?

**17 Hört zu und spielt den Dialog.**

2.48

**Liebst du mich?**

● Liebst du mich?
○ Ja, ich liebe dich sehr, Antonio!
● Liebst du auch Martin?
○ Nein, ich liebe ihn nicht, ich liebe nur dich! Mein Antonio! Und du? Liebst du Sabine?
● Nein, nein, ich liebe nur dich, Esmeralda! Also: Wir lieben uns?
○ Ja, wir lieben uns sehr.
● Hm, und was ist mit Dieter? Liebst du Dieter?
○ Nein, Martin, mein Schatz, ich liebe nur dich …
● Martin??? Aber ich heiße ANTONIO. Du liebst mich nicht …

112 einhundertzwölf

## Personen beschreiben

**18** **Arbeitet zu zweit. Gebt den Personen einen Namen, einen Beruf, …**

1

2

4

3

**Foto 1**
- *Künstler?, Gärtner? …*
- *tanzen?, schreiben?, …*
- *fliegen? …*
- *Pizza? nach Polen fahren?*
- *…*

**Fragebogen**

Gib der Person einen Namen.

Welchen Beruf hat er/sie?

Was kann die Person gut?

Was kann er/sie nicht gut?

Was mag die Person?

Was mag die Person nicht?

Hausaufgabe:
Schreibt einen Tagesablauf für die Person.

**18 Kreative Sprech- und Schreibaufgabe:** Kopieren Sie dazu die Seite mehrfach, damit S. hineinschreiben können.
Bilden Sie KG mit 6–8 S. Je zwei S. aus dieser KG arbeiten zusammen (d. h. in einer KG gibt es nun mehrere Paare) und wählen ein Foto aus. In PA geben die S. „ihrer" Person einen Namen. Dann geben sie das Foto mit dem gewählten Namen im Uhrzeigersinn an das nächste Paar weiter. Das nächste Paar füllt das nächste Feld aus (Welchen Beruf hat er/sie?) und gibt das Blatt wieder weiter, usw. Am Ende lesen sich die Partner „ihre" Personen mit den Informationen vor und können dann – je nach Zeit – zu zweit einen Tagesablauf erfinden.
**Variante:** Als Hausaufgabe schreiben S. einen Tagesablauf von „ihrer" Person. Schnelle S. können damit auch schon in der Stunde beginnen. Hängen Sie die Tagesabläufe zu den identischen Personen zusammen. S. lesen alle Tagesabläufe zu „ihrer" Person und vergleichen. Was ist am lustigsten?

### AB zu KB Aufg. 18:

**15a–b** Nachdem sich S. nun sowohl mit Tagesabläufen von anderen Personen als auch gesteuert mit dem eigenen beschäftigt haben, schreiben sie hier ihren Tagesablauf detailliert auf. Sie beschreiben auch Punkte wie Aktivitäten im Haus/draußen und in der Schule. Dann arbeiten die S. zu viert in KG. Die Aktivität ist ähnlich wie das „Armspiel" bei Übung 13d: Person A sitzt hinter Person B, die nur die Hände von B sieht (siehe Foto im AB). A erzählt seinen Tagesablauf mit den Händen und B, der den Tagesablauf von A nicht kennt, muss diesen anhand der Handbewegungen von A versprachlichen.
Person C und D notieren die verschiedenen Aktivitäten in die Tabelle.
Vergleich in der Gruppe. Am Ende sagt A, ob sein Tagesablauf wirklich so war oder ob er etwas anderes meinte.
Jeder S. muss einmal sprechen und einmal mit den Händen erzählen.

## Das kann ich nach ...

Die S. bearbeiten die „Das kann ich"-Seite im KB und die Selbstevaluation im AB wie in der Einleitung zum Lehrerhandbuch beschrieben.

**Zur Erinnerung:**
KB: Die linke Spalte wird abgedeckt, die Aufgaben in der rechten Spalte werden allein oder in PA bearbeitet – und im Anschluss mithilfe der linken Spalte kontrolliert.

### Lösungen & Tipps:

**Ergänzt die Berufe.**
Taxifahrer(in) – Schauspieler(in) – Frisör(in) – Polizist(in) – Architekt(in)

Zur Wiederholung können die S. auch ein Alphabet mit Berufsbezeichnungen erstellen.

**Fragt und antwortet.**
In PA formulieren die S. anhand der Bilder Fragen und Antworten.
Liest du oft? – Ich lese ...
Spielst du manchmal Computerspiele? – Ich spiele ... Computerspiele.
Isst du nie Eis? – Ich esse ... Eis.

**Nennt zwei Traumberufe.**
In PA tauschen sich die S. über mögliche Traumberufe aus. Beispiel: Pilot finde ich interessant. Ich will Lehrerin werden.

**Ergänzt.**
Die S. ergänzen den Dialog in PA.
Ich liebe *ihn*.
Liebst du *mich*?
Ich liebe *euch* alle.

**Mit Sprache handeln**
Die S. sprechen in PA oder in KG über die Berufe in ihrer Familie. Sie nennen einen Beruf und eine dazugehörige Tätigkeit. Sie können hier auch über ihren Wunschberuf sprechen.
Zudem beschreiben S. ihren eigenen Tagesablauf.

**Lerntipp**
Lesen Sie den Lerntipp im PL und füllen Sie ihn dann mit Leben: Geben Sie weitere Satzanfänge vor, die die S. ergänzen, z. B. Ein Lehrer arbeitet ... – Ein Bauer hat oft ... – Ein Verkäufer verkauft ...
Anschließend können auch die S. noch weitere Satzanfänge vorgeben und die anderen S. ergänzen.

**12**

## Das kann ich nach Kapitel 12

| **Wörter, Sätze, Dialoge** | **Übt zu zweit** |
|---|---|
| **Berufe**<br>Hausmann/-frau, Künstler/-in, Ingenieur/-in, Bäcker/-in, Kaufmann/-frau, Zahnarzt/-ärztin, Sekretär/-in, Schauspieler/-in, Architekt/-in; Bauer/Bäuerin, Computerspezialist/-in, Frisör/-in, Taxifahrer/-in, Model, Anwalt/Anwältin, Politiker/-in, Polizist/-in | **Ergänzt die Berufe.**<br>Taxi<br>Schau<br>Fri<br>Poli oder Poli<br>Archi |
| **Wie oft ...?**<br>immer, oft, manchmal, nie<br><br>Ich stehe immer um 7 Uhr auf.<br>Ich lese oft im Bett.<br>Ich spiele manchmal Klavier.<br>Ich gehe nie ins Museum. | **Fragt und antwortet. Was machst du immer, oft, ...?**<br> |
| **Traumberufe**<br>... finde ich interessant.<br>Ich will ... werden.<br>Mein Traumberuf ist ... | **Nennt zwei Traumberufe.**<br>finde ich .<br>Ich will werden. |
| **Grammatik** | **Übt zu zweit** |
| **Personalpronomen im Akkusativ**<br>mich, dich, ihn, sie, es, uns, euch, sie, Sie | **Ergänzt.**<br>● Ich liebe !<br>○ Wen?<br>● Peter!<br>● Liebst du m ?<br>○ Nein, wieso?<br>● Ich liebe e alle!<br>○ Das ist unser neuer Direktor!!! |

| **Mit Sprache handeln** | |
|---|---|
| **Ich kann über Berufe sprechen.**<br>Mein Vater ist Bäcker. Er backt Brot und Kuchen.<br>Mein Onkel ist Koch. Er arbeitet im Restaurant, in der Küche.<br>Mein Bruder ist Zahnarzt. Er repariert Zähne. | **Ich kann Tagesabläufe beschreiben.**<br>Am Montag stehe ich immer um 7 Uhr auf.<br>Dann gehe ich in die Schule.<br>Um 13 Uhr 30 ist der Unterricht vorbei.<br>Mittags esse ich manchmal in der Cafeteria. |

**Lerntipp: Vokabeln im Kontext lernen**
Ein Bäcker backt Brot und Brötchen.
Ein Koch macht Essen im Restaurant.
Ein Arzt arbeitet im ...

114 einhundertvierzehn

Karussell

Plateau

P3

Kommst du zur Party?

Gute Besserung!

Wie findest du meinen neuen Pullover?

Ich habe Kopfschmerzen.

Dein Kopf tut weh, was sagst du?

Den alten finde ich besser!

Wo ist die Post?

Ja, ein Glas Apfelsaft, bitte!

Er ist

Ich will ins Kino gehen!

Mai/Februar/März/Januar/April

Ich suche Brötchen!

Mein Geburtstag ist .... ..........

Möchtest du etwas trinken?

Dann darfst du nicht fahren!

Ich kann nicht kommen, ich bin krank!!!

Geh zuerst geradeaus, dann ...

Wie komme ich zum Bahnhof?

Herbst/Frühling/Winter/Sommer

Ich suche Bello.

Man sagt: Ich möchte ins Kino gehen!

Schnell! Die Jahreszeiten. Was kommt zuerst, was danach?

Es liegt

Wo warst du gestern?

Die ist 100 Meter hinter dem Bahnhof.

Wir wollen euch am Wochenende besuchen!

Aber er findet keine Wurst und keinen Käse.

Zürich liegt im Süden von Österreich.

Nein, ich kann leider nicht kommen. Ich muss Babysitten!

Herr Schmidt macht den Kühlschrank auf.

Ich war krank! Ich hatte Fieber!

Wann hast du Geburtstag? (Monat)

Das stimmt nicht. Es liegt im Norden der Schweiz.

Die Ampel ist rot.

Wo liegt das Buch?

Dann geh doch in eine Bäckerei!

Schnell! Die ersten 5 Monate im Jahr in der richtigen Reihenfolge!

Das ist schlecht, da haben wir keine Zeit.

**1** **Zuerst Blau und dann Rot. Was passt? Fragt und antwortet zu zweit.**

einhundertfünfzehn | 115

## Allgemeines

Ausführliche Anmerkungen zur Arbeit mit den Plateaus finden Sie auf Seite 49 bei Plateau 1.

**1** Einstiegsseite: Karussell

In PA: Person A liest einen blauen Impuls vor und Person B sucht die rote Entsprechung. Wechsel der Rollen in PA.

Manchmal müssen die S. auch selbst noch Angaben ordnen oder etwas ergänzen (z. B. müssen sie die ersten fünf Monate des Jahres chronologisch ordnen; beim Geburtstag sollen sie den Satz vervollständigen.)

***Lösung:***

Wie findest du meinen neuen Pullover? – Den alten finde ich besser.

Dein Kopf tut weh, was sagst du? – Ich habe Kopfschmerzen.

Wo ist die Post? – Die ist 100 Meter hinter dem Bahnhof.

Ich will ins Kino gehen! – Man sagt: Ich möchte ins Kino gehen!

Ich suche Brötchen! – Dann geh doch in eine Bäckerei.

Möchtest du etwas trinken? – Ja, ein Glas Apfelsaft, bitte.

Ich kann nicht kommen, ich bin krank!!! – Gute Besserung!

Wie komme ich zum Bahnhof? – Geh zuerst geradeaus, dann ...

Ich suche Bello. – Er ist unter dem Tisch.

Schnell! Die Jahreszeiten. Was kommt zuerst, was danach? – Frühling/Sommer/Herbst/Winter

Wo warst du gestern? – Ich war krank. Ich hatte Fieber.

Wir wollen euch am Wochenende besuchen. – Das ist schlecht, da haben wir keine Zeit.

Zürich liegt im Süden von Österreich. – Das stimmt nicht. Es liegt im Norden der Schweiz.

Herr Schmidt macht den Kühlschrank auf. – Aber er findet keine Wurst und keinen Käse.

Wann hast du Geburtstag? (Monat) – Mein Geburtstag ist ...

Die Ampel ist rot. – Dann darfst du nicht fahren!

Wo liegt das Buch? – Es liegt zwischen dem Bleistift und der Schere.

Schnell! Die ersten 5 Monate im Jahr in der richtigen Reihenfolge! – Januar/Februar/März/April/Mai

Kommst du zur Party? – Nein, ich kann leider nicht kommen. Ich muss Babysitten.

## AB zu KB-Seite 115:

**1** Wiederholungsspiel: S. spielen zu dritt in KG. Sie erhalten einen Würfel und drei Spielfiguren. Der erste Spieler würfelt, setzt seine Figur und löst die Aufgabe. Macht er es richtig, darf er auf dem Feld stehen bleiben. Macht er es falsch, muss er zwei Felder zurück. Gewonnen hat, wer zuerst am Ziel ist.

**Variante:** Kopieren Sie die Seite für mehrere Gruppen und schneiden Sie die Kärtchen aus. Die S. spielen zu dritt. Der erste Spieler zieht eine Karte und löst die Aufgabe, hat er sie richtig gelöst, darf er die Karte behalten, wenn nicht, muss sie wieder unter den Stapel. Gewonnen hat, wer die meisten Karten hat.

Die Variante bietet sich an, weil Sie dann sicher gehen, dass alle Aufgaben gelöst werden. So ist der Wiederholungseffekt größer.

## Training/Mit Notizen lernen

**2 Denkdiktat**

2.49 **a Arbeitet in Kleingruppen. Lest die Stichwörter. Hört dann die CD. Welche Wörter hört ihr noch? Notiert sie im Heft.**

**Ein Geburtstag**
Am / Wochenende / Geburtstag
Darf / Freunde / einladen
Am Nachmittag / gehen / Kino
Am Abend / essen / Spaghetti
Dann / spielen / Computer
Ich / spät / Bett

**Notiz A**
habe, ich
alle, wir, ins

**Notiz B**
ich, meine,
alle, in die

**b Vergleicht eure Notizen. Denkt nach: Welche Notizen sind richtig? Rekonstruiert dann den Text und schreibt ihn ins Heft. Vergleicht mit dem „Original" auf der CD.**

*„Am Wochenende ist mein Geburtstag" – oder?*

*Ich weiß nicht. Vielleicht „ich habe Geburtstag", also: Am Wochenende habe ich Geburtstag.*

*„habe ich Geburtstag" ist richtig: Schreib: „Am …"*

**3 Noch ein Denkdiktat: Wechselt jetzt eure Arbeitsgruppe und arbeitet mit dem Text wie bei Aufgabe 2.**

2.50

**Eine Postkarte**
Lieber Timo
hier / langweilig
keine Leute / nichts los
Füße weh / kalt
drei Tage / zu Hause
nicht mehr / Berge

**4 Ein anderes Denkdiktat: Wechselt noch einmal die Gruppe und arbeitet mit dem Text wie bei Aufgabe 2.**

2.51

**Mein Tag**
stehe / sieben / auf
halb acht / Bus /Schule
Lieblingsfach / Mathe / Bio
Nachmittag / Hausaufgaben
Abends / fern / chatte
neun / gehe / Bett

| | |
|---|---|
| 07.00 | 16.00 |
| 08.00 | 17.00 |
| 09.00 | 18.00 |
| 10.00 | 19.00 |
| 11.00 | 20.00 |
| 12.00 | 21.00 |
| 13.00 | 22.00 |
| 14.00 | 23.00 |
| 15.00 | 24.00 |

116 einhundertsechzehn

## Training

**2a–b** Diese Übungsform soll die S. dazu anregen, genau hinzuhören, Notizen zu machen und Hypothesen zu bilden. Dabei fördert die Arbeit zu zweit auch die Interaktion (soziale Kompetenz). Am besten Sie „spielen" die erste Phase einmal als Beispiel zusammen mit den S. durch. Alle Diktattexte (Aufgabe 2–4) behandeln bekannte Themen. In KG lesen die S. die Stichwörter. Dann hören sie die CD und notieren alle Wörter im Heft, die sie zusätzlich zu den abgedruckten Stichwörtern im KB noch hören, verstehen und aufschreiben können. Anschließend vergleichen sie in den KG ihre Notizen und überlegen und diskutieren in der KG, welche Wörter richtig und welche falsch sind.
In der KG rekonstruieren die S. dann den kompletten Text und schreiben ihn ins Heft.
Kontrolle mit der CD.

***Lösung:*** Am Wochenende *habe ich* Geburtstag. – *Ich* darf *alle meine* Freunde einladen. – Am Nachmittag gehen *wir ins* Kino. – Am Abend essen *wir zusammen* Spaghetti. – Dann spielen *wir am* Computer. – Ich *darf* spät *ins* Bett *gehen.*

**3** Die S. begeben sich in neue KG und gehen wieder genauso vor, wie in **2** beschrieben. In dieser zweiten Aufgabe fehlen schon mehr Wörter als in der ersten.
***Lösung:***
Lieber Timo,
hier *ist es total* langweilig!
*Es gibt* keine Leute *und es ist* nichts los.
*Meine* Füße *tun* weh und *es ist* kalt.
*Noch* drei Tage, *dann bin ich wieder* zu Hause.
*Ich fahre* nicht mehr *in die* Berge!

**4** Und wieder wechseln die S. die KG und machen ein drittes Denkdiktat. Vorgehen wieder, wie in **2** beschrieben.
***Lösung:***
*Ich* stehe *immer um* sieben *Uhr auf.*
*Um* halb acht *nehme ich den* Bus *und fahre in die* Schule.
*Mein* Lieblingsfach *ist* Mathe.
*Bio mag ich auch.*
*Am* Nachmittag *mache ich* Hausaufgaben.
Abends *sehe ich* fern *oder ich* chatte mit Freunden.
*Um* neun *Uhr* gehe *ich ins Bett.*

Bei allen drei Denkdiktaten geht es v. a. um den Austausch in der Gruppe. So merken die S., dass es verschiedene Möglichkeiten gibt, Dinge auszudrücken, dass hier aber nur eine die richtige ist.

P3

## Sprechen/Aussprache

**5 Den Text kennt ihr schon, aber nicht so.**

**a Arbeitet zu zweit. Zuerst liest A die Spalte links (1–7) und B ergänzt immer den nächsten Satz. Dann liest B und A ergänzt.**

| A | B |
|---|---|
| 1. Mein Beruf ist Schülerin und mein Tag ist ganz normal: | a. Oft quatschen wir nur, aber wir haben immer viel Spaß. Es ist nie langweilig. |
| 2. Wenn ich wieder zu Hause bin, esse ich schnell etwas und mache dann sofort die Hausaufgaben. | b. Aber am Wochenende gehe ich manchmal auf eine Party oder zu Freunden. |
| 3. Danach gehe ich manchmal zum Kiosk und treffe meine Freundinnen Moni und Claudia. | c. Manchmal lese ich dann noch ein paar Seiten. |
| 4. Um sechs Uhr (pünktlich!) gibt es immer Abendessen. | d. Ich stehe immer um 6 Uhr 30 auf (natürlich nicht am Wochenende!), dann dusche ich, frühstücke, und gehe in die Schule. |
| 5. Um neun bin ich immer total müde und gehe ins Bett. | e. Mein Vater holt mich immer mit dem Auto ab. |
| 6. In der Woche gehe ich nie aus. | f. Ich brauche oft zwei oder drei Stunden! Aber ich sage immer: erst die Arbeit, dann der Spaß. |
| 7. Ich muss aber oft schon um zehn zu Hause sein. | g. Wir essen alle zusammen. Manchmal sehen wir danach fern. |

*Mein Beruf ist Schülerin und mein Tag ist ganz normal:*

*Ich stehe immer um 6 Uhr 30 auf (natürlich nicht am Wochenende!), dann dusche ich, frühstücke, und gehe in die Schule.*

2.52 **b Einen Text schnell lesen – Hört die CD.**
**Wer kann zu zweit den ganzen Text in 2 Minuten (oder noch schneller!!!) richtig vorlesen???**

**6 Wie heißen die Sätze richtig? Sucht in Kapitel 1–12 das „Original" und vergleicht. Korrigiert die Sätze.**

1. In der Medien-AG gibt es einen Friseur für Hunde.
2. An unserer Schule ist Jenny die Technikerin und Eva ist die Kamerafrau.
3. Unsere Sekretärin ist der Boss an der Schule.
4. Der Direktor fährt Motorrad.
5. In Deutschland gibt es sogar 52 Lehrer.
6. Mein Papa ist Koch und arbeitet in einem Krankenhaus.
7. Ein Arzt macht deutsche Spezialitäten.
8. Mein Vater ist Polizist und heißt Frau Müller.



## Sprechen/Aussprache

**5a** In PA lesen die S. den Text wie in der Aufgabe beschrieben. Sie müssen gut zuhören, um in der rechten Spalte den korrekten Buchstaben finden zu können, mit dem der Tagesablauf weitergeht.
Sie können diesen Text auch vergrößert kopieren und auseinanderschneiden, sodass jeder S. wirklich nur seine Spalte hat und sich nicht durch das Mitsuchen in der Spalte des Partners vom Hören ablenken lässt.
**Alternative:** Sie kopieren den Text und knicken ihn in der Mitte, dann hat jeder S. nur „seinen" Teil.
***Lösung:*** 1d, 2f, 3a, 4g, 5c, 6b, 7e

**5b** Nun probieren die S., den Text noch einmal schneller zu lesen. Stoppen Sie die Zeit oder lassen Sie die S. zu viert arbeiten und ein Schülerpaar stoppt die Zeit, während das andere Paar versucht, den Text korrekt in zwei Minuten zu lesen. Dann Wechsel. Wer schafft es?
Das ist nur eine spielerische Variante, seien Sie tolerant!

**6** Im PL lesen die S. die Aussagen und korrigieren gleichzeitig die falschen Informationen, zu denen sie noch aus der Erinnerung die richtigen Angaben wissen.
In PA suchen die S. die Aussagen in den Kapiteln 1–12 und korrigieren diese. Geben Sie dafür fünf Minuten Zeit. Dann geben Sie den S. den Tipp, dass sie alle Informationen in Kapitel 12, Aufgabe 2 finden.
***Lösung:***
1. In der Medien-AG ist Jenny die Technikerin und Eva ist die Kamerafrau.
2. An unserer Schule gibt es 52 Lehrer.
3. Unsere Sekretärin heißt Frau Müller.
4. Der Direktor ist der Boss an der Schule.
5. In Deutschland gibt es sogar einen Frisör für Hunde.
6. Mein Papa ist Koch. Er macht deutsche Spezialitäten.
7. Ein Arzt arbeitet in einem Krankenhaus.
8. Mein Vater ist Polizist und fährt Motorrad.

**7a** In KG (zu zweit oder zu dritt) lesen die S. die Texte und suchen sich einen Dialog aus, den sie nachspielen wollen. Sie verteilen die Rollen und üben die Texte. Die S. sollen auch über die Betonung, die Mimik und die Gestik sprechen, die sie benutzen wollen und auch diese üben. Die S. dürfen auch Requisiten verwenden, wenn sie möchten.
Geben Sie den S. genügend Zeit, um diese Rollenspiele vorzubereiten. Wichtig ist, dass die S. von Anfang an wissen, dass sie ihren Dialog zum Schluss frei vorspielen sollen.
Nach der Vorbereitung spielen die KG ihre Dialoge frei vor. Schaffen Sie dazu ein wenig Raum, eine imaginäre Bühne, auf die die S. kommen, damit deutlich wird, wer spielt und wer Zuschauer ist. Nach Abschluss jeder Präsentation sollte geklatscht werden, um sich so bei den Darstellern zu bedanken und die Motivation zu steigern.

**Alternative:** Als Vorstufe des freien Sprechens und bei lernschwächeren Gruppen bietet sich die Alternative „Dialoge mit Souffleur" an: Es gibt doppelt so viele S. in der Gruppe, wie es Rollen gibt (also bei drei Personen bildet man eine Gruppe mit sechs S.). Die S. bereiten den Dialog so vor, wie oben beschrieben, nur dass sie ihn nicht ganz frei sprechen müssen. Auf der Bühne stehen immer zwei Personen hintereinander. Die hintere Person souffliert der vorderen Person ihren Text, indem sie ihn ihr ins Ohr flüstert. Dann spricht die vordere Person diesen Text laut. Auch hier sollte man eine „Bühne" haben und die Präsentation mit Applaus beenden.

**7b** Nach den Präsentationen der S. hören sie gemeinsam die Dialoge von CD.



## Sprechen/Aussprache

**7 Im Restaurant**

**a Verteilt die Rollen. Übt die Texte. Spielt die Szenen. Seht dabei zuerst in die Texte, dann sprecht frei. Achtet auf Mimik, Gestik und die Betonung.**

**Im Restaurant**

Kellner: Guten Tag, was darf ich bringen?
Gast 1: Ich hätte gern ein Glas Apfelsaft und eine Pizza Diavola. Und du?
Gast 2: Auch ein Glas Apfelsaft. Und ein Käsebrötchen, bitte.
Kellner: Sehr gerne. Zweimal Apfelsaft, eine Pizza Diavola und ein Käsebrötchen. Kommt sofort!
*(Später)*
Gast 1: Ich möchte gerne bezahlen.
Kellner: Einen Moment, ich komme. Zusammen?
Gast 1: Ja, bitte.
Kellner: Das macht dann 18 Euro 20.
Gast 1: Hier bitte, der Rest ist für Sie.
Kellner: Oh, danke schön!

**Im Café**
Kellner: Guten Tag, was darf es sein?
Gast 1: Für mich ein Stück Apfelkuchen und einen Kakao.
Gast 2: Und für mich einen Obstsalat und eine Tasse Tee.
Kellner: Sehr gerne. Möchten Sie den Obstsalat mit Eis?
Gast 2: Ja bitte, das ist eine sehr gute Idee.
*(Später)*
Gast 1: Zahlen bitte.
Kellner: Sofort. Zusammen?
Gast 2: Nein, getrennt bitte.
Kellner: Dann sind das 5 Euro 20 für den Apfelkuchen und den Kakao. Und ... 8 Euro für den Obstsalat und den Tee.

**Bei „Big Big Burger"**
Gast: Einen Hamburger bitte.
Kellner: Big Burger, Hamburger, Cheeseburger, Tomatenburger, ... ??
Gast: Einfach einen Hamburger.
Kellner: Mit Salat, mit Ketchup, mit Käse?
Gast: Einfach einen Hamburger ohne Käse.
Kellner: Mit Pommes, mit Cola, mit Orangensaft?
Gast: Ich hätte nur gerne einen Hamburger!!!
Kellner: O.k. Hier essen oder mitnehmen?
Gast: GRRRRRR!!!!
Kellner: O.k., o.k. ... Das macht dann 2 Euro 50.

**b Vergleicht mit der CD.** 2.53



### AB zu KB-Seite 119:

**Sprechen 1:** Hier werden die Bitten und Aufforderungen in der Prüfungsform geübt, die die S. schon in Kapitel 8 kennengelernt haben. Wenn Sie die **KV 14** nicht schon in Kapitel 8 zur Vorbereitung auf die Prüfung eingesetzt haben, bietet sie sich auch an dieser Stelle an, um die S. mit dem Prüfungsformat vertraut zu machen.

**Sprechen 2:** Hier wird die Frage- und Antwortform geübt, die die S. schon aus dem Plateau 2 kennen. Dort war die Fragebildung noch sehr gelenkt. Hier ist nun die Form der Prüfung abgebildet, in der die S. ganz frei Fragen bilden müssen.
Die S. suchen sich aus den vorgegebenen Kärtchen fünf aus und bereiten Fragen mit den Wörtern zum Thema Ferien vor. Dann befragen sie sich in PA gegenseitig und antworten.
Beispiel: *„Wo machst du Urlaub?" – „In Deutschland."*

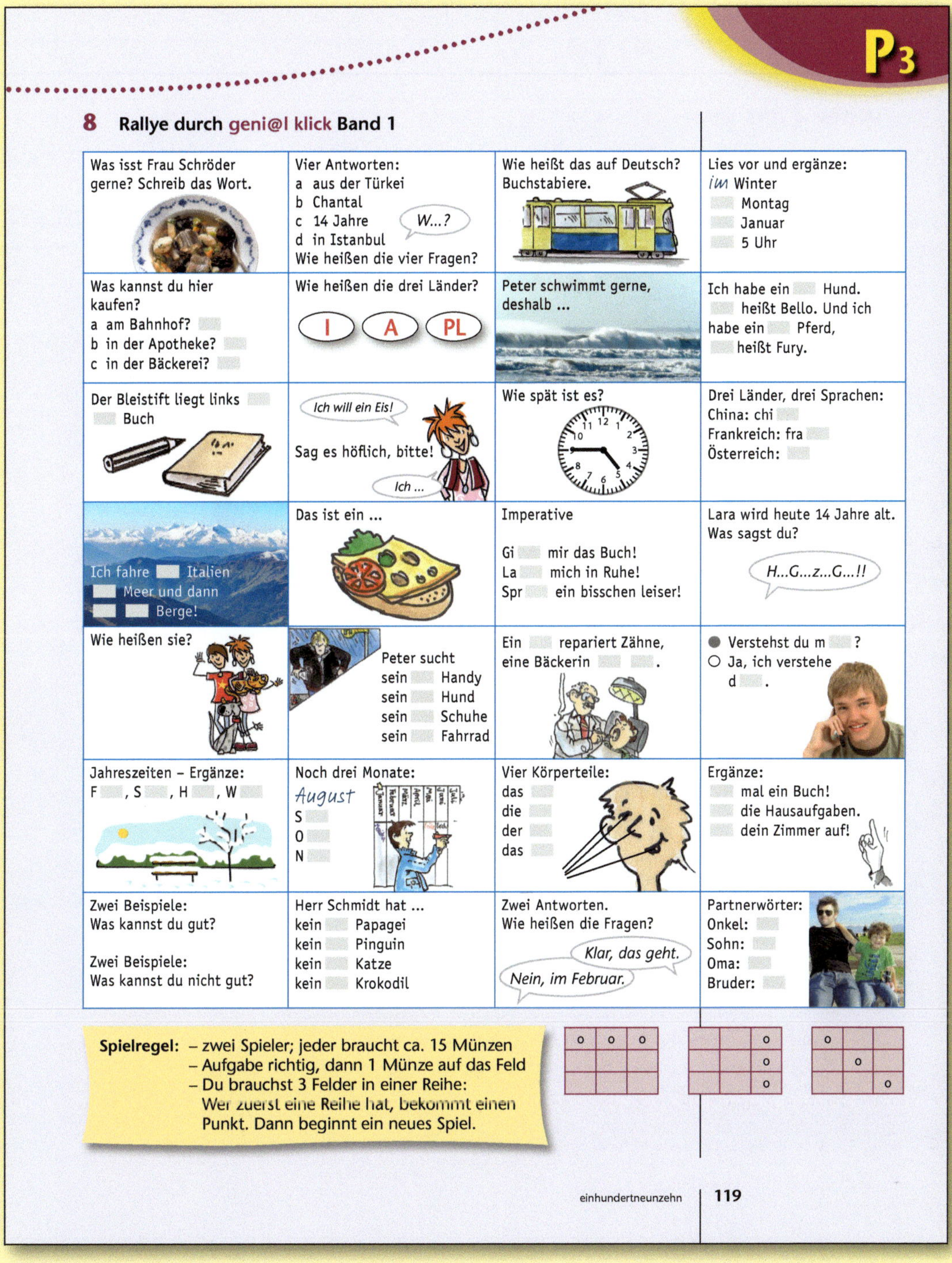
P3

## 8 Rallye durch geni@l klick Band 1

| | | | |
|---|---|---|---|
| Was isst Frau Schröder gerne? Schreib das Wort. | Vier Antworten:<br>a aus der Türkei<br>b Chantal<br>c 14 Jahre<br>d in Istanbul<br>Wie heißen die vier Fragen?<br>W...? | Wie heißt das auf Deutsch? Buchstabiere. | Lies vor und ergänze:<br>*im* Winter<br>___ Montag<br>___ Januar<br>___ 5 Uhr |
| Was kannst du hier kaufen?<br>a am Bahnhof? ___<br>b in der Apotheke? ___<br>c in der Bäckerei? ___ | Wie heißen die drei Länder?<br>I A PL | Peter schwimmt gerne, deshalb ... | Ich habe ein___ Hund. ___ heißt Bello. Und ich habe ein___ Pferd, ___ heißt Fury. |
| Der Bleistift liegt links ___ ___ Buch | Ich will ein Eis!<br>Sag es höflich, bitte!<br>Ich ... | Wie spät ist es? | Drei Länder, drei Sprachen:<br>China: chi___<br>Frankreich: fra___<br>Österreich: ___ |
| Ich fahre ___ Italien ___ Meer und dann ___ ___ Berge! | Das ist ein ... | Imperative<br>Gi___ mir das Buch!<br>La___ mich in Ruhe!<br>Spr___ ein bisschen leiser! | Lara wird heute 14 Jahre alt. Was sagst du?<br>H...G...z...G...!! |
| Wie heißen sie? | Peter sucht<br>sein___ Handy<br>sein___ Hund<br>sein___ Schuhe<br>sein___ Fahrrad | Ein ___ repariert Zähne, eine Bäckerin ___ ___. | ● Verstehst du m___?<br>○ Ja, ich verstehe d___. |
| Jahreszeiten – Ergänze:<br>F___, S___, H___, W___ | Noch drei Monate:<br>*August*<br>S___<br>O___<br>N___ | Vier Körperteile:<br>das ___<br>die ___<br>der ___<br>das ___ | Ergänze:<br>___ mal ein Buch!<br>___ die Hausaufgaben.<br>___ dein Zimmer auf! |
| Zwei Beispiele:<br>Was kannst du gut?<br>Zwei Beispiele:<br>Was kannst du nicht gut? | Herr Schmidt hat ...<br>kein___ Papagei<br>kein___ Pinguin<br>kein___ Katze<br>kein___ Krokodil | Zwei Antworten.<br>Wie heißen die Fragen?<br>Klar, das geht.<br>Nein, im Februar. | Partnerwörter:<br>Onkel: ___<br>Sohn: ___<br>Oma: ___<br>Bruder: ___ |

**Spielregel:**
- zwei Spieler; jeder braucht ca. 15 Münzen
- Aufgabe richtig, dann 1 Münze auf das Feld
- Du brauchst 3 Felder in einer Reihe: Wer zuerst eine Reihe hat, bekommt einen Punkt. Dann beginnt ein neues Spiel.

einhundertneunzehn 119

**8 Rallye:** In PA spielen die S. diese Rallye. Die S. brauchen dazu das KB und 15 Münzen oder ähnliche Spielsteine. Ziel des Spiels ist es, drei Felder in einer Reihe richtig zu beantworten und mit Spielsteinen besetzen zu können (waagerecht, senkrecht oder diagonal). Gewonnen hat, wer zuerst eine Dreierreihe hat. Spieler A beginnt, legt eine Münze auf ein Feld seiner Wahl und muss die Aufgabe lösen. Ist sie richtig gelöst, darf die Münze liegen bleiben, sonst muss sie wieder entfernt werden. Dann ist B an der Reihe. Beide versuchen, eine Dreierreihe zu bekommen und gleichzeitig den anderen daran zu hindern, dies ebenfalls zu schaffen.
***Lösung:*** s. unten

**Lösung der Rallye (v.l.n.r.):**
- Fischsuppe
- a: Woher kommst du? – b: Wie heißt du? – c: Wie alt bist du? – d: Wo wohnst du?
- Straßenbahn
- *am* Montag – *im* Januar – *um* 5 Uhr
- a: Fahrkarten – b: Medikamente – c: Brot
- Italien – Österreich – Polen
- … fährt er ans Meer.
- … *einen* Hund. *Er* heißt Bello. … *ein* Pferd, *es* heißt Fury.
- … *neben dem* Buch.
- Ich möchte bitte ein Eis.
- Es ist Viertel vor fünf.
- Chinesisch – Französisch – Deutsch
- *nach* Italien – *ans* Meer – *in die* Berge
- Käsebrötchen
- Gib – Lass – Sprich
- Herzlichen Glückwunsch!!
- Sie heißen Rudi, Lara, Bello, Mieze.
- sein Handy – sein*en* Hund – sein*e* Schuhe – sein Fahrrad
- Zahnarzt – backt Brot
- mich – dich
- Frühling – Sommer – Herbst – Winter
- September – Oktober – November
- das Ohr – die Nase – der Mund/Zahn – das Auge
- Lies – Mach – Räum
- Beispiel: Ich kann gut Fußball spielen, aber nicht gut tanzen etc.
- kein*en* Papagei – kein*en* Pinguin – kein*e* Katze – kein Krokodil
- Beispiele: Kommst du mit ins Kino? – Hast du im März Geburtstag?
- Tante – Tochter – Opa – Schwester

## Video

**9a** S. sehen sich die Fotos an und entscheiden, welche Fotos nicht zur Party passen.
***Lösung:*** Foto 2, Foto 4

**9b** S. lesen die Sätze und ordnen sie den Fotos zu. Anschließend sehen S. das Video Teil 3, Szene 12 (Jennys Geburtstagsparty) an, und prüfen ihre Vermutungen von a und b.
***Lösung:*** 1: Foto 7 – 2: Foto 4 – 3: Foto 5 – 4: Foto 1 – 5: Foto 9 – 6: Foto 8 – 7: Foto 6 – 8: Foto 2 – 9: Foto 3

**Erweiterung:** S. ergänzen in KG weitere Sätze, die zu den Fotos passen – entweder aus der Video-Szene oder sie denken sich etwas aus. Welche Gruppe kennt die meisten?

## Lernen lernen

Wie bereits in den anderen Plateaus geht es auch hier wieder um eine Reflexion des eigenen Lernens. Zudem sollen die S. noch einmal darüber nachdenken, wie man auch außerhalb des Deutschunterrichts weiterlernen kann und welche Lerntechniken sie bereits anwenden.

**10** S. lesen die Aussagen zum Lernen im PL. Klären des Wortschatzes. Die S. schreiben die Sätze ins Heft und notieren sich in EA dahinter, was auf sie zutrifft: „immer, oft, manchmal, nie". Wiederholen Sie ggf. auch die Bedeutung dieser Wörter.
Dann setzen sich die S. in KG zusammen und erzählen sich gegenseitig, welche der Aussagen auf sie zutreffen und wie oft sie eine Lerntechnik anwenden. S. sprechen auch darüber, was gut funktioniert oder warum sie etwas nicht machen. Sprechen Sie im PL darüber, welche anderen Dinge die S. machen, die evtl. nicht in der Liste stehen.

**11** In PA sprechen S. nun insgesamt über den ersten Band von geni@l klick. Anschließend vergleichen sie ihre Einschätzung untereinander. *„Gibt es ein Lieblingskapitel/Projekt im Kurs?", „Sind die Antworten eher gleich oder ganz unterschiedlich?"*

---

**P3** Plateau

### Video (Teil 3)

**9** **Die Geburtstagsparty**

**a** **Zwei Fotos passen nicht zur Party. Welche?**

**b** **Was passt zu den Fotos? Was könnt ihr noch dazu sagen?**

1. Der Kuchen schmeckt furchtbar!
2. Komm, mach die Tür auf.
3. Was gibt es zu essen?
4. Herzlichen Glückwunsch!
5. Eva kann nicht kommen.
6. Wo wart ihr denn?
7. Wow! Karten für die Mischka Singers!
8. Alles ok? – Ja, wir können.
9. Hier, ein Geschenk für dich!

### Lernen lernen

**10** **Nachdenken über das Lernen. Was macht ihr: immer, oft, manchmal, nie?**

1. Ich arbeite mit Lernkärtchen und lerne Wortschatz.
2. Ich mache meine Hausaufgaben.
3. Probleme? Dann frage ich meine Lehrerin oder andere Schüler.
4. Ich spreche, höre und lese Deutsch nicht nur im Unterricht.
5. Ich spreche mit Touristen.
6. Ich sehe deutsches Fernsehen, ich höre deutsche Lieder, ...
7. Mein Schreibtisch zu Hause ist ordentlich und aufgeräumt.

**11** **Diskutiert zu zweit die Fragen und vergleicht in der Klasse.**

1. Welches Kapitel in geni@l klick 1 ist sehr interessant?
2. Was ist das Lieblingsprojekt?
3. Welche Übung ist besonders schwer?
4. Was ist eure Lieblingszeichnung / euer Lieblingsfoto?
5. Was im Video findet ihr besonders gut/interessant?

120 | einhundertzwanzig

---

## AB „Mein Wortschatz"

Die S. legen im Heft eine Tabelle mit den vorgegebenen Oberbegriffen an. Dann sehen sie sich das Wimmelbild an und notieren alle Wörter, die passen, in der entsprechenden Spalte. Diese Übung ist gut als Hausaufgabe geeignet, kann aber auch als Wettbewerb in der Klasse durchgeführt werden: Bilden Sie dazu KG, die fünf Minuten Zeit haben, so viele passende Wörter wie möglich zu notieren. Anschließend wird verglichen, welche Gruppe die meisten korrekten Wörter gefunden hat. Diese Gruppe bekommt einen kleinen Preis.

# Alphabetische Wortliste

In der Wortliste findest du die Wörter aus den Kapiteln 1–12 von **geni@l klick Kursbuch A1**.
Die blauen Wörter sind besonders wichtig: **Abend**, der, -e. Die musst du gut lernen.
Du brauchst sie für den Test.

## Diese Informationen findest du in der Liste:

**Verben:**
bei regelmäßigen Verben: der Infinitiv → **arbeiten**
bei Verben mit unregelmäßigen Formen im Präsens: die 3. Person Singular Präsens → **fahren**, er fährt
bei trennbaren Verben: die 3. Person Singular Präsens → **aufräumen**, er räumt auf

**Nomen:**
das Wort, der Artikel, die Pluralform → **Adresse**, die, -n

**Adjektive:**
das Wort, die unregelmäßigen Steigerungsformen → **gut**, **besser**, am besten

Bei verschiedenen **Bedeutungen** von Wörtern: das Wort und Beispielsätze →
**machen** (1) *(Er macht eine Liste.)*
**machen** (2) *(Deutsch macht Spaß.)*
**machen** (3) *(Ich mache Musik.)*
**machen** (4) *(Das macht 10 Euro.)*

**Wortakzent:**
Den Wortakzent erkennst du an . und _.
Ein Punkt unter einem Vokal = Vokal kurz betonen → **antworten**
Ein Strich unter einem Vokal = Vokal lang betonen → Alphabet

**Listen auf S. 142/143:**
Die Zahlen, Monate, Jahreszeiten, Länder usw. sind nicht in der Liste – sie stehen auf S. 142/143.
Dort findest du auch eine Liste mit Verben mit unregelmäßigen Formen im Präsens.

## Und so sieht's aus:

Wort → **Schokolade**
Artikel → die
Plural → -n
**Schokolade**, die, -n 8/1 ← Aufgabennummer
Wortakzent → Schokolade
Seite im Buch → 8/1

**Abkürzungen und Symbole:**

| | |
|---|---|
| *"* | Umlaut im Plural (bei Nomen) |
| *Sg.* | nur Singular (bei Nomen) |
| *Pl.* | nur Plural (bei Nomen) |
| (+ *A.*) | Präposition mit Akkusativ |
| (+ *D.*) | Präposition mit Dativ |
| (+ *A./D.*) | Präposition mit Akkusativ oder Dativ |
| *Abk.* | Abkürzung |

# W

ab (1) *(Wir treffen uns ab 12 Uhr.)* 13/11
ab (2) *(Ab in die Küche.)* 111/13
abbiegen, er biegt ab 94/6
**Abend**, der, -e 55/6
Abendessen, das, – 15/2
**aber** 17/6
**abfahren**, er fährt ab 96/9
**abholen**, er holt ab 55/6
ablehnen, er lehnt ab 106
Ablehnung, die, -en 105/16
ablesen, er liest ab 93/4
absagen, er sagt ab 60
abschreiben, er schreibt ab 58/12
abwechselnd 54/3
ach 96/9
achten (+ auf + *A.*) 18/7
**Achtung**, die *Sg.* 93/5
Action, die *Sg.* 12/9
**Adresse**, die, -n 34/10
AG, die, -s (= Arbeitsgemeinschaft, die, -en) 33/5
ah 71/3
äh 11/5
aha 11/8
**Ahnung**, die, -en 8/1
Akku, der, -s 111/13
Akkusativ, der, -e 49/13
Aktivität, die, -en 59/15
**all-** (1) *(Sie filmen alles.)* 15/1
**all-** (2) *(Alle Schüler lernen Englisch.)* 33/5
**allein**, alleine 46/6
Alles Gute! 83
alles klar 70/2
Alphabet, das, -e 11/7
**als** (1) *(Meine Schule hat mehr als 50 Klassen.)* 33/5
**als** (2) *(Sie hat einen Job als Babysitterin.)* 109/10
**also** 100/2
**alt**, älter, am ältesten *(Wie alt bist du?)* 17/6
**Alter**, das *Sg.* 21/15
**am** (= an + dem) (+ *D.*) *(Er arbeitet am Computer.)* 16/3
am besten 35/12
Ampel, die, -n 94/6
**an** (+ *A./D.*) 17/6
**ander-** *(Einer sagt den Weg, der andere geht.)* 94/6
ändern (+ sich) 64/8
**anders** *(Was ist gleich? Was ist anders?)* 19
**Anfang**, der, ″-e 57/8
**anfangen**, er fängt an 34/10
Anfänger, der, – 71/3
Angabe, die, -n 101/5
**Angst**, die, ″-e 75/10
anhalten, er hält an 100/2
**ankommen**, er kommt an 57/8
anmachen, er macht an 57/8
Anrede, die, -n 34/10
**anrufen**, er ruft an 56/7
ans (= an das) (+ *A.*) 104/13
anschauen, er schaut an 99/1
ansehen, er sieht an 24/2
**Antwort**, die, -en 19/11
**antworten** 16/4
Anwalt, der, ″-e 108/4
Anwältin, die, -nen 108/4
Anweisung, die, -en 69
anziehen (1), er zieht an 56/7
anziehen (2) (+ sich), er zieht sich an 96/9
**Apfel**, der, ″– 96/9
Apfelsaft, der, ″-e 102/7
**Apotheke**, die, -n 87/8
**Appetit**, der *Sg.* 83/1
**Arbeit**, die, -en 46/4
**arbeiten** 16/3
Arbeitsgemeinschaft, die, -en (*Abk.* AG, die, -s) 33/5
**Architekt**, der, -en 108/4
**Architektin**, die, -nen 108/4
Ärger, der *Sg.* 74
**Arm**, der, -e 86/6
Artikel, der, – 26
**Arzt**, der, ″– 87/8
**Ärztin**, die, -nen 108/4
au ja! 100/2
Aua! 86/6
**auch** 10/4
**auf** (1) *(Wie heißt das auf Deutsch?)* 18/8
**auf** (2) (+ *A./D.*) *(Sie wohnt auf einer Insel.)* 31/1
Auf Wiedersehen! 10/4
aufbleiben, er bleibt auf 88/12
auffallen, er fällt auf 49/13
**Aufgabe**, die, -n 46/5
Aufgabenblatt, das, ″-er 96/9
aufhören, er hört auf 57/8
**aufmachen**, er macht auf 74/7
**aufräumen**, er räumt auf 74/8
aufschlagen, er schlägt auf 74/9
aufschreiben, er schreibt auf 35/12
**aufstehen**, er steht auf 57/8
aufwachen, er wacht auf 96/9
**Auge**, das, -n 45/1
**aus** (+ *D.*) 8/1
Ausdruck, der, ″-e 21/16
ausfallen, er fällt aus 96/9
**Ausflug**, der, ″-e 84/2
ausgeben, er gibt aus 51/18
ausgehen, er geht aus 110/11
ausmachen, er macht aus 74/8
Ausrede, die, -n 88/13
Aussage, die, -n 32/4
**aussehen**, er sieht aus 50/16
Äußerung, die, -en 74/8
Aussprache, die, -n 19/9
**aussteigen**, er steigt aus 56/7
aussuchen, er sucht aus 67/14
austragen, er trägt aus 109/10
Ausweis, der, -e 101/3
**Auto**, das, -s 36/14

babysitten 85/4
Babysitterin, die, -nen 109/10
backen, er bäckt/backt 109/7
Bäcker, der, – 108/4
Bäckerei, die, -en 91/1
Bäckerin, die, -nen 108/4
**Bad**, das, ″-er 72/4
baden 88/13
**Bahnhof**, der, ″-e 55/5
**bald** 10/4
**Ball**, der, ″-e 26/5
Ballett, das, -e 65/10
**Banane**, die, -n 19/9
**Band**, die, -s 8/1
Bank, die (1), -en *(Geldinstitut)* 56/7
Bank, die (2), ″-e *(Sitzbank)* 56/7
Bankkauffrau, die, -en 108/4
**Basketball** *Sg. ohne Artikel (das Spiel)* 28/14
**Bauch**, der, ″-e 48/12
bauen 62/3
Bauer, der, -n 108/4
Bäuerin, die, -nen 108/4
**Baum**, der, ″-e 92/3
beantworten 33/5
bearbeiten 16/3
**bedeuten** 105/16

beeilen (+ sich) 74/8
Beginn, der *Sg.* 34/10
beginnen 32/4
begrüßen 14
behalten, er behält 95/7
**bei** (+ *D.*) 17/6
**beide** 56/7
**beim** (= bei dem) (+ *D.*) 13/11
Bein, das, -e 48/12
**Beispiel**, das, -e 17/5
Beitrag, der, ″-e 110/11
bekannt 13/11
Bekannte, der/die, -n 84/2
**bekommen** 31/1
benutzen 53/2
Berg, der, -e 103/12
berichten 89/14
Berlin *Sg. ohne Artikel* 8/1
Bern *Sg. ohne Artikel* 17/6
**Beruf**, der, -e 107/1
Beruferaten, das *Sg.* 109/9
beschreiben 52
Beschreibung, die, -en 48/12
**besser** 63/6
Besserung, die *Sg.* *(Gute Besserung.)* 83/1
**best-** 31/1
**Beste**, der/das/die, -n 97/10
bestellen 106
bestimmt (1) *(Du hast bestimmt auch gute Noten.)* 110/12
bestimmt- (2) *(der bestimmte Artikel)* 26/5
Besuch, der, -e 74/7
**besuchen** 91/1
Betonung, die, -en 18/7
**Bett**, das, -en 88/11
Bewegung, die, -en 109/9
**bezahlen** 67/13
**Bibliothek**, die, -en 63/5
Bild, das, -er 24/2
bilden 46/6
**billig** 101/5
Bio *Sg. ohne Artikel (Abk. für das Schulfach Biologie)* 33/7
Biologie *Sg. ohne Artikel (das Schulfach)* 32/4
Bioraum, der, ″-e 95/8
**bis** (+ *D.*) 9/2
Bis bald! 10/4
**bisschen** 16/3
**bitte** 21/15
Bitte, die, -n 74/9

Blatt, das, ″-er 93/5
**blau** 46/5
**bleiben** 75/11
**Bleistift**, der, -e 24/2
**blöd** 58/13
Blog, der, -s 33/5
bloß 111/13
**Blume**, die, -n 73/5
**Bluse**, die, -n 66/11
Bodensee, der *Sg.* 104/13
Boss, der, -e 107/2
**brauchen** 93/5
**braun** 46/4
**Brief**, der, -e 64/7
Brieffreund, der, -e 65/10
Briefmarke, die, -n 91/2
Brille, die, -n 24/2
**Brot**, das, -e 91/2
**Brötchen**, das, – 91/2
**Bruder**, der, ″– 45/3
**Buch**, das, ″-er 36/14
buchstabieren 11/8
bunt 46/5
Burg, die, -en 101/4
Büro, das, -s 109/7
**Bus**, der, -se 56/7
Bushaltestelle, die, -n 96/9

Café, das, -s 13/11
Cafeteria, die, -s 33/5
**CD**, die, -s 12/9
**Cent**, der, -(s) 66/11
chatten 103/9
**Chemie**, *Sg. ohne Artikel (das Schulfach)* 38
Chemieraum, der, ″-e 95/8
Chips, die *Pl.* 12/9
Chor, der, ″-e 33/5
Cola, die, -s 12/9
**Comic**, der, -s 53/1
**Computer**, der, – 12/9
Computerraum, der, ″-e 65/10
Computerspezialist, der, -en 108/4
Computerspezialistin, die, -nen 108/4
Computerspiel, das, -e 54/3
cool 10/4
Cousin, der, -s 70/2
Cousine, die, -n 70/2
Currywurst, die, ″-e 102/7

**da** (1) *(In der Schweiz, da bin ich gern.)* 20/12
**da** (2) *(Paul hat Geburtstag. Mensch, da muss ich noch ein Geschenk kaufen.)* 96/9
da sein, er ist da 93/4
danach 72/4
**Dank**, der *Sg.* 97/9
danke 10/4
**dann** 24/2
**das** 8/1
dass 65/10
Dativ, der, -e 92/3
dauern 109/10
**dein, deine** 18/8
denn 27/9
**der** 8/1
**deshalb** 104/14
**Deutsch** (1), das *Sg.* *(die Sprache)* 13/12
**Deutsch** (2) *Sg. ohne Artikel (das Schulfach)* 31/1
**deutsch** 51/18
Deutschbuch, das, ″-er 24/2
**Deutsche**, der/die, -n 45/3
**Deutschland** *Sg. ohne Artikel* 8/1
Dialog, der, -e 10/4
dich 57/8
**die** 8/1
**Dienstag**, der, -e 33/5
diktieren 11/8
dir 10/4
direkt 91/1
Direktor, der, -en 32/4
**Disco**, die, -s (*Abk.* für Diskothek) 91/2
**diskutieren** 105
**doch** 20/12
**Donnerstag**, der, -e 33/5
Donnerwetter, das *Sg.* 97/10
doof 63/6
**dort** 101/5
Drama, das, Dramen 12/9
drehen 34/10
drücken 85/4
**du** 8
dunkel, dunkler, am dunkelsten 52
dunkelblau 67/14
dunkelgrün 67/14
dürfen, er darf 88/11
**Durst**, der *Sg.* 102/8

Dusche, die, -n 111/13
**duschen** 72/4

echt 10/4
egal 97/9
**Ei**, das, -er 96/9
eigen- 19/10
**ein, eine** 15/1
ein bisschen 16/3
ein paar 110/11
**einfach** (1) *(Ich kann einfache Fragen stellen.)* 30
**einfach** (2) *(Er ist einfach super toll.)* 53/2
Eingang, der, "-e 95/8
**einkaufen**, er kauft ein 58/12
**einladen**, er lädt ein 64/8
**Einladung**, die, -en 85/4
**einmal** 16/3
**Eins**, die, -en *(Schulnote)* 31/1
einschlafen, er schläft ein 75/10
**einsteigen**, er steigt ein 96/9
**einverstanden sein**, er ist einverstanden 105/17
**Eis**, das *Sg.* 27/11
Eiscafé, das, -s 55/5
Eiskunstlauf, der *Sg.* 65/10
Elefant, der, -en 26/5
**Eltern**, die *Pl.* 45/3
**E-Mail**, die, -s 21/16
E-Mail-Adresse, die, -n 97/10
**Ende**, das, -n 57/8
**endlich** 74/8
Endung, die, -en 17/6
**Englisch**, das (1) *Sg.* *(die Sprache)* 18/8
**Englisch** (2) *Sg. ohne Artikel (das Schulfach)* 31/1
Ente, die, -n 50/17
**Entschuldigung**, die, -en 87/10
**er** 15/1
Erdgeschoss, das, -e 95/8
erfinden 88/13
erfragen 71/3
ergänzen 17/6
Ergebnis, das, -se 45/3
**erklären** 32/4
ersetzen 55/6
erst 45/3
erstellen 73/5
Erwachsene, der/die, -n 51/18
**erzählen** 32/3
**es** 15/1
es gibt *(Am ersten Schultag gibt es eine Schultüte.)* 31/1
**Essen**, das *Sg.* 12/10
**essen**, er isst 48/11
etwa 109/10
**etwas** 64/8
**euch** 31/2
**euer, eure** 10/4
**Euro**, der, -s, *aber:* 10 Euro *(Abk. €)* 31/1
**Europa** *Sg. ohne Artikel* 51/18
existieren 110/12
extra 101/3

**Fach**, das, "-er 36/14
**fahren**, er fährt 16/3
**Fahrkarte**, die, -n 24/2
**Fahrrad**, das, "-er 29/16
Fahrradrennen, das, – 105/17
Fahrradschlüssel, der, – 111/13
Fahrradtour, die, -en 100/2
**falsch** 40/2
**Familie**, die, -n 51/18
Familienfoto, das, -s 70/2
Fantasiebild, das, -er 26/5
**Farbe**, die, -n 26/5
farbig 26/5
fast 96/9
faul 106
faulenzen 62/3
fehlen 35/11
**Fehler**, der, – 33/5
Feier, die, -n 84/2
feiern 58/13
Fell, das, -e 46/4
**Fenster**, das, – 23/1
**Ferien**, die *Pl.* 15/1
**fernsehen**, er sieht fern 63/5
**Fernsehen**, das *Sg.* 71/3
Fernseher, der, – 57/11
**fertig sein**, er ist fertig 97/10
Fest, das, -e 58/13
Fieber, das *Sg.* 87/9
**Film**, der, -e 12/10
filmen 15/1
**finden** (1) *(Er findet Computer toll.)* 15/1
**finden** (2) *(Sie findet den Computer nicht.)* 21/15
**Fisch**, der, -e 19/10
Fischbrötchen, das, – 102/7
fischen 46/7
Fischer, der, – 46/7
Fischmarkt, der, "-e 102/7
Fischsuppe, die, -n 100/2
Flagge, die, -n 18/7
**Flasche**, die, -n 102/7
fleißig 59/14
Fliege, die, -n 45/1
**fliegen** 46/7
Flohmarkt, der, "-e 63/5
**Flugzeug**, das, -e 104/15
**Fluss**, der, "-e 101/6
Folge, die, -n 104/14
Form, die, -en 47/10
formell 34/10
**Foto**, das, -s 9/3
fotografieren 15/1
**Frage**, die, -n 20/14
**fragen** 16/4
Französisch (1), das *Sg.* *(die Sprache)* 18/8
Französisch (2) *Sg. ohne Artikel (das Schulfach)* 33/5
**Frau**, die, -en 10/4
**frei** 63/5
freihaben, er hat frei 58/13
**Freitag**, der, -e 33/5
Freizeit, die *Sg.* 53
Freizeitpark, der, -s 54/3
freuen (+ sich) 53/2
**Freund**, der, -e 16/3
**Freundin**, die, -nen 21/15
freundlich 85/4
frisch 46/7
Frisör, der, -e 51/18
Frisörin, die, -nen 108/4
**froh** 56/7
Frohe Ostern! 83/1
Frohe Weihnachten! 83/1
**früh** 57/10
**Frühling**, der, -e 84/3
**Frühstück**, das, -e *(meist Sg.)* 96/9
**frühstücken** 110/11
Füller, der, – 24/2
funktionieren 49/13
**für** (+ *A.*) 15/1
**Fuß**, der, "-e 86/6
**Fußball**, der, "-e 9/3
Fußballspiel, das, -e 15/2
Fußballtrainer, der, – 63/6

ganz (1) *(Das ist ganz o.k.)* 33/5
ganz- (2) *(Er arbeitet den ganzen Tag.)* 88/11

interessieren (+ sich) 103/12
**international** 12
**Internet**, das *Sg.* 22
Internet-Forum, das, Foren 110/12
Interview, das, -s 15/1
Intonation, die, -en 111/13
I-Pod, der, -s 24/2
Italienisch, das *Sg.* *(die Sprache)* 18/8
**italienisch** 31/1

**ja** (1) *(Magst du Tokio Hotel? – Ja.)* 10/4
**ja** (2) *(Ein bisschen schmutzig ist es ja schon.)* 97/9
Ja-/Nein-Frage, die, -n 28/15
**Jacke**, die, -n 66/11
**Jahr**, das, -e 17/6
**Jahreszeit**, die, -en 90
je 76
**Jeans**, die, – 56/7
**jed-** *(Ich stehe jeden Morgen um 8 Uhr auf.)* 57/10
jemand 14
**jetzt** 16/3
**Job**, der, -s 109/10
jobben 109/10
joggen 64/7
Jugendclub, der, -s 61/1
Jugendgruppe, die, -n 101/4
Jugendherberge, die, -n 100/2
Jugendhotel, das, -s 101/4
Jugendliche, der/die, -n 84/2
Jugendzentrum, das, -zentren 91/2
**jung**, jünger, am jüngsten 100/2
**Junge**, der, -n 36/14

**Kaffee**, der, -s (*meist Sg.*) 57/11
**Kakao**, der *Sg.* 57/11
**kalt**, kälter, am kältesten 48/11
Kamel, das, -e 49/13
Kamera, die, -s 22
Kamerafrau, die, -en 15/1
Känguru, das, -s 45/3
Kapitel, das, – 14
**kaputt** 87/10
Kärtchen, das, – 36/14
**Karte** (1), die, -n *(Wir spielen Karten.)* 61/1
**Karte** (2), die, -n *(Sucht die Stadt auf der Karte.)* 99/1
Kartenspiel, das, -e 63/6
**Käse**, der *Sg.* 91/2
Käsebrötchen, das, – 102/7
Katastrophe, die, -n 111/13
Katastrophentag, der, -e 111/13
**Katze**, die, -n 36/14
**kaufen** 49/14
**Kauffrau**, die, -en 108/4
Kaufhaus, das, ″-er 66/11
**Kaufmann**, der, ″-er 108/4
**kein-** *(Ich habe keine Ahnung.)* 8/1
**kennen** 12/9
**kennenlernen**, er lernt kennen 110/12
**Kind**, das, -er 51/18
**Kino**, das, -s 54/3
**Kiosk**, der, -e 91/1
Kirche, die, -n 103/12
Klamotte, die, -n 67/14
**klar** 34/10
**Klasse**, die, -n 16/3
klasse 66/12
**Klassenarbeit**, die, -en 83/1
Klassenzimmer, das, – 23/1
**Klavier**, das, -e 16/3
Klavierunterricht, der *Sg.* 87/10
**Kleid**, das, -er 66/11
Kleidung, die, -en 66/12
Kleidungsstück, das, -e 66/11
**klein** 31/1
Kleine, der/die, -n 109/10
klettern 61/1
klingeln 48/11
Koch, der, ″-e 71/3
Koch-AG, die, -s 31/1
**kochen** 20/14
Kollege, der, -n 34/10
komisch 97/10
**kommen** 20/14
komplett 66/11
kompliziert 31/1
Kompositum, das, Komposita 26/7
Konflikt, der, -e 71/3
König, der, -e 88
**können**, er kann 11/8
Konsequenz, die, -en 104/14
Kontext, der, -e 109/7
kontrollieren 15/1
Konzert, das, -e 13/11
**Kopf**, der, ″-e 48/12
Kopfschmerz, der, -en 87/8
kopieren 96/9
korrigieren 33/5
**kosten** 101/3
Krach, der *Sg.* 74/7
**krank**, kränker, am kränksten 85/5
Krankenbesuch, der, -e 83/1
**Krankenhaus**, das, ″-er 87/8
Kreuzung, die, -en 94/6
Krokodil, das, -e 45/3
**Küche**, die, -n 72/4
**Kuchen**, der, – 84/2
**Kugelschreiber** → Kuli
Kuh, die, ″-e 50/17
**Kühlschrank**, der, ″-e 96/9
Kuli, der, -s (= *Abk.* für Kugelschreiber, der, –) 24/2
Kultur, die, -en 103/12
**Kunst** *Sg. ohne Artikel (das Schulfach)* 33/6
**Künstler**, der, – 108/4
**Künstlerin**, die, -nen 108/4
Kursbuch, das, ″-er 100/2
**kurz**, kürzer, am kürzesten 11/6
Kürzel, das, – 85/4

**Lampe**, die, -n 15/1
**Land**, das, ″-er 18/7
Ländername, der, -n 18/7
**lang**, länger, am längsten 11/6
**langsam** 74/9
**langweilig** 55/5
**lassen**, er lässt 74/7
Latein *Sg. ohne Artikel (das Schulfach)* 33/5
**laufen** (1), er läuft *(im Sinne von joggen) (Wollen wir um den See laufen?)* 46/4
**laufen** (2), er läuft *(im Sinne von gehen) (Peter läuft von der Schule nach Hause.)* 64/8
laut 19/9
Leben, das, – 110
Lebensmittel, die *Pl.* 98
lecker 73/5
Lederjacke, die, -n 56/7
leer 96/9
legen 93/5
**Lehrer**, der, – 32/4
**Lehrerin**, die, -nen 23/1
Lehrerzimmer, das, – 95/8

**leicht** 94/6
**leider** 55/5
**leidtun**, es tut leid 55/5
leise 74/7
**lernen** 26/5
Lernkarte, die, -n 36/15
Lerntipp, der, -s 13/11
**lesen**, er liest 9/2
**Leute**, die *Pl.* 46
**lieb** 21/15
lieb haben, er hat lieb 85/4
**lieben** 20/12
**lieber** 63/6
Liebling, der, -e 46/5
**Lieblings-** 32/4
Lieblingsbuch, das, ″-er 65/9
Lieblingsessen, das, – 65/9
Lieblingsfarbe, die, -n 65/9
Lieblingsfilm, der, -e 64/7
Lieblingsgruppe, die, -n 65/9
Lieblingslehrer, der, – 32/4
Lieblingsmusik, die, -en *(meist Sg.)* 88/11
Lieblingssänger, der, – 65/10
Lieblingstier, das, -e 45/3
liegen (1) *(Bern liegt in der Schweiz.)* 20/12
liegen (2) *(Der Bleistift liegt neben der Schere.)* 93/5
lila 67/14
Limonade, die, -n 84/2
Lineal, das, -e 24/2
**links** 71/3
Liste, die, -n 12/10
los sein, es ist los *(Was ist los?)* 56/7
losfahren, er fährt los 100/2
losgehen, er geht los *(Jetzt geht's los.)* 93/5
Lösung, die, -en 69/1
Lotto, das, -s 35/13
**Lust**, die *Sg.* 29/18
Lust haben, er hat Lust 55/5
**lustig** 32/4

**machen** (1) *(Er macht eine Liste.)* 12/10
**machen** (2) *(Deutsch macht Spaß.)* 20/12
**machen** (3) *(Ich mache Musik.)* 20/14
**machen** (4) *(Das macht 10 Euro.)* 66/11
**machen** (5) *(Du machst einen Vorschlag.)* 106
**Mädchen**, das, – 36/14
**Mail**, die, -s 21/16
mal *(Schaut mal.)* 16/3
mal sehen 55/5
malen 62/4
Mama, die, -s 97/10
**man** 19/9
manche 84/2
**manchmal** 58/12
**Mann**, der, ″-er 74/8
Mäppchen, das, – 24/2
Marionette, die, -n 71/3
Marker, der, – 24/2
markieren 11/6
**Marktplatz**, der, ″-e 94/6
**Marmelade**, die, -n 96/9
**Mathe** *Sg. ohne Artikel (Abk. für das Schulfach Mathematik)* 34/10
Mathebuch, das, ″-er 96/9
Mathelehrer, der, – 49/14
**Mathematik** *Sg. ohne Artikel (das Schulfach)* 31/1
Mathetest, der, -s 87/8
Medien-AG, die, -s 15/1
Medikament, das, -e 91/2
Medium, das, Medien 15/1
Meer, das, -e 104/13
**mehr** *(Sammelt noch mehr Wörter.)* 23/1
**mein, meine** 10/4
meinen 110/11
Mensch, der, -en 46
**Meter**, der, – 54/3
mich 16/3
**Milch**, die *Sg.* 96/9
Milliarde, die, -n 51/18
Mimik, die *Sg.* 111/13
Mindmap, die, -s 73/5
**Mineralwasser**, das *Sg.* 102/7
Minidialog, der, -e 49/14
**Minute**, die, -n 34/10
mir 55/5
Missverständnis, das, -se 56/7
Mist, der *Sg.* 29/17
**mit** (+ *D.*) 10/4
**mitbringen**, er bringt mit 73/6
mitgehen, er geht mit 55/5
**mitkommen**, er kommt mit 29/18
mitlesen, er liest mit 71/3
**mitnehmen**, er nimmt mit 118/7
mitsingen, er singt mit 20/12
**Mittag**, der, -e 62/3
Mittagessen, das, – 101/3
mittags 114
Mittagspause, die, -n 32/4
Mitte, die, -n 57/8
**Mittwoch**, der, -e 33/7
Modalverb, das, -en 88/12
Mode, die, -n 31/1
Model, das, -s 108/4
**mögen**, er mag 10/4
Moment, der, -e 34/10
Monat, der, -e 84/3
**Monatsname**, der, -n 84/3
**Montag**, der, -e 33/5
Montagmorgen, der, – 96/9
**Morgen**, der, – 33/5
**morgen** 53/2
Motor, der, -en 27/9
Motorrad, das, ″-er 69/1
Mountainbike, das, -s 53/2
**müde** 87/10
Mund, der, ″-er 86/7
Museum, das, Museen 54/4
Musical, das, -s 100/2
**Musik** (1), die, -en *(meist Sg.) (Ich höre Musik.)* 11/6
**Musik** (2) *Sg. ohne Artikel (das Schulfach) (Ich habe morgen Bio, Mathe und Musik.)* 33/6
Musiklehrer, der, – 17/6
**müssen**, er muss 58/13
**Mutter**, die, ″– 69/1

na 100/2
na dann 87/8
na ja 49/14
**nach** (1) (+ *D.*) *(Nach Kapitel 1 kommt Kapitel 2.)* 14
**nach** (2) (+ *D.*) *(An der Kreuzung gehst du nach rechts.)* 94/6
nach Hause 56/7
Nachbarin, die, -nen 65/10
Nachhilfe, die, -n 87/10
Nachhilfeunterricht, der *Sg.* 58/13
**Nachmittag**, der, -e 33/5
**Nachname**, der, -n 65/9
nachschlagen, er schlägt nach 64/8

**nachsprechen**, er spricht nach 18/7
**nächst-** *(Nächstes Mal kommst du mit!)* 103/10
**Nacht**, die, ”-e 101/3
nah, näher, am nächsten 91/1
**Name**, der, -n 10/4
Nase, die, -n 86/7
nass 56/7
natürlich 53/2
neben (+ *A./D.*) 92/3
**nehmen** (1), er nimmt *(Ich nehme den Bus.)* 56/7
**nehmen** (2), er nimmt *(Ich nehme den Pullover.)* 66/11
**nein** 16/4
Nein-Typ, der, -en 59/16
nennen 16/3
nervös 96/9
**nett** 32/4
**neu** 53/2
**nicht** 16/3
nicht mehr 103/12
**nichts** 96/9
**nie** 46/6
**niemand** 56/7
**noch** 23/1
noch einmal 16/3
noch nicht 102/8
noch nie 105/19
Nomen, das, – 26
Nominativ, der, -e 27/12
**Norden**, der *Sg.* 99/1
**normal** 110/11
**Note**, die, -n 31/2
notieren 13/11
Notiz, die, -en 89/14
Notizzettel, der, – 97/9
**Nummer**, die, -n 15/1
nummerieren 15/1
**nur** 51/18

o.k. (= okay) 33/5
**Obst**, das *Sg.* 31/1
**oder** 15/1
**oft** 58/12
oh 10/4
Oh Mann! (Mann, der, ”-er) 74/8
**ohne** (+ *A.*) 118/7
Ohr, das, -en 86/7
Oma, die, -s 70/2
**Onkel**, der, -s 70/2
Opa, der, -s 69/1
orange 52
Orchester, das, – 33/5
orientieren 99/1
Ort, der, -e 54/4
Ortsangabe, die, -n 98
**Osten**, der *Sg.* 99/1
**Ostern**, das, – 83/1
**Österreich** *Sg. ohne Artikel* 8/1

Paar, das, -e 46/6
packen 96/9
Papa, der, -s 69/1
Papagei, der, -en 45/1
Papier, das, -e 93/5
**Park**, der, -s 15/2
Partnerarbeit, die, -en 38
Partnerschule, die, -n 32/4
Partnerwort, das, ”-er 46/6
Party, die, -s 15/1
passen 9/3
**passieren** 87/8
**Pause**, die, -n 37/19
Pausenbrot, das, -e 24/2
Pech, das *Sg.* 56/7
peinlich 110/12
perfekt 55/6
Person, die, -en 69/1
Personalpronomen, das, – 112/14
Pfeil, der, -e 104/13
**Pferd**, das, -e 45/1
**Physik** *Sg. ohne Artikel (Schulfach)* 33/6
Pilot, der, -en 108/6
Pilotin, die, -nen 108/6
Pinguin, der, -e 45/1
**Pizza**, die, -s 12/9
Plakat, das, -e 17/5
planen 89/14
**Platz**, der, ”-e 51/18
Plural, der, -e 34/10
Politiker, der, – 108/4
Politikerin, die, -nen 108/4
Polizei, die *Sg.* 91/2
Polizist, der, -en 69/1
Polizistin, die, -nen 108/4
Pommes, die *Pl.* (= Pommes frites) 88/11
Pony, das, -s 50/15
Portion, die, -en 102/7
Position, die, -en 62/3
positiv 53/2
Possessivartikel, der, – 47/10
**Post**, die *Sg.* 91/2
**Postkarte**, die, -n 103/10
Präposition, die, -en 93/5
Präsentation, die, -en 109/8
Präteritum, das 90
Preis, der, -e 67/13
prima 54/3
pro (+ *A.*) *(pro Jahr)* 51/18
proben 34/10
**Problem**, das, -e 86/7
Projekt, das, -e 12/10
Pronomen, das, – 34/10
Prozent (%), das, -e 45/3
**Pullover**, der, – 66/11
**pünktlich** 13/11
Puzzle, das, – 23/1

**Quark**, der *Sg.* 96/9
**Quatsch**, der *Sg.* 105/16
quatschen 110/11
**Quiz**, das, – 46/5

**Rad**, das, ”-er 53/2
Radfahren, das *Sg.* 46/4
**Radiergummi**, der, -s 24/2
**Radio**, das, -s 57/10
Rap, der, -s 20/14
**raten**, er rät 109/9
Rathaus, das, ”-er 93/4
**Rätsel**, das, – 108/5
Ratte, die, -n 47/9
rauskommen, er kommt raus 74/7
**recht haben**, er hat recht 100/2
**rechts** 71/3
Redemittel, das, – 66/12
reden 109/7
Regal, das, -e 23/1
Regel, die, -n 17/6
regelmäßig 64/8
**regnen** 56/7
reichen 109/10
Reichstag, der *Sg.* 8/1
Reihe, die, -n 35/11
Reihenfolge, die, -n 48/11
reinkommen, er kommt rein 72
**Reise**, die, -n 83/1
reisen 103/9
**Reiten**, das *Sg.* 46/4
Religion *Sg. ohne Artikel (das Schulfach)* 33/6
**reparieren** 109/7
reservieren 100/2

Restaurant, das, -s 19/9
Rhythmus, der, Rhythmen 57/8
**richtig** 28/13
Roboter, der, – 94/6
rosa 67/14
Rose, die, -n 56/7
**rot** 46/5
Rücken, der, – 48/12
rufen 48/11
Rugby, das *Sg.* 65/9
Ruhe, die, – *(Lass mich in Ruhe.)* 74/7

**Sache**, die, -n (z.B. in *Schulsachen*) 24/2
**Saft**, der, "-e 84/2
**sagen** 16/3
**Salat**, der, -e 96/9
**sammeln** 12/10
**Samstag**, der, -e 33/5
Sänger, der, – 54/3
Satz, der, "-e 14
Satzmelodie, die, -n 19/10
sauer, saurer, am sauersten 74/7
Saxofon, das, -e 41/4
**schade** 53/1
schaffen 111/13
Schal, der, -s 66/11
Schatz, der, "-e 112/17
schätzen 35/12
schauen 16/3
**Schauspieler**, der, – 108/4
**Schauspielerin**, die, -nen 108/4
**schenken** 89/14
Schere, die, -n 24/2
scheußlich 67/13
**Schiff**, das, -e 100/2
**schlafen**, er schläft 75/10
Schlafzimmer, das, – 72/4
Schlange, die, -n 49/13
**schlecht** (1) *(Mir geht es schlecht.)* 86/6
**schlecht** (2) *(Er ist schlecht in Mathe.)* 97/10
schließen 100/2
Schloss, das, "-er 101/4
Schluss, der *Sg.* 37/19
**schmecken** 63/6
**Schmerz**, der, -en 90
schmutzig 97/9
**schnell** 57/10
**Schokolade**, die, -n 8/1
**schon** 56/7
**schön** 49/14
Schrank, der, "-e 23/1
schrecklich 58/13
**schreiben** 11/6
Schreibtisch, der, -e 96/9
Schuh, der, -e 67/14
Schulalltag, der *Sg.* 23
Schulband, die, -s 32/3
**Schule**, die, -n 15/1
**Schüler**, der, – 23/1
**Schülerin**, die, -nen 23/1
**Schulfach**, das, "-er 33/6
Schulfest, das, -e 87/9
schulfrei 33/5
Schulhof, der, "-e 27/11
Schulklasse, die, -n 101/4
Schulsachen, die *Pl.* 24/2
Schultag, der, -e 31/2
Schultasche, die, -n 23/1
Schultüte, die, -n 31/2
Schuluniform, die, -en 31/2
Schulweg, der, -e 15/2
Schulzeitung, die, -en 32/3
Schwanz, der, "-e 48/12
**schwarz** 46/4
Schwarzwald, der *Sg.* 104/13
Schwein, das, -e 50/17
**Schweiz**, die *Sg.* 8/1
**schwer** 20/12
**Schwester**, die, -n 58/12
**Schwimmbad**, das, "-er 49/14
**schwimmen** 16/3
**See**, der, -n 101/6
**sehen**, er sieht 15/1
**sehr** 20/12
**sein** (1), er ist *(Das ist Roger Federer.)* 8/1
**sein, seine** (2) *(Sein Fell ist weiß.)* 46/4
Seite, die, -n 36/15
**Sekretär**, der, -e 108/4
Sekretariat, das, -e 95/8
**Sekretärin**, die, -nen 97/9
Sekunde, die, -n 38
selbst 27/12
sensationell 103/10
Serie, die, -n 71/3
Servus! 14
Shampoo, das, -s 91/2
shoppen 54/3
Shopping, das *Sg.* 66
**sie** (1) *(Sie filmen alles.)* 15/1
**sie** (2) *(Sie mag Musik von „Tokio Hotel".)* 17/6
**Sie** (3) *(Mögen Sie die Schüler?)* 34/10
singen 20/12
Singular, der, -e 36/14
sinnvoll 46/6
Situation, die, -en 83/1
Skateboard, das, -s 63/6
skaten 55/5
Ski, der, -er/– 16/3
Skulptur, die, -en 109/7
SMS, die, – 85/4
Snowboard, das, -s 8/1
**so** 20/12
**sofort** 74/7
sogar 51/18
**Sommer**, der, – 84/3
**Sonntag**, der, -e 33/5
sortieren 32/4
**Sozialkunde** *Sg. ohne Artikel (das Schulfach)* 33/6
Spaghetti, die *Pl.* 20/14
**Spaß**, der, "-e 20/12
**spät** 37/16
**später** 74/8
Speise, die, -n 106
Spezialität, die, -en 107/2
**Spiel**, das, -e 93/5
**spielen** (1) *(Spielt die Dialoge.)* 10/4
**spielen** (2) *(Ich spiele Gitarre.)* 16/3
spitze 53/2
Spitzer, der, – 24/2
**Sport**, der (1) *Sg. (Ich mache gern Sport.)* 12/10
**Sport** (2) *Sg. ohne Artikel (das Schulfach)* 33/6
Sporthalle, die, -n 95/8
Sporthose, die, -n 24/2
Sportplatz, der, "-e 27/11
**Sprache**, die, -n 12/9
**sprechen**, er spricht 11/5
**Stadt**, die, "-e 15/1
Stadtmuseum, das, -museen 94/6
Start, der -s 13/11
Station, die, -en 96/9
Statistik, die, -en 29/16
Steckbrief, der, -e 65/9
**stehen** (1) *(Wo steht das „e"? )* 47/10

Zuhause, das *Sg.* 69/1
zuhören, er hört zu 8/1
zum (= zu dem) (+ *D.*) 29/18
**zum Beispiel** (*Abk.* z. B.) 33/5
Zungenbrecher, der, – 46/7
zuordnen, er ordnet zu 15/2
zurück (1) *(Zurück auf Start.)* 63/5
zurück (2) *(Und 10 Cent zurück.)* 66/11
zurückfahren, er fährt zurück 56/7
zurückkommen, er kommt zurück 111/13
zusagen, er sagt zu 60
**zusammen** (1) *(Nach der Schule spielen wir oft zusammen.)* 61/2
**zusammen** (2) *(Alles zusammen?)* 102/7
zusammen sein, er ist zusammen 61/2
zusammengehören, es gehört zusammen 99/1
zusammenpassen, es passt zusammen 18/7
zustimmen, er stimmt zu 106
Zustimmung, die, -en 105/16
zweimal 37/18
zwischen (+ *A./D.*) 92/3

# Anhang zur Wortliste

## Unregelmäßige Verben im Präsens

| | |
|---|---|
| abfahren | er fährt ab |
| ablesen | er liest ab |
| anfangen | er fängt an |
| anhalten | er hält an |
| auffallen | er fällt auf |
| aufschlagen | er schlägt auf |
| aufstehen | er steht auf |
| aussehen | er sieht aus |
| austragen | er trägt aus |
| backen | er bäckt/backt |
| behalten | er behält |
| dürfen | er darf |
| einladen | er lädt ein |
| einschlafen | er schläft ein |
| essen | er isst |
| fahren | er fährt |
| fernsehen | er sieht fern |
| geben | er gibt |
| gefallen | er gefällt |
| halten | er hält |
| helfen | er hilft |
| hinfahren | er fährt hin |
| können | er kann |
| lassen | er lässt |
| laufen | er läuft |
| lesen | er liest |
| losfahren | er fährt los |
| mitlesen | er liest mit |
| mögen | er mag |
| müssen | er muss |
| nachschlagen | er schlägt nach |
| nachsprechen | er spricht nach |
| nehmen | er nimmt |
| raten | er rät |
| schlafen | er schläft |
| sehen | er sieht |
| sein | er ist |
| sprechen | er spricht |
| sterben | er stirbt |
| tragen | er trägt |
| treffen | er trifft |
| vergessen | er vergisst |
| vorlesen | er liest vor |
| vorschlagen | er schlägt vor |
| vorsprechen | er spricht vor |
| waschen | er wäscht |
| wegfahren | er fährt weg |
| werden | er wird |
| wissen | er weiß |
| wollen | er will |
| zurückfahren | er fährt zurück |

## Zahlen

| | |
|---|---|
| 1 | eins |
| 2 | zwei |
| 3 | drei |
| 4 | vier |
| 5 | fünf |
| 6 | sechs |
| 7 | sieben |
| 8 | acht |
| 9 | neun |
| 10 | zehn |
| 11 | elf |
| 12 | zwölf |
| 13 | dreizehn |
| 14 | vierzehn |
| 15 | fünfzehn |
| 16 | sechzehn |
| 17 | siebzehn |
| 18 | achtzehn |
| 19 | neunzehn |
| 20 | zwanzig |
| 21 | einundzwanzig |
| 30 | dreißig |
| 40 | vierzig |
| 50 | fünfzig |
| 60 | sechzig |
| 70 | siebzig |
| 80 | achtzig |
| 90 | neunzig |
| 100 | (ein)hundert |
| 101 | (ein)hunderteins |
| 200 | zweihundert |
| 213 | zweihundertdreizehn |
| 1000 | (ein)tausend |
| 10 000 | zehntausend |
| 1 000 000 | eine Million |
| 1 000 000 000 | eine Milliarde |

## Länder (Beispiele)

Albanien
Ägypten
Australien
Brasilien
China
Deutschland
England
Finnland
Frankreich
Griechenland
Indien
Iran, der
Irland
Italien
Japan
Kanada
Kenia
Norwegen
Österreich
Polen
Portugal
Russland
Schweden
Schweiz, die
Spanien
Türkei, die
Ungarn
USA, die

## Sprachen (Beispiele)

Arabisch
Chinesisch
Deutsch
Englisch
Finnisch
Französisch
Griechisch
Italienisch
Japanisch
Kanadisch
Kroatisch
Norwegisch
Polnisch
Portugiesisch
Russisch
Schwedisch
Spanisch
Türkisch
Ungarisch

## Stunde und Uhrzeiten

Uhr, die, -en
Uhrzeit, die, -en
Stunde, die, -n
halbe Stunde
Viertelstunde, die, -n
Minute, die, -n
Sekunde, die, -n

## Tag und Tageszeiten

Tag, der, -e
Morgen, der, –
Vormittag, der, -e
Mittag, der, -e
Nachmittag, der, -e
Abend, der, -e
Nacht, die, ″-e

## Wochentage

Montag, der, -e
Dienstag, der, -e
Mittwoch, der, -e
Donnerstag, der, -e
Freitag, der, -e
Samstag, der, -e
Sonntag, der, -e

## Monate

Januar
Februar
März
April
Mai
Juni
Juli
August
September
Oktober
November
Dezember

## Jahr und Jahreszeiten

Jahr, das, -e
Jahreszeit, die, -en
Frühling, der, -e / Frühjahr, das, -e
Sommer, der, –
Herbst, der, -e
Winter, der, –

## Farben

blau
braun
bunt
gelb
grau
grün
rosa
rot
schwarz
weiß

## Familie

der/die Verwandte
der Vater / der Papa
die Mutter / die Mama
die Eltern *(Pl.)*
das Kind
der Sohn
die Tochter
der Bruder
die Schwester
die Geschwister *(Pl.)*
der Onkel
die Tante
der Großvater / der Opa
die Großmutter / die Oma
die Großeltern *(Pl.)*
die Enkel *(Pl.)*

## Sprache in der Klasse

Schlagt das Kursbuch auf.

Macht das Kursbuch zu.

Komm an die Tafel.

Schreibt ins Heft.

Notiert! / Macht Notizen.

Lies. Lies vor.

Sammelt Wörter und
macht eine Liste.

Was versteht ihr?

Fragt. / Antwortet.

Sprecht über … / Diskutiert.

Seht das Bild an.

Schlagt im Wörterbuch nach.

Hört die CD.

Sucht …

Sprecht nach.

Macht eine Mindmap.

Spielt die Dialoge vor.

Was passt zusammen?

Arbeitet zu zweit / in der Gruppe.

Ergänzt. ... finde ich

In meiner Sprache?? ____________________

____________________

# Anhang

## Rudi und Lara

| |
|---|
| Wie heißt du? |
| Wer, ich? |
| Ja, du! |
| Ich heiße Rudolf, äh ... Rudi. |
| Wie bitte? |
| Ich heiße Rudi, und du? |
| Lara. Und wer ist das, Rudi? |
| Das ist Bello. Und wer ist das? |
| Mieze. |



## Der www-Rap

| | |
|---|---|
| Wer, was, wie, wo, woher? | Das ist doch nicht so schwer. |
| Was, was? Was ist das? | Das ist Deutsch und Deutsch macht Spaß. |
| Wie, wie? Wie heißt sie? | Sie heißt Ruth und sie fährt Ski. |
| Wer, wer? Wer ist er? | Er heißt Paul und liebt sie sehr. |
| Wo, wo? Wo liegt Bern? | In der Schweiz, da bin ich gern. |
| Woher, woher? Woher kommt er? | Er kommt aus Wien, da kommt er her. |

## Was ist das? – Wörter zum Thema Klassenzimmer

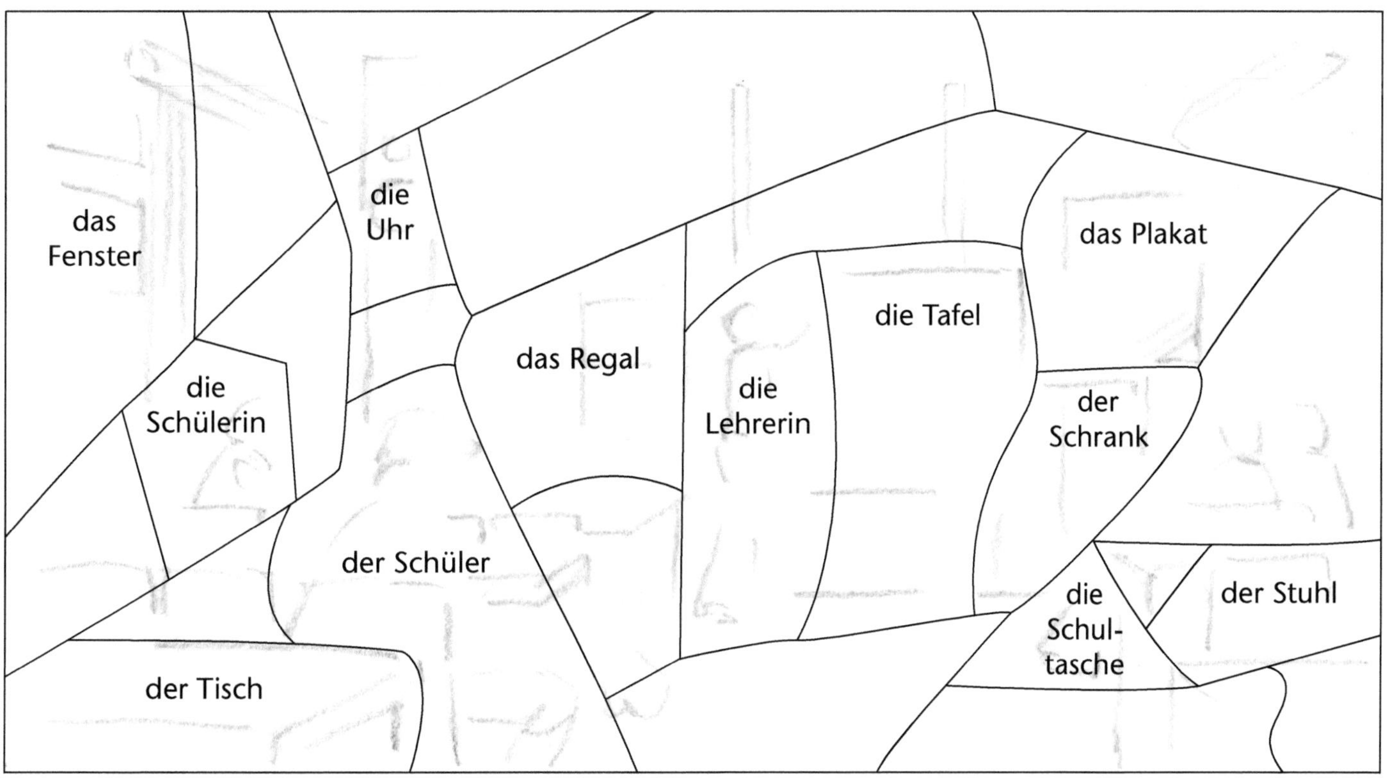

## Ein Spiel: Wohnst du in ...?

**Deine Antworten:**

| **Fragen** | **Antwortmöglichkeiten** | | | |
|---|---|---|---|---|
| Wohnst du in | Stuttgart | Berlin | London | ? |
| Heißt du | | | Michael | ? |
| Spielst du | | Gitarre | Flöte | ? |
| Magst du | Hamburger | Pizza | Spaghetti | ? |
| Bist du | cool | faul | intelligent | ? |
| Kannst du | kochen | schwimmen | Gitarre spielen | ? |
| Magst du ... | Tiere | | | ? |
| | | | | |
| | | | | |

**Notiere die Antworten von deinem Partner / deiner Partnerin:**

| **Fragen** | **Antwortmöglichkeiten** | | | |
|---|---|---|---|---|
| Wohnst du in | Stuttgart | Berlin | London | ? |
| Heißt du | | | Michael | ? |
| Spielst du | | Gitarre | Flöte | ? |
| Magst du | Hamburger | Pizza | Spaghetti | ? |
| Bist du | cool | faul | intelligent | ? |
| Kannst du | kochen | schwimmen | Gitarre spielen | ? |
| Magst du ... | Tiere | | | ? |
| | | | | |
| | | | | |

## Wie spät ist es?

| | |
|---|---|
| 9:00 | neun Uhr |
| 10.15 | Viertel nach zehn |
| 13.05 | fünf nach eins |
| 14.20 | zwanzig nach zwei |
| 16.30 | halb fünf |
| 18.40 | zwanzig vor sieben |
| 20.45 | Viertel vor neun |
| 22.55 | fünf vor elf |

# Wechselspiel Stundenpläne

## Person A

Das ist der Stundenplan von Lisa. Fragt euch gegenseitig.
Beispiel: **A:** „Was hat Lisa am Montag um 8:00?" – **B:** „Sport"
**B:** „Was hat sie Dienstag um acht Uhr vierzig?" – **A:** „Bio"

| Zeit | Montag | Dienstag | Mittwoch | Donnerstag | Freitag |
|---|---|---|---|---|---|
| **8:00** | | | Deutsch | | Englisch |
| **8:40** | | Bio | | Physik | |
| **9:50** | | Mathe | Französisch | Englisch | |
| **10:40** | Kunst | Musik | | | |
| **11:40** | | | Sport | Französisch | Sozialkunde |
| **12:30** | Religion | Geschichte | | | |

✂ ........................................................................................................

## Person B

Das ist der Stundenplan von Lisa. Fragt euch gegenseitig.
Beispiel: **A:** „Was hat Lisa am Montag um 8.00?" – **B:** „Sport"
**B:** „Was hat sie Dienstag um acht Uhr vierzig?" – **A:** „Bio"

| Zeit | Montag | Dienstag | Mittwoch | Donnerstag | Freitag |
|---|---|---|---|---|---|
| **8:00** | Sport | Deutsch | | Geschichte | |
| **8:40** | Mathe | | Mathe | | Deutsch |
| **9:50** | Deutsch | | | | Deutsch |
| **10:40** | | | Sozialkunde | Englisch | Physik |
| **11:40** | Kunst | Physik | | | |
| **12:30** | | | Sport | AG | Religion |

## Uhrzeiten-Bingo (1)

**Vorbereitung:** Kopieren Sie die untenstehenden Uhrzeiten zweimal auf Karton. Eine Kopie ist Ihr Kontrollplan, die andere Kopie zerschneiden Sie. Dadurch erhalten Sie 20 Zeitkärtchen. Stecken Sie diese in einen Beutel/Briefumschlag etc. Kopieren Sie dann die Uhrzeiten-Bingo-Karten von KV 7.2 in ausreichender Anzahl (Option 1: eine Karte pro S., Option 2 eine Karte pro PA) auf Karton und schneiden Sie die Bingo-Karten aus. Zudem brauchen Sie Spielsteine (z. B. Münzen oder Puzzleteile, kleine Papierschnipsel), die die S. auf ihre Bingo-Karten legen können.

**Spiel:** Jeder S. bekommt eine Uhrzeiten-Bingo-Karte und liest die Uhrzeiten erst einmal halblaut für sich alleine (oder in PA). Dann ziehen Sie ein Zeitkärtchen aus dem Beutel und nennen die Uhrzeit. Hier können Sie variieren. Entweder Sie machen es ganz formal bzw. ganz informell, oder Sie mischen beide Formen. Legen Sie dann das Kärtchen auf den Kontrollplan. Wenn ein S. diese Uhrzeit hat, legt er einen „Spielstein" auf die entsprechende Uhr auf seiner Bingo-Karte. Sobald ein S. alle Uhren bedeckt hat, ruft er BINGO. Er liest alle Zeiten vor und Sie kontrollieren mit den Zeitkärtchen, die Sie auf den Kontrollplan abgelegt haben. Ist alles richtig, hat der S. gewonnen. Bei der zweiten oder dritten Spielrunde lassen Sie die Zeitkärtchen von S. ziehen und lesen.

| | | | | |
|---|---|---|---|---|
| 6:15 | 6:45 | 7:00 | 7:30 | 8:45 |
| 9:05 | 10:20 | 11:55 | 12:50 | 13:00 |
| 14:05 | 14:25 | 15:10 | 16:15 | 17:30 |
| 17:35 | 18:30 | 19:55 | 20:25 | 21:35 |

## Uhrzeiten-Bingo (2)

**Karte 1**

**Karte 2**

**Karte 3**

**Karte 4**

**Karte 5**

**Karte 6**

**Karte 7**

**Karte 8**

**Karte 9**

## Das ist … Hund, … Katze und … Pferd

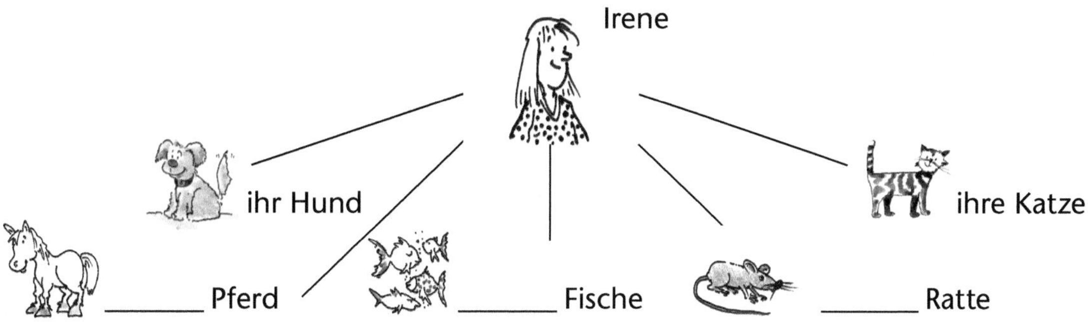


Das ist Irene. Das ist ihr Hund. Das ist ihre Katze.
Das ist ______ Pferd. Das sind ______ Fische. Das ist ______ Ratte.

Das ist Simon. Das ist sein Hund. Das ist seine Katze.
Das ist ______ Pferd. Das sind ______ Fische. Das ist ______ Ratte.

Das sind Thomas und Anna. Das ist ihr Hund. Das ist ihre Katze.
Das ist ______ Pferd. Das sind ______ Fische. Das ist ______ Ratte.

## Tiere raten

**Wählt zusammen neun Tiere aus und notiert sie: 3x mit „der", 3x mit „das", 3x mit „die".**

| der | das | die |
|---|---|---|
| | | |
| | | |
| | | |

**Schema 1:**

**Schreib die Tiere in dein Schema. Ordne sie anders als oben.**

| | A. der | B. das | C. die |
|---|---|---|---|
| 1 | | | |
| 2 | | | |
| 3 | | | |

**Schema 2:**

*Hast du ein…in B3?*

**Frag deinen Partner / deine Partnerin und ergänze die Tiere bei einer Ja-Antwort.**

| | A. der | B. das | C. die |
|---|---|---|---|
| 1 | einen | ein | eine |
| 2 | einen | ein | eine |
| 3 | einen | ein | eine |

## Tierquiz

| | | | |
|---|---|---|---|
| • grau oder grün<br>• in Afrika oder Asien<br>• im Wasser, schnell<br>• ein Reptil<br><br>**das Krokodil** | • schwarz und weiß<br>• in Afrika<br>• wie ein Pferd<br><br>**das Zebra** | • frisst Eukalyptus<br>• in Australien<br>• langsam<br>• ist grau<br><br>**der Koalabär** | • schwarz und gelb<br>• in Asien<br>• groß<br>• mag z. B. Kühe<br><br>**der Tiger** |
| • schwarz oder grau<br>• kann fliegen<br>• frisst alles<br>• klein<br><br>**die Fliege** | • bunt<br>• kann oft sprechen<br>• kann fliegen<br>• im Dschungel<br><br>**der Papagei** | • schwarz und weiß<br>• am Meer<br>• mag Fische<br>• kann gut schwimmen<br><br>**der Pinguin** | • lebt oft in einer Familie<br>• sagt „wau, wau"<br>• mag keine Katzen<br><br>**der Hund** |
| • ist gerne alleine<br>• sagt „Miau"<br>• mag Mäuse, aber keine Hunde<br><br>**die Katze** | • groß<br>• gibt Milch<br>• in jedem Land<br>• sagt „Muh"<br><br>**die Kuh** | • gelb und schwarz<br>• sehr groß<br>• in Afrika<br>• mag Pflanzen<br><br>**die Giraffe** 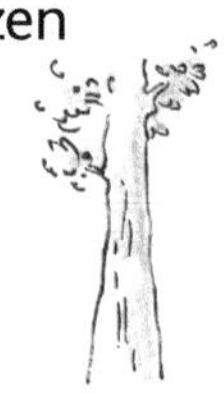 | • braun<br>• in Australien<br>• hat eine „Tasche"<br>• kann boxen und springen<br><br>**das Känguru** |
| • grau<br>• sehr groß<br>• in Afrika und Asien<br>• trompetet<br><br>**der Elefant** | • klein<br>• kann fliegen<br>• in allen Ländern<br>• singt<br><br>**der Vogel** | • steht früh auf<br>• sagt „Kikeriki"<br>• bunt<br>• kann nicht fliegen<br><br>**der Hahn** | • viele Farben<br>• in allen Ländern<br>• im Wasser<br>• im Aquarium<br><br>**der Fisch** |
| | | | |

## Klassenstatistik

| |
|---|
| Stehst du jeden Morgen um 7 Uhr auf? |
| Machst du jeden Tag den Fernseher an? |
| Schreibst du in der Schule die Hausaufgaben ab? |
| Holst du manchmal die Schwester oder den Bruder oder ... ab? |
| Rufst du jeden Tag die Freundin / den Freund / ... an? |
| Gehst du oft in die Stadt shoppen? |
| Gehst du manchmal ins Theater? |
| Gehst du oft ins Schwimmbad? |
| |
| |
| |

## Das Aktivitäten-Spiel (1)

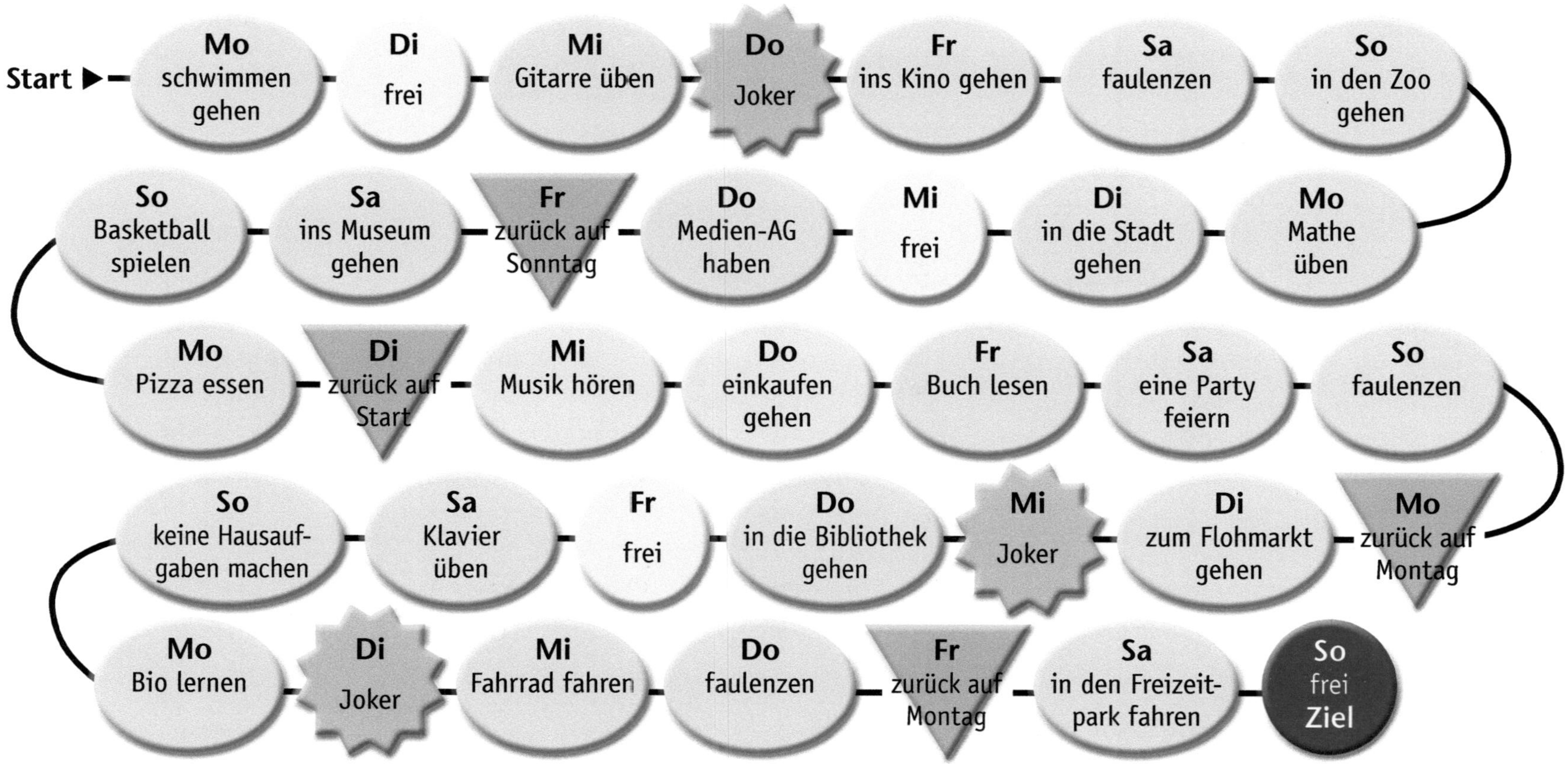


**So geht's:**

Die Spieler müssen einen Satz bilden.
Antwort richtig? – Gut!
Antwort falsch? – 2 Felder zurück.

frei – Keine Aktivität.

Joker – Noch einmal würfeln.

Bitte den Anweisungen folgen.

Gewonnen hat, wer als Erster im Ziel ist.

## Das Aktivitäten-Spiel (2)

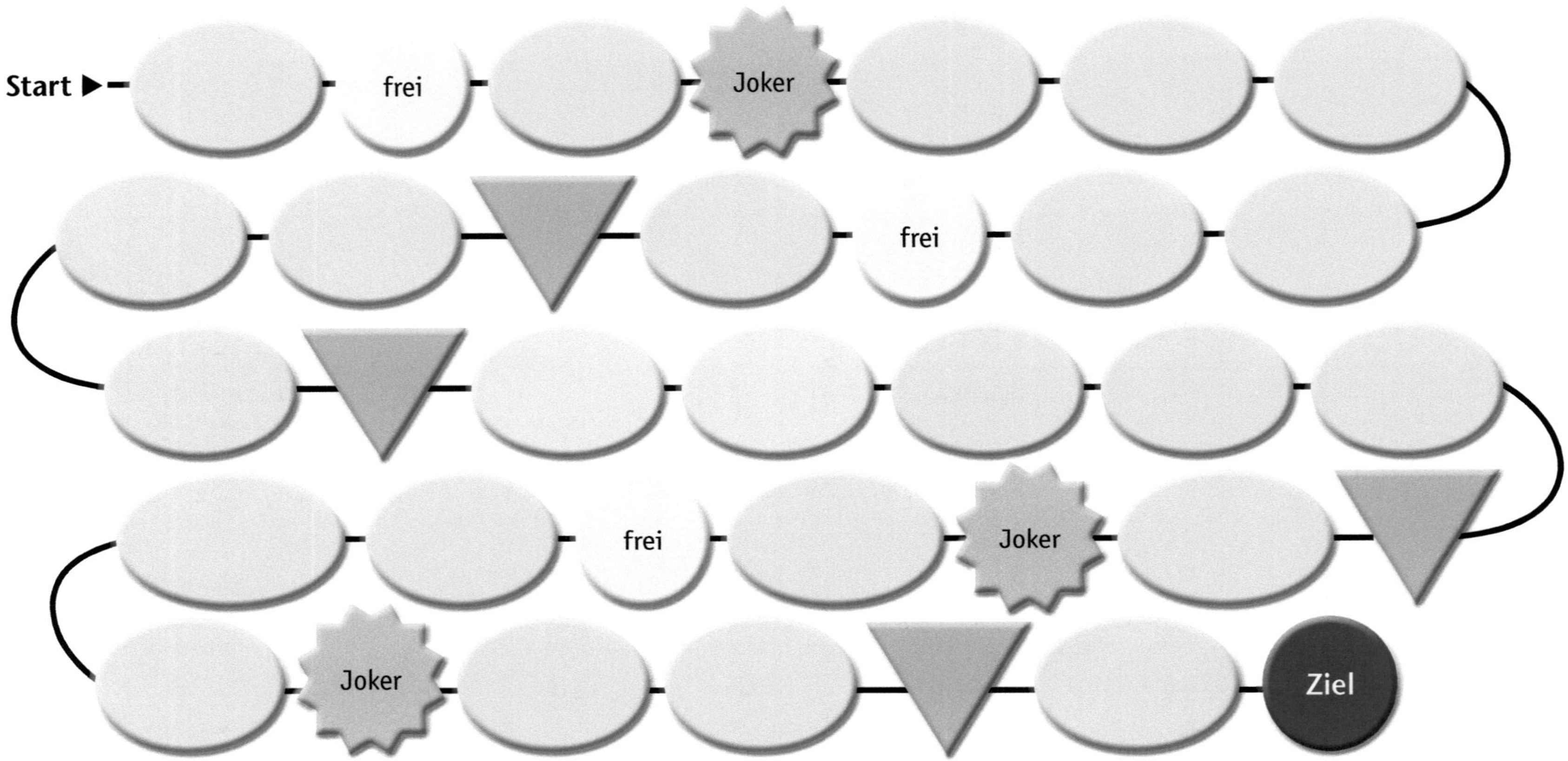


**So geht's:**

Die Spieler müssen einen Satz bilden.
Antwort richtig? – Gut!
Antwort falsch? – 2 Felder zurück.

frei – Keine Aktivität.

Joker – Noch einmal würfeln.

Bitte den Anweisungen folgen.

Gewonnen hat, wer als Erster im Ziel ist.

## Meine Fantasie-Familie

**a Ergänze die Tabelle mit Informationen von deiner Fantasie-Familie.**

| Name | Wohnort | Alter | Hobby | Geschwister | Beruf |
|---|---|---|---|---|---|
| | | | | | |
| | | | | | |
| | | | | | |
| | | | | | |

**b Tausch die Tabelle mit deinem Partner / deiner Partnerin. Lerne die Informationen auswendig.**

**c Gib deinem Partner / deiner Partnerin die Tabelle zurück. Was hast du behalten? Erzähle.**

*Also, dein Vater heißt Robert.... Robert Pann.*

*Pattinson.*

*Ja, Robert Pattinson. Er wohnt in New York. Er ist …*

(Beispiel)

| Name | Wohnort | Alter | Hobby | Geschwister | Beruf |
|---|---|---|---|---|---|
| Ich: John | New York | 15 | Sport | 1 Schwester | Schüler |
| Vater: Robert Pattinson | New York | 45 | Motorrad fahren | 1 Bruder | Architekt |
| Mutter: Susanne Pattinson | New York | 42 | schwimmen | 1 Bruder, 1 Schwester | Lehrerin |
| Schwester: Maja | London | 20 | ins Kino gehen | 1 Bruder | Studentin |

## Testtraining Sprechen: Bitten, Aufforderungen stellen und Fragen formulieren

**a Sieh dir die Karten an. Welcher Satz passt zu welchem Bild? Notiere.**

!  1

!  2

?  3

*Gib mir bitte den Bleistift!* ___ ___

?  4

!  5

?  6

___ ___ ___

[1] Gib mir bitte den Bleistift! • ☐ Kannst du mir den Spitzer geben? • ☐ Kann ich mitspielen? • ☐ Gib mir bitte das Wasser. • ☐ Hast du Fische? • ☐ Hol bitte Wasser. • ☐ Zeig mal die Jacke. • ☐ Hast du einen Spitzer? • ☐ Magst du Fische? • ☐ Gib mir die Jacke. • ☐ Hol einen Bleistift. • ☐ Ist das dein Spitzer? • ☐ Was spielt ihr? • ☐ Hol die Jacke. • ☐ Sind das deine Fische?

**b Wie reagierst du? Überlege Antworten.**

!  1

*Gib mir bitte den Bleistift!*

**c Arbeitet zu zweit. A formuliert eine Bitte, eine Aufforderung oder eine Frage. B reagiert.**

! 

! 

? 

? 

! 

? 

## Domino

| | |
|---|---|
| **START** | Meine Mutter kocht |
| dein Zimmer auf. | Die Kinder spielen |
| haben wir Schule. | Familie Huber sieht |
| mag ihre Sportlehrerin. | Im Bad |
| ist Pause. | Holt ihr Oma |
| gefällt mir nicht. | Heute habe ich |
| seinen Hund. | **ZIEL** |

| | |
|---|---|
| in der Küche Spaghetti. | Räum bitte |
| im Garten Volleyball. | Am Vormittag |
| im Wohnzimmer fern. | Irene |
| kann ich duschen. | Um 10 Uhr |
| am Bahnhof ab? | Das T-Shirt |
| keine Zeit. | Mein Bruder liebt |

## Wo ist ...? (Teil 1)

auf der Bank • (links) neben der Post • über der Apotheke • hinter dem Kiosk • an der Bushaltestelle • zwischen dem Kino und dem Jugendzentrum • vor dem Haus • im Supermarkt • unter einem Baum

## Wo ist ...? (Teil 2: Präpositionen-Memory)

Kopieren Sie die Wortkärtchen unten und die Bildkärtchen von Kopiervorlage 16.1 auf Karton und schneiden Sie sie aus. Diese Karten bilden zusammen ein Präpositionen-Memory.

| | | |
|---|---|---|
| Rudi ist über der Apotheke. | Lara steht vor dem Haus. | Lara sitzt auf der Bank. |
| Lara ist im Supermarkt. | Lara ist hinter dem Kiosk. | Lara sitzt unter einem Baum. |
| Lara steht zwischen dem Kino und dem Jugendzentrum. | Lara steht links neben der Post. | Lara steht an der Haltestelle. |

## Wegbeschreibungen

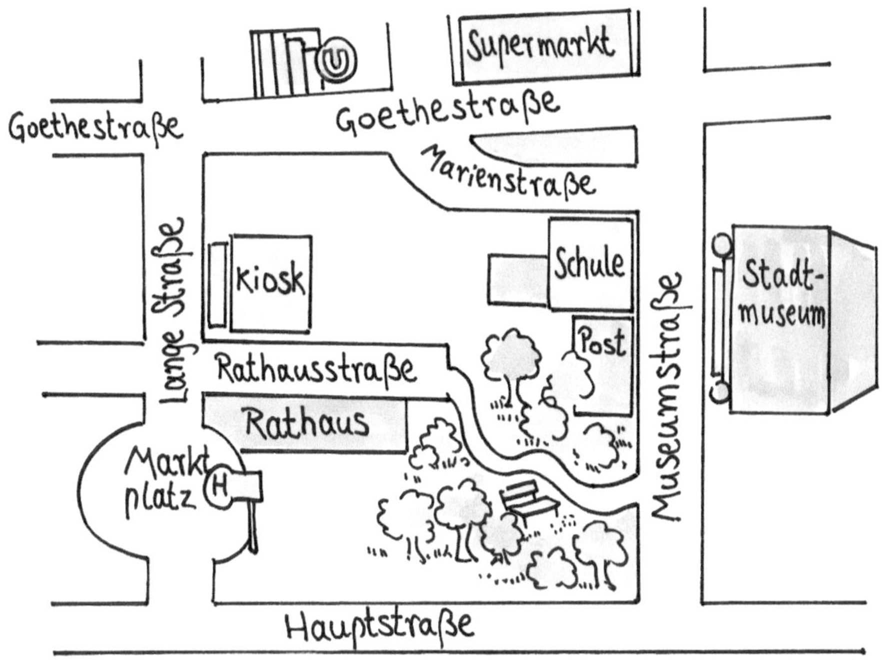


✂ ......................................................................................................................



## Wieso? – Deshalb!

 → 

1. *Ich schwimme gern, deshalb fahre ich an den See.*

 → 

2. ______________________________

 → 

3. ______________________________

 → 

4. ______________________________

 → 

5. ______________________________

## Guten Appetit!

| | | |
|---|---|---|
|  |  |  |
|  |  |  |
|  |  |  |
|  |  |  |
| Pizza | Marmelade | Pommes |
| Kuchen | Salat | Cola |
| Käsebrötchen | Currywurst | Eis |
| Milch | Ei | Wurst |

## Das Berufe-Spiel

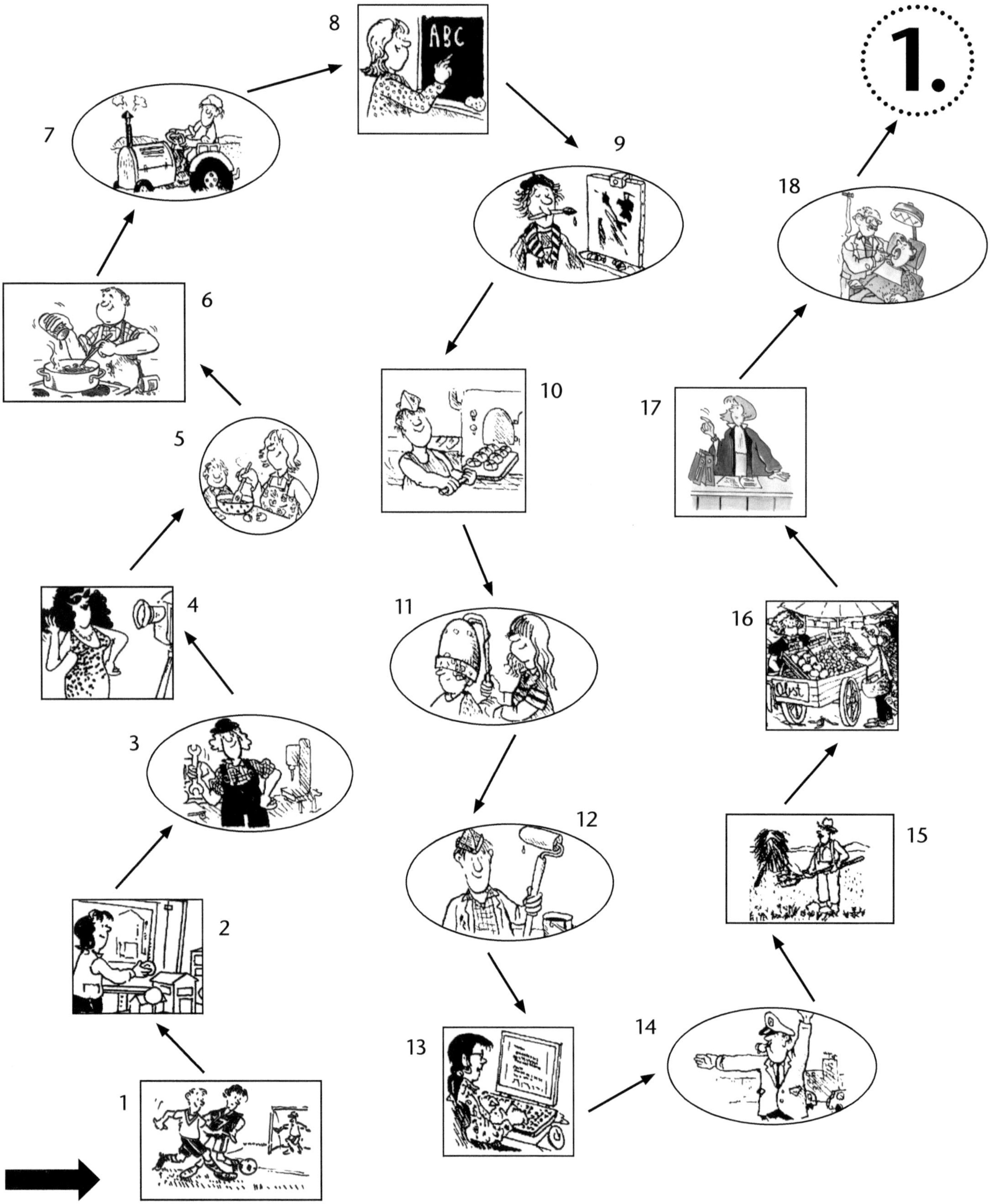

## Toms Katastrophentag

| | | |
|---|---|---|
| a Ab in die Küche. Kaffee machen. Kaffee??? … Kein Kaffee da. | b Schnell zum Bus. Das schaffe ich. … Halt! Komm zurück!!! Bitte!! | c Ich stehe schnell auf. AUA! |
| d Ich wache auf. 20 vor 8! Katastrophe! Der Wecker ist kaputt. | e Mama anrufen. Nein … Akku leer. | f O.k., dann mit dem Fahrrad. Fahrradschlüssel? Äh … im Haus. |
| g Schnell ins Bad. Mist! Die Dusche ist kaputt. | h Toast. Warum ist der Toast so weiß und grün? Igitt! | i Was für ein Tag. Was mache ich jetzt bloß? Ah, ich … |

# Transkripte der Hörtexte im Kursbuch

Im Folgenden finden Sie die Hörtexte, die nicht im Kursbuch abgedruckt sind.

geni@l klick – Deutsch für Jugendliche – Kursbuch A1
von Michael Koenig, Ute Koithan, Theo Scherling und Hermann Funk


## Kapitel 1: Was weißt du über D–A–CH?

### 1 Was ist das? Wer ist das? Wo ist das?

1 ● Wer ist das?
○ Das ist Roger Federer.
● Tennis?
○ Genau!

2 ● Ist Berlin in Österreich?
○ Nein, in Deutschland!
● Ach so.

3 ● Und das hier?
○ Keine Ahnung.

4 ● Was ist das?
○ Das ist der BMW Z4 Roadster, 204 PS, Spitze 240, ...
● O.k., o.k.

5 ● Wo ist das Matterhorn?
○ Das Matterhorn ist in der Schweiz.

6 ● Und wer ist das?
○ Mozart.
● Wie bitte?
○ M-O-Z-A-R-T
● Sport?
○ Quatsch! Musik!

### 2 Die Zahlen null bis zwölf

null – eins – zwei – drei – vier – fünf – sechs – sieben – acht – neun – zehn – elf – zwölf

### 3 Geräusche und Töne. Was passt zu den Fotos?

1 *(Fußball)*
2 *(Snowboard)*
3 *(BMW/Auto beschleunigt)*
4 *(Tennis)*
5 *(Musik)*
6 *(Durchsage Flughafen)*
7 *(Kirchenglocken)*

### 6b Hört zu und markiert den Wortakzent.

Bello – Schokolade – Hallo – Foto – Rudi – bitte – Lara – ist – Tschüs! – Musik

### 7 Das Alphabet

(1) A B C D E F G H I J K L M N O P Q R S T U V W X Y Z Ä Ö Ü
(2) *und noch einmal – mit Musik*
(3) *(rhythmisch gesprochen)* jetzt du

### 12 Deutsch hören – Welche Wörter versteht ihr?

**Dialog 1**
● Was machst du?
○ Ich gehe in die City zum Shoppen.

**Dialog 2**
● Magst du Pizza?
○ Oh ja! Und dann ein Eis?
● Hmmm, ja, Schokolade und Vanille.

**Dialog 3**
● Hallo Olli, alles o.k.?
○ Hm, nö ...
● Was ist los?
○ Katastrophe, wir schreiben einen Mathe-Test.

**Dialog 4**
● Magst du Metallica?
○ Metallica?? Was ist das?
● Oh, Mann! Die Band Metallica!

**Dialog 5**
● Wer ist das?
○ Psst. Das ist Herr Schmidt.
● Na und?
○ Unser Mathelehrer!
Guten Abend, Herr Schmidt!

## Kapitel 2: Die Medien-AG

### 1a Worum geht es?

*Eva:* So ... machen wir einen Test für das Interview? Mario? Ton?
*Mario:* Test, Test, Test ... eins, zwei, drei, ... o.k.
*Eva:* Gut. ... Felix? Ist der Spot o.k.?
*Felix:* Moment ... Spot ist o.k.
*Eva:* Charlotte?
*Charlotte:* Ja?
*Eva:* Machst du Fotos?
*Charlotte:* Ja, klar.
*Eva:* Gut.
*Jenny:* Und die Kamera? Alles klar?
*Eva:* Ja, alles okay. ... Alle auf Position ... Kamera läuft.
*Alle:* UND ACTION!

### 2 Was ist was?

1 *(Schule)*
2 *(Fußball)*
3 *(Park)*
4 *(Abendessen)*
● Möchtest du einen Tee?
○ Ja, danke.
5 *(Schulweg)*
6 *(Party)*

### 6d Kontrolliert die Dialoge.

**Dialog 1**
● Wohnst du in Berlin?
○ Nein, ich wohne in Bern.
● Aha, wohnt Sabrina auch in Bern?
○ Nein, sie wohnt in Zürich.

**Dialog 2**
● Spielst du Gitarre oder Klavier?
○ Ich spiele Klavier. Aber der Musiklehrer spielt Gitarre.

**Dialog 3**
- ● Bist du in der Klasse 7a?
- ○ Nein, ich bin in der Klasse 7b.
- ● Und Mario?
- ○ Er ist in der Klasse 8a.

**Dialog 4**
- ● Wie alt ist Ginger?
- ○ Er ist zwei Jahre alt.
- ● Und du? Wie alt bist du?

### 7b Flaggen und Länder: Was passt zusammen?
A ist Deutschland.
B ist Griechenland.
C ist die Schweiz.
D ist Italien.
E ist Albanien.
F ist Kenia.
G ist Russland.
H ist Polen.
I ist Frankreich.
J ist Kanada.
K ist Österreich.
L ist Ungarn.
M ist die Türkei.
N ist China.
O ist die USA.
P ist Brasilien.
Q ist Japan.
R ist Spanien.

### 7c Ländernamen – Sprecht nach.
Deutschland – Griechenland – die Schweiz – Italien – Albanien – Kenia – Russland – Polen – Frankreich – Kanada – Österreich – Ungarn – die Türkei – China – die USA – Brasilien – Japan – Spanien

### 9a Aussprache international – Vergleicht die Wörter.
Musik (Deutsch) – music (Englisch) – musique (Französisch) – musica (Italienisch)

### 14 Ich wohne in M ... – Fragen und Antworten
- ● Wo wohnst du?
- ○ Ich wohne in M!
- ● In München?
- ○ Nein.
- ● In Madrid?
- ○ Ja, genau!

## Kapitel 3: Mein Schulalltag

### 1c Thema Klassenzimmer
Hallo, ich bin Marko. Und das ist mein Klassenraum. Hier sind 22 Schüler und Schülerinnen. Herr Opitz ist unser Klassenlehrer. Er sitzt hier oder er schreibt etwas an die Tafel.
Das ist mein Platz, ... also mein Tisch und mein Stuhl. Ich sitze am Fenster. Was gibt es noch? ... Ähm ... Ja, hier ist ein Schrank und ein Regal. Und ... ähm ... wir haben viele Plakate. ... Hm ... ja ... das wars. Fertig.

### 2 Schulsachen
das Deutschbuch – die Banane – das Heft – das Vokabelheft – die Schultasche – der Füller – der Bleistift – der Spitzer – das Lineal – der Kuli – das Mäppchen – die Schere – der Radiergummi – der Marker – die Uhr – der I-Pod – das Wörterbuch – die Fahrkarte – die Sporthose – das Handy – das Pausenbrot – die Brille – der Stundenplan

### 3a Was ist das? Hört zu und zeigt die Schulsachen.
der Bleistift – die Schultasche – das Heft – das Deutschbuch – das Lineal – das Mäppchen – die Uhr – der Marker – der Radiergummi – das Pausenbrot

### 3b Sprecht nach.
der Bleistift – die Schultasche – das Heft – das Deutschbuch – das Lineal – das Mäppchen – die Uhr – der Marker – der Radiergummi – das Pausenbrot

### 6b Wo ist der Wortakzent?
die Schere – der Marker – die Schokolade – die Uhr – der I-Pod – das Handy – die Brille

### 7b Komposita. Markiert den Wortakzent.
das Pausenbrot – das Deutschbuch – das Vokabelheft – die Fahrkarte – das Wörterbuch – die Sporthose – die Schultasche

### 16a Ja oder nein?
1. Kannst du kochen?
2. Magst du „Tokio-Hotel"?
3. Spielst du Fußball?
4. Hast du ein Fahrrad?
5. Spielst du Gitarre?
6. Magst du Pizza?
7. Bist du cool?
8. Magst du Sport?
9. Liebst du Schokolade?
10. Kannst du singen?
11. Magst du Bio?
12. Spielst du Tennis?

### 17 Ein Spiel
- ● Bist du fertig?
- ○ Ja, los.
- ● Wohnst du in Stuttgart?
- ○ Nein. ... Wohnst du in London?
- ● Ja ... Mist.
- ○ Haha, 1:0 für mich! Äh ... Bist du intelligent?
- ● Ja! Manno ... 2:0
- ○ Und ... heißt du Erich?
- ● Nein, nein ... hihi ... Wohnst du in Berlin?
- ○ Ja.
- ● Super! 2:1!

### 18 Keine Zeit
- ● Hey, wer kommt mit zum Mozart-Konzert?
- ○ Mozart? Konzert? Keine Zeit.
- ▲ Mozart-Konzert? Tut mir leid, kein Geld.
- ■ Ne, ne, kein Interesse.
- ● Hey Leute, Mozart. Die Musik ist super!
- □ Mozart? Klassik? Keine Zeit und keine Lust.
- △ Mozart? Was ist das?
- ■ Keine Ahnung.

## Kapitel 4: Schule ... Schule ... Schule

### 3 Das Goethegymnasium – Janine erzählt.
Ich gehe ins Goethegymnasium in die Klasse 8a.
Ich mag Musik.
Ich spiele Saxofon in der Schulband.
Ich mache gerne Mathe!
Ich mache auch die Fotos für die Schulzeitung.

### 12c Wie heißen die Zahlen?
achtundzwanzig – einunddreißig – dreiundsechzig – siebenundfünfzig – vierundvierzig

## 13 Lotto
Und nun die Lottozahlen. Sie lauten: 6 – 16 – 17 – 27 – 41 – 49. Zusatzzahl 34, Superzahl 9.

## 16a Uhrzeiten
1 *Bahnhofsansage* Achtung an Gleis 9. Es hat Einfahrt der ICE Bodensee, Ankunft: 18 Uhr 04.

2 *Radiosprecher* Es ist acht Uhr neunzehn. Wir informieren Sie über Staus ...

3 *Junge* Wie spät ist es jetzt?
*Mädchen* Es ist 10 nach 10.

4 *Radiosprecherin* Zwölf Uhr sechsundzwanzig. Radio FFH. Die neuesten Hits ....

5 *(Glockenturm schlägt drei.)*

## 18 Mein Schultag
So, morgen ist Dienstag. Wir beginnen um ... ähm ... um 8. Zuerst haben wir Sport. Ich brauche die Sportschuhe.
Um 9 Uhr 50 haben wir ... äh ... Bio, da brauche ich das Biobuch und das Heft. So ... dann ... Moment ... haben wir Englisch ... das Wörterbuch. Um 11 Uhr 15 ist Pause ... eine Banane und ... mein Pausenbrot. Mama? Wo ist mein Pausenbrot?
Und um 11 Uhr 45 haben wir Kunst. O.k. Kunst ist gut. Und um 13 Uhr 20 ist Schluss, Schluss, Schluss.

# Plateau 1

## 2 Ein Suchbild
1 Peter mag Pizza.
2 Er spielt mit dem Computer.
3 Am Schrank hängt ein Bild von „Tokio Hotel".
4 Es ist genau halb drei.
5 Peter spielt Klavier.
6 Peter hat einen Hund.
7 Peter mag Fußball.
8 Peter liebt Bücher.

## 4c Peter – Was ist richtig?
Also, ich heiße Peter und ich wohne im Moment in Deutschland, in Berlin. Ich bin 15 Jahre alt und ich gehe in das Goethegymnasium in die Klasse 9a. Ich spiele Saxofon in der Schulband, am liebsten Jazz. Mein Lieblingsfach ist Kunst. Ich zeichne gerne Mangas. Meine Freunde sagen, ich bin cool. Am liebsten esse ich Hamburger. Ich liebe Hamburger!

## 10a Brummsätze
*(gebrummt)* Woher kommst du?
*(gebrummt)* Ist das ein BMW?
*(gebrummt)* Guten Tag, Herr Winter, wie geht's?
*(gebrummt)* Kannst du Gitarre spielen?

# Kapitel 5: Meine Lieblingstiere

## 1 Augen: Wie heißt das Tier?
| | |
|---|---|
| 1 die Fliege | 5 die Katze |
| 2 das Pferd | 6 der Pinguin |
| 3 der Papagei | 7 der Fisch |
| 4 der Elefant | 8 der Hund |

## 2 Was ist das?
*(1. Papagei krächzt)* Das ist ein Papagei.
*(2. Hund bellt)* Das ist ein Hund.
*(3. Katze miaut)* Das ist eine Katze.
*(4. Fliege summt)* Ah! Das ist eine Fliege!
*(5. Fisch blubbert)* Keine Ahnung ... Ein Fisch?
*(6. Pferd wiehert)* Das ist einfach. Das ist ein Pferd.

## 12 Hört zu und ergänzt die Beschreibung.
*Kurt:* Hallo Monika, hier ist Kurt. Wie sieht deine Katze aus?
*Monika:* Also, ihr Kopf ist gelb und ihr Rücken ist rot. Ihr Bauch ist weiß. Zwei Beine sind schwarz und zwei Beine sind weiß. Und ihr Schwanz ist orange ...
*Kurt:* Aha! Also deine Katze ...

## 17a Die Kuh macht „Muh!"
*(Kuh)* Muh! Muuuh! – *(Katze)* Miau! Miau! – *(Schwein)* Oink, oink! – *(Hahn)* Kikerikiii! – *(Hund)* Wau, wau! – *(Ente)* Quak, quak – *(Fliege)* Bsssssssss!

# Kapitel 6: Lust auf Freizeit?

## 7b Peter und Sabine – ein Missverständnis
*Sprecher:* Sabine mag Peter und Peter mag Sabine. Heute ruft Sabine an. Sie will Peter treffen.
*Sabine:* Hallo Peter? Um drei Uhr an der Bank? Ich freue mich!
*Sprecher:* Es ist das erste Mal! Peter ist sehr froh und zieht seine Jeans und seine neue schwarze Lederjacke an. Dann kauft er eine rote Rose und nimmt den Bus. An der Bank steigt er aus.
Auch Sabine ist glücklich. Sie trägt ihr neues Top und fährt mit dem Fahrrad zur Bank! Es ist gleich 3 Uhr.
Peter wartet auf Sabine. Wo ist Sabine? Sabine wartet auf Peter. Wo ist Peter?
Jetzt ist es schon halb vier und es fängt an zu regnen. Peter ist nicht da. Sabine ist nicht da. Da ist niemand! Beide sind nass und wütend! So ein Mist! Was ist los?
*Sabine:* Wo ist Peter?
*Peter:* Wo ist Sabine?
*Sprecher:* Peter sucht sein Handy in der Jacke.
*Peter:* Kein Handy, nichts!
*Sprecher:* Sabine sucht ihr Handy in der Tasche.
*Sabine:* Mist! Der Akku ist leer.
*Sprecher:* So ein Pech! Peter und Sabine fahren zurück nach Hause. Sabine ruft Peter an!

## 8c Wo liegt der Wortakzent?
ạnkommen – mịtgehen – aufhören – ạnrufen – ạbholen – aufstehen – ạnmachen – mịtkommen

## 10 Minidialoge
1 ● Der Bus kommt um 19 Uhr 30 an.
○ Um 19 Uhr 30???
● Ja, mach schnell!

2 ● Gehst du mit ins Kino?
○ Ins Kino???
● Ja, der Film ist toll!

3 ● Der Unterricht hört um 9 Uhr auf.
○ Um 13 Uhr???
● Ja, das ist gut, oder?

4 ● Ich rufe meine Freundin an.
○ Eva???
● Nein, sie heißt jetzt Evelyne!

5 ● Wir holen dich zu Hause ab.
○ Zu Hause???
● Klar! Zu Hause!

6 ● Ich stehe jeden Morgen um 6 Uhr auf.
○ Um 6 Uhr? So spät?
● So spät? Das ist früh!!!

7 ● Machst du bitte das Radio an?
○ Das Radio???
● Ja, da kommt Mozart.

8 ● Kommt ihr mit ins Schwimmbad?
○ Ins Schwimmbad???

### 11 Caro: ein Tagesablauf

Also, ich stehe jeden Morgen um 7 Uhr auf.
Ich dusche und dann trinke ich eine Tasse Kakao.
Ich mache immer sofort das Radio an. Ich mag Musik!
Ich nehme mein Fahrrad und fahre zur Schule.
Um 7 Uhr 45 komme ich in der Schule an. Der Unterricht beginnt um 8 Uhr. Um 13 Uhr hört der Unterricht meistens auf. Karim holt mich dann ab. Und wir fahren zusammen nach Hause.

## Kapitel 7: Was ich alles mache ...

### 1a Wer macht was wann?

1 ● Hallo Jenny.
○ Hallo Natalie. Was machst du am Wochenende?
● Ich? Ich gehe in die Stadt. Kommst du mit?
○ In die Stadt? Zum Shopping? Klar.Ich komme mit.

2 ● Tschüs, Mama
○ Äh, Jakob ... wohin gehst du?
● Es ist Dienstag. Ich übe Gitarre mit der Band.
○ Du hast, ne Band? Wow.
● Also, tschüs.

3 Hallo, ich bin Marie. Mein Hobby ist Sport und der Zirkus. Ich habe jeden Donnerstag um drei Zirkus-AG. Meine Freundin und ich sind Clowns. Ich finde das total gut.

4 ● Hallo Jungs. Alles klar?
○ Hi Pascal. Alles o.k. Mittwoch – Jugendclub – Freunde. Verstehst du?
● Logisch. Los, wer spielt mit?

5 Heute ist Freitag. Nele ist im Freizeitpark und sie hat richtig Spaß.

6 ● Du bist dran.
○ Hallo Papa.
■ Hallo Julian. Wo bist du?
○ Ähm, bei der Schule ...
■ Ich warte und warte. Immer das Gleiche ...
○ Ich komme sofort.
Sorry. Mein Vater ... Er holt mich ab. Wir spielen morgen wieder Karten.

7 ● Hey Lisa, du kannst ja gut Fußball spielen.
○ Naja. Ich trainiere auch viel am Nachmittag.
● Toooor!!! Super-Lisa schießt ein Tor.
○ Oh, du bist so ein Blödmann.

8 ● Laura, was liest du gerne? Wie heißt dein Lieblingsbuch?
○ Lieblingsbuch? ... Ja ... Ich lese gerne Comics.
● Aha?
○ Comics und Mangas. Die lese ich am liebsten am Abend.
● Und Bücher?
○ Das sind doch auch Bücher ...

### 2 Julians Freizeit

● Hallo, wir machen Interviews zum Thema Hobby und Freizeit.
○ Aha.
● Wir haben drei Fragen. Ist das o.k.?
○ Ja, gut.
● O.k. Wie heißt du?
○ Ich heiße Julian.
● Gut, Julian. Frage 1: Welche Hobbys hast du?
○ Ähhh, ..., also ... ich spiele Fußball und Basketball. Und ich spiele Karten. Ab und zu gehe ich in den Jugendclub.
● Ja, gut. Frage 2: Magst du auch Musik?
○ Ja, klar. Ich höre oft Musik.
● Und Frage 3: Bist du in einer AG?
○ Ja, ich gehe in die Foto-AG.
● O.k. Danke, Julian. Das war's.
○ Bitte.

### 3a Meine Freizeit

● Na, Linus ... Was machst du heute Nachmittag?
○ Heute Nachmittag? Ähm. Am Nachmittag treffe ich Jenny.

● Hey Paul, was machst du am Wochenende?
○ Am Wochenende ... gehe ich ins Kino.

● Tschüs Laura.
○ Tschüs, ... warte ... was machst du heute Abend?
● Keine Zeit. Am Abend spiele ich Eishockey.

### 6a Vergleiche: gut/besser ..., gern/lieber ...

● Ich spiele gern Fußball, aber Basketball finde ich besser. Ich bin Basketball-Fan.
○ Computerspiele finde ich gut, aber Karten spielen finde ich viel besser. Ich spiele mit meinen Freunden.
● Meinen Mathelehrer finde ich gut, aber meinen Fußballtrainer finde ich besser. Der ist cool.
○ *Tokio Hotel* mag ich gern, aber *Queensberry* höre ich lieber.

### 7a Und Sie? Fragen an den Lehrer.

● Der heiße Stuhl – Lehrer im Interview.
○ Herr Grote ist unser Klassenlehrer. Hallo Herr Grote und danke fürs Mitmachen.
■ Hallo. Ja, gerne.
● Das schnelle Interview. 10 Fragen – 10 Antworten in zwei Minuten. Los geht's.
■ O.k. Ich bin bereit.
○ Lesen Sie gerne Bücher?
■ Ja, natürlich.
● Spielen Sie Computerspiele?
■ Ja, manchmal.
○ Sprechen Sie gut Englisch?
■ Naja, ich mag Französisch lieber.
● Was essen Sie gern?
■ Pizza und Eis.
○ Singen Sie gerne?
■ Ja, am Morgen im Bad.
● Joggen Sie gern?
■ Nein, ich hasse Joggen.
○ Wie heißt Ihr Lieblingsfilm?
■ Gladiator.
● Echt? ... Egal, Nummer 8: Welche Musik hören Sie?
■ Jazz, Beatles, ... alles.
○ Fahren Sie mit dem Bus?
■ Nein, mit dem Motorrad.
● Cool. Letzte Frage: Mögen Sie Ihre Schüler?
■ Nein ... Quatsch ... Ja, sicher.
○ Super! Danke!

### 9b Marcel stellt sich vor.

Hi, ich bin Marcel Westmann. Ich bin 14 Jahre alt und ich wohne in Celle. In meiner Freizeit spiele ich Rugby und Basketball. Mit meinen Freunden gehe ich gerne ins Kino oder wir sind zu Hause, spielen Videospiele, reden oder hören Musik.

### 11a Im Kaufhaus – Welches Kleidungsstück sucht Robert?

● Na, Robert? Was suchst du?
○ Hallo Jan. … Einen Pullover. … Wie findest du den hier?
● Rot? Hm, ich weiß nicht.
○ Und den?
● Grau? Das ist total langweilig.

## Kapitel 8: Meine Familie – unser Zuhause

### 1b Marius und seine Familie

● Hallo! Mein Name ist Marius. Komm rein. Das ist mein Zimmer.
○ Und wer ist das?
● Das ist meine Schwester Melanie. Und am Telefon sind ihre Freundinnen.
○ Aha, Melanie. … Hey das Motorrad ist toll.
● Ja, mein Vater fährt Motorrad. Er ist Polizist.
○ Cool. ... Hey, wer seid ihr denn?
● Das sind Miez und Mauz, unsere Katzen. Meine Mutter liebt sie sehr. Ich aber auch.
○ Echt? Katzen? Ich mag Hunde lieber. Und wer ist das?
● Wer?
○ Der da. Im Garten.
● Das ist mein Opa. Er wohnt bei uns. Er liebt das Haus und den Garten. … Komm, wir gehen zum Sportplatz.
○ Was?
● Zum Sportplatz.
○ O.k.

### 3a Wie viele Personen beschreibt Yvonne?

Hallo, ich bin Yvonne, ich bin 15 Jahre alt und das ist meine Familie. Vorne in der Mitte, das bin ich. Links ist meine Schwester. Sie heißt Annika. Hinten in der Mitte ist mein Vater. Er ist Koch. Und rechts sitzt meine Mutter Uschi. Sie ist immer lustig. Das Foto war ihre Idee. Es ist ein Geschenk für meinen Opa. Er wird 65.

### 4a Zu Hause – In welcher Reihenfolge zeigt Tommy die Zimmer?

● Hallo Tommy.
○ Hallo Marius, komm' rein. Ich zeig dir unsere Wohnung.
● O.k.
○ Das ist unsere Küche. … Oh … MAMAA! DAS ESSEN!! Komm weiter. Das ist unser Bad.
● Cool!
■ TÜR ZU!!!
○ Oh, Entschuldigung … Meine Schwester. Komm! Hier ist das Schlafzimmer.
● Und das hier?
○ Das ist mein Zimmer.

### 7b Krach bei Miriam – So geht es weiter.

● Miriam, mach doch mal die Musik leise.
○ Nein.
● Miriam, mach sofort die Tür auf.
○ Geh weg! … Ich bin sauer.
● Miriaaam, komm jetzt bitte raus.
○ Nein, lass mich in Ruhe!
● Miriam? Du hast Besuch.
○ Wer denn?
● Äh, wie heißt du? … Fabian!
○ Oh Mann, Papa …

### 8b Bei euch zu Hause. Coole Antworten.

● Lies doch mal ein Buch.
○ Oh, langweilig.
● Lernst du heute Mathe?
○ Vergiss es!!
● Mach den Fernseher aus!
○ Jetzt nicht!
● Mach die Hausaufgaben!
○ Ja, ja, später.
● Beeil dich!
○ Oh Mann! Ja!
● Ruf Oma an.
○ Morgen.

## Plateau 2

### 3c Ein Zimmer, zwei Sätze

Das ist unser Wohnzimmer. Hier sitzt die ganze Familie und sieht fern. Am Wochenende essen wir hier Kuchen und trinken Kaffee.

Das ist unsere Küche. Hier kocht meine Mutter und manchmal auch mein Vater. Mein Vater macht immer Pizza.

Das ist unser Bad. Meine Schwester duscht immer 1 Stunde. Das ist echt blöd!

Das ist unser Garten. Hier arbeiten Oma und Opa. Es gibt viele Blumen.

Das ist mein Zimmer. Hier mache ich meine Hausaufgaben. Hier spiele ich am Computer.

Das ist unser Schlafzimmer. Da schlafen meine Eltern. Manchmal liegt auch unsere Katze im Bett.

### 4b Familie

Mein Vater sagt schwarz, meine Mutter sagt weiß.
Meine Schwester sagt kalt, mein Bruder sagt heiß.
Mein Opa liebt Rom, meine Oma liebt Nizza.
Mein Onkel mag Fisch, meine Tante mag Pizza.
Die Cousine spielt Tennis, der Cousin läuft gern Ski.
Meine Familie, ich lieeeebe sie.

### 5b Maria

Das ist Maria. Sie ist 12 Jahre alt und kommt aus Italien. Sie wohnt in Rom.
Ihr Hund heißt Didi. Sie mag ihn sehr!
Maria liest gerne und schwimmt gerne.
Sie spielt Klavier. Sport mag sie nicht!

### 7a Carola und Mathelehrer Schmidt

*Carola:* Ich bin Carola. Ich bin 13 und gehe sehr gern in die Schule. Ich mag fast alle Lehrer. Mein Lieblingsfach ist Kunst. Ich fotografiere sehr gerne. Ich esse auch sehr gerne. Am liebsten Salat!

*Mathelehrer Schmidt:* Ich heiße Martin Schmidt. Ich bin der Mathelehrer der Klasse 8a. Ich bin 39 Jahre alt. Meine Frau heißt Maria. Wir haben zwei Kinder, Elisa und Patrick. Wir haben einen Hund und zwei Katzen. Wir machen viel Sport, joggen und schwimmen.

## 10 Caro ruft Karim an. Was sagen die beiden?

*Karim:* Karim.
*Caro:* Hey Karim.
*Karim:* Hey Caro, was machst du so?
*Caro:* Ähm, Ich bin mit Ginger im Park.
*Karim:* Cool, hast du um 4 Uhr Zeit?
*Caro:* Oh nee, um 4 kann ich nicht. Da geh ich mit der Jenny in die Stadt shoppen.
*Karim:* Schade.
*Caro:* Aber jetzt hätte ich Zeit.
*Karim:* Wo genau bist du?
*Caro:* Äh, ah ja, kennst du das Tor?
*Karim:* Klar, ich komme in 10 Minuten.

# Kapitel 9: Alles Gute!

## 1b Wünsche und Situationen

**Dialog 1**
● Möchtest du noch Tee?
○ Nein danke. Aber gib mir bitte das Brot …
● Danke.
○ Guten Appetit!

**Dialog 2**
Frohe Weihnachten!

**Dialog 3**
● Hier, ein Ei!
○ Und Schokolade! Hm, lecker!
■ Hallo, Herr Müller, frohe Ostern!

**Dialog 4**
● Tschüs, Oma!
○ Auf Wiedersehen, Oma. Gute Reise.

**Dialog 5**
*(Lied)* Zum Geburtstag viel Glück! …
● Alles Gute zum Geburtstag!
○ Herzlichen Glückwunsch!

**Dialog 6**
● Ja, hallo?
○ Kommst du heute Nachmittag?
● Nee, geht nicht. Ich bin krank.
○ Oh, tut mir leid. Gute Besserung!
● Danke!

**Dialog 7**
● Und? Kannst du alles?
○ Weiß nicht. Der Test wird eine Katastrophe …
● Na ja, viel Glück!
○ Danke!

## 3b Welche Monate hört ihr? Schreibt die Monatsnamen und markiert den Wortakzent.

Februar – November – Dezember – März – Juni – Juli – Januar – August – September – April – Mai – Oktober

## 4b Wer kommt auf die Party?

Hallo, hier ist die Sprachbox von Biggi Schütz. Ich bin im Moment nicht zu Hause. Hast du eine Nachricht für mich? Ich ruf dich bald zurück.

**1** Hi Biggi! Hier ist Anja. Ich hab grade deine Einladung bekommen: Suuuuupi! Klar komme ich! Was soll ich mitbringen? Einen Salat? Ich kann super Nudelsalat machen! Ah ja, wie lange dauert die Party? Mein Vater will mich abholen. Kannst mir ja noch Bescheid geben. Ich drück dich!

**2** Hallo Biggi, hier ist Tom! Danke für deine Einladung und herzlichen Glückwunsch zum Geburtstag. Ich kann leider nicht zur Party kommen. Ich hatte gestern einen Unfall mit dem Fahrrad. Ich war zu schnell … Mist! Mir tut alles weh. Ich wünsch dir eine schöne Party. Bis bald. Tom

## 5 Biggi lädt Eva ein.

● Eva Herzog.
○ Hallo Eva. Hier ist Biggi.
● Hallo Biggi.
○ Kommst du am Samstag zur Party?
● Du, nee, ich muss bis 20 Uhr babysitten.
○ Dann komm doch später. Wir feiern bestimmt bis 22 Uhr. Es ist ja mein Geburtstag!
● Super! Dann komme ich noch für zwei Stunden. Kommt Tom auch?
○ Nein, er ist krank.
● Schade! Also dann bis heute Abend.
○ Ja, bis später!

## 7a Wie geht es dir?

● Hallo Biggi!
○ Hi, Tom! Wie geht es dir?
● Nicht so gut …
○ Hast du Schmerzen?
● Ja, mir tut alles weh!
○ Alles?
● Mein Fuß, mein Arm, mein Hals, mein Kopf. Wie war eigentlich die Party?
○ Super! Schade, dass du nicht da warst. Aber …
● Aber was?
○ Mir war schlecht, zu viel Kuchen und Schokolade …

## 9 Wo warst du gestern?

● Hallo, Paul, wo warst du gestern?
○ Ich war krank. Ich hatte Fieber. Wie war das Schulfest?
● Es war sehr schön! Die Musik war super! Bist du jetzt wieder o.k.?
○ Ja, danke, es geht mir besser!

## 14a Interviews zum Thema „Geburtstag"

**Interview 1**
*Radiosprecher:* Hier ist das Goethe-Radio. Wir machen heute eine Umfrage zum Thema: Geburtstag!

● Hallo Jutta, wie feierst du deinen Geburtstag?
○ Ähm, ich mache keine Geburtstagsparty, aber nach der Schule gehe ich mit meiner Freundin in die Stadt.
● Und was macht ihr dann?
○ Zuerst gehen wir shoppen. Also, ich möchte mir eine neue Jeans kaufen …
● Bekommst du Geld zum Geburtstag?
○ Ach so. Ja, ich bekomme zu meinem Geburtstag immer Geld von meiner Oma und von meiner Tante. Ja, und dann gehen wir in eine Eisdiele und essen einen Rieseneisbecher. Vielleicht gehen wir danach noch ins Kino.
● Wann hast du Geburtstag?
○ Ich habe im Juni Geburtstag!
● Und wie alt wirst du?
○ 13.
● Bekommst du von deinen Eltern auch Geschenke?
○ Klar! Hoffentlich einen neuen MP3-Player!

**Interview 2**

- ● Hallo Tobias. Was machst du an deinem Geburtstag?
- ○ Ja, also, zuerst gibt es ein supertolles Geburtstags-Frühstück mit meinen Eltern. Und dann packe ich die Geschenke aus!
- ● Weißt du denn schon, was du bekommst?
- ○ Ich bekomme ein neues Mountainbike. Und nach der Schule ist alles ganz normal: Hausaufgaben machen, lernen, ...
- ● Keine Party?
- ○ Moment, Moment. Mein Geburtstag ist am Mittwoch. Die Party ist dann am Wochenende.
- ● Und wer kommt da?
- ○ Meine Freundinnen und Freunde. Das sind so zehn Leute.
- ● Und was macht ihr auf der Party?
- ○ Mann, Party halt. Musik hören, tanzen, essen, trinken, Spaß haben.
- ● Ich weiß, ich nerv dich jetzt, aber kannst du noch sagen, was es zum Essen und Trinken gibt?
- ○ Meine Mutter macht Sandwiches und Pizza und die Gäste bringen auch alle was mit: Salate, Kuchen, ... Lena macht einen super Nudelsalat und Karim bringt von seiner Mutter Baklava mit. Das ist ein süßer Nachtisch. Und zum Trinken gibt es Saft, Cola, Wasser.
- ● Wann fängt die Party an?
- ○ Am Samstag um 18 Uhr und sie dauert so bis 22 Uhr.
- ● Macht ihr auch Spiele?
- ○ Spiele? Nein, Mann, das ist doch kein Kindergeburtstag. Aber im Partyraum steht ein Fernseher, da laufen dann Videos, Comics oder Filme von Mr. Bean.
- ● Wie alt wirst du eigentlich?
- ○ 14!
- ● Danke Tobias und eine schöne Party.
- ○ Schon o.k. Tschüs.

## Kapitel 10: Meine Stadt

### 4 Wo???

**a**
- ● Wo bist du heute Nachmittag?
- ○ Ich bin im Jugendclub.

**b**
- ● Wo ist dein Fahrrad?
- ○ Es steht an der Post.

**c**
- ● Bist du um vier auf dem Sportplatz?
- ○ Um vier? Ja klar. Ich bin da.

**d**
- ● Kaufst du die Brötchen in der Bäckerei?
- ○ Nein, im Supermarkt.

**e**
- ● Seid ihr am Samstag auch in der Disco?
- ○ Nein, wir besuchen unsere Großeltern.

**f**
- ● Wo ist meine Tasche?
- ○ Die ist unter dem Tisch.

**g**
- ● Wie geht's Thorsten?
- ○ Schlecht. Er ist noch im Krankenhaus.

**h**
- ● Entschuldigung, wo ist der Bahnhof?
- ○ Der Bahnhof ist hinter dem Rathaus.

### 6c Die Schulwege von Hannes, Bonny und Clara

**1** *(Hannes)*
Ich fahre mit dem Bus. Ich steige am Marktplatz aus. Dann biege ich nach links ab. Das ist die Hauptstraße. Ich gehe immer geradeaus. Dann kommt eine Kreuzung. An der Kreuzung gehe ich links. Hinter der Post ist meine Schule.

**2** *(Bonny)*
Ich fahre mit dem Fahrrad. Ich fahre in der Rathausstraße immer geradeaus. An der Kreuzung kommt eine Ampel. An der Ampel warte ich. Dann fahre ich geradeaus weiter. Links ist ein Kiosk, rechts ist das Rathaus. Dann kommt ein Park. Am Ende biege ich links ab. Links ist dann meine Schule.

**3** *(Clara)*
Ich fahre jeden Tag U-Bahn. Ich nehme die Linie 4 und steige an der Station „Goethestraße" aus. Ich gehe zuerst die Goethestraße geradeaus und dann rechts. Das ist die Marienstraße. Dann gehe ich geradeaus. Danach gehe ich wieder rechts.
An der Kreuzung steht meine Schule.

### 6d Links, rechts, ... Wege beschreiben

**Weg A**
- ● Entschuldigung, wo ist ein Supermarkt?
- ○ Du bist am Marktplatz. Du gehst zuerst geradeaus. Das ist die Lange Straße. An der Goethestraße gehst du nach rechts. Dann weiter geradeaus. Der Supermarkt ist links an der Kreuzung.

**Weg B**
- ● Wo ist die U-Bahn, bitte?
- ○ Du bist am Stadtmuseum. Du gehst zuerst nach rechts. An der Kreuzung gehst du nach links. Das ist die Goethestraße. Dann weiter geradeaus. Die U- Bahn ist dann rechts nach der Kreuzung mit der Marienstraße.

**Weg C**
- ● Wo gibt es eine Post?
- ○ Du bist an der U-Bahn. Du gehst zuerst nach links. Dann biegst du rechts ab. Das ist die Marienstraße. Dann gehst du wieder rechts. Die Post ist hinter der Schule.

## Kapitel 11: Wir fahren weg!

### 1b Städte und Fotos – was gehört zusammen?

1 Das ist die Frauenkirche in Dresden. Sie ist ganz neu und sie war sehr teuer!
2 Wir fahren nach Wien. Ich freue mich schon auf das Riesenrad.
3 Mmmh, am Wochenende machen wir einen Ausflug nach München: Brezeln und Weißwurst!!
4 Im Sommer fahren wir nach Konstanz, an den Bodensee.
5 Meine Tante fliegt morgen in die Schweiz, nach Zürich, und bringt Schokolade mit.
6 Das Ruhrgebiet feiert Geburtstag? Wo liegt das Ruhrgebiet?
7 Ich will nach Hamburg fahren! Da gibt es einen großen Hafen.
8 Der Herkules steht in einem Park in Kassel.

### 1c Wo liegen die Städte?

- ● Wo liegt Hamburg?
- ○ Das weißt du nicht? Hamburg liegt im Norden von Deutschland!
- ● Und wo liegt Wien?
- ○ Keine Ahnung!
- ● Wien liegt in Österreich, im Osten.
- ○ Wo liegt Kassel?
- ● Kassel? Moment, Kassel liegt in der Mitte von Deutschland.

### 3 Monika ruft bei der Jugendherberge in Hamburg an.

- ● Jugendherberge Hamburg, Grundmann. Was kann ich für Sie tun?
- ○ Guten Tag. Hier ist Monika Schröder. Wir möchten am Wochenende nach Hamburg und in der Jugendherberge übernachten.
- ● Wer ist „wir?"
- ○ Ach so, das ist mein Vater, meine Mutter, mein Bruder und ich, vier Personen.

- ● Gut. Wann kommt ihr an?
- ○ Am Freitagnachmittag …
- ● Und wann fahrt ihr wieder ab?
- ○ Am Sonntag. Abends um 19 Uhr.
- ● Kein Problem. Wir haben noch ein schönes Zimmer frei. Habt ihr einen Ausweis für die Jugendherberge?
- ○ Nein, ist das ein Problem?
- ● Kein Problem, ihr könnt ihn hier in der Jugendherberge kaufen.
- ○ Und was kostet das Zimmer für eine Nacht?
- ● Für vier Personen rund 100 Euro.
- ○ Mit Frühstück?
- ● Ja, Frühstück ist inklusive.
- ○ Kann man auch ein Mittagessen bekommen?
- ● Ja, aber das kostet extra.
- ○ Ja, dann vielen Dank.
- ● Gern geschehen, aber gibst du mir bitte noch deine Adresse?
- ○ Ach so, natürlich, also: Monika Schröder, Hauptstraße 14, 34119 Kassel.
- ● Danke, dann bis Freitag!
- ○ Bis Freitag!

### 12 Probleme beim Reisen

1 ● Meine Füße! Ich kann nicht mehr!
○ Das sind die Berge!

2 ● Ich habe Durst! Ich sterbe!
○ Warte! Gleich kommt ein Kiosk!

3 ● Schon wieder eine Kirche!!!
○ Du interessierst dich einfach nicht für Kultur!

4 ● Schnell! Eine Toilette.
○ Da hinten! Neben der Post! Nur 100 Meter!

## Kapitel 12: Mein Vater ist Polizist

### 3 Welchen Beruf haben die Leute?

1 Ich muss jeden Abend arbeiten. Meine Spezialität ist Fischsuppe. Die schmeckt immer wunderbar!

2 Mein Beruf ist sehr kreativ. Mode und Trends sind für mich sehr wichtig. Jeder Kopf ist anders, aber ich mache alle schön.

3 Ich liebe Zahlen, Algebra und Geometrie. Aber niemand mag mich, nur die Klasse 7a.

4 Ich arbeite viel mit dem Computer. Ich schreibe Stundenpläne, Briefe und Berichte. Und ich organisiere die Termine in unserer Schule.

### 13b Tom erzählt seine Geschichte.

Ich wache auf. Zwanzig vor acht!! Katastrophe!! Der Wecker ist kaputt.
Ich stehe schnell auf. AUA!
Schnell ins Bad. Mist! Die Dusche ist kaputt.
Ab in die Küche. Kaffee machen.
Kaffee??? … Kein Kaffee da.
Toast. Warum ist der Toast so weiß und grün? Igitt!
Schnell zum Bus. Das schaffe ich.
Halt! Komm zurück!!! Bitte!!
O.k., dann mit dem Fahrrad. Fahrradschlüssel? Äh … im Haus.
Äh … Mama anrufen. Nein … Akku leer.
Was für ein Tag. Was mache ich jetzt bloß? … Ah, ich …

### 15b Pronomen üben

1 ● Besuchst du uns mal wieder?
○ Ja klar, Oma, am Sonntag. Wir lieben euch!

2 ● Verstehst du mich?
○ Nein, ich höre dich nicht. Sprich lauter!

3 ● Kennst du Roger Federer?
○ Klar, alle kennen ihn.

4 ● Wo sind Sie? Ich suche Sie schon eine Stunde!
○ Oh, das tut mir leid, Herr Direktor. Ich war im Sekretariat.

### 16 Sätze bauen

- ● Ich rufe dich an.
- ○ Ich rufe dich morgen an.
- ● Ich rufe dich morgen Abend an.
- ○ Ich rufe dich morgen Abend um 20 Uhr an.
- ● Ich rufe dich morgen Abend um 20 Uhr mit dem Handy an.
- ○ Ich rufe dich morgen Abend um 20 Uhr mit dem Handy zu Hause an.
- ● Puhh, ich rufe dich morgen Abend um 20 Uhr mit dem Handy zu Hause kurz an.
- ○ O.k., o.k., du hast gewonnen.

## Plateau 3

### 2 Denkdiktat

Am Wochenende habe ich Geburtstag. Ich darf alle meine Freunde einladen. Am Nachmittag gehen wir ins Kino. Am Abend essen wir zusammen Spaghetti. Dann spielen wir am Computer.
Ich darf spät ins Bett gehen.

### 3 Noch ein Denkdiktat

Lieber Timo,
hier ist es total langweilig! Es gibt keine Leute und es ist nichts los. Meine Füße tun weh und es ist kalt.
Noch drei Tage, dann bin ich wieder zu Hause.
Ich fahre nicht mehr in die Berge!

### 4 Ein anderes Denkdiktat

Ich stehe immer um sieben Uhr auf.
Um halb acht nehme ich den Bus und fahre in die Schule.
Mein Lieblingsfach ist Mathe. Bio mag ich auch.
Am Nachmittag mache ich Hausaufgaben. Abends sehe ich fern oder ich chatte mit Freunden. Um neun Uhr gehe ich ins Bett.

### 5b Einen Text schnell lesen

- ● Mein Beruf ist Schülerin und mein Tag ist ganz normal.
- ○ Ich stehe immer um 6 Uhr 30 auf (natürlich nicht am Wochenende!) dann dusche ich, frühstücke, und gehe in die Schule.
- ● Wenn ich wieder zu Hause bin, esse ich schnell etwas und mache dann sofort die Hausaufgaben.
- ○ Ich brauche oft zwei oder drei Stunden! Aber ich sage immer: Erst die Arbeit, dann der Spaß.
- ● Danach gehe ich manchmal zum Kiosk und treffe meine Freundinnen Moni und Claudia.
- ○ Oft quatschen wir nur, aber wir haben immer viel Spaß. Es ist nie langweilig.
- ● Um sechs Uhr (pünktlich!) gibt es immer Abendessen.
- ○ Wir essen alle zusammen. Manchmal sehen wir danach fern.
- ● Um neun bin ich immer total müde und gehe ins Bett.
- ○ Manchmal lese ich dann noch ein paar Seiten.
- ● In der Woche gehe ich nie aus.
- ○ Aber am Wochenende gehe ich manchmal auf eine Party oder zu Freunden.
- ● Ich muss aber oft schon um zehn Uhr zu Hause sein.
- ○ Mein Vater holt mich immer mit dem Auto ab.

# Transkripte der Hörtexte im Arbeitsbuch

Im Folgenden finden Sie die Hörtexte, die nicht im Arbeitsbuch abgedruckt sind.

geni@l klick – Deutsch für Jugendliche – Arbeitsbuch A1
von Birgitta Fröhlich, Maruska Mariotta und Petra Pfeifhofer


## Kapitel 1: Was weißt du über D–A–CH?

**5 Länder-Personenquiz. 3 Informationen sind falsch. Hör zu und korrigiere.**

**Dialog 1**
- ● Wer ist das?
- ○ Das ist Einstein aus der Schweiz.

**Dialog 2**
- ● Toll! Was ist das?
- ○ Das ist das Matterhorn in der Schweiz.

**Dialog 3**
- ● Was ist das?
- ○ Das ist der Reichstag, in Berlin, in Deutschland.

**Dialog 4**
- ● Wer ist das?
- ○ Das ist Mozart aus Österreich.

**Dialog 5**
- ● Wer ist das?
- ○ Das ist die Band „Tokio Hotel" aus Deutschland.

**6a Zahlen – Hör zu und kreuze an.**
2 – 0 – 4 – 1 – 7 – 11 – 10 – 9

**6b Zahlen – Hör zu und wiederhole.**
2 – 0 – 4 – 1 – 7 – 11 – 10 – 9

**8 Begrüßen und verabschieden**
Hallo – Tschüs – Auf Wiedersehen – Guten Tag – Guten Morgen – Guten Abend – Bis bald – Tschau

**9 Dialog – Hör zu, ordne den Dialog und schreib.**
- ● Hallo, ich heiße Olli, und du?
- ○ Mein Name ist Tom.
- ● Magst du „Tokio Hotel"?
- ○ Ja, und du?
- ● Ich auch.

**10 Dialog – Hör zu und ergänze.**
- ● Hallo Luise!
- ○ Guten Tag, Frau Maier, wie geht's?
- ● Danke gut und dir, Luise?
- ○ Auch gut, danke.
- ● Tschüs Luise, bis bald.
- ○ Auf Wiedersehen, Frau Maier.

**14 Buchstaben. Was hörst du?**

| | |
|---|---|
| **1** H | **6** K |
| **2** G | **7** W |
| **3** C | **8** Y |
| **4** V | **9** W |
| **5** J | **10** Ä |

**15a Deutsch ist super!**
Deutsch ist super und nicht schwer,
hört mal zu, bitte sehr.
Gitarre, Trompete, Saxofon,
Computer, Radio und Telefon.
Tennis, Windsurfen, Basketball,
Trapez, Zylinder und Oval.
Salat, Hamburger, Makkaroni,
Elefant, Giraffe und Pony.
Präposition, Verb, Adjektiv,
Pistole, Killer und Detektiv.
Alles normal,
Deutsch ist super, international.

**Das kann ich: 3a Wie heißt sie?**
- ● Wie heißt sie?
- ○ Janine.
- ● Wie bitte?
- ○ J-a-n-i-n-e.
- ● Aha, sie heißt Janine.

**Das kann ich: 3b Zahlen**
- ● Wie buchstabiert man eins?
- ○ e-i-n-s
- ● Und 2?
- ○ z-w-e-i
- ● Und 10?
- ○ z-e-h-n

## Kapitel 2: Die Medien-AG

**2b Hör zu und ergänze.**

**4**
- ● Das sind Valentina und Leandro. Valentina, du kommst aus Österreich, nicht wahr? Kannst du dich kurz vorstellen?
- ○ Ja, also, ich heiße Valentina, bin 13, komme aus Österreich und spiele gern Fußball.
- ● Fußball?
- ○ Ja, auch Mädchen spielen Fußball.
- ● Und was magst du sonst noch?
- ○ Ich mag Sport: Tennis, schwimmen, Ski fahren.

**5**
- ● Leandro, magst du auch Sport?
- □ Nein, Sport mag ich nicht so.
- ● Was magst du denn?
- □ Ich höre gern Musik und ich spiele Gitarre.
- ● Und woher kommst du?
- □ Ich komme aus Deutschland, aus Stuttgart.

**9a Schreib die Buchstaben. Wie heißt das Land?**
**1** N – A – L – A – B – E – I – N
**2** S – A – L – R – N – S – D – U
**3** N – C – I – A– H
**4** A – C – N – E – D – H – T – U – D – S – L
**5** I– L – E – A – I – N – T
**6** L – P – T – U – A – G – O – R
**7** E – W – I – C – Z – S – H
**8** A – E – G – H – I – L – R – N – D – C – E – N

**9b Kontrolliere die Länder.**
1 Albanien
2 Russland
3 China
4 Deutschland
5 Italien
6 Portugal
7 Schweiz
8 Griechenland

**10b Markiere den Akzent.**

| | | | | |
|---|---|---|---|---|
| Schokolade | chocolate | cioccolata | chocolate | chocolat |
| Geografie | geography | geografia | geografía | géographie |
| Programm | program | programma | programa | programme |

**11a Ein Rap**
Das ist Maria, sie kommt aus Nizza,
sie mag am liebsten Salami-Pizza.
Lisa wohnt in München
und mag kleine Hündchen.
Aus Kanada kommt Lehrer Bobby,
Fußball ist sein großes Hobby.
Nancy kommt aus Oregon,
ihr Hobby ist das Saxofon.

**12a Steckbrief – Hör zu und ergänze die Informationen.**
Hallo, ich heiße Paula und ich bin 14 Jahre alt und ich komme aus Deutschland. Jetzt wohne ich in Madrid und gehe dort auf die Deutsche Schule. Ich bin in der Klasse 8c. Meine beste Freundin heißt Anna und wir spielen gerne Wii. Ich gehe auch gerne ins Kino. Sport mag ich nicht so gern, nur ein bisschen Tennis spielen.

**13c Das ist Peter Fox.**
Das ist Peter Fox. Er ist 38 Jahre alt und kommt aus Berlin. Jetzt wohnt er in Berlin. Er spielt Klavier und ist der Sänger bei der Gruppe Seeed. Aber er singt auch allein. Er spricht Deutsch, Englisch und Französisch. Er singt und spielt Klavier und Flöte.

**So lerne und übe ich: 3 Wo ist der Wortakzent?**
Telefon teléfono téléphone

## Kapitel 3: Mein Schulalltag

**2a Was ist in Paulas Klasse?**
Ich heiße Paula und gehe in die 8. Klasse. Das hier ist ein Foto von meiner Klasse: Wir sind zwölf Schüler und neun Schülerinnen.
Ach, da sind mein Tisch und mein Stuhl, ich sitze neben Dorothea, sie ist meine Freundin. Dorothea hat eine schöne Schultasche, sie ist unter dem Tisch.
Meine Lehrerin, Frau Siebert, steht am Fenster. Ja, und da ist auch der Computer, den mögen die Schüler sehr.

**7 Schulsachen: Wer hat was?**
a ● Karin, du musst in die Schule gehen!
○ Ja, einen Moment. ... Deutschbuch, Füller, Brille, ...
Oh je, die Fahrkarte.
Da ist die Fahrkarte!
b ● Hallo Silvia.
○ Hallo Max. Hast du das Material für den Mathetest?
● Ja, hier ist alles: Lineal, Bleistift, Radiergummi, Spitzer, Füller, ...
○ Ich habe auch ein Lineal, einen Bleistift, einen Radiergummi und einen Füller, ... aber wo ist der Spitzer? Er ist nicht im Mäppchen.

**8 Der-die-das-Rap**
DER, der, der: der Schüler, der Lehrer, ja wer?
DIE, die, die: die Tafel, die Uhr, die Chemie.
DAS, das, das: das Mäppchen, das Auto, ja was?
DER, der, der: der Spitzer, der Name, der Herr.
DIE, die, die: die Schule, die Brille und die Magie.
DAS, das, das: das Fenster, das Handy, ach was!

**9a Schulsachen**
1 T-I-S-C-H
2 L-I-N-E-A-L
3 S-C-H-O-K-O-L-A-D-E
4 M-A-R-K-E-R
5 S-C-H-Ü-L-E-R
6 F-A-H-R-K-A-R-T-E
7 W-Ö-R-T-E-R-B-U-C-H
8 R-A-D-I-E-R-G-U-M-M-I

**10b Komposita**
die Schultasche
das Pausenbrot
das Wörterbuch
das Vokabelheft
die Sporthose
der Stundenplan

**17 Wer oder was ist das?**
1 Ist das ein Computer? *(Computertastatur)*
2 Ist das ein Plakat? *(Tafelanschrieb)*
3 Ist das ein I-Pod? *(Musik)*
4 Ist das eine Schokolade? *(Papierrascheln)*
*Mann:* Hhmmmm.
5 Ist das ein Mathebuch?
*Mädchen:* Ich heiße, du heißt, er heißt.
6 Ist das ein Lehrer?
*Kind:* Wie heißt das auf Deutsch?
7 Ist das ein Schrank? *(quietschende Schranktür)*
8 Ist das ein Radio? *(Handyklingeln)*

## Kapitel 4: Schule ... Schule ... Schule

**2 Sophie erzählt. Was passt? Markiere.**
Ich heiße Sophie und bin 13. Ich gehe in die Klasse 8. Ich mag Sport und Bio ..., Musik habe ich nicht so gern. Mein Lieblingsfach ist Englisch, da habe ich auch die besten Noten. Ich mag meine Englischlehrerin sehr. Ich fotografiere auch gern, im Moment mache ich viele Fotos für unsere Zirkus-AG, aber auch für meine Freundin in Deutschland. Sie wohnt in Köln. Wir haben keine Schuluniform und das finde ich ganz o.k.

**4 Sophie erklärt die Fotos. Was sagt sie?**
Das sind Fotos von meiner Schule.
Foto Nr. 1: Das ist unser Direktor, Herr Lironi. Er ist sehr nett.
Foto Nr. 2: Das ist Frau Kunz, meine Lieblingslehrerin. Sie unterrichtet Englisch.
Foto Nr. 3: Das ist unsere Zirkus-AG, da ist es total lustig.
Foto Nr. 4: Das sind meine Freundinnen und ich. Wir gehen alle in die Klasse 8.

**9b Janine und Sophie**

*Janine:* Wir haben von Montag bis Freitag Schule. Wir fangen kurz vor acht an. Am Mittwoch und am Donnerstag haben wir acht Stunden Unterricht. Am Nachmittag gibt es viele AGs.
Sophie jetzt bist du dran, … Ich mache in 30 Minuten ein Interview für unsere Video-AG.

*Sophie:* Wir haben auch von Montag bis Freitag Schule. Wir beginnen auch kurz vor acht. Wir haben von 9 Uhr 40 bis 9 Uhr 55 Pause. Am Montag haben wir Koch-AG, und am Dienstag und am Freitag haben wir Latein. Französisch und Latein sind zwei Wahlfächer und … Moment, in 5 Minuten fährt mein Bus!

**10 Welche Zahl hörst du? Markiere.**

| | | | |
|---|---|---|---|
| **1** | 14 | **9** | 26 |
| **2** | 30 | **10** | 87 |
| **3** | 70 | **11** | 100 |
| **4** | 19 | **12** | 89 |
| **5** | 60 | **13** | 21 |
| **6** | 46 | **14** | 57 |
| **7** | 94 | **15** | 34 |
| **8** | 54 | | |

**13 Hör die Zahlen und verbinde sie. Was ist das?**

| | |
|---|---|
| 10 – 15 | 20 – 18 |
| 14 – 20 | 18 – 70 |
| 17 – 40 | 10 – 19 |
| 80 – 90 | 30 – 14 |
| 80 – 17 | 13 – 60 |
| 16 – 50 | 17 – 70 |
| 90 – 40 | |

**18 Was hörst du? Wie spät ist es? Kreuze an.**

**1** Es ist Viertel vor 10.
**2** Es ist 20 nach 10.
**3** Es ist 11 Uhr 25.
**4** Es ist halb 11.
**5** Es ist 10 Uhr 35.
**6** Es ist 12 Uhr 45.
**7** Es ist Viertel nach 8.
**8** Es ist 10 vor 3.

**19 Zeichne den Zeiger und schreib die Uhrzeit.**

**1** Es ist halb eins.
**2** Es ist Viertel vor drei.
**3** Es ist zwanzig nach zwei.
**4** Es ist halb sechs.
**5** Es ist zehn nach sieben.
**6** Es ist 14 Uhr 35.

**Das kann ich: 1a Hör zu und sprich nach. Nummeriere.**

**1** Es ist viertel vor zwölf.
**2** Es ist halb vier.
**3** Es ist zwanzig nach fünf.
**4** Es ist achtzehn Uhr fünfundzwanzig.

## Plateau 1: Testtraining

**1 Hör zu und füll den Steckbrief aus.**

Ich heiße Christine Berger und ich wohne in Hamburg, in Deutschland. Ich bin 15 und gehe ins Gymnasium, in die Klasse 10. Ich lerne Deutsch, Französisch und Englisch. Ich höre gern Musik und spiele Gitarre. Mein Lieblingsessen sind Spaghetti, ich esse aber auch gern Pizza. Meine Katze heißt Mia. Sie mag keine Spaghetti, sie mag Mäuse.

**Gespräch 1: Hör das Gespräch und kreuze an. Richtig oder falsch?**

● Du, Brigitte, ich habe ein Problem, ich finde mein Englischbuch nicht mehr und weiß nicht …
○ Aber ich weiß, wo es ist! … in meiner Schultasche.
● So was! Danke schön!
○ Bitte, bitte! Aber mach schnell, jetzt haben wir ja Englischunterricht und Frau Storrer beginnt immer kurz *vor* 8.
● Ja , ich komme …

**Gespräch 2: Hör das Gespräch und kreuze an. a, b oder c?**

● Du Eva, ich mache morgen das Interview mit unserem Geschichtslehrer für die Video-AG. Kannst du filmen?
○ Ja, aber wann?
● Geht es am Nachmittag gleich nach der Schule?
○ Gleich nach der Schule? O.k., das geht!
● Das ist gut, denn am Abend habe ich Fußballtraining.
○ Und ich mache mit Anke Matheaufgaben.

## Kapitel 5: Meine Lieblingstiere

**1a Hör zu und schreib die Tiernamen mit Artikel.**

das Känguru – das Pferd – der Papagei – der Fisch – der Elefant – das Krokodil – der Tiger – der Pinguin

**1c Sprich nach und markiere den Wortakzent.**

| | | | |
|---|---|---|---|
| **1** | der Elefant | **5** | der Tiger |
| **2** | das Pferd | **6** | das Känguru |
| **3** | der Fisch | **7** | der Pinguin |
| **4** | der Papagei | **8** | das Krokodil |

**5a Ein Interview**

● Hallo, Tobias!
○ Hallo Klara!
● Ich mache ein Interview für die Schulzeitung. Das Thema sind Tiere.
○ Tut mir leid, ich habe keine Tiere. Ich mag sie nicht.

● Hallo, Katarina! Hast du Tiere?
■ Ja, ich habe einen Hund. Er heißt Brutus.
● Welche Farbe hat er?
■ Er ist braun. Ich mag ihn sehr, er ist super schlau.
● Und was ist sein Lieblingsessen?
■ Er mag am liebsten Salami.

● Und du, Stefan, hast du Tiere?
□ Tiere? Ja, ich habe ein Pferd.
● Und wie heißt dein Pferd?
□ Es heißt Silver Star. Es ist grau. Ich reite immer am Samstag und am Sonntag. In der Woche habe ich keine Zeit.
● Wie alt ist Silver Star?
□ Er ist noch jung, er ist 3.
● Und wie ist er?
□ Er ist sehr lieb.

● Hallo, und du? Was ist dein Lieblingstier? …

**8b Verbensalat**

Ich heiße Miriam, bin 14 Jahre alt und ich gehe in die 8. Klasse. Hier sind meine Tiere: Das ist Beppo. Er ist ein Papagei und kann sprechen. Er ist bunt und sehr intelligent. Ich habe auch zehn

Fische. Es sind Guppys und sie schwimmen im Aquarium. Meine Fische sind nur 4 cm groß.
Meine Katze ist schwarz und ihr Name ist Olga. Sie mag Flocky nicht. Flocky ist mein Hund. Er kommt aus England, er ist ein Setter. Er mag Steaks, das ist sein Lieblingsessen.
Mein Pferd Tornado ist schon14 Jahre alt, so wie ich. Ich reite es sechs Tage in der Woche.

### 9b „Monikas Katze ist weg"

Kurt kommt um halb zwei aus der Schule. Zu Hause isst er eine Pizza und trinkt eine Cola. Sein Handy klingelt. Es ist Monika. Ihre Katze Pong ist weg. Kurt sagt: „Ich esse meine Pizza, dann suche ich deine Katze."
Der Hund von Kurt ist auch weg. Kurt ruft: „Robby!"
Er sagt: „Jetzt esse ich meine Pizza, dann suche ich."
Die Pizza ist kalt. Kurt mag keine kalte Pizza. Er sucht die Tiere. Er ruft und dann geht er in den Garten. Er telefoniert mit Monika und fragt: „Wie sieht deine Katze aus?"

### 9c Wie sieht Monikas Katze aus?

● Hallo Monika, hier ist Kurt. Wie sieht deine Katze aus?
○ Also, ihr Kopf ist gelb und ihr Rücken ist rot. Ihr Bauch ist weiß. Zwei Beine sind schwarz und zwei Beine sind weiß. Und ihr Schwanz ist orange …
● Aha! Also deine Katze …

### 13a Steffis Schultasche.

● Tschüs Mami, ich gehe jetzt.
○ Tschüs Steffi, hast du auch alle Schulsachen?
● Ja, ja, ich denke schon.
Also, hier ist meine Sporthose – wir haben ja Sport. Und da ist mein Mäppchen.
○ Hast du auch einen Füller im Mäppchen?
● Ja, ja, einen Füller habe ich, wir schreiben ja einen Deutsch-test.
○ Und hast du auch einen Bleistift?
● Ja klar, einen Bleistift habe ich immer dabei.
○ Aber wo ist dein Spitzer?
● Der Spitzer ist hier.
○ Und was isst du in der Pause?
● In der Pause esse ich eine Banane. Sie ist auch in der Schul-tasche.
○ Und das Heft und die Schere für Kunst?
● Moment … Ich kontrolliere … Ja, hier habe ich mein Heft und meine Schere, es ist alles da.
○ Also, dann bis später.
● Tschüs Mami.

## Kapitel 6: Lust auf Freizeit?

### 5b Hast du Zeit?

● Hallo Lukas, hier ist Finn.
○ Hallo Finn.
● Hast du am Wochenende Zeit?
○ Wann genau?
● Am Samstag.
○ Hmm, ich weiß noch nicht.
● Jan und ich gehen ins Kino. Kommst du mit?
○ Mal sehen.

### 6 Diktat. Hör zu. Notiere die fehlenden Sätze.

● Hallo Sara, hier ist Eva.
○ Hallo Eva.
● Hast du heute Nachmittag Zeit?
○ Ja, wann denn genau?
● Um vier Uhr.
○ Ja, das geht. Was machst du?
● Ich gehe mit Lisa schwimmen.
○ Super, ich komme mit.

### 7b/7d Hallo Jonas …

● Hallo Jonas, hier ist Matthias.
○ Hallo Matthias.
● Hast du heute Nachmittag Zeit?
○ Ja, warum?
● Wir spielen Fußball.
○ Wer kommt mit?
● Andreas und Stefan.
○ Wann?
● Um vier.
○ Um vier kann ich nicht, ich komme um fünf.
● Gut, dann bis fünf Uhr.
○ Super, bis dann.

### 8c Peter und Sabine – Ein Missverständnis

*Erzähler:* Sabine mag Peter und Peter mag Sabine. Heute ruft Sabine an. Sie will Peter treffen.
*Sabine:* Hallo Peter? Um drei Uhr an der Bank? Ich freue mich!
*Erzähler:* Es ist das erste Mal! Peter ist sehr froh und zieht seine Jeans und seine neue schwarze Lederjacke an. Dann kauft er eine rote Rose und nimmt den Bus. An der Bank steigt er aus.
Auch Sabine ist glücklich. Sie trägt ihr neues Top und fährt mit dem Fahrrad zur Bank! Es ist gleich 3 Uhr. Peter wartet auf Sabine. Wo ist Sabine? Sabine wartet auf Peter. Wo ist Peter?
Jetzt ist es schon halb vier und es fängt an zu regnen. Peter ist nicht da. Sabine ist nicht da. Da ist niemand! Beide sind nass und wütend! So ein Mist! Was ist los?
*Sabine:* Wo ist Peter?
*Peter:* Wo ist Sabine?
*Erzähler:* Peter sucht sein Handy in der Jacke.
*Peter:* Kein Handy, nichts!
*Erzähler:* Sabine sucht ihr Handy in der Tasche.
*Sabine:* Mist! Der Akku ist leer.
*Erzähler:* So ein Pech! Peter und Sabine fahren zurück nach Hause. Sabine ruft Peter an!

### 11b Was macht Nina?

Ich stehe jeden Morgen um sieben Uhr auf. Dann mache ich den CD-Spieler an und höre Musik. Um halb acht trinke ich einen Kakao. Um zehn vor acht Uhr komme ich in der Schule an und treffe meine Freundinnen. Um acht Uhr beginnt der Unterricht. In der Pause schreibe ich schnell meine Hausaufgaben ab. Ich vergesse sie immer! Um 13 Uhr hört der Unterricht auf. Ich fahre mit dem Bus nach Hause. Manchmal gehe ich auch noch in die Stadt. Zu Hause rufe ich zuerst meine Freunde an. Manchmal besuche ich sie auch. Am Abend mache ich oft den Fernseher an.

### 15a Wer kann was?

Ich bin krank. Nun liege ich im Bett. Ich kann nicht tanzen und auch nicht Fußball spielen. Essen kann ich, aber ich kann nicht ins Schwimmbad oder zur Party von Peter gehen. Das ist so langwei-lig. Ich kann fernsehen, aber ich kann nicht in den Freizeitpark gehen oder skaten oder Rad fahren. Zum Glück kann ich Com-puterspiele machen.

**So lerne und übe ich: 4 Ich höre und markiere den Wortakzent.**
anrufen – anmachen – abholen – aufhören – mitkommen

## Kapitel 7: Was ich alles mache ...

**3a Ein Interview mit Peter – Was stimmt?**
- ● Hallo Peter, erzählst du uns, was du in der Woche machst?
- ○ Ja, gern. Also ... jeden Tag, um halb acht gehe ich zum Bus und fahre in die Schule.
- ● Bleibst du den ganzen Tag in der Schule?
- ○ Nein, nein! Wir haben eine lange Mittagspause und ich kann nach Hause gehen.
- ● Am Mittwoch ist ja bei euch schulfrei, was machst du, bleibst du zu Hause?
- ○ Nein, da habe ich um vier Fußballtraining.
- ● Und was machst du am Wochenende?
- ○ Am Samstag bin ich im Jugendclub. Meine Freunde kommen auch mit. Und am Abend ... da höre ich mit meinem I-Pod Musik und lese. Im Moment lese ich einen Krimi, der ist total gut.

**6a Das Wochenende von Sophie und Chiara**
- ● Hallo Sophie und Chiara! Erzählt uns heute, was ihr so am Wochenende macht. Sophie willst du beginnen?
- ○ Ja, gut. Also am Samstag spiele ich Klavier und am Nachmittag habe ich Zirkus: Das habe ich gern. Am Sonntag lese ich gern, aber ich faulenze noch lieber. Am Sonntag mache ich nicht gern Hausaufgaben.
- ● Und du Chiara?
- ■ Am Wochenende reite ich und tanze gern, aber im Moment tanze ich lieber. Hausaufgaben am Wochenende finde ich auch nicht gut. Ich finde faulenzen besser. Ja, was noch, ... ich esse gern Spaghetti und Pizza. Im Moment esse ich lieber Salat.

**9a Was macht Sophie lieber? Was findet sie besser?**
- **a** Ich trinke Wasser lieber als Cola.
- **b** Ich finde Fußball besser als Hockey.
- **c** Ich esse Pizza lieber als Hamburger.
- **d** Ich lese Comics lieber als Bücher.
- **e** Ich höre Hip Hop lieber als Rockmusik.
- **f** Ich übe Mathe lieber als Deutsch.
- **g** Ich finde Skaten besser als Rad fahren.
- **h** Ich fahre Bus lieber als Auto.

## Kapitel 8: Meine Familie – unser Zuhause

**1c Emma und ihre Familie. Hör zu und kontrolliere deine Hypothesen.**
Das hier sind Fotos von meiner Freundin Emma und ihrer Familie. Auf Foto eins ist Emma. Sie liest super gern. In der Schule geht sie in der Pause fast immer in die Bibliothek. Die Mutter von Emma heißt Sybille. Sie ist auf Foto 2. Sie ist Sekretärin und arbeitet den ganzen Tag am Computer, telefoniert oder schreibt Briefe. Und auf Foto drei, das ist Torsten, der Vater von Emma. Er ist Hobbykoch. Also, eigentlich ist er Lehrer, aber in seiner Freizeit kocht er immer. Seine Spezialität ist Cordon bleu. Ja, und hier auf Foto vier ist Lukas. Er ist der Bruder von Emma. Er ist tooootaaaal chaotisch. In seinem Zimmer findet man nichts. Der Opa von Emma ist auf Foto fünf. Er heißt Adalbert. Er ist 79 Jahre alt. Emma sagt, er ist ein Rocker. Er spielt E-Gitarre ... mit 79!

**3b Familienwörter. Sag das Partnerwort und kontrolliere deine Antwort.**
die Schwester – der Bruder
die Mutter – der Vater
der Cousin – die Cousine
die Oma – der Opa
der Onkel – die Tante
der Bruder – die Schwester
der Großvater – die Großmutter

**6 Zu Hause. Wohin geht Mia? Zeichne den Weg ein.**
1. *(Schlafzimmer)*
2. *(Bad)*
3. *(Küche)* Hmm, lecker.
4. *(Mias Zimmer)*
5. *(Wohnzimmer)* Hallo Zora, hier ist Mia.
6. *(Garten)*

**8a Familien. Hör den Text. Zu welcher Mindmap passt er?**
Ich gehe in Frankfurt in die Schule und mein Hobby ist skaten. Meine Eltern sind beide 43. Mein Vater kommt aus der Schweiz. Er hat eine Harley Davidson. Manchmal holt er mich damit in der Schule ab. Von Beruf ist er Koch, er arbeitet in einem großen Restaurant. Zu Hause kocht aber immer meine Mutter. Sie kann sehr gut kochen, mein Lieblingsessen sind ihre Spaghetti Carbonara. Sie ist aber nicht Italienerin, sie kommt aus Deutschland und unterrichtet an meiner Schule. Ich habe einen Bruder, er ist auch Schüler, aber er ist schon 17. In seiner Freizeit trifft er sich mit seinen Freunden und sie skaten zusammen. Ja, und Haustiere habe ich auch noch: einen Hund, Hasso, und einen Papagei, Abraxus. Der kann sprechen. Mein Name ist Steffen und ich bin 14 Jahre alt.

**10 Krach mit den Eltern. Was passt? Hör zu und ordne zu.**
1. *(Musik)*
2. Es ist schon spät. Der Bus kommt. Schnell.
3. *(Computerspiel)*
4. Mama, kann ich zu Markus gehen?
5. *(Türklopfen)*
6. Wo ist mein Mäppchen?

**Das kann ich schon: 3a Ich kann Anweisungen verstehen und geben.**
1. Thomas, schreib bitte den Satz an die Tafel.
2. Hört bitte zu.
3. Markiert bitte den Wortakzent.
4. Erika und Martin, bitte lest den Dialog im Buch vor.

## Plateau 2: Testtraining

**Gespräch 1: Hör das Telefongespräch und kreuze an. Richtig oder falsch?**
- ● Marika Franke.
- ○ Hallo, Marika, hier ist Katrin.
- ● Hallo, Katrin.
- ○ Hast du am Samstagabend Zeit?
- ● Ja, warum?
- ○ Wir gehen zu Patrick, er hat ein neues Computerspiel.
- ● Super. Um wie viel Uhr?
- ○ Also, wir essen um 6 und um 7 können wir uns treffen. Holst du mich ab?
- ● Ja, das geht. Also bis Samstag.
- ○ Ja, tschüs, bis dann.

**Gespräch 2: Hör das Gespräch und kreuze an. a, b oder c?**

● Guten Tag.
○ Hallo, was suchst du?
● Eine Jacke.
○ Wie gefällt dir die hier?
● Die mag ich nicht. Grün gefällt mir nicht. Blau mag ich lieber.
○ Hmm ... blau ... Wie findest du die hier?
● Ja, die ist cool. Die nehme ich.
○ Das macht 59 Euro.
● Bitte, 60.
○ Danke, 1 Euro zurück.
● Auf Wiedersehen.
○ Auf Wiedersehen.

## Kapitel 9: Alles Gute!

**3c Die Monate. Markiere die Betonung und sprich nach.**

Januar – Februar – März – April – Mai –Juni – Juli –August – September – Oktober – November – Dezember

**4b Das Monatsgedicht**

Klaus hat Geburtstag, wunderbar,
gleich zu Beginn, im Januar.
Vier Monate später, also im Mai
sind an der Reihe Elisa und Kai.
Raphael feiert nicht im September,
erst am Ende vom Jahr, im Dezember.
Eine Torte, ein großes Herz,
gibt's auf dem Fest von Gaby im März.
Sandra wünscht sich einen Kuli
zu ihrem Geburtstag im Juli.
Eine Party im Sommer? Keine Lust!
Ich habe Ferien – den ganzen August!
Im Oktober? Nein, erst im November,
feiert die Tochter von Familie Ember.
Feiert der Sohn von Onkel Bill
im Februar, Juni oder im April?
Egal, ob im Mai, Juni oder Januar,
Geburtstag feiern ist immer wunderbar!

**6 Interview. Wann haben die Freundinnen Geburtstag? Was machen sie?**

● Hallo Stefanie, machst du dieses Jahr eine Party?
○ Nein, ich habe im Dezember Geburtstag. Da ist es so kalt. Ich gehe mit zwei Freundinnen ins Kino.
● Und du Gabriela?
■ Ja, ich mache eine große Party im Garten.
● Ah, und wann hast du Geburtstag?
■ Im August.
● Und du, Claudia, wann hast du Geburtstag?
□ Ich habe im Mai, aber dieses Jahr mache ich keine große Party, wir gehen in den Freizeitpark – zusammen mit meinen Freundinnen.
● Dann euch allen viel Spaß!

**8 Wie geht es dir?**

1
● Hallo Hanna, hier ist Christian.
○ Hallo Christian, wie geht's?
● Schlecht, ich bin krank. Ich kann nicht zum Fußballspiel kommen.
○ Oh je, schade, was ist los?
● Ich habe Kopfschmerzen und Fieber.
○ Warst du beim Arzt?
● Nein, meine Mutter war in der Apotheke.
○ Ah, dann gute Besserung.
● Danke.

2
● Hallo Marc, hier ist Katharina.
○ Hallo Katharina.
● Was ist los? Du warst nicht in der Schule. Bist du krank?
○ Ja, mir ist übel und mein Bauch tut weh.
● Oh, schade, wir gehen in die Stadt.
○ Tut mir leid, ich kann nicht mitkommen. Wirklich schade.
● Kommst du morgen in die Schule?
○ Ich weiß nicht.
● Ich rufe dich morgen an.
○ O.k., danke. Tschüs.
● Tschüs.

## Kapitel 10: Meine Stadt

**8a Hör zu und zeichne in der Skizze den Weg ein.**

Du gehst zuerst geradeaus, dann biegst du links ab. Du gehst die Marienstraße geradeaus. Dann kommt eine Kreuzung. Du gehst weiter geradeaus. Dann kommt der Marienplatz, da biegst du links ab. Das Schwimmbad ist in der Waldstraße links.

**8b Hör zu und zeichne in der Skizze den Weg ein.**

Du gehst zuerst geradeaus. An der Haltestelle gehst du nach rechts. Du bist dann in der Museumsstraße. Am Museum biegst du links ab. Rechts kommt dann der Bahnhof.

**11a Lebensmittel. Sprich nach und nummeriere.**

| | | | |
|---|---|---|---|
| 1 | das Ei | 5 | der Salat |
| 2 | die Wurst | 6 | die Milch |
| 3 | die Marmelade | 7 | der Apfel |
| 4 | der Käse | 8 | der Quark |

**Das kann ich: 2a Ich kann verstehen, was wo ist, und in einen Plan zeichnen.**

Die Apotheke ist in der Waldstraße. Am Goetheplatz ist ein Kiosk. Der Supermarkt ist in der Goethestraße, links vor dem Goetheplatz.

## Kapitel 11: Wir fahren weg!

**3b Ferien: Wohin fahren die Personen? Was machen sie dort?**

● Bald sind Sommerferien.
○ Ja, super! Endlich!!
● Was macht ihr dieses Jahr?
○ Ich fahre mit meinen Eltern ans Meer.
● Echt? Wohin? Ich fahre auch ans Meer.
○ Wirklich? Wir fahren an die Ostsee. Auf die Insel Rügen. Ich freu mich schon, da kann man super im Meer baden und wenn das Wetter schlecht ist, gibt es ein tolles Spaß-Schwimmbad.
● Das hört sich ja cool an. Wir fahren an die Nordsee, nach Büsum. Da kann man tolle Wanderungen machen. Und ich will dieses Jahr einen Surfkurs machen. In der Nähe von Büsum gibt es auch ein super Schwimmbad. Da gehen wir auch immer hin. Das ist total klasse.
■ Ja ja, das klingt schon interessant – aber ich fahre mit meinen Eltern in die USA. Wir fliegen nach New York, sind da ein paar Tage und fliegen dann nach Florida, nach Miami an den Strand! Ist das nicht cool?
□ Super! Was willst du in New York machen?

■ Ich will auf jeden Fall ein Musical sehen, auf die Freiheitsstatue gehen und einen Superhamburger essen!
□ Findest du das so toll? ICH fahre zu meinen Großeltern nach Bayern. Da kann man gut wandern …

**4b Frau Schultz reserviert in der Jugendherberge in Colditz.**

● Ferienwohnungen Althaus, Hans Althaus. Was kann ich für Sie tun?
○ Guten Tag. Mein Name ist Frau Schultz. Ich möchte für die Sommerferien ein Familienzimmer reservieren.
● Wann möchten Sie kommen?
○ Die ersten zwei Juliwochen.
● Gut, da haben wir noch ein Familienzimmer frei. Wie viele Personen?
○ Wir sind vier Personen: mein Mann und ich und unsere zwei Kinder.
● Kein Problem. Da haben wir ein schönes Zimmer mit Bad.
○ Gut. Eine Frage: Gibt es sportliche Aktivitäten für die Kinder? Sie sind 12 und 14.
● Ja, bei uns können sie Tischtennis spielen und es gibt ein Schwimmbad im Haus.
○ Fantastisch. Was kostet das Zimmer?
● Pro Tag und Person 25 Euro. Die Kinder 20 Euro.
○ Gut, ich möchte gerne reservieren. Wie funktioniert es?
● Ich maile ihnen ein Formular. Notieren Sie alles und mailen Sie es mir.
○ Gut, danke Herr Althaus.
● Gern geschehen. Auf Wiedersehen.

**7b Wer nimmt was?**

| | |
|---|---|
| *Kellner:* | Guten Tag. Was möchten Sie? |
| *Herr Schultz:* | Guten Tag. Ich nehme einen Teller Suppe. |
| *Kellner:* | Möchten Sie auch etwas trinken? |
| *Herr Schultz:* | Ja, ein Mineralwasser bitte. |
| *Kellner:* | Und Sie? |
| *Frau Schultz:* | Ich nehme eine Currywurst mit Pommes und ein Mineralwasser. |
| *Kellner:* | Und ihr? |
| *Jonas:* | Ich möchte einen Hamburger und eine Cola. |
| *Kellner:* | Gut. Und du? |
| *Mareike:* | Und ich möchte ein Stück Salami-Pizza und auch eine Cola. |
| *Kellner:* | Gut, kommt sofort. |

**8 Was nehmen die Personen? Was kostet es?**

**1**
● Guten Tag, ich nehme einen Salat und eine Cola.
○ Ja, gerne.
● Was kostet das?
○ 7 Euro 80.

**2**
● Guten Morgen.
○ Guten Morgen, was möchten Sie?
● Ich nehme 2 Brötchen und einen Kaffee.
○ Das macht 1 Euro 80.

**3**
● Guten Tag.
○ Guten Tag.
● Ich möchte ein Schokoladeneis.
○ Bitte, das macht 2 Euro.

**4**
● Guten Tag. Ich möchte ein Fischbrötchen.
○ Bitte, das sind 2 Euro 70.
● Danke.

**5**
● Hallo.
○ Hallo.
■ Ich nehme eine Currywurst mit Pommes und eine Cola.
○ Und Sie?
● Ich nehme auch eine Currywurst mit Pommes – und ein Mineralwasser. Was kostet das?
○ Alles zusammen?
● Ja.
○ 11 Euro 20.

**11b Wir machen einen Ausflug**

Am Wochenende machen wir einen Ausflug: Wir fahren zuerst mit dem Bus in die Stadt. Dort nehmen wir den Zug und fahren in die Berge. Dort wandern wir zu einem See. Das ist super. Wir wandern ca. 2 Stunden. An dem See gibt es einen Campingplatz, dort schwimmen wir und machen Picknick. Am Abend wandern wir wieder zurück. Wir fahren erst mit dem Zug und dann mit dem Bus nach Hause. Das ist cool.

## Kapitel 12: Mein Vater ist Polizist

**2 Berufe. Hör zu und markiere den Wortakzent.**

die Hausfrau – der Künstler – die Bäckerin – der Taxifahrer – die Polizistin – der Architekt – die Bäuerin – der Frisör – die Verkäuferin – der Zahnarzt – die Anwältin – der Politiker – die Ingenieurin – der Kaufmann

**3 Welcher Beruf ist das?**

**1** Das macht 24 Euro fünfzig.
**2** *(Kühe)* Ja, jetzt gibt es Futter.
**3** *(Schere, Fön)*
**4** *(Flugzeuglärm)*
**5** *(Polizeisirene)*
**6** Oh, Romeo! Warum denn, Romeo? Verleugne deinen Vater, deinen Namen! Willst du das nicht, schwör dich zu meinem Liebsten, und ich bin länger keine Capulet!
**7** *(Zahnarztbohrer)*
**8** *(Computertastatur)* Brings-AG, guten Tag.
**9** *(Staubsauger)*

**8b Ein Tagesablauf**

Mein Wecker klingelt um halb sieben.
Ich stehe auf und dusche.
Dann frühstücke ich und höre noch ein bisschen Radio.
Um Viertel nach sieben gehe ich zur Bushaltestelle und fahre mit dem Bus in die Schule.
Der Unterricht beginnt um zehn vor acht.
Um eins oder um zehn vor zwei hört die Schule auf und ich fahre wieder nach Hause.
Da esse ich etwas und mache sofort die Hausaufgaben.
Am Nachmittag treffe ich meine Freunde und wir quatschen zusammen.
Abendessen gibt es um 19 Uhr.
Danach sehe ich noch ein bisschen fern oder lese und gehe um halb zehn ins Bett.

**10a Was für ein Tag! Hör zu und nummeriere die Fotos in der richtigen Reihenfolge.**

● Das glaubst du nicht – das war ein toller Tag heute …
○ Was ist denn passiert?
● Also, ich schlafe noch, da klingelt um halb sieben das Telefon: die Sekretärin von unserer Schule. Jipppiiiiiieh, heute ist keine Schule, es gibt ein Problem mit der Elektrizität.

- ○ Super!
- ● Ich gehe wieder ins Bett und schlafe bis 11 Uhr. Um Viertel nach elf frühstücke ich und esse Cornflakes und trinke einen Kakao.
- ○ Hmmm, lecker.
- ● Ein bisschen später rufe ich meine Freundin Talia an. Wir treffen uns um halb zwei in der Stadt. Zuerst essen wir eine Pizza und dann gehen wir shoppen.
- ○ Wo denn?
- ● Bei Young Fashion. Ich kaufe eine Jeans und ein T-Shirt, ein rotes, das gefällt mir sehr. Danach kaufe ich auch noch eine von Pink. Pink finde ich wirklich super.
- ○ Ja, Pink ist echt cool.
- ● Um vier fahre ich nach Hause. Im Bus treffe ich Sebastian. Er ist sooooo süß. Er lädt mich zu seiner Party ein.
- ○ Wow, eine Party bei Sebastian!
- ● Ja, ich bin total glücklich. Ich komme zu Hause an. Auf dem Tisch liegt ein Brief. Ich mache ihn auf: Hier guck mal.
- ○ Herzlichen Glückwunsch, Sara. Du bist auf Platz 1… Die Beste bei „Kids schreiben für Kids"???
- ● Ja, es gibt eine Reise ins Disneyland. Im August.
- ○ Das ist ja super.
- ● Ja, wirklich toll! Ich gehe in mein Zimmer und rufe sofort Talia an. Zwei Personen können ins Disneyland fliegen, da muss natürlich Talia mitkommen!
- ○ Na, die hat Glück.
- ● Um sechs kommen meine Eltern nach Hause. Sie haben ein Geschenk für mich …

### 10d So geht die Geschichte weiter.

- ○ Was ist es denn?
- ● Es ist nicht sehr groß und auch nicht schwer. Ich öffne das Paket: Toll – ein Wii-Spiel. Das muss ich sofort ausprobieren!! Spielst du mit?

### 14b Der Tagesablauf von Camilla Copilla

Das ist Camilla Copilla. Sie ist zweiundzwanzig und wohnt in den USA. Sie arbeitet in der Stadt. Ihr Beruf ist Taxifahrerin.
Am Morgen steht Camilla meistens um neun Uhr fünfundvierzig auf. Dann duscht sie und frühstückt. Um zehn Uhr dreißig räumt Camilla die Küche auf. Danach geht sie manchmal in den Supermarkt und kauft ein.
Zu Hause liest sie dann oft ein Buch ... und um Viertel nach eins kocht sie und isst dann. Am liebsten mag sie Pizza, aber sie isst auch gern Salat.
Camilla Copilla hat einen Papagei. Er kann sprechen. Camilla findet ihr Haustier toll – sie liebt Vögel, aber sie mag keine Hunde. Mit Hunden muss man spazieren gehen, Camilla aber faulenzt lieber.
Von Mittwoch bis Sonntag arbeitet Camilla. Meistens fängt sie um achtzehn Uhr an und hört um Mitternacht auf.
Dann ist sie auch müde und geht sofort ins Bett.

## Plateau 3: Testtraining

### Gespräch: **Hör das Gespräch und kreuze an. Richtig oder falsch?**

- ● Hallo Lars, hier ist Michael.
- ○ Hallo Michael.
- ● Was machst du am Wochenende?
- ○ Ich weiß noch nicht. Warum?
- ● Wir können einen Ausflug machen.
- ○ Super Idee. Aber wohin?
- ● Wir können mit dem Fahrrad zum See fahren und baden.
- ○ Fahrrad ist gut, aber der See ist langweilig. Ich möchte lieber in den Freizeitpark – das ist super.
- ● O.k., finde ich auch eine super Idee. Dann fahren wir am Samstag mit dem Fahrrad zum Freizeitpark?
- ○ Ja, prima. Ich hole dich um 10 Uhr ab?
- ● O.k., bis dann!
- ○ Tschüs!

### Nachrichten am Telefon: **Hör die Nachrichten und kreuze an – a, b oder c.**

Hallo Paul, hier ist Erik. Danke für die deine Einladung zum Geburtstag. Ich komme am Freitag gern zur Party, aber wann? Am Nachmittag oder am Abend? Bitte ruf mich bald an! Danke! Tschüs!

Hallo Claudia. Hier ist Luisa. Wie war deine Party? Es tut mir leid, ich konnte nicht kommen, ich war krank. Ich hatte Fieber und Kopfschmerzen. Meine Mutter und ich waren beim Arzt und ich muss noch drei Tage zu Hause bleiben. Bringst du mir die Hausaufgaben? Danke.

Hallo Matthias, hier ist Michael. Schön, dass du morgen zu mir kommst. Ich wohne im Birkenweg 8 und mit dem Fahrrad von der Schule ist es ganz einfach. Du fährst die Rathausstraße immer geradeaus. Dann siehst du das Rathaus. Da biegst du links ab, nach ungefähr 300 Metern kommt rechts eine Straße. Das ist schon der Birkenweg. Und dann noch bis zur Nr. 8.

Hallo Sandra, danke für die Einladung zu deinem Geburtstag. Ich komme gerne! Freu mich. Das wird super. Was wünschst du dir? Ich rufe dich morgen Abend noch mal an. Dann kannst du es mir sagen. Tschüs Sonia.

# Transkripte der Texte im Video

## Szene 1: Die Medien-AG stellt sich vor

*Mario* Hallo, ich heiße Mario Neumann. Ich bin 14 und komme aus Stuttgart und wohne jetzt in München. Ich gehe in das Elsa-Brändström-Gymnasium, in die Klasse 8a. Ich mag gerne Sport: Ski fahren, Tennis spielen, und ich gehe gerne schwimmen. Ach ja, und ich mache gerne Interviews. Schaut mal.
*Mario* Kannst du dich mal vorstellen?
*Charlotte* Ähm, klar! Ich heiße Charlotte. Ich fotografiere gern, ich mag Musik und ich liebe Fußball!
*Mario* Fußball?
*Charlotte* Na klar!

*Eva* Mein Name ist Eva Schmidt. Ich bin 14 Jahre alt und ich bin auch in der Medien-AG. Ich mag Musik. Ich spiele Gitarre und ein bisschen Klavier. Ich kann surfen und tauchen und, ja, ich filme gern. Medien-AG, die erste – und bitte!

*Jenny* Ich bin Jennifer Fischer. Aber meine Freunde nennen mich Jenny. Ich geh' auch in die Klasse 8a und bin sozusagen die Technikerin der Medien-AG. Das heißt eigentlich, dass ich die Videos am Computer bearbeite. Sport mag ich nicht so gerne.
Ach ja, das da ist Caro, sie ist meine beste Freundin, und das da ist ihr Hund Ginger. Er ist zwei Jahre und so süß!

## Szene 2: Ein Interview mit Lehrer Winter

*Winter* Hey, hallo, was macht ihr denn hier? Habt ihr keine Schule?
*Eva* Doch, doch! Wir drehen einen Film – über unsere Schule.
*Winter* Aha, einen Film. Na gut, dann bis später.
*Eva* Herr Winter bitte warten Sie mal. Wir haben da ein paar Fragen.
*Mario* Was machen Sie eigentlich hier?
*Winter* Ich? Ich arbeite hier.
*Mario* Welche Fächer unterrichten Sie?
*Winter* Sozialkunde und Geschichte.
*Mario* Macht Ihnen das Spaß?
*Winter* Ja, natürlich.
*Mario* Erzählen Sie doch mal über Ihren Schultag.
*Winter* Ja, also, ich fange um Viertel vor acht an und habe vier oder fünf Stunden. Um eins ist Schluss. Dann fahre ich nach Hause und esse zu Mittag.
Dann korrigiere ich und bereite den Unterricht vor.
Am Mittwoch habe ich Projekttag und am Freitagnachmittag Sport. Und jetzt muss ich los. Tschüs, bis morgen.
*Mario* Danke, Herr Winter!
*Felix* Hallo, Jenny, wie ist eigentlich dein Schulalltag?
*Jenny* Also, ich stehe jeden Morgen um halb sieben auf, dann gehe ich ins Bad. Und dann gibt's kurz vor sieben Frühstück. Ja, und dann packe ich meine Schultasche.

## Szene 3: Jennys Stundenplan

*Jenny* Mittwoch ... Physik ... Französisch ... Deutsch! Und Sport ...
Mama, wo ist meine Jogginghose?
*Mutter* Im Bad!
*Jenny* Danke! ... Alles? – Oh!
*Jenny* Hey, Caro. Wie geht's?
Okay. prima. Also, du klingelst und ich mach' dann auf, ja? Bis gleich. Tschüs!
Oh, ist der schwer! Uff!
*Jenny* Das ist Caro. Ich geh' dann. Tschüs!

## Szene 4: Unser Schulweg

*Caro* Hallo!
*Jenny* Hey! – Halt, halt, stop! Nimm mal! Ich wollte doch unseren Schulweg filmen.
*Caro* Alles okay?
*Jenny* Ja, wir können. ... Jetzt zeige ich euch meinen Schulweg. Zuerst gehen wir die Straße entlang bis zur Kreuzung. Hier wohnt übrigens Mario. So, jetzt sind wir an der Kreuzung. Die Ampel ist natürlich wie immer rot. Das ist unsere Bäckerei. Hier kaufen wir manchmal was für die Pause. Grün! Jetzt gehen wir über die Straße – und an der Kirche vorbei in den Park. Hier ist auch ein Spielplatz. Morgens ist es da aber noch ruhig. Dann gehen wir ein Stück durch den Park, immer am Fluss entlang. Jetzt noch über die Brücke und dann sind wir gleich da.
*Jenny* Hey! Schau mal! Die Mischka Singers!
*Caro* Whow! Super!!! Wann denn?
*Jenny* Am 24.! Da will ich unbedingt hin!
Aber jetzt müssen wir los, komm, die Schule fängt gleich an.

## Szene 5: Eine Verabredung im Park

*Karim* Karim.
*Caro* Hey, Karim.
*Karim* Hey, Caro, was machst du so?
*Caro* Ich bin mit Ginger im Park.
*Karim* Cool! Hast du um 4 Uhr Zeit?
*Caro* Oh nee, um 4 Uhr kann ich nicht. Da geh' ich mit der Jenny in die Stadt shoppen.
*Karim* Schade.
*Caro* Aber jetzt hätte ich Zeit!
*Karim* Wo genau bist du?
*Caro* Ah ja, kennst du das Tor?
*Karim* Klar, ich komme in 10 Minuten.
...
*Caro* Komm, Ginger, komm!
Und wart' schön! Bin gleich wieder da.
...
*Karim* Hallo, Ginger! Na, wo ist dein Frauchen? Schau mal, was ich Feines für dich hab'.
Na, brav! Fein!
Mist, der Akku ist leer! ... Komm! ...

*Caro* Ginger! Ginger!
Mama, Mama, Ginger ist weg!
Ja, ich war nur ganz kurz weg, und jetzt bin ich wiedergekommen und er ist weg!
Was?

*Caro* Ginger! Ginger! Hey, oh, hallo! Was hast du denn da, hm, was ist das denn? Cool!

## Szene 6: Papa, darf ich ins Konzert?

*Mutter* Möchtest du Tee?
*Caro* Nein, danke.
*Vater* Ah, kannst du mir bitte noch Tee geben?
Danke.
*Caro* Du, Papa, ich hab' Karten vom Konzert von den Mischka Singers.
*Vater* Die Mischka – wer?
*Mutter* Das ist die Musik, die hier immer läuft.
*Vater* Aha.
*Caro* Also, darf ich?
*Vater* Darf ich was?
*Caro* Ja, darf ich ins Konzert?
*Vater* Wann ist denn das Konzert?
*Caro* Am Freitag um acht.
*Vater* Wie – um acht? Um acht Uhr morgens?
*Caro* Nein, um acht Uhr abends.
*Mutter* Du bist zu jung.
*Caro* Ooohh, aber ich hab' doch die Karten schon!
*Mutter* Du bist zu jung. Du bist einfach zu jung! Du bist 14!
Mit 14 hab' ich …
*Caro* Oooohh, aber ich geh' doch auch nicht alleine hin. Karim kommt mit.
*Vater* Karim? Ist der denn schon 18?
*Caro* Nein, der ist so alt wie ich, aber …
*Vater* Nee, Schluss. Du bist zu jung und basta!
*Caro* Und wenn ihr mitkommt?
*Mutter* Also, ich kann nicht, ich spiel' am Freitag Volleyball.
*Vater* Und ich hab' keine Lust.
*Caro* Ach Gott! Das war ja mal wieder klar, Mann, ihr seid so unfair, total unfair!
*Mutter* Carolin!

## Szene 7: Eine Überraschung für Caro

*Vater* Caro? Caro! Komm, mach die Tür auf.
…
*Karim* Hey, Caro! Los, komm, ich hab' 'ne Überraschung für dich, komm!
*Caro* Jetzt? Sofort?
*Karim* Na klar, komm!
…
*Mutter* Caro! Carolin! Aufstehen, Frühstück!

## Szene 8: Wie findest du den Clip?

*Mario* Wie findet ihr den Clip?
*Eva* Der gefällt mir gar nicht.
*Jenny* Ziemlich langweilig.
*Mario* Und der hier?
*Jenny* Nee, den mag ich auch nicht. Der ist blöd.
Wir brauchen eine gute Idee, etwas Ungewöhnliches.
*Felix* Hey! Hey, Leute, schaut mal, hallo! Ein altes Video von unserer Schule!
*Mario* Hey, cool, zeig mal!
*Tanja* … in die Klasse 7a.
Wir sind 1156 Schülerinnen und Schüler …
… und 74 Lehrerinnen und Lehrer.
Wir lernen Mathe, Englisch, Bio und Deutsch, Französisch und Sport und Kunst und Physik …

*Felix* Na, was meint ihr?
*Mario* Nicht schlecht.
*Jenny* Na ja, eher langweilig.
*Mario* Hast du eine bessere Idee?
*Jenny* Ich finde, wir sollten etwas Cooleres drehen, so wie ein Vogel, so – aus der Luft, der über die Schule fliegt.
*Mario* So wie bei „Google-Earth"?
*Jenny* Genau!
*Eva* Quatsch! In einem Portrait sind Informationen wichtig! Wie sieht ein Klassenzimmer aus, was gibt es Besonderes an der Schule.

## Szene 9: Unsere Schule – ein Portrait

*Mario* Hey, Eva!
*Felix* Hey, Eva!
*Eva* Kommt mal mit! Das ist unser Klassenzimmer.
Und das ist mein Arbeitsplatz.
Das ist unser Pausenhof. Wir haben zwei Pausen, einmal nach der dritten Stunde und einmal nach der sechsten. Die Pausen sind am besten!
Und jetzt kommt ein toller Raum: Chemie!
Und der Chef ist unser Hausmeister, Herr Krause. Schade, dass er kein Lehrer ist. Herr Krause ist super!
Der Raum ist auch cool: Bio!
Tataaa! Mein Lieblingsplatz: Unser Sportplatz!
Ich mag Sport.

*Felix* Also mir gefällt die Idee.
*Jenny* Na ja, ich find' die ziemlich uncool, genau wie die anderen.
*Mario* Dann mach du doch mal einen Vorschlag! Immer nur kritisieren ist einfach. Mit dem Flugzeug über unsere Schule – so ein Quatsch!
*Eva* Mario hat Recht. Wir wollen doch Informationen zeigen, das interessiert andere Schüler und Schülerinnen.
*Jenny* Wisst ihr was, dann macht doch euren Film alleine!
*Eva* Weißt du was, das machen wir jetzt auch!
*Jenny* Ja, schön!
*Eva* Ja! Tschüs!

## Szene 10: Eine Einladung

*Eva* Na, hast du dich wieder beruhigt?
*Jenny* Ich hatte doch noch 'ne Überraschung für euch.
*Felix* Noch eine?
*Jenny* Ich hab' am Samstag Geburtstag und ich mach' eine Party!
Es gibt was zu essen und zu trinken und Musik!
*Mario* Und was gibt's zu essen?
*Jenny* Würstchen vom Grill und Kuchen.
*Eva* Kommt Caro auch?
*Jenny* Sie bringt ihren neuen Freund mit!

## Szene 11: Eva und ihre Berufe

*Eva* Was schenken wir Jenny denn?? Ein schickes T-Shirt?
*Mario* Nee, viel zu teuer!
*Felix* Die neue Mischka-CD?
*Mario* Auch zu teuer!
*Eva* Ich hab' 'ne Idee: Wir schenken ihr ein Spiel oder ein Buch.
*Mario* Nein, das find' ich blöd. Und ich hab' echt keine Kohle, kein Geld! Ich schenk' ihr Blumen.
*Felix* Blumen kosten doch auch Geld.
*Mario* Nö, im Park gibt es viele Blumen.
*Eva* Ich habe einen Vorschlag: Du backst einen Kuchen, das ist billig, und ich kaufe was Schönes.
*Mario* Hast du denn Geld?
*Eva* Naja, ich arbeite ja auch.
*Felix* Arbeiten?
*Eva* Ja, klar. Einmal in der Woche mache ich Baby-Sitting. Ja, und dann kaufe ich manchmal für unsere Nachbarin ein. Die Tüten sind ihr immer zu schwer. Und am Samstagmorgen verteile ich den Stadtteil-Kurier, das dauert so zwei Stunden.
*Mario* Und wie viel verdienst du da so?
*Eva* Das ist verschieden. So – 15 bis 20 Euro.
*Eva* Ich gehe morgen in die Stadt, ein Geburtstagsgeschenk kaufen. Kommst du mit?
*Felix* Nee, lass mal, kauf du ruhig was Schönes, ich glaub', ich hab' ein Geschenk für Jenny.

## Szene 12: Jennys Geburtstagsparty

*Jenny* Hey, Caro!
*Caro* Hey! Herzlichen Glückwunsch!
*Jenny* Danke!
*Caro* Das ist Karim.
*Jenny* Hallo, Karim.
*Karim* Hallo, Jenny! Herzlichen Glückwunsch!
*Jenny* Danke! Oh, die sind ja voll hübsch! Kommt doch mit nach hinten, da sind die ganzen anderen schon.

*Felix* Hey, wo warst denn du am Mittwoch?
*Charlotte* Ich hatte keine Zeit. Wir waren in Augsburg und haben Fußball gespielt. Pokalfinale!
*Felix* Cool! Und wer hat gewonnen?
*Lina* Na, rate mal. Wir natürlich!

*Jenny* Hey!
*Lina* Hey!
*Felix* Du, äh, wo ist eigentlich die Eva?
*Jenny* Sie konnte nicht kommen. Sie hat abgesagt. Schau, hier ist die SMS.
*Felix* Okay, schade.
*Jenny* Ja, aber es ist trotzdem voll cool.

*Mario* Hab' ich selbst gemacht! Musst du probieren!
*Felix* Cool! ...
Schmeckt irgendwie salzig. Was hast du gemacht? Ich glaub', du hast da irgendwas verwechselt.
*Mario* Was?

*Josi* Würstchen sind fertig!

# Lösungsschlüssel für die Aufgaben des internationalen Arbeitsbuchs

## Kapitel 1

### 1
A: Deutschland – B: die Schweiz – C: Österreich

### 2
2. Was ist das? *Das ist das Matterhorn.*
3. Was ist das? *Das ist der BMW Z4.*
4. Was ist das? *Das ist der Reichstag.*
5. Wer ist das? *Das ist der FC Bayern.*
6. Wer ist das? *Das ist Albert Einstein.*

### 3
1. Berlin ist *in Deutschland.*
2. Bern ist *in der Schweiz.*
3. Wien ist *in Österreich.*
4. München ist *in Deutschland.*
5. Basel ist *in der Schweiz.*
6. Graz ist *in Österreich.*
7. Hamburg ist *in Deutschland.*
8. Genf ist *in der Schweiz.*

### 4
1. *Roger Federer* ist aus *der Schweiz.*
2. *Toblerone (Schokolade)* ist aus *der Schweiz*.
3. *Sachertorte* ist *aus Österreich.*
4. *Der BMW Z4* ist *aus Deutschland.*

### 5
1. Das ist Einstein *aus der Schweiz.**
2. (richtig)
3. Das ist der Reichstag *in Deutschland.*
4. Das ist Mozart *aus Österreich.*
5. (richtig)

* Albert Einstein wurde 1879 in Ulm, in Deutschland geboren. Er wuchs bis zu seinem 15. Lebensjahr in München auf und siedelte dann nach Zürich in die Schweiz um. Im Alter von 17 Jahren verzichtete er auf die deutsche Staatbürgerschaft, um dem Militärdienst zu entgehen. Er promovierte an der Universität in Zürich. 1914 ging er als Professor an die Humboldt Universität in Berlin. Aufgrund seiner jüdischen Abstammung ging Einstein 1933 nach Princeton, USA. 1940 wurde er amerikanischer Staatsbürger.

### 6a
Reihenfolge auf CD: 2 – 0 – 4 – 1 – 7 – 11 – 10 – 9

### 7
a: eins – b: zwei – c: drei – d: vier – e: fünf – f: sechs – g: sieben – h: acht – i: neun – j: zehn – k: elf – l: zwölf

### 8b
Begrüßen: Hallo. – Guten Tag. – Guten Morgen. – Guten Abend

Verabschieden: Tschüs. – Auf Wiedersehen! – Bis bald. – Tschau.

### 9
von oben nach unten: 4 – 2 – 1 – 3 – 5

### 10
● *Hallo* Luise!
○ Guten *Tag*, Frau Meier, *wie geht's*?
● Danke gut, und dir Luise?
○ *Auch gut*, danke.
● *Tschüs*, Luise. *Bis* bald.
○ Auf *Wiedersehen*, Frau Maier.

### 11
von oben nach unten: 2 – 3 – 5 – 1 – 4

### 12
● Hallo, *ich* heiße Marco, und wie heißt *du*?
○ Andreas.
● Und *wer* ist das?
○ Das ist Herr *Killer*.
● Wie bitte?
○ Ja, er *heißt* Herr Killer, Tobias Killer.

### 13
● Wie heißt du?
○ Ich heiße Marco. Und du?
● Mein Name ist Janine.
○ Magst du die Band „Tokio Hotel"?
● Ja, und du?

● Guten Abend, Herr Schmidt.
○ Hallo Olli.
● Wie geht's?
○ Danke gut, und dir?
● Auch gut, danke.

### 14
1. H – 2. G – 3. C – 4. V – 5. J – 6. K – 7. W – 8. Y – 9. W – 10. Ä

### 15a
4: Radio – 6: Trapez – 8: Elefant – 9: Verb

### 15b
6 – 10 – 9 – 7 – 3 – 5 – 4 – 8

### 15c
6: Geometrie – 10: Krimi – 9: Grammatik – 7: Essen und Trinken – 3: Musik – 5: Sport – 4: Technik – 8: Zoo

### 16
Musik: Band, Konzert, Tournee, CD
Technik: Computer
Essen und Trinken: Chips, Schokolade
Filme: Action, Video
Sport: Snowboard, Turnier, Tennis

### 17a/b
A: „Musikfest extra": Projekt, Klassik, Hip-Hop, Konzerte, Quartett, Band, Musiker, Rapper, Popmusiker, Star
B: „Sudoku": klassisch, Japan, Millionen, 1–9, Quadrat, 1x
C: „Information international": Radio, Deutschland, aktuell, Informationen, Interviews, Analysen, Kommentare, Themen, Europa
D: „Filmfestival": Dokumentarfilmfestival, Deutschland, 1., Programm, afrikanisch

## Das kann ich schon: 1

1. *Wie* heißt du? – 2. *Was* ist das? – 3. *Wer* ist das?

## Das kann ich schon: 2

● *Hallo* Erika!
○ Guten *Tag*, Frau Raab, *wie* geht's?
● *Danke*, gut, und dir?
○ Danke, auch *gut*.
● *Tschüs*, Erika.
○ Auf *Wiedersehen*, Frau Raab.

## Das kann ich schon: 3a

● Wie heißt sie?
○ Janine.
● *Wie bitte?*
○ J-a-n-i-n-e.
● Aha, sie heißt Janine.

## Das kann ich schon: 3b

2: z-w-e-i – 10: z-e-h-n

## So lerne und übe ich: 4

12. Februar – 2010 – Vancouver – Olympisch – 28. Februar – 2700 Sportler – 82 Nationen – Medaille – deutsch – Team – 1 – Nationen

# Kapitel 2

## 1a

1. Jenny. – 2. Mario. – 3. Eva. – 4. Charlotte. – 5. Felix.

## 1b

1. Mario macht *die Interviews*.
2. Jenny findet *Computer* toll.
3. Eva kann super *filmen*.
4. Charlotte *fotografiert* alles.
5. Felix *kontrolliert* die Lampen.

## 2a

1 Marta – aus der Schweiz – Tiere
2 Fiona – aus Berlin – fotografieren, Sport: schwimmen und surfen
3 Manuel – aus Österreich – Rap-Musik, Inter Mailand

## 2b

4 Valentina – aus Österreich – Fußball, Sport: Tennis, schwimmen, Ski fahren
5 Leandro – aus Deutschland – Musik hören, Gitarre

## 3a

| **wohn\|en** | **spiel\|en** | **lern\|en** | **mach\|en** |
|---|---|---|---|
| ich wohn\|e | ich spiel\|e | ich lern\|e | ich mach\|e |
| du wohn\|st | du spiel\|st | du lern\|st | du mach\|st |
| er/es/sie wohn\|t | er/es/sie spiel\|t | er/es/sie lern\|t | er/es/sie mach\|t |

## 3b

| | | |
|---|---|---|
| ich komm-*e* | ich fotografier-*e* | ich geh-*e* |
| du komm-*st* | du fotografier-*st* | du geh-*st* |
| er/es/sie komm-*t* | er/es/sie fotografier-*t* | er/es/sie geh-*t* |

## 4

| | **sein** | **mögen** | **heißen** |
|---|---|---|---|
| ich | *bin* | *mag* | *heiße* |
| du | *bist* | *magst* | *heißt* |
| er/es/sie | *ist* | *mag* | *heißt* |

## 5a

1
● Fotografier*st* du gerne?
○ Ja, ich fotografier*e* gern. Und Luisa fotografier*t* auch gern.

2
● B*ist* du 13?
○ Nein, ich b*in* 14.

3
● Ich h*eiße* Jennifer. Wie h*eißt* du?
○ Ich b*in* Mario. Wo w*ohnst* du?
● In München. Und du?
○ Ich w*ohne* auch in München.

4
● Charlotte m*ag* Musik und sie sp*ielt* Fußball. Was m*agst* du?
○ Ich m*ag* auch Musik und ich s*piele* Tennis.

## 5c

2 Du spielst gern Fußball.
3 Sie wohnt in Berlin.
4 Ich heiße Maria.

## 6a

| | | | | | | | | | | | | |
|---|---|---|---|---|---|---|---|---|---|---|---|---|
| G | Ö | S | F | R | A | N | K | R | E | I | C | H |
| F | R | N | S | C | H | W | E | I | Z | T | D | U |
| Ü | U | I | L | A | P | I | S | Ü | N | F | E | D |
| U | S | T | E | K | Ö | O | E | S | L | D | U | F |
| W | S | A | K | C | R | C | L | D | A | S | T | Ü |
| G | L | L | U | H | H | F | F | E | D | P | S | G |
| M | A | I | D | I | F | E | G | H | N | A | C | T |
| T | N | E | I | N | P | H | N | K | G | N | H | S |
| Ü | D | N | H | A | Ö | I | W | L | F | I | L | F |
| R | M | S | K | C | L | N | Ü | U | A | E | A | B |
| K | O | R | U | N | G | A | R | N | C | N | N | N |
| E | R | T | T | S | W | L | T | O | H | L | D | W |
| I | L | Ö | S | T | E | R | R | E | I | C | H | Ü |

Athen: Griechenland – Warschau: Polen – Madrid: Spanien – Peking: China – Wien: Österreich – Budapest: Ungarn – Paris: Frankreich – Moskau: Russland – Bern: Schweiz – Rom: Italien – Berlin: Deutschland – Ankara: Türkei

## 6b

(Beispiel)
Die Hauptstadt von Griechenland ist Athen. Warschau ist die Hauptstadt von Polen. Madrid ist die Hauptstadt von Spanien. Peking ist die Hauptstadt von China. Wien ist die Hauptstadt von Österreich. Budapest ist die Hauptstadt von Ungarn. Paris ist die Hauptstadt von Frankreich. Moskau ist die Hauptstadt von Russland. Bern ist die Hauptstadt von der Schweiz. Rom ist die Hauptstadt von Italien. Berlin ist die Hauptstadt von Deutschland. Ankara ist die Hauptstadt von der Türkei.

## 7a

2. *Italien.* – 3. *Türkisch.* – 4. *Deutschland.* – 5. *Französisch.* – 6. *Englisch.*

## 8
Türkei – Spanien – Österreich – Frankreich – Russland – Polen – Ungarn – Japan

## 9a/c
2. S A L R N S D U – Russland
3. N C I A H – China
4. A C N E D H T U D S L – Deutschland
5. I L E A I N T – Italien
6. L P T U A G O R – Portugal
7. E W I C Z S H – Schweiz
8. A E G H I L R N D C E N – Griechenland

## 10a
1. salade: Französisch
   Salat: Deutsch
   salad: Englisch
2. mathématique: Französisch
   mathematics: Englisch
   Mathematik: Deutsch

## 10b
| Deutsch | Englisch | Italienisch | Spanisch | Französisch |
|---|---|---|---|---|
| Schokolade | chocolate | cioccolata | chocolate | chocolat |
| Geografie | geography | geografia | geografía | géographie |
| Programm | program | programma | programa | programme |

## 11a
Das ist Maria, sie kommt aus Nizza
sie mag am liebsten Salami-*Pizza*.
Lisa *wohnt* in München
und mag kleine Hündchen.
Aus *Kanada* kommt Lehrer Bobby,
Fußball ist *sein* großes Hobby.
Nancy *kommt* aus Oregon,
ihr Hobby ist das Saxofon.

## 11b
1. *Was* mag Maria am liebsten? – *Sie mag Salami-Pizza.*
2. *Wo* wohnt Lisa? – *Sie wohnt in München.*
3. *Was* mag Lisa? – *Sie mag kleine Hündchen.*
4. *Woher* kommt Bobby? – *Er kommt* aus Kanada.
5. *Was* mag er? – *Er mag Fußball.*
6. *Wer* kommt aus Oregon? – *Nancy kommt aus Oregon.*
7. *Was* mag sie? – *Sie mag Saxofon.*

## 12a
Name: Paula
Land: Deutschland
Wohnort: Madrid
Hobby: Wii spielen, ins Kino gehen
Sport: Tennis
Klasse: 8c

## 12b
Das ist Paula. Sie kommt aus Deutschland. Sie wohnt in Madrid. Sie spielt gerne Wii und geht gern ins Kino. Sie spielt Tennis. Sie geht in Klasse 8c.

## 13a
2. Woher kommt er? Er kommt aus Berlin.
3. Wo wohnt er? Er wohnt in Berlin.
4. Was spielt er? Er spielt Klavier.
5. Was ist er? Er ist der Sänger bei der Gruppe Seeed. / Wo singt er? Bei der Gruppe Seeed.

## 14
Hallo Anne,
ich heiße Markus und ich bin 13. Ich wohne in Köln. Das ist in Deutschland. Ich mag Musik. Ich höre gern Popmusik. Ich spiele gern Tennis. Ich habe einen Hund. Er heißt Charlie. Ich gehe in die Klasse 8a.
Viele Grüße, Markus

## Das kann ich schon: 1
1. Ich heiße …
2. Ich komme aus …
3. Ich wohne in …
4. Ich bin … (Jahre alt).
5. Ich spreche … und …
6. Ich mag …
7. Wie heißt du?
8. Wie alt bist du?
9. Woher kommst du?
10. Wo wohnst du?
11. Wie viele Sprachen sprichst du?
12. Was magst du?

## Das kann ich schon: 2
Das ist Manuel. Er kommt aus Österreich. Er mag Rap-Musik und spielt Fußball. Er kann Englisch und Deutsch.

## So lerne und übe ich: 3
1. Telefon, 2. teléfono, 3. téléphone

## So lerne und übe ich: 4
Ich heiße Lena. – *Wie* heißt sie?
Ich bin 14 Jahre alt. – *Wie* alt ist sie?
Ich komme aus München, das ist im Süden von Deutschland. – *Woher* kommt sie?
Ich wohne in Karlsruhe. – *Wo* wohnt sie?
Ich schwimme gerne und höre gerne Rap. – *Was* mag sie?
Mein Hund Hasso ist 1 Jahr alt. – *Wie alt* ist Hasso?

# Kapitel 3

## 1
Bild oben: das Regal – die Lehrerin – die Tafel – der Schrank
Bild links: das Fenster – die Uhr – der Schüler – der Stuhl
Bild rechts: das Plakat – die Schülerin – die Schultasche – der Tisch

## 2a
Schüler – ein Tisch – ein Stuhl – eine Schultasche – ein Computer – eine Lehrerin – ein Fenster

## 3
1. Spitzer – 2. Schere – 3. Vokabelheft – 4. Radiergummi – 5. Lineal – 6. Wörterbuch – 7. Marker – 8. Bleistift – 9. Mäppchen – 10. Sporthose – 11. Deutschbuch

## 4
1. Sporthose; Schreiben – 2. Hund; Klassenzimmer – 3. Schweiz; Mäppchen – 4. Fahrkarte; Technik – 5. Uhr; Essen – 6. Stundenplan; Musik – 7. Plakat; Personen

## 5
1. die Uhr – 2. die Tafel – 3. das Fenster – 4. die Sporthose – 5. der Stundenplan – 6. das Mäppchen – 7. der Radiergummi – 8. die Schere

## 6
1. die Banane – 2. der Kuli – 3. der Spitzer – 4. das Mathebuch – 5. die Lehrerin – 6. die Fahrkarte

## 7

| | | Spitzer | Brille | Fahrkarte | Lineal | Bleistift | Radiergummi | Füller | Deutschbuch |
|---|---|---|---|---|---|---|---|---|---|
| a | Karin | | x | x | | | | x | x |
| b | Max | x | | | x | x | x | x | |
| | Silvia | | | | x | x | x | x | |

## 8
der Lehrer – die Uhr – das Auto – Spitzer – die Brille – das Handy

## 9a
1. TISCH – 2. LINEAL – 3. SCHOKOLADE – 4. MARKER – 5. SCHÜLER – 6. FAHRKARTE – 7. WÖRTERBUCH – 8. RADIERGUMMI

## 9b
der: Tisch, Marker, Schüler, Radiergummi
das: Lineal, Wörterbuch
die: Schokolade, Fahrkarte

## 10a
die Schultasche – das Pausenbrot – das Wörterbuch – das Vokabelheft – die Sporthose – der Stundenplan

## 11
1. die Spielkarte – 2. das Kartentelefon

## 12
1. ein – 2. ein – 3. eine – 4. ein – 5. die – 6. der – 7. das – 8. die – 9. ein – 10. das – 11. ein – 12. der

## 13
a: Das ist ein Handy. – b: Das ist ein Lehrer. – c: Das ist eine Schultasche.

## 14
1. f – 2. r – 3. f – 4. r – 5. r – 6. f

## 15
a. *keine* Trompete – b. *ein* Füller – c. *ein* Lineal – d. *ein* Marker – e. *kein* Englischheft – f. *ein* Radiergummi – g. *keine* Sporthose – h. *ein* Arbeitsbuch – i. *ein* Deutschbuch

## 16
In Bild 2 ist kein Wörterbuch, keine Uhr, kein Mäppchen, keine Schere, kein Plakat, keine Brille, keine Schultasche, kein Stundenplan.

## 17

| | | | |
|---|---|---|---|
| 1 | r | Computer | Ja, das ist ein Computer. |
| 2 | f | Tafel | Nein, das ist eine Tafel. |
| 3 | r | I-Pod | Ja, das ist ein I-Pod. |
| 4 | r | Schokolade | Ja, das ist eine Schokolade. |
| 5 | f | Deutschbuch | Nein, das ist ein Deutschbuch. |
| 6 | f | Schüler | Nein, das ist ein Schüler. |
| 7 | r | Schrank | Ja, das ist ein Schrank. |
| 8 | f | Handy | Nein, das ist ein Handy. |

## 18
1. Nein. – 2. Nein. – 3. Ja. – 4. Ja. – 5. Nein. – 6. Vielleicht.

## 19
1. Wie
2. Wo
3. Magst
4. Kannst
5. Kommst
6. Wie
7. Hat
8. Kann

## 20
1. h – 2. e – 3. d – 4. a – 5. g – 6. b – 7. c – 8. f

## 21
1. Spielt Roger Federer Tennis? – Ja.
2. Kommst du aus England? – …
3. Wohnt Charlotte in Berlin? – Nein.
4. Macht Mario Interviews? – Ja.
5. Kann Charlotte fotografieren? – Ja.
6. Hast du ein Saxofon? – …
7. Magst du Popmusik? – …
8. Heißt der Hund Bello? – Ja.
9. Ist Mieze eine Schülerin? – Nein.

## 22
*Wie alt ist* Roger Federer?
*Woher kommt* Lady Gaga?
*Wo wohnt* Michael Schumacher?

Hast du ein Handy?
Magst du Spaghetti?
Spielst du Gitarre?
Hörst du Popmusik?
Kannst du Türkisch?

## Das kann ich schon: 1
1. *Hat sie* eine Katze? – Ja, sie hat eine Katze.
2. *Kannst du kochen?* – Ja, ich kann kochen.
3. *Kommt* Pedro aus Italien? – Nein, er kommt aus Spanien.
4. Macht Mario Interviews? – *Ja, er macht Interviews.*

## Das kann ich schon: 2a
der Spitzer – die Schere – das Lineal – der Kuli – der Marker – der Radiergummi – der Bleistift – der Füller – der Radiergummi

## Das kann ich schon: 2b
eine Tafel – ein Tisch – ein Stuhl – ein Regal

## Das kann ich schon: 2c
Das ist *ein* Kuli.
Das ist *der* Kuli von Gabi.
Gabi hat *keine* Brille.
Das ist *eine Schere*.
Das ist *die Schere* von Gabi.
Gabi hat *kein Lineal*.

# Kapitel 4

## 1b

der Füller – der Stuhl – der Schüler – die Schuluniform – die Schülerin
fotografieren – das Obst – der Lehrer – die Schokolade – der Schultag
das Interview – das Video – kochen – das Zeugnis – die Schulnote
filmen – die Tafel – der Tisch – der I-Pod – das Englischheft
das Geschenk – der Schulhof – die Uhr – der Stundenplan – das Arbeitsbuch
das Plakat – die Lehrerin – das Kursbuch – der Sportplatz – das Pausenbrot

## 1c

Schule: der Stuhl, der Schüler, die Schuluniform, die Schülerin, der Lehrer, der Schultag, das Zeugnis, die Schulnote, die Tafel, der Tisch, der Schulhof, die Uhr, der Stundenplan, die Lehrerin, der Sportplatz

AG: fotografieren, das Interview, das Video, kochen, filmen, das Plakat

Schultasche: das Kursbuch, das Arbeitsbuch, das Englischheft, das Pausenbrot, der Füller

Schultüte: das Geschenk, das Obst, die Schokolade

## 2

1: 8 – 2: 13 – 3: Musik – 4: Englischlehrerin – 5: Englisch – 6: gern – 7: Zirkus-AG – 8: Köln – 9: nicht gut

## 4

1: Das ist unser Direktor, Herr Lironi. Er ist sehr nett.
2: Das ist Frau Kunz, meine Lieblingslehrerin. Sie unterrichtet Englisch.
3: Das ist unsere Zirkus-AG, da ist es total lustig.
4: Das sind meine Freundinnen und ich. Wir gehen alle in die Klasse 8.

## 5

von oben nach unten: 1 – 4 – 6 – 2 – 5 – 3 – 7

## 6

MO: Montag – DI: Dienstag – MI: Mittwoch – DO: Donnerstag – FR: Freitag – SA: Samstag – SO: Sonntag

## 7a

1. Mathematik – 2. Sport – 3. Deutsch – 4. Englisch – 5. Kunst

## 7c

1. Mathematik habe ich am Dienstag.
2. Sport habe ich am Donnerstag.
3. Deutsch habe ich am Montag und am Donnerstag.
4. Englisch habe ich am Montag und am Mittwoch.
5. Kunst habe ich am Dienstag.

## 8a

1. Kocht – 2. Macht – 3. Lernt – 4. Habt – 5. Dreht – 6. Könnt – 7. unterrichten – 8. mögen

## 8b

a3 – b2 – c6 – d8 – e4 – f5 – g1 – h7

## 9a

Janine erzählt:
Wir haben *von* Montag *bis* Freitag Schule. Wir fangen *kurz vor* acht an. *Am* Mittwoch und *am* Donnerstag haben wir acht Stunden Unterricht.
*Am* Nachmittag gibt es viele AGs.
Sophie jetzt bist du dran, … Ich mache *in* 30 Minuten ein Interview für unsere Video-AG.

Sophie erzählt:
Wir haben auch *von* Montag *bis* Freitag Schule. Wir beginnen auch *kurz vor* acht. Wir haben *von* 9.40 Uhr *bis* 9.55 Uhr Pause. *Am* Montag haben wir Koch-AG, und *am* Dienstag und *am* Freitag haben wir Latein. Französisch und Latein sind zwei Wahlfächer und … Momemt, *in* 5 Minuten fährt mein Bus!

## 10

1. 14 – 2. 30 – 3. 70 – 4. 19 – 5. 60 – 6. 46 – 7. 94 – 8. 54 – 9. 26 – 10. 87 – 11. 100 – 12. 89 – 13. 21 – 14. 57 – 15. 34

## 11

1. drei – *sechs* – zwölf – fünfzehn – *achtzehn*
2. *zwanzig* – dreißig – vierzig – *fünfzig* – sechzig – *siebzig* – achtzig
3. *zwölf* – vierundzwanzig – sechsunddreißig – *achtundvierzig* – *sechzig* – zweiundsiebzig

## 12

22: zweiundzwanzig – 28: achtundzwanzig – 31: einunddreißig
41: einundvierzig – 54: vierundfünfzig – 68: achtundsechzig
75: fünfundsiebzig – 99: neunundneunzig – 100: hundert

## 13

Das ist eine Schultasche.

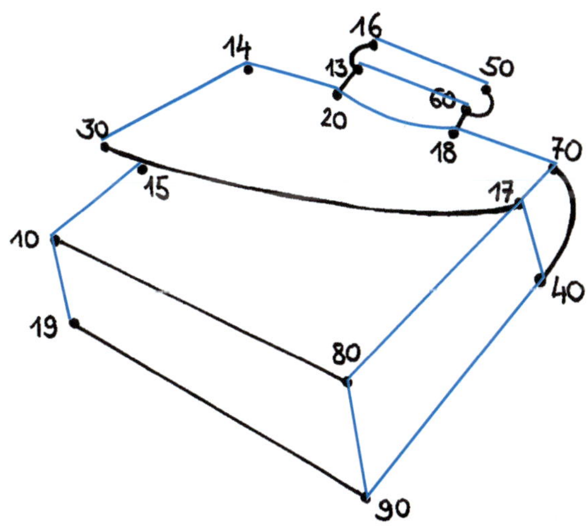


## 14 a/b

| Singular | Plural | Singular | Plural |
|---|---|---|---|
| das Fenster | *die Fenster* | der Direktor | *die Direktoren* |
| die Hausaufgabe | *die Hausaufgaben* | der *Hamburger* | die Hamburger |
| die Mittagspause | *die Mittagspausen* | der Bleistift | *die Bleistifte* |
| das Fach | *die Fächer* | der Stuhl | *die Stühle* |
| die *Schülerin* | die Schülerinnen | Der Kuli | *die Kulis* |
| der Tisch | *die Tische* | der Stundenplan | *die Stundenpläne* |
| das Plakat | *die Plakate* | die Zeitung | *die Zeitungen* |
| die Sporthose | *die Sporthosen* | der *Computer* | die Computer |
| das *Mäppchen* | die Mäppchen | das Regal | *die Regale* |

## 17

| | |
|---|---|
| 5: 09.40 | 2: 15:30 |
| 6: 12.55 | 4: 17.10 |
| 3: 14.15 | 7: 19.10 |
| 10: 13.05 | 8: 9.30 |
| 1: 10.45 | 9: 10.40 |

## 18

1: 9.45 Uhr – 2: 10.20 Uhr – 3: 11.25 Uhr – 4: 10.30 Uhr
5: 10.35 Uhr – 6: 12.45 Uhr – 7: 8.15 Uhr – 8: 14.50 Uhr

## 19

1. Es ist halb eins.
2. Es ist Viertel vor drei.
3. Es ist zwanzig nach zwei.
4. Es ist halb sechs.
5. Es ist zehn nach sieben.
6. Es ist vierzehn Uhr fünfunddreißig.

## Das kann ich schon: 1a

3 – 2 – 4 – 1

## Das kann ich schon: 1b

1. Es ist fünf nach zwei. (zwei/vierzehn Uhr fünf )
2. Es ist Viertel vor acht. (sieben/neunzehn Uhr fünfundvierzig)
3. Es ist zehn nach neun. (neun/einundzwanzig Uhr zehn)

## Das kann ich schon: 2

a. *Wann hast du Deutsch*? *Deutsch habe ich am … um … Uhr.*
b. *Wann hast du Sport?* Sport *habe ich am … um … Uhr.*
c. *Wann hast du schulfrei?* Am *Samstag und Sonntag* ist *schulfrei*.
d. *Wie viele Sprachen lernt ihr? Wir lernen …*

## So lerne und übe ich: 3

Schulfächer: Biologie, Französisch, Deutsch, Englisch, Geografie, Geschichte, Musik, Kunst, Sport, …

# Plateau 1 – Testtraining

## 1

Vorname: *Christine* – Name: *Berger* – Wohnort: *Hamburg* – Land: *Deutschland* – Alter: *15* – Klasse: *10* – Sprachen: *Deutsch, Französisch, Englisch* – Hobbys: *Musik hören, Gitarre spielen* – Tiere: *Katze Mia*

## 2

Das *ist* Fridolin *Ricci*. Er *ist* 16 und *wohnt* in *München*. Er *geht* ins Gymnasium. Seine Familie kommt *aus Italien*. In der Schule *lernt* er vier *Sprachen* und Spanisch ist sein *Lieblingsfach*. Er *spielt* Fußball und hat am *Montag* und *Mittwoch Fußballtraining*.
Sein *Hund heißt* Apollo!

## Testtraining – Hören

**Gespräch 1:** 1f – 2r – 3r
**Gespräch 2:** 4c – 5c – 6b

## Testtraining – Lesen

**Text 1:** 1f – 2r – 3f
**Text 2:** 4b – 5a – 6a

## Testtraining – Schreiben

(Beispiel)
(1) Ich heiße *Jonah* und *bin 14 Jahre* alt.
(2) Ich wohne *in Bonn* und *komme* aus *England*.
(3) *Ich* gehe *ins Gymnasium* in die Klasse *8*.
(4) Mein *Lieblingsfach* ist *Bio*.
(5) Ich *spiele* gern *Fußball*.

## Mein Wortschatz: 1

Schulfächer: Physik – Sozialkunde – Kunst – (Noten – Zeugnis) – die Aufgabe

Stundenplan: die Stunde – die Stunde – der Schultag – die Mittagspause – der Nachmittag – schulfrei – der Unterricht

Personen in der Schule: die Schüler – die Lehrer

Klassenzimmer: der Computer – die Stühle – das Regal – der Tisch – das Plakat

Aktivitäten: fragen – schreiben – erklären – antworten – üben – trainieren – wählen – lernen

Schulmaterial: das Arbeitsbuch – der Marker – die Hefte – die Gitarre

# Kapitel 5

## 1a

das Känguru – das Pferd – der Papagei – der Fisch – der Elefant – das Krokodil – der Tiger – der Pinguin

## 1b–c

1. der Elefant – 2. das Pferd – 3. der Fisch – 4. der Papagei – 5. der Tiger – 6. das Känguru – 7. der Pinguin – 8. das Krokodil

## 1d

der Hund – die Katze – der Vogel

## 3a

1. die Fliege – 2. der Elefant – 3. der Pinguin – 4. das Pferd

## 4

1. *Er* ist blau. – 2. *Es* ist *grün*. – 3. *Er* ist … – 4. *Sie* ist … – 5. *Er* ist *schwarz* und *weiß*.

## 5a

| | Tobias | Katarina | Stefan |
|---|---|---|---|
| Tier | keine Tiere | *Hund* | *Pferd* |
| Name | | *Brutus* | *Silver Star* |
| Alter | | *–* | *3* |
| Farbe | | *braun* | *grau* |
| Charakter | | *schlau* | *lieb* |

## 6

1. schlau – 2. achtzig – 3. Kunst – 4. blau – 5. gehen – 6. Katze – 7. Donnerstag – 8. es

## 7

1. Tisch + *Stuhl* – 2. ja + *nein* – 3. mein + *dein* – 4. Hund + *Katze* – 5. Lehrer + *Schüler* – 6. Bruder + *Schwester* – 7. schwarz + *weiß* – 8. ich + *du* – 9. Mutter + *Vater*

## 8 a/c

Ich *heiße* Miriam, bin 14 Jahre alt und ich *gehe* in die 8. Klasse.
Hier sind meine Tiere:
Das ist Beppo. Er ist ein Papagei und kann *sprechen*. Er ist bunt und sehr intelligent. Ich habe auch zehn Fische. Es sind Guppys und sie *schwimmen* im Aquarium. Meine Fische sind nur 4 cm groß.

Meine Katze ist schwarz und ihr Name ist Olga. Sie mag Flocky nicht. Flocky ist mein Hund. Er *kommt* aus England, er ist ein Setter. Er *mag* Steaks, das ist sein Lieblingsessen. Mein Pferd Tornado ist schon14 Jahre alt, so wie ich. Ich *reite* es sechs Tage in der Woche.

## 8c–d

| | Singular | | | Plural |
|---|---|---|---|---|
| | der Hund / der Papagei | das Pferd | die Katze | die Fische / die Tiere |
| ich | *mein Hund* | *mein Pferd* | *meine Katze* | *meine Tiere* |
| du | *dein* | *dein Pferd* | *deine* | *deine* |
| er/es | *sein* | *sein* | *seine* | *seine* |
| sie | *ihr* | *ihr* | *ihre* | *ihre* |

## 9a

Kurt kommt *um* halb zwei aus der Schule. Zu Hause isst er eine Pizza und *trinkt* eine Cola. Sein *Handy* klingelt. Es ist Monika. Ihre Katze Pong ist *weg*. Kurt sagt: „Ich *esse* meine Pizza, dann suche ich *deine* Katze."
Der Hund von Kurt *ist* auch weg. Kurt *ruft*: „Robby! " Er sagt: „Jetzt esse ich meine Pizza, dann *suche* ich."
Die Pizza ist *kalt*. Kurt mag *keine* kalte Pizza. Er sucht die Tiere. Er ruft und dann geht er in den *Garten*. Er telefoniert mit Monika und fragt: „*Wie* sieht deine Katze aus?"

## 9c

*Ihr Kopf* ist gelb. *Ihr Rücken* ist rot. *Ihr Bauch* ist weiß. *Zwei Beine* sind schwarz und *zwei Beine sind* weiß. Und *ihr Schwanz* ist orange.

## 11b

| | | | |
|---|---|---|---|
| *der* Computer | *das* Handy | *die* Schultasche | *die* Bleistifte |
| *der* Kuli | *das* Pony | *die* Banane | *die* Fische |
| *der* Vogel | *das* Heft | *die* Schultüte | *die* Hunde |

## 11c

| | Singular | | | Plural |
|---|---|---|---|---|
| Nominativ | der (ein) | das (ein) | die (eine) | die ( – ) |
| Akkusativ | *einen* | *ein* | *eine* | *–* |

## 12

1. Papagei – 2. Schultasche – 3. Biolehrerin – 4. Videokamera – 5. Lineal – 6. Radiergummi – 7. Saxofon – 8. Hund

## 13a

Sporthose – Füller – Bleistift – Banane – Schere – Spitzer – Heft – Mäppchen

## 13b

Steffi hat:
eine Sporthose – einen Füller – einen Bleistift – eine Banane – eine Schere – einen Spitzer – ein Heft – ein Mäppchen

## 15a

tragen – mögen – hören – lesen – schreiben

## 15b

1. Tom *trägt* eine Schuluniform.
2. Die Schüler *lesen/hören* ein Buch.
3. *Schreibst/Liest* du eine Mail?
4. Wir *hören* eine CD von Pink.
5. Sie *mag* Ihren Biolehrer.

## 15c

1. Ich *trage eine* Sporthose.
2. Ich *lese die (eine)* Schulzeitung.
3. Lotte *schreibt ihren* Stundenplan.
4. Wir *hören kein* Wort.
5. Er *mag seine* Kunstlehrerin.

## 16

1e – 2d – 3f – 4g – 5b – 6a – 7c – 8h

## 17

1. Suchst – 2. tragt – 3. findest – 4. Hat – 5. schreibt – 6. Magst

## 18

1. seinen Kuli – 2. sein Auto – 3. keine Ratten – 4. dein Mäppchen – 5. ihren Stundenplan – 6. ein Pausenbrot

## 19

1? – 2f – 3? – 4r – 5f – 6r – 7r – 8f – 9f – 10r

## Das kann ich schon: 1

Philip hat eine *Katze*.
*Seine* Katze heißt Trine und ist 12 Jahre alt.
*Ihre* Beine sind *schwarz*.
Trine *ist* sehr süß.
Sie hat keinen *Schwanz*.
Sie mag *Schokolade*.
Und was ist *dein* Haustier?

## Das kann ich schon: 2

| ☹ | ☺ | ☺☺ |
|---|---|---|
| *Ich mag kein ...*<br>*Ich mag keine ...*<br>*Ich mag keinen ...* | *Ich mag meinen Bruder.*<br>*Ich mag ...* | *Mein Lieblingsfach ist...*<br>*Meine Lieblingsmusik ist ...* |

## Das kann ich schon: 3

Woher kommt Rebecca? – *Aus Österreich.*
Wie heißt Rebeccas Klassenlehrerin? – *Frau Merten.*
Wann bekommen die Hunde Futter? – *Am Abend.*
Was ist Rebeccas Hobby? – *Reiten.*

## So lerne und übe ich: 4

| | | |
|---|---|---|
| Tisch – *Stuhl* | mein – *dein* | klein – *groß* |
| Hund – *Katze* | Lehrer – *Schüler* | er – *sie/es* |

## So lerne und übe ich: 5

Nominativ:

| | | | |
|---|---|---|---|
| *der* (ein) Fisch | *das* (ein) Pony | *die* (eine) Ratte | *die* (–) Tiere |

Akkusativ:

| | | | |
|---|---|---|---|
| *einen* Fisch | *ein* Pony | *eine* Ratte | *die (–)* Tiere |

# Kapitel 6

## 1a

schwimmen – Rad fahren – Handball spielen – Fußball spielen – Tennis spielen – skaten

## 2a

Fußball – Kino – schwimmen – Konzert – shoppen – Rad fahren

## 2b

| | | | | | |
|---|---|---|---|---|---|
| *Fußball* | Kino | schwimmen | *Rad fahren* | *Konzert* | shoppen |
| *Rad fahren* | *Konzert* | *shoppen* | *schwimmen* | Fußball | *Kino* |
| *schwimmen* | *Rad fahren* | Kino | Fußball | *shoppen* | *Konzert* |
| *shoppen* | *Fußball* | Konzert | Kino | *Rad fahren* | *schwimmen* |
| *Kino* | shoppen | *Rad fahren* | *Konzert* | schwimmen | *Fußball* |
| Konzert | *schwimmen* | *Fußball* | *shoppen* | Kino | *Rad fahren* |

## 3

| ins (4) | in die (2) | in den (2) | auf den (1) | zu (1) | zur (1) | + Infinitiv (5) |
|---|---|---|---|---|---|---|
| *Schwimm-bad*<br>*Kino*<br>*Konzert*<br>*Museum* | *Stadt*<br>*Schule* | *Freizeitpark*<br>*Zoo* | *Sportplatz* | *Tom* | *Party* | *Fußball spielen*<br>*shoppen*<br>*skaten*<br>*Tennis spielen*<br>*tanzen* |

## 4

| ☺ | 😐 | ☹ |
|---|---|---|
| *Ja, gerne.*<br>*Super*<br>*Klar.*<br>*Prima.*<br>*Das geht.*<br>*Gerne.*<br>*Perfekt.* | *Vielleicht.*<br>*Ich weiß noch nicht.*<br>*Mal sehen* | *Schade, das geht nicht.*<br>*Ich kann (leider) nicht.*<br>*Schade.*<br>*Das tut mir leid.* |

## 5a

Hallo Lukas, hier ist Finn.
Hast du am Wochenende Zeit?
Am Samstag.
Jan und ich gehen ins Kino. Kommst du mit?

## 6

- *Hallo* Sara, hier ist Eva.
- Hast du *heute Nachmittag* Zeit?
- Um *vier* Uhr.
- Ich gehe mit Lisa *schwimmen*.

## 7a

von oben nach unten: 6 – 2 – 7 – 5 – 1 – 10 – 12 – 8 – 4 – 3 – 9 – 11

## 7c

1 ● Hallo Jonas, hier ist Matthias.
2 ○ Hallo Matthias.
3 ● Hast du heute Nachmittag Zeit?
4 ○ Ja, warum?
5 ● Wir spielen Fußball.
6 ○ Wer kommt mit?
7 ● Andreas und Stefan.
8 ○ Wann?
9 ● Um 4.
10 ○ Um 4 kann ich nicht, ich komme um 5.
11 ● Gut, dann bis 5 Uhr.
12 ○ Super, bis dann.

## 8a

1. *die* Ro*se* – 2. *die* Leder*jacke* – 3. *der* B*us* – 4. *die* Ba*nk* – 5. *die* Ba*nk* – 6. *der* Re*gen*

## 8b

3 – 8 – 5 – 1 – 9 – 7 – 4 – 10 – 6 – 2

## 9a

1. aufhören – 2. abschreiben – 3. aufstehen – 4. anrufen – 5. anmachen

## 9b

2. Ich *hole* Susanne *ab*. – 3. Die Schule *hört* um 13 Uhr *auf*. – 4. *Stehst* du um 8 Uhr *auf*?

## 10

2. Er ruft heute Abend seine Freundin an. – 3. Wir stehen am Sonntag spät auf. – 4. Nina holt heute Abend ihre Freunde ab. – 5. Ich mache heute Nachmittag den Fernseher an.

## 11a

Ich *stehe* jeden Morgen um sieben Uhr *auf*. Dann *mache* ich den CD-Spier *an* und höre Musik. Um halb acht trinke ich einen Kakao. Um zehn vor acht *komme* ich in der Schule *an* und treffe meine Freundinnen. Um acht Uhr beginnt der Unterricht. In der Pause *schreibe* ich schnell meine Hausaufgaben *ab*. Ich vergesse sie immer! Um 13 Uhr *hört* der Unterricht *auf*. Ich fahre mit dem Bus nach Hause. Manchmal gehe ich auch in die Stadt. Zu Hause *rufe* ich zuerst meine Freunde *an*. Manchmal besuche ich sie auch. Am Abend *mache* ich oft den Fernseher *an*.

## 13a

Anna: um 7 Uhr aufwachen, um 8 Uhr in der Schule ankommen
Arne: um 15 Uhr Fußball spielen, um 20 Uhr Fernseher anmachen
Eva: um 16 Uhr schwimmen, um 19.30 Uhr Freunde anrufen

## 13b

Anna wacht um 7 Uhr auf. Sie kommt um 8 Uhr in der Schule an.
Arne spielt um 15 Uhr Fußball. Er macht um 20 Uhr den Fernseher an.
Eva schwimmt um 16 Uhr. Sie ruft um 19.30 Uhr (ihre) Freunde an.

## 14

2. Daniel mag keine Papageien. – 3. Daniel mag keine Computerspiele. – 4. Daniel macht keine Hausaufgaben. – 5. Daniel hat keine Bleistifte. – 6. Daniel mag keine Bücher. – 7. Daniel hat kein Pferd.

## 15a

Sie kann nicht tanzen. Sie kann nicht Fußball spielen. Sie kann essen, aber sie kann nicht ins Schwimmbad gehen. Sie kann nicht zur Party von Peter gehen. Sie kann fernsehen, aber sie kann nicht in den Freizeitpark gehen oder skaten oder Rad fahren. Sie kann Computerspiele machen.

## 15b (Beispiel)

Lukas kann tanzen, aber er kann nicht schreiben. Er kann essen, aber er kann nicht ins Schwimmbad gehen. Er kann in die Disco gehen und fernsehen, aber er kann nicht Klavier spielen oder Rad fahren. Er kann Computerspiele machen.

## 16
2. Ich gehe nicht gerne ins Theater.
3. Ich stehe nicht jeden Morgen um 7 Uhr auf.
4. Ich singe nicht gern.
6. Ich mag keine Pizza.
7. Ich habe keinen Computer.
8. Ich mag keine Hunde.

## 17
2. Am Freitag geht es *nicht*, da habe ich leider *keine* Zeit.
3. Ich kann heute *nicht* kommen. Ich habe *kein* Fahrrad.
4. Das Konzert fängt *nicht* um 20 Uhr an. Es beginnt um 21 Uhr.
5. Jan kommt *nicht* mit in die Pizzeria, er mag *keine* Pizza.

## Das kann ich schon: 1
● Hallo Sandra, hier ist Laura. Ich gehe *schwimmen*. Hast du *Zeit*?
○ Wann gehst du denn?
● *Um vier Uhr.*
○ Super, ich komme mit. – Schade, da kann ich nicht.

## Das kann ich schon: 2
*Ich mag Elefanten, aber ich mag keine Fliegen.*
*Ich kann nicht tanzen, aber ich kann Fußball spielen.*
*Ich kann kochen, aber ich kann nicht Gitarre spielen.*
*Ich kann nicht Auto fahren, aber ich kann Fahrrad/Rad fahren.*

## Das kann ich schon: 3
Wann *wachst* du *auf*? – Ich wache um …*Uhr auf*.
Wann *stehst* du *auf? – Ich stehe um … Uhr auf*.
Wann *kommst* du in der Schule *an*? – *Ich komme um … Uhr an*.

## So lerne und übe ich: 4
an|machen, ab|holen, auf|hören, mit|kommen

## So lerne und übe ich: 5
● Hallo Marco!
○ Hallo Peter.
● Hast du Zeit?
○ Ja, warum?
● Ich gehe in den Freizeitpark. Kommst du mit?
○ Gerne, wann denn?
● Um 10 Uhr.
○ Super, bis dann.

# Kapitel 7

## 1a
1. Am Morgen – 2. Am Vormittag – 3. Am Mittag –
4. Am Nachmittag – 5. Am Abend

in den Ferien – am Wochenende

## 2a
2. Bücher lesen
3. Karten spielen
4. Fahrrad fahren
5. Freunde treffen
6. in die Stadt gehen
7. Fußball spielen
8. Comics lesen

## 3a
2. In der Mittagspause gehe ich nach Hause.
3. Am Mittwoch spiele ich Fußball.
4. Am Samstag gehe ich mit Freunden in den Jugendclub.
5. Am Abend lese ich und höre Musik.

## 3b (Beispiel)

| **Position 1** | **Position 2** | | |
|---|---|---|---|
| Um 7.30 | fahre | ich | in die Schule. |
| Am Mittwoch | spiele | ich | Fußball. |

## 4a
Am Mittwoch spielt Nicky Fußball.
Am Donnerstag spielt Nicky Gitarre.
Am Freitag spielt Nicky Basketball.
Am Samstag geht Nicky in den Jugendclub.

## 5
2. Ich esse *gern Spaghetti*.
3. Ich *mache gern Computerspiele*. / Ich *fahre gern Rad*.
4. Ich gehe *gern ins Kino*.
6. Ich finde *Krimis gut*.
7. Ich *finde Hip Hop* gut.
8. Ich *fahre gern Rad*. / Ich *mache gern Computerspiele*.

## 6a
Fotos v.l.n.r.: S – C – C – S

## 6b
**Sophie:** Am Samstag *spiele* ich Klavier und am Nachmittag *habe* ich Zirkus: Das habe ich *gern*. Am Sonntag lese ich *gern*, aber ich faulenze noch *lieber*. Am Sonntag mache ich *nicht gern* Hausaufgaben.
**Chiara:** Am Wochenende *reite* ich und *tanze* gern, aber im Moment tanze ich *lieber*. Hausaufgaben am Wochenende *finde* ich *auch nicht* gut. Ich finde faulenzen *besser*. Ja, was noch, … Ich esse *gern* Spaghetti und Pizza. Im Moment esse ich *lieber* Salat.

## 7
2. Was spielst du lieber: Tennis oder Basketball?
3. Ich mache lieber Computerspiele.
4. Was findest du besser: Lesen oder Musik hören?

## 8
essen: er/es/sie isst – laufen: er/es/sie läuft – treffen: er/es/sie trifft – fahren: er/es/sie fährt – lesen: er/es/sie liest – sein: er/es/sie ist – sprechen: er/es/sie spricht – sehen: er/es/sie sieht – können: er/es/sie kann – mögen: er/es/sie mag – haben: er/es/sie hat

## 9a
a. Wasser – b. Fußball – c. Pizza – d. Comics – e. Hip Hop – f. Mathe – g. Skaten – h. Bus

## 9b
c. Sophie isst Pizza lieber als Hamburger. Und du? Was ist du lieber?
d. Sophie liest lieber Bücher als Comics. Und du? Was findest du besser?
e. Sophie hört lieber Hip Hop als Rockmusik. ...
f. Sophie übt lieber Mathe als Deutsch. ...
g. Sophie findet Skaten besser als Rad fahren. ...
h. Sophie fährt lieber Bus als Auto. ...

## 10
1. Was essen *Sie* gern?
2. Was trinken *Sie gern*?
3. Spielen *Sie* lieber Tennis *als* Fußball?
4. *Fahren Sie* lieber Auto *als* Fahrrad?
5. *Gehen Sie* lieber in die Disco *als* ins Kino?
6. *Sprechen Sie* lieber Englisch *als* Deutsch?

## 11a
einladen – anrufen – aufstehen – anfangen – zuhören – vorstellen – aufschreiben – nachsprechen

## 11b
anrufen – (...) – ruft ... an
aufstehen – (...) – steht ... auf
zuhören – (...) – hört ... zu
vorstellen – (...) – stellt ...vor
aufschreiben – (...) – schreibt ...auf

## 11c
2. *Lädst* – 3. *Rufst* – 4. *Schreibst* – 5. *fängt* – 6. *Sprichst*

## 12
Das ist Roger Federer. Er *kommt aus der* Schweiz. Seine Mutter *kommt* aus Südafrika. Er *wohnt* im Kanton Schwyz. Er *spricht* Deutsch, *Englisch* und *Französisch*. Er ist Tennisspieler und macht viel Sport. Er *spielt* Golf *und* Fußball und er *fährt* gern Ski. Er *trifft* Freunde und spielt *gern* Karten.

## 13b
2. die Bluse – 3. die Schuhe – 4. der Schal – 5. die Jacke – 6. die Hose

## 14
2. rot – 3. hellblau – 4. hellgrün – 5. dunkelgrün – 6. rosa – 7. lila – 8. orange – 9. grau – 10. gelb – 11. schwarz – 12. weiß

## 15
1. blöd – 2. gelb – 3. zurück – 4. langweilig – 5. Euro

## 16
| **einen** | **ein** | **eine** | **–** |
|---|---|---|---|
| *Pullover* | *Kleid* | *Jeans* | *Schuhe* |
| *Schal* | *T-Shirt* | *Jacke* | |
| | | *Hose, Bluse* | |

## 17
**Dialog1:**
● Was suchst du?
○ *Einen* Pullover.
● Wie findest du *den*?
○ Schwarz? Ich weiß nicht.
● Und *den* hier?
○ *Der* ist total langweilig!
● Und hellblau?
○ Ja, *der* ist schön! Okay, *den* nehme ich!

*(an der Kasse)*
● Hallo!
○ Guten Tag! Ich möchte *den* Pullover!
● *Den* hier?

**Dialog 2:**
● Ich möchte *eine* Jacke.
○ Gefällt dir *die*?
● Nein, *die* finde ich blöd!
○ Und wie gefällt dir *die*?
● Ja, *die* sieht gut aus. Okay, *die* nehme ich.

*(an der Kasse)*
● Guten Tag.
○ Hallo, nimmst du *die* Jacke?
● Ja, *die* hier! (...)

## 18
Wie gefällt dir der/das/die? (Daumen hoch):
Der/das/die sieht klasse/cool aus!
... ist cool/klasse.
... ist/sind schön/super.
... finde ich gut/besser. ...
... mag ich gerne.

Wie findest du den/das/die? (Daumen runter):
Den/das/die finde ich blöd.
... sieht doof/nicht gut aus.
... finde ich nicht gut.

## Das kann ich schon: 1 (Beispiel)
Gitarre spielen, Freunde treffen, Fußball spielen, Musik hören, telefonieren

## Das kann ich schon: 2 (Beispiel)
Ich gehe am Sonntag ins Kino.
In den Ferien gehe ich gern schwimmen.

## Das kann ich schon: 3 (Beispiel)
Am Samstag ...
Nein, ich esse in der Cafeteria.
Was machst du in den Ferien?
Was machst du heute?

## Das kann ich schon: 4 (Beispiel)
Ich lese lieber Bücher als Comics.
Ich spiele lieber Gitarre als Klavier.

## Das kann ich schon: 5 (Beispiel)
Ich finde Sport besser als Musik.
Ich finde Bio besser als Mathe.

## Das kann ich schon: 6 (Beispiel)
Die finde ich blöd / nicht gut. Die sieht doof / nicht gut aus.
Das sieht cool/klasse aus.
Wie gefällt dir der Pullover? Den finde ich gut. / Den mag ich.

# Kapitel 8

## 1b
1b – 2 d – 3e – 4c – 5a

## 1c
1b: Emma – Bibliothek
2d: Mutter Sybille – Computer/Sekretärin
3e: Vater Torsten – Hobbykoch
4c: Bruder Lukas – chaotisch
5a: Opa Adalbert – E-Gitarre

## 1d
1. Emma geht gern in die Bibliothek. / Emma liest gern.
2. Ihre Mutter heißt Sybille und ist Sekretärin. / Sie arbeitet am Computer, telefoniert oder schreibt Briefe.
3. Ihr Vater heißt Torsten ist Hobbykoch. Er ist Lehrer. Seine Spezialität ist Cordon bleu.
4. Ihr Bruder heißt Lukas. Er ist chaotisch.
5. Ihr Opa heißt Adalbert spielt E-Gitarre. / Er ist ein Rocker. / Er ist 79.

## 2b

| | |
|---|---|
| Großvater – Großmutter | Großmutter – Großvater |
| Vater – Mutter | Onkel – Tante |
| Schwester – Bruder – ich | Cousin – Cousine |

## 3a

der Großvater – die Tante – der Cousin – der Bruder – die Eltern – die Mutter – die Großeltern – die Schwester – die Großmutter – die Geschwister – der Vater – die Cousine – die Verwandten

## 3c

der Vater die Mutter = die Eltern
der Bruder die Schwester = die Geschwister
der Großvater die Großmutter = die Großeltern
der Onkel die Tante = die Verwandten

## 5a

Ich heiße Yannick, bin 15 und wohne in Bern, in der Schweiz. Ich habe zwei *Geschwister*: Mein *Bruder* heißt Markus und meine *Schwester* heißt Sara. Sie geht noch in die Schule. Markus studiert in Zürich. Unsere *Eltern* heißen Klaus und Annette. Meine *Mutter* ist Lehrerin und mein *Vater* Pilot. Die *Schwester* von meiner Mutter ist 40 und heißt Karla. Sie ist meine *Tante*. Mein *Onkel* heißt Bernhard, er ist der Mann von Karla. Sein Hobby ist Surfen. Das Kind von Bernhard und Karla heißt Cornelia, das ist meine *Cousine*. Meine *Großeltern* heißen Erika und Hans. Erika ist 79 und Hans 82.

## 5b

2f (Markus studiert.) – 3r – 4r

## 6a

1 Schlafzimmer – 2 Bad – 3 Küche – 4 Mias Zimmer – 5 Wohnzimmer – 6 Garten

## 6b

| | |
|---|---|
| 4 | 3 |
| 5 | 6 |
| 1 | 2 |

## 6c

Zuerst geht Mia ins Schlafzimmer. Dann geht sie ins Bad und duscht. Danach/dann geht sie in die Küche und isst Pizza. Dann/danach geht sie ins Zimmer und spielt am Computer. Dann/danach geht sie ins Wohnzimmer und telefoniert. Zum Schluss geht sie in den Garten und spielt Fußball.
**Merkzettel:** Verb: Position *2*

## 6d

Bad: Sie duscht.
Küche: Sie trinkt Kakao, sie frühstückt, sie isst Pizza.
Zimmer: Sie macht Hausaufgaben, sie schläft, sie faulenzt, sie liest ein Buch, sie spielt am Computer.
Wohnzimmer: Sie sieht fern, sie ruft ihre Freundin an.
Garten: Sie spielt Fußball, sie fotografiert die Vögel.

## 8a

Mindmap 1

## 8b (Beispiel)

Stefan ist 17. Er ist Schüler und sein Hobby ist Skaten. Sein Vater ist Polizist. Er ist 43 Jahre alt und kommt aus Österreich. Er kann gut kochen.
Seine Mutter ist 42 und Lehrerin. Sie kommt aus Deutschland. Sie isst gern Spaghetti.
Sein Bruder ist 14 und Schüler. Er spielt Fußball.
Die Familie hat vier Haustiere: einen Hund und drei Katzen.

## 10

a3 – b5 – c6 – d2 – e1 – f4

## 11a

1. Lies – 2. Ruf – 3. Komm – 4. Schreib – 5. Beeil – 6. Lern – 7. Sei – 8. Komm/Geh

## 11d

1d – 2e – 3f – 4c – 5a – 6b

## 12

1. Geh in dein Zimmer.
2. Macht die Hausaufgaben.
3. Sei nicht so doof.
4. Kommt pünktlich nach Hause.

## 13a/b

**L:** Sprich bitte lauter. – **L:** Wiederholt die Vokabeln. – **L:** Seid nicht so laut. – **S:** Hilf mir! – **S:** Erklären Sie das, bitte. – **S:** Gib mir bitte den Radiergummi. – **L:** Schlagt bitte das Buch auf. – **L:** Schreibt den Text ab. – **L:** Lest bitte den Dialog vor. – **S:** Buchstabieren Sie bitte das Wort.

## 13b

| Infinitiv | du-Form | ihr-Form | Sie-Form |
|---|---|---|---|
| *sprechen* | *sprich* | *sprecht* | *sprechen Sie* |
| *wiederholen* | *wiederhol(e)* | *wiederholt* | *wiederholen Sie* |
| *sein* | *sei* | *seid* | *seien Sie* |
| *helfen* | *hilf* | *helft* | *helfen Sie* |
| *erklären* | *erklär(e)* | *erklärt* | *erklären Sie* |
| *geben* | *gib* | *gebt* | *geben Sie* |
| *aufschlagen* | *schlag auf* | *schlagt auf* | *schlagen Sie auf* |
| *abschreiben* | *schreib ab* | *Schreibt ab* | *schreiben Sie ab* |
| *vorlesen* | *lies vor* | *lest vor* | *lesen Sie vor* |
| *buchstabieren* | *buchstabier(e)* | *buchstabiert* | *buchstabieren Sie* |

## 14

1c – 2g – 3a – 4f – 5b – 6d – 7e

## Das kann ich schon: 2

Hier kochen meine Eltern: *Das ist die Küche.*
Hier sieht die ganze Familie fern: *Das ist das Wohnzimmer.*
Hier spiele ich Fußball oder faulenze: *Das ist der Garten.*
In meinem Zimmer? *Da kann ich Hausaufgaben machen, schlafen, spielen, ...*

## Das kann ich schon: 3a

Bild A: Satz 4 – Bild B: Satz 1 – Bild C: Satz 3 – Bild D: Satz 2

## Das kann ich schon: 3b

Schlag das Wort nach.
Ergänze die Zahlen.
Korrigier das Wort.
Ordne die Buchstaben.

## Plateau 2 – Testtraining

### 1
Meine Mutter kocht – in der Küche Spaghetti.
Räum bitte – dein Zimmer auf.
Die Kinder spielen – im Garten Volleyball.
Am Vormittag – haben wir Schule.
Familie Huber sieht – im Wohnzimmer fern.
Irene mag – ihre Sportlehrerin.
Im Bad – kann ich duschen.
Um 10 Uhr – ist Pause.
Holt ihr Oma – am Bahnhof ab?
Das T-Shirt – gefällt mir nicht.
Heute habe ich – keine Zeit.
Mein Bruder liebt – seinen Hund.

### 2
(Ideen)
Pass immer auf! Mach die Hausaufgaben! Schreib nicht bei Otto ab! Lies zu Hause. Sieh nicht fern! Mach in der Freizeit Sport!

### 3
2. Oliver spielt besser Saxofon als Klavier.
3. Räum doch endlich dein Zimmer auf.
4. Am Wochenende habe ich keine Schule.
5. Anna sucht ihren Hund.
6. Geht ihr mit ins Kino?
7. Und wie findest du das hier?
8. Am Donnerstag trifft Timo seine Freunde.

### Testtraining – Hören
**Gespräch 1:** 1f – 2r – 3f
**Gespräch 2:** 4b – 5a – 6b

### Testtraining – Lesen
**Anzeige 1:** 1r – 2r – 3r
**Anzeigen 2:** 4b – 5c – 6a

### Testtraining – Schreiben
(1) Ich komme *am Samstag/Sonntag* um … Uhr.
(2) Ich will mit dem *Bus/Fahrrad* in die Schule fahren.
(3) Ich *esse gern* … aber … esse ich noch lieber.
(4) In meiner Freizeit …
(5) *Wie alt sind* Hanna und Michael?
(6) *Was machen* Hanna und Michael gern *(in ihrer Freizeit)*?
(7) Ich finde … gut, aber … finde ich besser.

### Testtraining – Sprechen
(Ideen)
Kommst du mit shoppen/Fußball spielen? Was machst du am Wochenende? Hast du um vier Uhr Zeit? Wann fängt der Film an? Schwimmst du gern?/Spielst du gern Fußball? Wie findest du die Simpsons/Tokio Hotel ...?

### Mein Wortschatz: 1a

| | | | | | | | | | | | | | | | | | | | | | | | | | |
|---|---|---|---|---|---|---|---|---|---|---|---|---|---|---|---|---|---|---|---|---|---|---|---|---|---|
| M | J | A | C | K | E | M | X | P | V | E | O | C | O | G | P | F | P | U | L | L | O | V | E | R | E |
| M | Z | V | U | Z | G | C | Y | I | O | N | S | O | D | T | A | N | Z | E | N | E | N | N | K | Y | K |
| B | R | U | D | E | R | T | S | N | G | R | C | U | U | Z | P | O | D | L | C | B | K | F | L | S | L |
| R | Q | K | H | N | L | G | Z | G | E | Q | H | S | N | S | A | J | P | T | H | B | E | R | E | Y | E |
| A | H | E | L | L | B | L | A | U | L | U | W | I | K | S | G | E | N | E | B | G | L | S | S | F | I |
| U | Q | Z | K | B | I | B | Z | I | Q | I | I | N | E | F | E | A | Y | R | U | Y | P | F | E | R | D |
| N | A | V | K | O | C | H | E | N | J | A | M | E | L | G | I | N | N | N | N | Z | G | N | N | G | N |
| G | T | Ä | E | N | J | X | F | X | K | C | M | G | R | O | S | S | M | U | T | T | E | R | E | S | A |
| D | R | O | N | K | T | W | E | I | S | S | E | Q | O | O | R | A | P | T | A | P | G | C | J | Q | M |
| R | E | I | T | E | N | Y | F | B | R | W | N | Z | T | F | I | S | C | H | X | B | L | U | S | E | K |

### Mein Wortschatz: 1b
Hobbys: kochen, reiten, schwimmen, lesen, tanzen
Tiere: der Papagei, der Fisch, der Pinguin, das Pferd, der Vogel
Familie: die Großmutter/Mutter, der Bruder, die Cousine, der Onkel, die Eltern
Kleidung: der Pullover, das Kleid, die Bluse. die Jacke, die Jeans
Farben: braun, weiß, bunt, hellblau, dunkelrot

### Mein Wortschatz: 2a
ins Kino gehen, Video-AG haben, die Freundin anrufen, einen Kakao trinken/machen, Hausaufgaben machen, Karten spielen, ein Buch lesen, Salat essen/machen

### Mein Wortschatz: 2b
Was macht Lena um 19 Uhr? – Um 19 Uhr spielt sie Karten.
… am Abend? – Am Abend liest sie ein Buch.
… am Mittag? – Am Mittag isst sie Salat.
… am Mittwoch? – Am Mittwoch geht sie ins Kino.
… um 18 Uhr? – Um 18 Uhr ruft sie die Freundin an.
… heute? – Heute hat sie Video-AG.
… um 17 Uhr? – Um 17 Uhr macht sie Hausaufgaben.
… am Morgen? – Am Morgen trinkt sie einen Kakao.

## Kapitel 9

### 1a/c

| | | |
|---|---|---|
| Foto 1: | Weihnachten | Frohe Weihnachten! |
| Foto 2: | Abendessen | Guten Appetit! |
| Foto 3: | Klassenarbeit | Viel Glück! |
| Foto 4: | Geburtstag | Herzlichen Glückwunsch! |
| Foto 5: | Krankenbesuch | Gute Besserung! |
| Foto 6: | Reise | Gute Reise! |
| Foto 7: | Ostern | Frohe Ostern! |

### 1b
2. Frohe Weihnachten! – 3. Frohe Ostern! – 4. Herzlichen Glückwunsch! – 5. Viel Glück! – 6. Gute Reise! – 7. Guten Appetit!

### 2 (Beispiel)
feiern – Geburtstagsfest – einladen – Familie – Freunde – Bekannte – Geschenke – Kuchen – Party – Musik – tanzen – Spiele – Geburtstagskinder – Gäste – Schwimmbad – Ausflug – Kino

### 3a–c
Frühling: März, April, Mai
Sommer: Juni, Juli, August
Herbst: September, Oktober, November
Winter: Dezember, Januar, Februar

### 4
Januar – Mai – Dezember – März – Juli – August – November – April

### 5a
Liebe Sofia,
am Freitag habe ich Geburtstag. Ich lade dich herzlich ein.
Die Party beginnt um 15 Uhr. Wir feiern zu Hause: Birkenweg 8.
Kommst du?
Deine Anna

### 5b
von oben nach unten: 3 – 1 – 5 – 6 – 4 – 7 – 2

**5c** (Beispiel)
Liebe Anna,
danke für die Einladung. Das ist ja schön! Ich komme gern zur Party.
Bis Freitag,
Sofia

**6a**
Stefanie: im Dezember – ins Kino gehen
Gabriela: im August – Party im Garten
Claudia: im Mai – Freizeitpark / in den Freizeitpark gehen

**7a** (im Uhrzeigersinn ab Beispiel)
der Hals – der Zahn – die Nase – das Ohr – der Kopf – das Auge – der Mund – der Arm – der Rücken – der Fuß – das Bein – der Bauch – die Hand

**7b**
1. Ich habe Kopfschmerzen – 2. Meine Hand tut weh. – 3. Mein Ohr tut weh. – 4. Ich habe Zahnschmerzen. – 5. Mein Fuß tut weh. 6. Mein Auge tut weh.

**8a**
1: r – f – f – r – f
2: f – r – f – r – f

**8b**
1: Christian ist krank. Christian kommt nicht zum Fußballspiel. Christian geht nicht zum Arzt – die Mutter war in der Apotheke.
2: Marc ist krank. Marc geht nicht in die Stadt. Katharina ruft Marc morgen an.

**9a**

| | | |
|---|---|---|
| ich | war | hatte |
| du | warst | hattest |
| er/es/sie | war | hatte |

**9b**
Hi Ines,
*warst* du gestern auf dem Schulfest? Ich *war* leider nicht da. Ich *war* krank.
Zuerst *war* mein Bruder Christian krank und jetzt ich. Sicher *warst* du auf dem Fest,
wie *war* es? Morgen komme ich wieder in die Schule.
Maria

Liebe Maria,
gestern *war* ein Tag ... Ich *hatte* viele Hausaufgaben und mein Hund Charlie *hatte* Fieber. Ich *war* mit Charlie beim Arzt. Danach *hatte* ich Klavierunterricht. Ich *war* also auch nicht auf dem Schulfest.
Du *warst* krank? Was hast du?
Bis morgen!
Ines

**10a**
2. Sie war schwimmen.
3. Sie hatte Saxofonunterricht.
4. Sie war einkaufen.
5. Sie war tanzen.
6. Sie war müde.

**11a/b**
1. Ich *darf* mit Freunden ins Konzert gehen.
2. Du *kannst* Klavier spielen.
3. Julian *muss* Hausaufgaben machen.
4. Anna *darf* am Dienstag ins Kino gehen.
5. Ich *kann* mein Lieblingsessen kochen.
6. Du *musst* am Wochenende babysitten.

**11c**
Das Modalverb steht auf Position *2* und der Infinitiv steht *am Ende*.

**11d**

| | können | müssen | dürfen |
|---|---|---|---|
| ich | *kann* | *muss* | *darf* |
| du | *kannst* | *musst* | *darfst* |
| er/es/sie | *kann* | *muss* | *darf* |

**12** (Beispiel)
Andrea muss um 7 Uhr aufstehen. Sie muss Hausaufgaben machen. Sie darf mit Freunden telefonieren. Sie darf kein Piercing haben. Sie darf nicht in die Disco gehen.

**13a** (Musterlösung)
1b – 2a – 3c – 4d – 5e

**14a** (Beispiel)
Wer kommt zur Party? Wer kommt nicht zur Party? Wann beginnt die Party? Was essen sie? Was trinken sie? Was machen sie? Was macht die Mutter zum Abendessen? Wann gehen die Freunde nach Hause? ...

**15a**
Wann fängt die Party an? – Wann hört sie auf? – Was macht ihr auf der Party? – Wer kommt zur Party? – Wo ist die Party?

**Das kann ich schon: 1a** (Beispiel)
Lieber Mark,
am Samstag habe ich Geburtstag. (Ich lade dich herzlich ein.)
Wir feiern im Jugendzentrum, Hauptstr. 15. Die Party beginnt um 16 Uhr.
Kommst du?
Felix

**Das kann ich schon: 1b** (Beispiel)
Lieber Felix,
(danke für die Einladung.) Ich komme gern,
dein Mark

**Das kann ich schon: 2**
Frohe Ostern! Frohe Weihnachten! Herzlichen Glückwunsch!

**Das kann ich schon: 3**
der Kopf: Ich habe Kopfschmerzen. / Mein Kopf tut weh.
der Bauch: Ich habe Bauchschmerzen. / Mein Bauch tut weh.
der Rücken: Ich habe Rückenschmerzen. / Mein Rücken tut weh.

**Das kann ich schon: 4** (Beispiel)
Ich war in der Schule. Ich war einkaufen. Ich hatte Fieber. Ich hatte viele Hausaufgaben.

**So lerne und übe ich: 5** (Beispiel)
Wann ist das Schulfest? Wie alt ist die Schule? Wann beginnt das Fest? Wer kommt? Was macht ihr? Was spielt ihr? ...

# Kapitel 10

## 1

1. Bahnhof – 2. Polizei – 3. Haltestelle – 4. Post – 5. Schule – 6. Sportplatz – 7. Supermarkt – 8. Kino – 9. Krankenhaus – 10. Jugendzentrum – 11. Boutique – 12. Bäckerei – 13. Disco – 14. Restaurant – 15. Schwimmbad – 16. Apotheke – 17. Kiosk

## 2 a/b

der Kiosk (b: Satz 4) – das Rathaus (b: Satz 5) – das Krankenhaus (b: Satz 4)
der Sportplatz (b: Satz 1) – der Supermarkt (b: Satz 3) – der Park (b: Satz 6)
die Apotheke (b: Satz 3) – die Bäckerei (b: Satz 3) – die Haltestelle (b: Satz 2)

## 2b

1. Rudi spielt Fußball *auf* dem Sportplatz.
2. Lara wartet *an* der Haltestelle und Mieze ist *neben* Lara.
3. Lara kauft zuerst Wurst und Käse *im* Supermarkt, Brot *in* der Bäckerei und Medikamente für ihre Mutter *in* der Apotheke.
4. Rudi besucht seine Großmutter *im* Krankenhaus, aber zuerst kauft er eine Zeitung *am* Kiosk.
5. *Vor* dem Rathaus trifft Rudi seine Freundin Lara. Bello steht *zwischen* Rudi und Lara.
6. Später sitzen Lara und Rudi *auf* der Bank im Park *unter* einem Baum.

## 3

Bäckerei – Supermarkt – Kino
Post – Polizei – Bahnhof
Bank – Apotheke – Krankenhaus

## 4

| Wo? | der → dem | das → dem | die → der |
|---|---|---|---|
| auf | *auf dem Sportplatz* | – | *auf der Bank* |
| unter | *unter einem Baum* | – | – |
| neben | *neben dem Supermarkt* | – | *neben der Polizei* |
| in | *im Supermarkt, im Park* | *im Krankenhaus* | *in der Apotheke, in der Bäckerei* |
| vor | – | *vor dem Rathaus* | *vor der Polizei* |
| hinter | *hinter dem Bahnhof* | – | *hinter der Bank* |
| an | *am Kiosk* | – | *an der Haltestelle* |
| zwischen | – | *zwischen dem Krankenhaus und …* | *zwischen der Bank und …* |
| bei | – | – | *bei der Polizei/Post* |

## 5

von oben nach unten:
2 im Krankenhaus – 7 im Bahnhof – 4 im Supermarkt – 8 im Jugendzentrum – 10 auf dem Sportplatz – 1 in der Bäckerei – 9 bei der Polizei – 5 bei der Post – 3 im Kino – 6 an der Haltestelle

## 6

links – geradeaus – rechts

## 7a

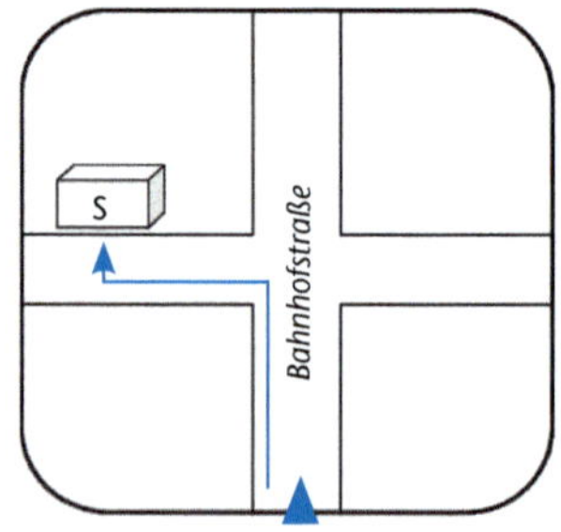


## 7b

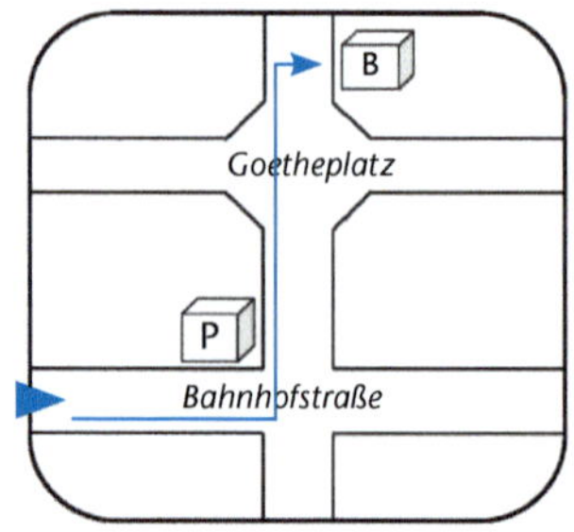


## 8a

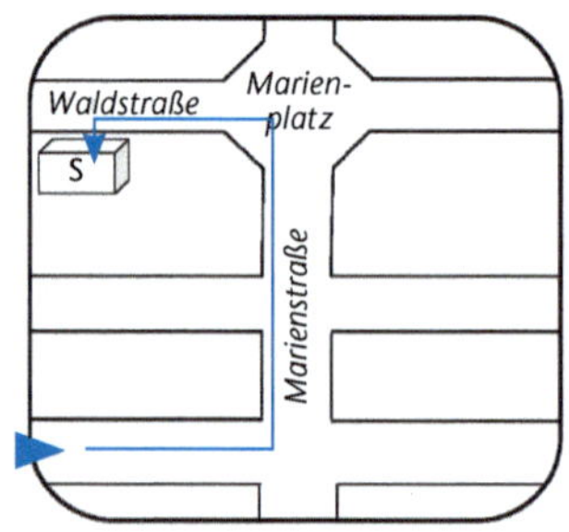


## 8b

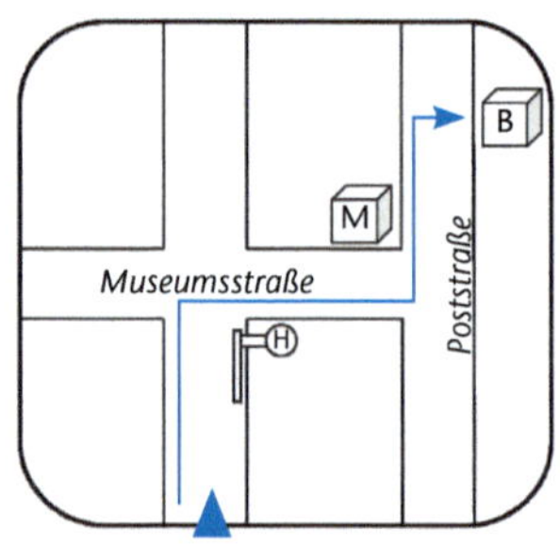


## 9a

Du gehst zuerst geradeaus. An der Kreuzung biegst du links ab (gehst du nach links) und an der Ampel gehst du nach rechts (biegst du rechts ab). Der Supermarkt ist dann links.

## 9b

Du gehst die Poststraße geradeaus. Dann kommt der Postplatz, du gehst weiter geradeaus und an der Kreuzung biegst du links ab (gehst du nach links) und dann ist links die Schule.

## 10

Im *zweiten* Stock ist *links* der Computerraum und rechts ist die *Cafeteria*. Der Musikraum und der Biologieraum sind im ersten *Stock*. Der Musikraum ist *unter der* Cafeteria und der Biologieraum ist *unter dem* Computerraum.
Das Sekretariat ist *im Erdgeschoss* am Eingang links. Das Lehrerzimmer ist auch im Erdgeschoss, *rechts* neben dem Sekretariat.
Im Gebäude *neben der* Schule sind die Schwimmhalle und die *Sporthalle*.
Die *Schwimmhalle* ist im Erdgeschoss und die Sporthalle ist im *ersten* Stock, *über der* Schwimmhalle.

## 11
4. der Käse – 1. das Ei – 2. die Wurst – 8. der Quark – 3. die Marmelade – 6. die Milch – 5. der Salat – 7. der Apfel

## 12a
Er trinkt einen Tee und er *isst ein Brot mit Quark und Marmelade*.

## 12c
2. *Im* Schreibtisch – 3. *Unter dem* Schreibtisch – 4. *Hinter dem* Schreibtisch – 5. *Vor dem* Bücherregal – 6. *Auf* und *unter dem* Tisch – 7. *Neben der* Marmelade – 8. *Links* und *rechts* vom Kühlschrank.

## 13a
die U-Bahn – das Fahrrad – die Straßenbahn –
der Bus – das Auto – das Motorrad

## 13b
Herr Schmidt geht zuerst zu Fuß (zur Bushaltestelle) und dann fährt er mit dem Bus zum Marktplatz. Zum Schluss fährt er mit der U-Bahn bis zur Schule.
Olli fährt mit der U-Bahn zur Schule.

## 14
von oben nach unten: 7 – 6 – 4 – 2 – 8 – 1 – 5 – 3

## Das kann ich schon: 2a

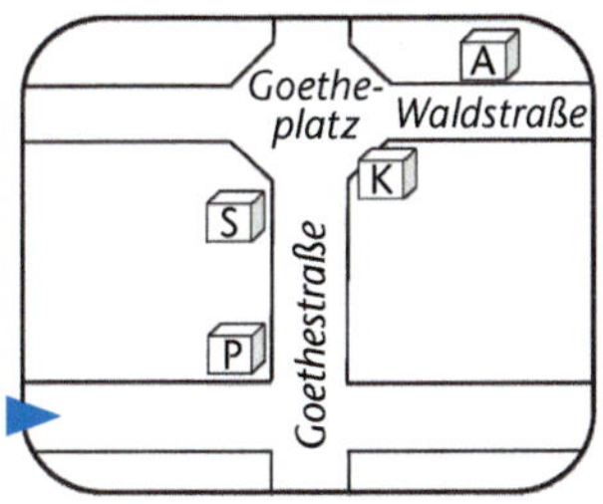


## Das kann ich schon: 2b
Die Apotheke ist in der Waldstraße.
Der Kiosk ist am Goetheplatz.
Der Supermarkt ist in der Goethestraße.

## Das kann ich schon: 2c
Du gehst zuerst *geradeaus*. *An der* Post biegst du *links ab* und dann gehst du *geradeaus*. *Am* Goetheplatz gehst du nach *rechts*.

# Kapitel 11

## 1a
2. Lausanne liegt *im Westen* von *der Schweiz*.
3. Wien liegt *im Osten* von *Österreich*.
4. Kiel liegt *im Norden* von *Deutschland*.
5. Aachen liegt *im Westen* von *Deutschland*.
6. Linz liegt *im Norden* von *Österreich*.

## 1b
2. Zürich liegt im Norden von der Schweiz.
3. Innsbruck liegt im Westen von Österreich.
4. Trier liegt im Westen von Deutschland.
5. Basel liegt im Norden von der Schweiz.
6. Würzburg liegt in der Mitte von Deutschland.
7. Dresden liegt im Osten von Deutschland.

## 2
1. Ich fahre *mit dem Bus* nach Italien.
2. Erwin fährt mit *dem Fahrrad* an die Nordsee.
3. Sara fährt mit *dem Auto* nach Wien.
4. Ilga fährt mit *dem Fahrrad* in die Schweiz.
5. Stefan fliegt mit *dem Flugzeug* auf die Insel Mallorca.
6. Wir fahren mit *dem Auto* an die Donau.
7. Meine Mutter fährt mit *dem Bus* nach Polen.
8. Mein Vater fliegt mit *dem Flugzeug* in die USA.

## 3a
2. Surfkurs – 3. Schwimmbad – 4. Musical – 5. Hamburger – 6. Wanderung

## 3b

| | Junge 1 | Mädchen 1 | Mädchen 2 | Junge 2 |
|---|---|---|---|---|
| Wohin? | *ans Meer an die Nordsee nach Büsum* | *ans Meer: an die Ostsee auf die Insel Rügen* | *in die USA: nach New York, Florida: Miami* | *nach Bayern* |
| Was? | *Wanderungen machen, Surfkurs machen, Schwimmbad* | *baden im Meer, Spaß-Schwimmbad* | *ein Musical sehen, auf die Freiheitsstatue gehen und einen Superhamburger essen* | *wandern* |

## 4a
○ Guten Tag. Mein Name ist Frau Schultz. Ich möchte für die Sommerferien ein Familienzimmer reservieren.
○ Die ersten zwei Juliwochen.
○ Wir sind vier Personen: Mein Mann und ich und unsere zwei Kinder.
○ Gut. Eine Frage: Gibt es sportliche Aktivitäten für die Kinder? Sie sind 12 und 14.
○ Fantastisch. Was kostet das Zimmer?
○ Gut, ich möchte gerne reservieren. Wie funktioniert es?
○ Gut, danke, Herr Althaus.

## 5a
2f – 3r – 4f – 5r

## 5b
1. Die Jugendherberge liegt im Osten von Deutschland.
2. In der Jugendherberge gibt es Zimmer mit vier bis sechs Betten.
4. Es gibt einen Tischtennisraum.

## 6
(v.l.n.r.)
ein Stück Pizza – ein Hamburger – eine Portion Pommes – ein Eis – eine Currywurst
ein Stück Kuchen – ein Salat – ein Käsebrötchen – eine Cola
(ohne Illustrationen: ein Teller Suppe, ein Mineralwasser, ein Fischbrötchen, ein Apfelsaft)

## 7a
Herr Schultz: einen Teller Suppe, ein Mineralwasser
Frau Schultz: eine Currywurst mit Pommes, ein Mineralwasser
Jonas: einen Hamburger, eine Cola
Mareike: ein Stück Salami-Pizza, eine Cola

## 8
2. zwei Brötchen und einen Kaffee = 1,80 Euro
3. ein Schokoladeneis = 2 Euro
4. ein Fischbrötchen = 2,70 Euro

5. eine Currywurst mit Pommes und eine Cola, eine Currywurst mit Pommes und ein Mineralwasser = 11,20 Euro

### 9

Am Anfang einer Postkarte: Lieber Hans – Hallo Maria – Liebe Eva – Hi Susanne
Am Ende einer Postkarte: Bis bald – Ciao – Liebe Grüße – Viele Grüße

### 10

Hi Magda,
herzliche *Grüße* aus Colditz. Das *Wetter* ist toll und ich mache jeden Tag Sport: *Tischtennis*, schwimmen ... Das *Schwimmbad* ist klasse. Morgen fahren wir *nach* Leipzig. Das ist *eine Stadt* hier in der Nähe und es gibt einen *Freizeitpark*. Ich will auch ein *bisschen shoppen*. Endlich! ;)
Am *Sonntag* kommen wir wieder, dann *rufe* ich dich an.
Ciao,
Mareike

### 11

Am Wochenende machen wir einen Ausflug: Wir fahren zuerst mit dem *Bus* in die Stadt. Dort nehmen wir den *Zug* und fahren in die *Berge*. Dort *wandern* wir zu einem *See*. Das ist *super*. Wir *wandern* ca. 2 Stunden. An dem *See* gibt es einen *Campingplatz*, dort *schwimmen* wir und machen Picknick. Am Abend *wandern* wir wieder zurück. Wir fahren erst mit dem *Zug* und dann mit dem *Bus* nach Hause. Das ist *cool*.

### 12a

2. *in die* Schweiz. – 3. *nach* Italien. – 4. *nach* London? – 5. *in die* Berge.

### 12b

2. *an den* Bodensee.– 3. *an den* Strand. – 4. *an die* Donau. – 5. *an die* Ostsee?

### 13 (Beispiel)

1. Ich habe einen Hund, deshalb muss ich oft spazieren gehen.
2. Maria hat heute Geburtstag, deshalb bekommt sie viele Geschenke.
3. Ich fahre nach Spanien, deshalb lerne ich Spanisch.
4. Ich habe im Sommer Geburtstag, deshalb mache ich eine Party.
5. Peter isst gerne Fisch, deshalb kauft er ein Fischbrötchen.

### 14

| | möchten | wollen |
|---|---|---|
| ich | *möchte* | *will* |
| du | *möchtest* | *willst* |
| er/es/sie | *möchte* | *will* |
| wir | *möchten* | *wollen* |
| ihr | *möchtet* | *wollt* |
| sie/Sie | *möchten* | *wollen* |

### 15a (Beispiel)

☺ Super! – Ja, das geht. – Fantastisch! – O.k., einverstanden. – ... finde ich auch gut. – Klar, ich komme mit.
☹ Keine Lust. – Das finde ich langweilig. – ... finde ich viel besser. – ... aber das ist zu weit. – Nein, das mag ich nicht.

### 15b (Beispiel)

2. Ja, super.
3. Klar, ich komme mit.
4. Nein, keine Lust.
5. O.k., einverstanden.
6. Fantastisch.

### Das kann ich schon: 1

Kiel *liegt im Norden von Deutschland*.
Dresden *liegt im Osten von Deutschland*.
München *liegt im Süden von Deutschland*.
Köln *liegt im Westen von Deutschland*.

### Das kann ich schon: 2

Ich *nehme einen Hamburger und eine Cola*.
*Wie viel kostet das?*

### Das kann ich schon: 3 (Beispiel)

*Liebe Susanne,*
*München ist super. Das Wetter ist schön und heute war ich shoppen. Wir haben viel Spaß.*
*Viele Grüße,*
Claudia

### Das kann ich schon: 4

Italien: *Ich fahre nach Italien.*
Bodensee: *Ich fahre an den Bodensee.*
Schweiz: *Ich fahre in die Schweiz.*
Berge: *Ich fahre in die Berge.*

### So lerne und übe ich: 5

1. Brandenburger Tor – 2. Tiger – 3. Pommes frites – 4. Eiffelturm

## Kapitel 12

### 1a

1. Sekretärin – 2. Direktor – 3. Polizist – 4. Koch – 5. Arzt – 6. Lehrer – 7. Frisör

### 1b

1. Schule – 2. Hunde – 3. fährt – 4. krank – 5. unterrichtet – 6. kaputt – 7. Schüler

### 2a/b/c

| | | | |
|---|---|---|---|
| *der Hausmann* | die Hausfrau | der Künstler | *die Künstlerin* |
| *der Bäcker* | die Bäckerin | der Taxifahrer | *die Taxifahrerin* |
| *der Polizist* | die Polizistin | der Architekt | *die Architektin* |
| *der Bauer* | die Bäuerin | der Frisör | *die Frisörin* |
| *der Verkäufer* | die Verkäuferin | der Zahnarzt | die Zahnärztin |
| *der Anwalt* | die Anwältin | der Politiker | *die Politikerin* |
| *der Ingenieur* | die Ingenieurin | der Kaufmann | *die Kauffrau* |

### 3

1. die Verkäuferin – 2. der Bauer – 3. die Frisörin – 4. der Pilot – 5. der Polizist – 6. die Schauspielerin – 7. die Zahnärztin – 8. die Sekretärin – 9. der Hausmann

### 4

1. Computerspezialist – 2. Hausfrau – 3. Model – 4. Tierarzt – 5. Polizistin – 6. Köchin – 7. Schauspieler – 8. Architekt

### 5 (Beispiel)

– Adrian ist Bauer von Beruf. Er steht am Morgen immer früh auf und füttert die Tiere. Er hat 3 Pferde, 24 Schweine und 10 Kühe. Er arbeitet gern draußen in der Natur.

- Richards Traumberuf ist Schauspieler. Er ist sehr kreativ und spricht gern. In der Schule ist er in der Theater-AG. Brad Pitt und Orlando Bloom sind seine Idole.
- Konrad findet Sekretär interessant. Er möchte in einem Büro arbeiten. Er arbeitet gern am Computer. Er liest und schreibt gern Briefe.

## 7b

1A – 2B – 3A – 4B – 5C – 6C

## 8a

von oben nach unten: 8 – 1 – 7 – 4 – 9 – 3 – 5 – 2 – 6 – 10

## 8c (Beispiel)

Ich stehe *oft* um 7 Uhr auf.
Ich *dusche immer*.
*Ich frühstücke immer.*
*Ich fahre nie mit dem Bus (in die Schule).*
*Ich sehe oft fern.*
*Ich lese manchmal die Zeitung.*
*Ich fahre manchmal mit dem Fahrrad.*
*Ich spiele manchmal Karten.*

## 10a

5 – 2 – 3 – 7
6 – 8 – 4 – 1

## 10b (Beispiel)

(Foto 1: Bett) Sara schläft noch. Da ruft die Sekretärin an. Sara hat heute keine Schule.
(Foto 2: Cornflakes) Sara frühstückt. Sie isst Cornflakes (und trinkt einen Kakao.)
(Foto 3: Handy) Sara ruft ihre Freundin an.
(Foto 4: Pizza): Sie (treffen sich in der Stadt und) essen eine Pizza.
(Foto 5: Schaufenster) Sie kauft (eine Jeans und) ein T-Shirt.
(Foto 6: Bus) Sie fährt mit dem Bus nach Hause (und trifft Sebastian.)
(Foto 7: Brief) Sie liest den Brief.
(Foto 8: Geschenk) Sie bekommt ein Geschenk.

## 11a

Verben: 1. liebe – 2. kenne – 3. besuchen – 4. finde – 5. wir, Holt … ab? – 6. rufe … an – 7. schreibe … auf – 8. fragen – 9. verstehen

Personalpronomen: 1. ich, dich – 2. Ich, ihn – 3. Wir, euch – 4. Ich, sie – 5. ihr, uns – 6. Ich, sie – 7. ich, es – 8. ich, Sie, Ich – 9. Ich, Sie, mich

## 11b

| Nominativ | ich | du | er | sie | es | wir | ihr | sie | Sie |
|---|---|---|---|---|---|---|---|---|---|
| Akkusativ | *mich* | *dich* | *ihn* | *sie* | *es* | *uns* | *euch* | *sie* | *Sie* |

## 11c

1. sie – 2. ihn – 3. dich – 4. ihn – 5. euch – 6. sie – 7. sie – 8. Sie

## 12

1c – 2f – 3e – 4g – 5d – 6a – 7b

## 13

1. sie – 2. es – 3. sie – 4. euch – 5. sie – 6. sie – 7. mich

## 14

Das ist Camilla Copilla. Sie ist zweiundzwanzig und wohnt in den USA. Sie arbeitet in der Stadt. Ihr Beruf ist Taxifahrerin. Am Morgen steht Camilla meist*ens* um n*eun* Uhr fünfundv*ierzig* auf. Da*nn* duscht s*ie* und frühstückt. Um ze*hn* U*hr* dreißig räumt Camilla d*ie* Küche auf. Danach g*eht* sie manchmal i*n* den Superm*arkt* und k*auft* ein.
Zu Ha*use* liest sie dann oft ein B*uch* und um Viertel n*ach* eins koc*ht* sie und isst dann. Am lie*bsten* mag sie Pi*zza*, aber sie i*sst* auch g*ern* Salat.
Camilla Copilla h*at* ei*nen* Papagei. Er k*ann* spr*echen*. Camilla fin*det* ihr Haustier toll – sie li*ebt* Vögel, aber sie mag k*eine* Hunde. Mit Hunden m*uss* man spazieren ge*hen*, Camilla aber faul*enzt* lieber.
Von Mi*ttwoch* bis So*nntag* arbeitet Camilla. Meistens fängt sie um achtzehn Uhr an und hört um Mitternacht auf. Dann ist sie auch müde und geht sofort ins Bett.

## Das kann ich schon: 1

| | |
|---|---|
| der Künstler | die Künstlerin |
| der Verkäufer | die Verkäuferin |
| der Anwalt | die Anwältin |
| der Kaufmann | die Kauffrau |

## Das kann ich schon: 2

Unsere *Lehrerin* heißt Frau Heinemann. Sie unterrichtet Geschichte. Ich finde *Taxifahrer/Taxifahrerin* interessant. Da kann man Leute im Auto transportieren.

## Das kann ich schon: 3

Ich *stehe* um ___ Uhr auf. Dann dusche ich und *frühstücke*: Ich trinke einen Tee und esse ein Brot mit Marmelade. Nach dem Frühstück *gehe/fahre* ich in die Schule. Am Mittag *gehe/fahre/komme* ich wieder nach *Hause* und esse. Am Nachmittag *treffe* ich meine Freunde. Um 18 Uhr 30 gibt es immer *Abendessen*. Manchmal *sehen* wir danach fern. Um 9 bin ich oft schon müde und gehe *ins Bett*.

## So lerne und übe ich: 5

1 Anwältin – 2 Hausmann – 3 Zahnarzt

## So lerne und übe ich: 6

Ich mag *sie* nicht. – Nein, ich höre *dich* nur.

# Plateau 3 – Testtraining

## Wiederholungsspiel

(Beispiele)
Es ist 6 Uhr 15. / Viertel nach sechs. Es ist halb vier.
Sie spricht Englisch. Er spricht Deutsch.
Guten Morgen.
ich laufe – du läufst – er/es/sie läuft – wir laufen – ihr lauft – sie/Sie laufen
ich kann – du kannst – er/es/sie kann – wir können – ihr könnt – sie/Sie können
ich esse – du isst – er/es/sie isst – wir essen – ihr esst- sie/Sie essen
ich mache – du machst – er/es/sie macht – wir machen – ihr macht – sie/Sie machen
die Bücher – die Schultaschen – die Bleistifte
Er hat kein Pferd / keinen Bleistift / keine Schere.
der Arm, der Kopf, der Bauch
Ich spiele lieber Computer als Wii. Ich mag Hunde lieber als Katzen. Ich finde lesen besser als fernsehen.
Ich finde Ski fahren besser als Rad fahren. Ich finde Deutsch besser als Mathe. Ich finde Kino besser als Theater.

Gestern war ich in der Schule. Ich war im Schwimmbad.
In der Bäckerei kann man Brötchen kaufen. Bei der Post kann man Briefmarken kaufen.
die Krankenschwester/Ärztin; der Pilot

## Testtraining – Hören

**Gespräch:** 1f – 2r – 3f
**Nachrichten am Telefon:** 4c – 5b – 6c

## Testtraining – Lesen

**Beschreibung 1:** 1f – 2r –3r
**Beschreibung 2:** 4r – 5f – 6r

## Testraining – Schreiben (Beispiel)

Liebe Maria,
herzliche Grüße aus England. Ich bin mit Claudia in London. Die Eltern von Claudia sind auch da. Gestern waren wir an der Themse und bei Big Ben. London ist total cool. Morgen gehen wir zu Madame Tussauds.
Das Essen ist okay, es gibt fish and chips.
Liebe Grüße,
Luisa

## Testtraining – Sprechen

**Sprechen 1** (mögliche Lösungen)
Schreib mir bitte eine Postkarte.
Mach bitte das Fenster zu!
Hast du einen I-Pod?
Gibst du mir ein Geschenk?
Ich möchte gern ein Stück Pizza.
Kommst du mit ins Kino?
Wo sind meine Schuhe?
Gib mir bitte das Buch.
Hast du einen Kuli?
Magst du Hunde?

**Sprechen 2** (Ideen)
Wohin reist du? Reist du gern? Wo warst du im Sommer? Wohin fährst du im Sommer?
Wie war das Wasser im Meer? Gehst Liest du im Urlaub ein Buch? Wo liest du im Urlaub ein Buch?
du gern ins Wasser? Wie war die Stadt? Magst du die Stadt?
Fliegst du mit dem Flugzeug? Magst du die Berge? Warst du in den Bergen?

## Mein Wortschatz

(Beispiel)
Berufe: der Frisör, der Koch, der Architekt, der Polizist, der (Zahn-) Arzt, die Verkäuferin, die Sekretärin
Lebensmittel: der Kuchen, der Apfel, die Wurst, der Hamburger, der Kaffee, das Eis
Orte: das Kino, die Apotheke, die Bank, die Post, der Supermarkt, die Bäckerei, das Hotel, die Kirche, der Kiosk, das Café
Verkehrsmittel: der Bus, das Fahrrad, die U-Bahn

# Videotrainer

### 1 (Beispiele)

filmen, fotografieren, interviewen, fragen, antworten, kontrollieren, bearbeiten, der Film, das Video, die Lampe, die Technik, die Technikerin, das Interview, der Computer, die Kamerafrau

### 2

| Name | Mario Neumann | Charlotte | Eva Schmidt | Jenny Fischer |
|---|---|---|---|---|
| Alter | *14* | | *14* | |
| Wohnort | *München* | | | |
| Klasse | *8a* | | | *8a* |
| Hobbys | *Ski, Tennis, schwimmen, Interviews* | *fotografieren, Musik, Fußball* | *Gitarre/Klavier spielen, surfen, tauchen, filmen* | *Videos am Computer bearbeiten* |

### 3

1. Lehrer, 2. Geschichte, 3. gern, 4. 7 Uhr 45, 5. 13 Uhr, 6. Mittwoch, 7. Sport

### 4a

Physik, Französisch, Deutsch, Sport

### 4b

die Gitarre, das Radio, die Schultasche, der Stundenplan, die Hefte, die Bücher, das Mäppchen, der Stuhl, der Tisch, der Schrank, das Fenster, Plakate, …

### 5

die Freundin von Jenny, zwei Schultaschen, ein Handy, Autos, eine Konditorei, Hunde, Fahrräder, ein Park, ein Plakat

### 6

5 g Karim geht mit Ginger weg.
2 a Caro ruft Karim an.
4 d Karim isst etwas.
7 h Ginger ist zu Hause.
8 f Caro bekommt eine Karte für ein Konzert.
1 e Caro spielt mit Ginger im Park.
3 c Caro geht mit Ginger zum Parktor.
6 b Caro kommt zurück. Sie bringt 2 Cola-Dosen mit.

### 7

1. V – 2. V – 3. C – 4. C – 5. V – 6. C – 7. M – 8. C – 9. C – 10. M – 11. V – 12. C

### 8

Caro und Karim fliegen über das Konzert von den Mischka Singers.

### 9

Foto 1: „Der gefällt mir gar nicht." – Foto 2: „Hey Leute, schaut mal, ein altes Video von unserer Schule." – Foto 3: „Hey, cool." – Foto 4: „Ziemlich langweilig."

### 10

Treppe, Klassenzimmer, Pausenhof, Chemieraum, Bioraum, Sportplatz

### 11

Liebe Caro,
am *Samstag* habe ich Geburtstag und mache eine *Party*. Ich *lade* dich herzlich ein. Das Fest *beginnt* um 15 Uhr und hört um 20 Uhr auf. Wir *essen* Würstchen vom Grill und *Kuchen*. Und wir *trinken* Limo, Saft und Cola. Du kannst auch deinen *Freund* Karim mitbringen.
Kommst du?
Deine *Jenny*

### 12a
eine CD, eine DVD, einen Film, ein Buch, Blumen, eine Konzertkarte, einen Füller, ein Mäppchen, Kuchen ...

### 12b
1r – 2r – 3f (richtig ist: Eva sagt, Mario kann einen Kuchen machen) – 4r

### 12c
15–20 Euro

### 13a
a. 2 – b. 4 – c. 1 – d. 3

### 13c
Liebe Eva,
wie geht es dir? Du *warst* ja gestern krank. Schade! *Hattest* du auch Fieber? *Warst* du beim Arzt? Die Party *war* super. Alle *hatten* viel Spaß. Caro *war* auch da – mit ihrem neuen Freund Karim. Er *war* total süß und hat mir Blumen geschenkt.
Gute Besserung und bis bald, Jenny

### 14
1. Jenny – 2. Jenny – 3. Eva – 4. Eva – 5. Karim – 6. Felix – 7. Charlotte – 8. Mario

# Bildquellen Kursbuch

**Cover** Titelfoto: Korhan Isik/iStock Photo; Hintergrund: Aleksandar Velasevic/iStock Photo
**U2** © Polyglott Verlag
**S. 8** 1, 6: Laif; 5: akg-images; 3: Getty Images; 2: dpa/picture-alliance; 4: BMW AG
**S. 9** 7, 10, 11: shutterstock.com; 9: Getty Images; 8: dpa/picture-alliance; 12: Fotolia.com
**S. 10** oben: Getty Images; unten: DB AG/Max Lautenschläger
**S. 12** Kinoplakat: dpa/picture-alliance; Videospiel, Eintrittskarten, Tennis, Golf, Pizza, Fußball, Hamburger, Telefon, DVD: Fotolia.com; Chips, CDs, PC, Western: B. Welzel; Cola: Pixelio
**S. 13** Activision
**S. 14** links: dpa/picture-alliance; mitte: Laif; rechts: shutterstock.com
**S. 15** Klappe: Fotolia.com; a–e: E. Burger; Fußballspiel: S. Wenkums; Party, Schulweg, Schule, Park, Abendessen: aus Video geni@l klick A1
**S. 16** oben links (Eva), oben rechts (Mario): aus Video geni@l klick A1; mitte (Jenny): E. Burger
**S. 17** Collage oben: B. Welzel; mitte: E. Burger
**S. 18** Flaggen: Fotolia.com; 4 Porträts, Klassenfoto: P. Pfeifhofer
**S. 21** Gitarre: Pixelio; Manga: iStock Photo
**S. 23** Dieter Mayr Photography
**S. 24 f.** B. Welzel
**S. 27** Fotolia.com
**S. 28** Spitzer: Fotolia.com; Füller, Lineal: M. Sturm; mitte links: S. Wenkums; mitte 3 Fotos: E. Burger; Hand: Fotolia.com
**S. 29** P. Pfeifhofer
**S. 31** A, B: dpa/picture-alliance; C, D: P. Pfeifhofer
**S. 32** A, F: dpa/picture-alliance; B: Fotolia.com; C: Mauritius Images; D: B. Welzel; E: P. Pfeifhofer; unten (Mädchen): P. Pfeifhofer
**S. 33** oben: P. Pfeifhofer; Stundenplan: B. Welzel
**S. 34** E. Burger
**S. 35** links, rechts: B. Welzel; mitte: Dieter Mayr Photography
**S. 37** A, C–E: B. Welzel; B: Fotolia.com
**S. 40** P. Pfeifhofer
**S. 41** Fotolia.com
**S. 42** P. Pfeifhofer
**S. 44** 1, 2, 3, 5: aus Video geni@l klick A1; 4: S. Wenkums
**S. 45** 1–5, 7–8: Fotolia.com; 6: Mauritius Images
**S. 46** 1: E. Burger; 2: Fotolia.com; 3: Mauritius Images
**S. 47** shutterstock.com
**S. 50** P. Pfeifhofer
**S. 51** oben (5 Hunde): Fotolia.com; Hund in Dusche: M. Sturm; Hund bei Haarschnitt, Hund mit Schleifen, Hund mit Kleidung: dpa/picture-alliance; Hundespielzeug, Hundefutter: Fotolia.com
**S. 53** Comic: Helen von Allmen
**S. 54** 1, 6, 7, 8: shutterstock.com; 2: Getty Images; 3, 4: dpa/picture-alliance; 5: Mauritius Images; unten (Prado, Brotspezialitäten): dpa/picture-alliance
**S. 55** P. Pfeifhofer
**S. 58** P. Pfeifhofer
**S. 59** P. Pfeifhofer
**S. 61** Fußball, Kickern, Shoppen, Gitarre: Corbis; Karten spielen: iStock Photo; Freizeitpark, Clown: shutterstock.com; Comic lesen: Mauritius Images
**S. 64** Corbis
**S. 65** Tote Hosen: Action Press; Krokodil im Nacken: Beltz & Gelberg in der Verlagsgruppe Beltz; Trompete: Fotolia.com; Marcel, Rugby: shutterstock.com
**S. 66** gr. Foto: t3-s, Jörg Kruse, Paderborn & Cornelia Pade, Pade OHG, Paderborn; 2 kl. Fotos: Dieter Mayr Photography
**S. 67** Tasche, Schuhe, T-Shirts: Fotolia.com; rosa Haare: Mauritius Images; Fahrrad: shutterstock.com
**S. 69** Mutter, Melanie, Opa: Fotolia.com; Marius: shutterstock.com; Haus, Motorrad: iStock Photo; Zimmer: Bettina Lindenberg; Polizist: Mauritius Images; Katzen: Pixelio; Freundinnen: P. Pfeifhofer
**S. 70** 1, 2: dpa/picture-alliance; 3: CARLSEN Verlag GmbH; 4: iStock Photo; 5: Corbis
**S. 72** 1: Corbis; 4, 5: Fotolia.com; 2: shutterstock.com; 3, 6: B. Welzel
**S. 73** Familie im Sessellift, Kind mit Papagei, älteres Paar: Fotolia.com; Kinder mit Sand: Pixelio
**S. 74** B. Welzel
**S. 76** Fotolia.com
**S. 78** Spaghetti: dpa/picture-alliance; Comic: Getty Images; Schuhe, Reisepass: iStock Photo; Kinokarte: Pixelio; Klavier, Basketball, Computerspiel: shutterstock.com; Radfahrer: Fotolia; Mädchen mit Hund: E. Burger
**S. 79** Pfanne: Corbis; Wohnzimmer, Bad: Fotolia.com; Grundriss: shutterstock.com; Bett, Schild: B. Welzel; Temperatur, Schachfiguren: iStock Photo
**S. 80** Mädchen mit Hund, Mann unten: Fotolia.com; Mädchen unten: shutterstock.com
**S. 81** S. Wenkums
**S. 82** 2 Fotos: aus Video geni@l klick A1
**S. 83** B: Corbis; C: P. Pfeifhofer; D: E. Burger; E: Dieter Mayr Photography; F: Caro; G: Fotolia.com
**S. 84** shutterstock.com
**S. 85** Handys: shutterstock.com; Mädchen mit Telefon: Dieter Mayr Photography
**S. 86** Dieter Mayr Photography
**S. 87** 2 Jugendliche mit Telefon: shutterstock.com
**S. 88** P. Pfeifhofer
**S. 89** Radfahrer, Fahrrad: Fotolia.com; Fachwerkstadt: Zoonar.de; New York, Brad Pitt: shutterstock.com
**S. 93** P. Pfeifhofer
**S. 94** Kreuzung: B. Welzel; Junge und Mädchen: Dieter Mayr Photography
**S. 97** Klassenarbeit: T. Scherling
**S. 99** A: Pixelio; B: Friedrich Haun; C, D: Fotolia.com; E: Look; F: Lindt; G, Kompass: shutterstock.com; H: M. Koenig; Karte: Polyglott Verlag
**S. 100** Suppe: StockFood; Wecker: shutterstock.com; Tarzan-Schiff, Jugendherberge: M. Koenig
**S. 101** Jugendherbergsausweis, Jugendherberge Schloss Ortenberg: DJH Deutsches Jugendherbergswerk; Burg Stahleck: dpa/picture-alliance
**S. 102** M. Koenig
**S. 103** A, B, C: shutterstock.com; Briefmarke, D: Fotolia.com
**S. 104** Bodensee: dieKLEINERT.de; Schwarzwald: iStock Photo; Spanien: Artpartner-Images; Meer: Pixelio; Reichstag, Alpen: shutterstock.com
**S. 105** Dieter Mayr Photography
**S. 108** A–E: Fotolia.com
**S. 109** Koch, Restaurant, Saltimbocca: shutterstock.com; 1, 2, 3: V. Daly
**S. 110** shutterstock.com
**S. 111** alle Fotos: Dieter Mayr Photography
**S. 112** shutterstock.com
**S. 113** 1, 3, 4: shutterstock.com; 2: Fotolia.com
**S. 118** Restaurant: shutterstock.com; Fastfood: Ullstein Bild
**S. 119** Suppe: StockFood; Meer: Pixelio; Berge, Junge mit Telefon: shutterstock.com; Erwachsener und Kind: Fotolia.com
**S. 120** alle Fotos: aus Video geni@l klick A1

In einigen Fällen ist es uns trotz intensiver Bemühungen nicht gelungen, die Rechteinhaber zu ermitteln. Für entsprechende Hinweise wären wir dankbar.

# Bildquellen Lehrerhandbuch

**S. 133** Dieter Mayr Photography
**S. 153** alle Fotos: Dieter Mayr Photography